भारत में सांस्कृतिक अन्तःसम्बन्ध

भारत में सांस्कृतिक अन्तःसम्बन्ध

सतीशचन्द यादव

SHARADA

शारदा पब्लिशिंग हाउस

दिल्ली

प्रथम संस्करण : 2013

आई. एस. बी. एन. : 978-81-88934-94-2
मूल्य : ₹ 1750

प्रकाशक
शारदा पब्लिशिंग हाउस
111, विद्या विहार अपार्टमेन्ट
सैक्टर-9, रोहिणी, दिल्ली-110085
दूरभाष : +91-11-3292 1560, 2755 2102
ई-मेल : bansal_sph@rediffmail.com
Website : www.sharadabooks.com

भारत में प्रकाशित

श्रद्धेय

माता श्रीमती बालकेश्वरी देवी

एवं

पिता श्री मोतीलाल यादव

के चरणों में

सादर समर्पित

विषयानुक्रमणिका

प्राक्कथन

21वीं शता. ई. विज्ञान के प्रगति का युग है। भारत सहित विश्व के अधिकांश देशों के नवीनतम अविष्कारों ने देश के सामाजिक, आर्थिक, धार्मिक एवं राजनीतिक क्षेत्र में क्रान्ति उत्पन्न की है। ये अविष्कार विश्वव्यापी संचार संसाधनों के माध्यम से सृष्टि को सीमित कर दिया है। फलतः प्रतिक्षण प्राचीन मान्यताओं पर आघात-प्रतिघात हो रहा है, और भौतिक उपलब्धि हेतु आपसी संघर्षों में निरंतर वृद्धि हो रही है। भारत जैसे विकासशील देश को अपने पुरातन मान्यताओं धाराओं एवं विरासतों को संरक्षित कर समग्रता में प्रगति करना एक कठिन कार्य है। वर्तमान में भारत को अनेकता में एकता का स्वरूप निर्धारण करते हुए प्रगति करना है। तदर्थ इतिहास लेखन में हमारे प्राचीन मूल्य ही प्रथम आधार हैं। इस परिपेक्ष्य में दो राज्यों पर आधारित इतिहास लेखन, डॉ. सतीशचन्द यादव का ऐतिहासिक क्षेत्र में दुर्लभ एवं गौण प्रयास है।

लगभग 6ठीं शताब्दी ई.पू. का काल भारत ही नहीं, अपितु विश्व के अधिकांश सभ्यताओं में क्रान्ति के युग के रूप में जाना जाता है। अतः अध्ययन हेतु 6ठीं शताब्दी ई.पू. से 650 ई. तक की अवधि उपयुक्त मानकर अध्ययन का एक प्रमाणिक प्रयास किया गया है। इसके अंतर्गत भारत के वृहद् क्षेत्र, यथा-पूर्वी उत्तर प्रदेश एवं निकटस्थ मध्य प्रदेश से उपलब्ध प्रमाणों का सांस्कृतिक अन्तः-सम्बन्धों के संदर्भ में सारगर्भित व्याख्या प्रस्तुत की गयी है, तदर्थ-सामाजिक परंपरा, वैवाहिक सम्बन्ध, कल्याणकारी गतिविधियाँ एवं तत्कालिक कला-स्थापत्य परम्पराओं में बौद्ध एवं जैन तथा ब्राह्मण धर्मों से सम्बन्धित मूर्तिशिल्प (स्तूप, विहार, यक्ष-यक्षिणियाँ) तथा उक्त धर्म के कुछ दुर्लभ मठ व मंदिरों के साथ-साथ शैव, वैष्णव तथा शाक्त मूर्तियाँ, यथा-(महिषमर्दिनी, पार्वती व सप्तमातृकाओं आदि) का साहित्यिक प्रस्तुतिकरण किया गया है जिससे निर्दिष्ट क्षेत्र के समग्र पक्षों पर प्रकाश पड़ता है। लेखक ने वैज्ञानिक साक्ष्यों को भी अध्ययन का विषयवस्तु बनाया गया है।

यह संपूर्ण अध्ययन कुल सात अध्यायों में विभक्त है जिसके अंतर्गत विभिन्न उप शीर्षकों में सांस्कृतिक व्याख्या प्रस्तुत की गयी है। प्रमाणों की पुष्टि हेतु मानचित्र व छायाचित्र आदि को भी संयोजित किया गया है।

निश्चय ही ऐसे अध्ययन भारतीय समाज के अतीत में मानवीय भौतिक एवं सांस्कृतिक सम्बन्धों की पुष्टि करेंगे। यद्यपि यह प्रयास सीमित क्षेत्रों को ध्यान में रखकर किया गया है, फिर भी अध्ययन की दृष्टि से अत्यंत महत्त्वपूर्ण है। मैं लेखक डॉ. सतीशचन्द यादव को हार्दिक बधाई देता हूँ, जो

ऐसे अछूते विषय पर ग्रन्थ प्रकाशित कर रहे हैं। यह इनका मूलत: मौलिक कार्य है। आशा है कि यह दो राज्यों पर आधारित पुरातात्विक व सांस्कृतिक समन्वय इतिहास के विद्यार्थियों, शोधार्थियों के अतिरिक्त सामान्य जिज्ञासुओं हेतु रुचिकर एवं ज्ञानवर्द्धक सिद्ध होगा।

डॉ. रहमान अली
से.नि. (आचार्य एवं अध्यक्ष)
डॉ. वी.एस. वाकड़कर प्रा.भा.इ.से. एवं पुरातत्व विभाग
भू.पू. संकायाध्यक्ष, सामाजिक विज्ञान एवं विधि संकाय
भू.पू. निदेशक, अल्पसंख्यक प्रकोष्ठ मानविकी भवन,
विक्रम विश्वविद्यालय, उज्जैन (मध्य प्रदेश)-456010

आभारोक्ति

सांस्कृतिक अन्त:सम्बन्ध (पूर्वी उत्तर प्रदेश एवं मध्य प्रदेश) की सम्पन्नता के सुखद अवसर पर श्रद्धेय डॉ. रहमान अली (भू.पू. आचार्य एवं अध्यक्ष), डॉ. मस्तराम सिंह (भू.पू. आचार्य एवं निदेशक) सिन्धियाँ शोध संस्थान, विक्रम वि.वि., उज्जैन, प्रो. सुष्मिता पाण्डेय (आचार्य एवं अध्यक्ष), डॉ. रामकुमार अहिर (उपाचार्य), डॉ. धीरेन्द्रसिंह सोलंकी (उपाचार्य), डॉ. विश्वजीतसिंह परमार (प्राध्यापक), डॉ. हेमन्त लोदवाल (प्राध्यापक), डॉ. अंजना सिंह गौर (प्राध्यापक), प्राचीन भारतीय इतिहास सांस्कृतिक एवं पुरातत्व अध्ययनशाला विक्रम विश्वविद्यालय, उज्जैन (म.प्र.), डॉ. श्यामसुंदर निगम (निदेशक, कावेरी शोध संस्थान, उज्जैन) आदि का हृदय से आभारी हूँ, जिनके विद्द्वतापूर्ण मार्गदर्शन एवं बहुमूल्य सुझावों से यह दुरुह कार्य संपन्न हुआ। मैं इनके प्रति हार्दिक सम्मान एवं कृतज्ञता सम्प्रेषित करता हूँ।

उक्त पुस्तक की पूर्णाहुति में माननीय डॉ. ओमप्रकाशजी यादव (कुलपति) रुहेलखण्ड विश्वविद्यालय बरेली (उत्तर प्रदेश), माननीय डॉ. मोहनजी गुप्त (कुलपति) महर्षि पाणिनी संस्कृत विश्वविद्यालय, उज्जैन, टैगोर-प्रोफेसर, डॉ. वी.डी. झा (आचार्य एवं अध्यक्ष), डॉ. हरीसिंह गौर विश्वविद्यालय, सागर, डॉ. शैलेन्द्र कुमार शर्मा (आचार्य) हिन्दी अध्ययनशाला, विक्रम विश्वविद्यालय, उज्जैन, (मध्य प्रदेश), प्रो. माताप्रसाद त्रिपाठी (आचार्य एवं अध्यक्ष) प्राचीन भारतीय इतिहास संस्कृति एवं पुरातत्व विभाग, प. दीनदयाल उपाध्याय, गोरखपुर विश्वविद्यालय, गोरखपुर, डॉ. सीताराम दूबे (आचार्य एवं अध्यक्ष) प्राचीन भारतीय इतिहास संस्कृति एवं पुरातत्व विभाग, बनारस हिन्दू विश्वविद्यालय, वाराणसी (उत्तर प्रदेश), प्रो. के.एन. सिंह (अध्यक्ष) भूगोल विभाग, दीनदयाल उपाध्याय, गोरखपुर वि.वि., गोरखपुर, प्रो./डॉ. आमी लाल ढाँकी (निदेशक) ललितभाई दलपतिभाई, शोध संस्थान (अहमदाबाद, गुजरात) आदि का हृदय से आभारी हूँ, जिनके बहुमूल्य सुझावों एवं अनुभवों का लाभ मुझे समय-समय पर मिलता रहा।

तदन्तर माननीय श्री नरेन्द्र मोदी जी (मुख्यमंत्री) गुजरात सरकार, मित्रवर डॉ. रतनपाल सिंह (उपाध्यक्ष) भारतीय जनता पार्टी (युवामोर्चा, उत्तर प्रदेश), माननीय श्री पारस चन्द्र जैन (राज्यमंत्री) खाद्य, नागरिक आपूर्ति एवं उपभोक्ता संरक्षण, मध्यप्रदेश शासन तथा डॉ. एन.पी. जैन, आई. एफ. एस. (सेवानिवृत्त) Former Secretary, Ministry of External Affairs, Govt. of India and India's Ambassador to UN, EU, Nepal, Mexico & Belgium आदि विशिष्ट व्यक्तियों ने शुभकामना संदेश लिखकर मुझे गौरवान्वित किया, जिसका मैं हृदय से आभारी हूँ।

मेरे अन्य सहयोगी मित्रों में अग्रज श्री यदुवीर सिंह रावत (निदेशक) भारतीय पुरातत्व सर्वेक्षण विभाग, गाँधीनगर, गुजरात (संस्कृति मंत्रालय, भारत सरकार) डॉ. शिवाकान्त वाजपेयी व डॉ. इजहार

आलम हाशमी (सहायक - पुरातत्वविद्) भारतीय पुरातत्व सर्वेक्षण विभाग, भोपाल सर्किल, (संस्कृति मंत्रालय, भारत सरकार) डॉ. फईम खाज़्न (डिप्टी जेलर) ग्वालियर (मध्य प्रदेश शासन), डॉ. कृपाशंकर शर्मा, डॉ. अहमद अली (तकनीकी सहायक) पुरातत्व एवं संग्रहालय, संचालनालय, (म.प्र. शासन, भोपाल) डॉ. रमन सोलंकी (पुरातत्व संग्रहालय एवं प्रभारी, उत्खनन विभाग), विक्रम विश्वविद्यालय उज्जैन, डॉ. मोहसिन खाँन, श्री नीरज खत्री, (तकनीकी सहायक) कम्प्यूटर अध्ययनशाला, विक्रम विश्वविद्यालय, उज्जैन, व डॉ. जितेन्द्र कुमार चौधरी (शोध्य अध्येता) प्राचीन भारतीय संस्कृति एवं पुरातत्व अध्ययनशाला, विक्रम विश्वविद्यालय, उज्जैन (मध्य प्रदेश) आदि का निरंतर सहयोग मुझे मिलता रहा जिसका शब्दों में व्याख्यान नहीं कर सकता।

इसके अतिरिक्त अन्य घनिष्ट मित्रों में श्री संतोष कुमार जायसवाल वरिष्ठ संवाददाता, ''आज'' समाचार, श्री सुधीर कुमार सिंह, ''अमर उजाला'' व निदेशक, Base Public School, श्री रामप्रताप ''स्वतंत्र चेतना'', श्री प्रमोद कुमार जायसवाल ''स्वतंत्र चेतना'' हिन्दी दैनिक, गोरखपुर व श्री कमलेश सिंह क्राइम रिपोर्टर ''राष्ट्रीय सहारा'' व राज अनन्त पाण्डेय, अध्यक्ष, पूर्वांचल, जर्नलिस्ट प्रेस क्लब, चौरी चौरा, गोरखपुर (उ. प्र.) तथा श्री शैलेशकुमार यादव व श्री मिथिलेश कुमार यादव (पटना, बिहार) के प्रति हार्दिक कृतज्ञता व्यक्त करता हूँ जिनका अनवरत सहयोग मुझे समय-समय पर मिलता रहा, तदर्थ मैं इन सभी का ह्रदय से आभारी हूँ।

प्रयास तब तक अधूरा रहता है, जब तक परिजनों का आशीषमय सहयोग न मिले। इसी आधार शृंखला में परम पूजनीय पिता श्री मोतीलाल यादव एवं माता श्रीमती वालकेश्वरीदेवी यादव तथा श्रद्धेय-अग्रज इन्जिनियर सुवाशचन्द यादव, श्री अमरनाथ यादव व आदरणीय भाभी श्रीमती रामपति देवी (व्याख्यता, लाल बहादुर शास्त्री इंटरमीडिएट कॉलेज, जगदीशपुर, गोरखपुर) के प्रति भी ह्रदय से आभारी हूँ जिन्होंने मुझे निरंतर अध्ययन हेतु प्रेरित किया। मैं आजीवन इन सबका ऋणी रहूँगा।

इसके अतिरिक्त पत्नी श्रीमती रमिता यादव, पुत्र चि. आयुष कुमार यादव, भतीजा इन्जिनियर श्री समीर कुमार यादव एवं भतीजी कु. समीक्षा यादव का भी ऋणी हूँ, जिनका सहयोग एवं प्रोत्साहन समय-समय पर मुझे मिलता रहा। मैं भारतीय इतिहास अनुसंधान परिषद्, नई दिल्ली, संस्कृति मंत्रालय (भारत सरकार) के प्रति भी आभारी हूँ जिन्होंने मुझे उक्त ग्रन्थ परियोजना पर लेखन कार्य करने हेतू छात्रवृत्ति प्रदान किया, जिसके अभाव में यह दुरुह कार्य संपन्न होना असम्भव था। लेखन कार्य को पूर्ण करने में राजकीय बौद्ध संग्रहालय, रामगढ़ताल, गोरखपुर, राजकीय संग्रहालय कुशीनगर, पं. दीनदयाल उपाध्याय विश्वविद्यालय संग्रहालय गोरखपुर, इलाहाबाद, राजकीय पुरातत्व संग्रहालय, लखनऊ व भारतीय कला भवन, वाराणसी (उत्तर प्रदेश) के अतिरिक्त महाराज जीवाजी पुस्तकालय, विक्रम विश्वविद्यालय, उज्जैन, कावेरी शोध संस्थान, उज्जैन, सिन्धिया शोध संस्था, उज्जैन, पुरातत्व संग्रहालय एवं उत्खनन विभाग, विक्रम विश्व विद्यालय, उज्जैन, पद्मभूषण श्री वाकणकर शोध संस्थान, उज्जैन, राजकीय संग्रहालय, ग्वालियर, रीवाँ, सतना, पन्ना, साँची, विदिशा, भोपाल (मध्य प्रदेश) के अतिरिक्त अन्य दूरस्थ पुस्तकालयों एवं संग्रहालयों आदि का विशेष योगदान रहा। इन संस्थाओं के पदाधिकारियों एवं सहायकों के प्रति अनवरत सहयोग के लिए मैं उनका सह्रदय से आभारी हूँ।

डॉ. सतीशचन्द यादव

प्रस्तावना

आधुनिक युग में समाज विज्ञान की विधा में सूक्ष्म एवं वैज्ञानिक विश्लेषण तथा उसके मूल्यांकन को महत्त्व दिया जा रहा है। प्राचीन भारतीय समाज के विभिन्न क्षेत्रों में अन्त:सम्बन्ध के गौरवशाली इतिहास में विविधताओं का समावेश है। इनका तुलनात्मक तथा वैज्ञानिक विश्लेषण वर्तमान में अपेक्षित है। विगत कुछ वर्षों में सांस्कृतिक क्षेत्र में नवीन शोधों व आँचलिक विशिष्टताओं के अध्ययन से नये पक्षों पर प्रकाश पड़ा है। इसी परिप्रेक्ष्य में पूर्वी उत्तरप्रदेश एवं मध्यप्रदेश में विकसित सांस्कृतिक अन्त:सम्बन्धों का अध्ययन प्रस्तुत ग्रन्थ का प्रमुख उद्देश्य है। विषय की व्यापकता एवं दीर्घकालिक होने के कारण मात्र सीमित अवधि, यथा छठी शताब्दी ई.पू. से 650 ई. तक की गतिविधियों का अध्ययन किया गया है।

आधुनिक पूर्वी उत्तर प्रदेश प्राचीन भारत का एक महत्त्वपूर्ण क्षेत्र था, जिसमें छठी शताब्दी ई.पू. के प्रसिद्ध गणराज्य, यथा—सुम्सुमार गिरि के भग्ग, केसपुत्र के कालाम, रामग्राम के कोलिय, पावा के मल्ल, कुशीनारा के मल्ल, पिप्पलिवन के मोरिय तथा वैशाली के लिच्छवि एवं महाजनपदों में प्रमुखत: काशी कोसल, मल्ल, चेदि, वत्स व निकटवर्ती मगध समाहित थे। इन सभी गणराज्यों व जनपदों का क्षेत्र वृहद् था। समग्र रूप से इस क्षेत्र की प्रमुख नदियाँ, सरयू (सरभू, घाघरा अथवा घघ्घर), राप्ती (अचिरावती), गण्डक, रोहिणी (रोहविनी), गंगा व यमुना इन्हें सिंचित कर कृषि योग्य बनाती हैं। भौगोलिक दृष्टि से यह क्षेत्र हिमालय के पर्वत श्रृंखलाओं तथा बंगाल की खाड़ी से प्रभावित होने के कारण मानसूनी क्षेत्र है।

ऐसे ही निकटवर्ती क्षेत्र पूर्वी मध्यप्रदेश, 'अवन्ति' जनपद जिसका उल्लेख बौद्धग्रन्थ 'दीघनिकाय' व 'अंगुत्तरनिकाय' तथा जैनग्रन्थ 'भगवतीसूत्र' में प्रसिद्ध 'षोड़श' महाजनपदों की सूची में है, का एक अभिन्न अंग था। इसकी भौगोलिक सीमाओं के निर्धारण में विवाद है, पर वर्तमान में सामान्यतया यह प्राचीन 'दशार्ण' से प्रमाणित है। इस क्षेत्र का उल्लेख विभिन्न साहित्य एवं अभिलेखों में उपलब्ध है। मूलत: यह क्षेत्र वर्तमान मध्यप्रदेश का विस्तृत भू-भाग है, जो लगभग छठी शताब्दी, ई.पू. से ही विख्यात था और इसका राजनीतिक सम्बन्ध उत्तर प्रदेश के गणराज्यों एवं महाजनपदों से था। इस क्षेत्र में बेतवा (वेत्रवती), पार्वती, धसान तथा नर्मदा एवं अन्य सहायक नदियाँ प्रवाहित हैं। फलत: प्राचीनकाल से ही निर्दिष्ट क्षेत्र धन-धान्य से परिपूर्ण रहा एवं सतत् राजनीतिक और सांस्कृतिक गतिविधियों का केन्द्र बना रहा।

अध्याय द्वितीय में 'ऐतिहासिक पृष्ठभूमि' के अंतर्गत लगभग छठी शताब्दी ई. पू. से लेकर 650 ई. तक की राजनैतिक गतिविधियों व पूर्वी उत्तर प्रदेश एवं मध्यप्रदेश के महाजनपद काल से लेकर निकटवर्ती मगध साम्राज्य के विस्तार एवं पतन, मौर्य एवं शुंगवंश की स्थापना और अनेक महाजनपदों

व गणराज्यों के विलीनीकरण की प्रक्रिया समाहित है। शुंगवंश में ही निर्दिष्ट क्षेत्रों में उत्थान-पतन के साथ छोटे-छोटे कतिपय राजवंशों का उदय हुआ और विदेशी आक्रमण भी हुए, जिसको यवन, शक-क्षत्रप तथा कुषाणों ने प्रभावित किया। इसी क्रम में यह भी जानने का प्रयास किया गया है कि निर्दिष्ट काल में सांस्कृतिक गतिविधियों की धारायें पूर्वी उत्तर प्रदेश की गंगाघाटी से होकर 'दर्शाण' क्षेत्र के विस्तृत भाग में प्रवाहित हुईं और इसका एक-दूसरे के सामाजिक एवं आर्थिक जीवन पर कितना प्रभाव रहा।

कालान्तर में तीसरी शताब्दी ई. के प्रारंभिक चरण से ही उत्तर भारत में राजनीतिक परिवर्तन हुआ और गुप्त राजवंश की स्थापना हुई। इस वंश के महान प्रतापी सम्राट समुद्रगुप्त ने आटविक राज्यों को पराजित कर पूर्वी उत्तर प्रदेश के गाजीपुर क्षेत्र पर अधिकार कर लिया। प्रयाग-प्रशस्ति से यह स्पष्ट रूप से संकेत मिलता है कि लगभग चौथी शताब्दी ई. में पूर्वी मध्यप्रदेश गुप्त राजवंश के अधिकार में आया। उसने यहाँ के नाग राजाओं को पराजित कर अपना आधिपत्य स्थापित किया। एरण अभिलेख से स्पष्ट है कि विदिशा क्षेत्र पर उसके पुत्र उत्तराधिकारी चन्द्रगुप्त द्वितीय ने लगभग 388 ई. में शकों को पराजित कर 'विक्रमादित्य' की उपाधि धारण की। अभिलेखों से स्पष्ट होता है कि स्कन्दगुप्त 'दशार्ण' क्षेत्र का सीमा प्रान्त तथा बुद्धगुप्त यहाँ का शासक था। कालान्तर में हूणों के आक्रमण ने निर्दिष्ट क्षेत्र में विस्तृत गुप्त राजवंश की शक्ति को कमजोर कर इन्हें परास्त कर दिया। तत्पश्चात् मौखरियों ने अपनी स्वतंत्रता घोषित कर निकटवर्ती मगध के स्थान पर पूर्वी उत्तर प्रदेश के सीमान्त नगर कन्नौज को राज़नीतिक गतिविधियों का केन्द्र बनाया, जिसकी पुष्टि निर्दिष्ट क्षेत्र से प्राप्त मुद्राओं से होती है।

छठी शताब्दी ई.पू. में इस संपूर्ण क्षेत्र पर थानेश्वर के वर्द्धन राज्यवंश का प्रभुत्व स्थापित हुआ, जिसने कन्नौज के नरेश मौखरि राजा ग्रहवर्मा के साथ अपनी पुत्री राज्यश्री का विवाह कर सांस्कृतिक क्षेत्र में वृद्धि की। कालान्तर में हर्षवर्द्धन की साम्राज्यवादी नीति ने पूर्वी उत्तर प्रदेश के अतिरिक्त पूर्वी व पश्चिमी मालवा तथा दूरस्थ वल्लभी के राज्यों पर अधिकार कर अपनी शक्ति का परिचय दिया। हर्ष ने सम्भवतः 647 ई. तक शासन किया। चूँकि उसका कोई उत्तराधिकारी नहीं था, अतः मृत्यु के पश्चात् समस्त उत्तर भारत व मध्य प्रदेश के विस्तृत क्षेत्र में पुनः अराजकता की स्थिति व्याप्त हो गयी और छोटे-छोटे राजवंश अपने राजनीतिक प्रभुत्व स्थापित करने हेतु प्रयास करन लगे। निर्दिष्ट क्षेत्र के दीर्घकालिक इतिहास की पुष्टि साहित्य व पुरातात्विक साक्ष्यों से होती है। उल्लेखनीय है कि विभिन्न राजवंशों के काल में इन दोनों ही क्षेत्रों के राजाओं में समय-समय पर राजनीतिक सम्बन्ध स्थापित हुए और सांस्कृतिक सम्बन्धों में वृद्धि हुई।

अध्याय तृतीय में निर्दिष्ट काल के अंतर्गत दोनों ही क्षेत्रों की सामाजिक, आर्थिक एवं धार्मिक पृष्ठभूमि का संक्षिप्त सर्वेक्षण प्रस्तुत है। अध्ययन से यह संकेत मिलता है कि लगभग छठी शताब्दी ई.पू. में भारतीय सामाजिक व्यवस्था प्राचीन वैदिक परंपरा एवं आर्थिक पृष्ठभूमि में समग्र रूप से क्रान्ति आयी और धीरे-धीरे नवीन संप्रदायों, यथा बौद्ध तथा जैन धर्म का उदय हुआ, जिसने संपूर्ण सामाजिक संरचनाओं को प्रभावित किया। कालान्तर में वैदिक धर्म का परिवर्तित रूप पौराणिक धर्म

ने समाज में लोकप्रियता प्राप्त की। तत्पश्चात् विभिन्न जातियों के पेशे पुनः जन्मजात हो गये और भारतीय अर्थव्यवस्था में तदन्तर सुधार हुआ। इस समग्र परिवर्तन में शुंग व गुप्त राजवंश के नरेशों ने महती भूमिका निभायी।

अध्याय चतुर्थ में निर्दिष्ट क्षेत्र से संबंधित ''सांस्कृतिक गतिविधियों'' के अंतर्गत 'परम्परा' शीर्षक के अन्तर्गत लोक जीवन में प्रचलित प्राचीन परंपराओं का विश्लेषण प्रस्तुत है। द्वितीय शीर्षक में प्रमुख राजवंशों के ''वैवाहिक संबंधों'' की संक्षिप्त चर्चा तथा ''कल्याणकारी गतिविधियों'' के अंतर्गत शासकों या उच्च वर्गीय व्यक्तियों द्वारा किये गये कल्याणकारी कार्यों का उल्लेख समाहित है।

अध्याय पंचम में ''कला एवं स्थापत्य'' की जीवित परंपराओं पर विस्तृत विवेचना प्रस्तुत की गयी है, जो सांस्कृतिक परंपराओं के जीवंत प्रमाण हैं। इसके अंतर्गत बौद्धकला से संबंधित मूर्तियाँ, स्तूप, विहार एवं जैनकला में तीर्थंकरों, यक्ष-यक्षिणियों की मूर्तियाँ व जैन स्तूप तथा मंदिरों आदि को शोध का प्रमुख विषय बनाया गया है। साथ ही दोनों ही क्षेत्रों की दुर्लभ मूर्तियों का छायांकन भी संकलित किया गया है। इनके तुलनात्मक अध्ययन से एक-दूसरे पर प्रभावों या परंपराओं की आदान-प्रदान की रीति स्पष्ट रूपं से दृष्टिगोचर होती है।

अध्याय षष्ठम में 'हिन्दू स्थापत्य' से संबंधित मंदिर एवं मठों का एक संक्षिप्त विवेचन प्रस्तुत है, जिसमें श्रावस्ती का चीरेनाथ मंदिर, कानपुर का भीतरगांव मंदिर तथा साँची का मंदिर क्रमांक 40 एवं 17, उदयगिरि, भूमरा एवं एरण के गुप्तकालीन मंदिरों की संक्षिप्त विवेचना प्रस्तुत की गयी है।

अध्याय सप्तम में ''मूर्तिशिल्प'' शीर्षक के अंतर्गत पूर्वी उत्तर प्रदेश व मध्यप्रदेश के क्षेत्रों से उपलब्ध ब्राह्मण धर्म से संबंधित दुर्लभ मूर्तियों का अध्ययन समाहित है, जिसमें गणेश, विष्णु व उनके दशावतारों तथा सूर्य व नवग्रह आदि के अतिरिक्त शाक्त मूर्तियों में महिषमर्दिनी, पार्वती एवं सप्तमातृकाओं आदि को निर्दिष्ट क्षेत्र से सांस्कृतिक अध्ययन का विषय बनाया गया है। उपरोक्त अध्ययन के पश्चात् यह स्पष्ट होता है कि पूर्वी उत्तर प्रदेश से प्रवाहित मूर्तिशिल्प एवं स्थापत्य निर्माण की परंपराओं का प्रवाह अनवरत पूर्वी मध्य प्रदेश में परिलक्षित हुआ, जो साहित्यिक व अभिलेखीय साक्ष्यों से प्रमाणित है।

इस प्रकार इस संपूर्ण ग्रंथ में पूर्वी उत्तर प्रदेश एवं मध्य प्रदेश के सांस्कृतिक अन्तःसंबंधों के विभिन्न चरणों का समग्र इतिहास, विवेच्य काल की पृष्ठभूमि में प्रस्तुत किया गया है। अन्त में समग्र अध्ययन का संक्षिप्त उपसंहार है। संदर्भ सूची और चित्रों की फलक सूची भी समाहित है, जिससे अध्ययन की सारगर्भिता में वृद्धि हो।

डॉ. सतीशचन्द यादव

चित्र-पटल सूची

रेखाचित्र

छायाचित्र

साधन स्त्रोत

भारत के सांस्कृतिक अन्त:सम्बन्धों के वैज्ञानिक अध्ययन हेतु साहित्यिक एवं पुरातात्त्विक दोनों ही स्त्रोतों का उपयोग किया गया हैं। साहित्यिक स्त्रोतों में प्राचीन शिल्पशास्त्रों, जैसे–वराहमिहिर कृत वृहत्संहिता (एशियाटिक सोसायटी ऑफ बंगाल 1865) एवं प्रतिमा लक्षण (भारतीय वास्तु शास्त्र, ग्रन्थ 4, भाग 2) आदि के अतिरिक्त आधुनिक विद्वानों की कृतियाँ भी विशेष रूप से उपयोगी एवं प्रेरणा स्त्रोत रही हैं। इनमें कतिपय महत्त्वपूर्ण कृतियों का उल्लेख प्रस्तुत सन्दर्भ में समीचीन होगा।

सर्वप्रथम पुरातत्त्व के पितामह एवं विद्वान ऐलेक्जेण्डर कनिंघम द्वारा प्रस्तुत उनका आर्क्योलॉजिकल सर्वे ऑफ इण्डिया रिपोर्ट (जिल्द IX, X पुनर्मुद्रित) प्रमुख है, जो पूर्वी उत्तर प्रदेश, उत्तर भारत व दर्शाण क्षेत्र के सर्वेक्षणों पर आधारित है। कनिंघम ने अपने ग्रन्थ 'द एन्शियन्ट ज्यॉग्राफी ऑफ इण्डिया (पुनर्मुद्रित, बनारस, 1963), भिल्सा टोप्स (पुनर्मुद्रित, वाराणसी, 1966), एवं सतीशचन्द्र काला कृत 'स्कल्पचर इन द इलाहाबाद म्यूजियम' (इलाहाबाद 1946) तथा सर जॉन मार्शल ने 'द मोन्यूमेन्टस एट साँची', भाग 1, 2, 3, 1933 में प्रकाशित कर निकटस्थ अनेक भग्नावशेषों का विवरण प्रस्तुत किया, जो प्रस्तुत ग्रन्थ "भारत में सांस्कृतिक अन्त:सम्बन्ध" में एक मार्गदर्शिका सिद्ध हुआ।

कालान्तर में कृष्णकुमार सिन्हा कृत 'एक्सकेवेशन एट श्रावस्ती', 1959 (वाराणसी 1967), डी.आर. शर्मा कृत 'केटलाग ऑफ दि म्यूजियम आर्क्योलॉजी एट सारनाथ', (कलकत्ता 1964) एवं श्री भगवान सिंह ने 'गुप्तकालीन हिन्दू देव प्रतिमाएँ', भाग 1, 2 (नई दिल्ली-1987, 1982) में प्रकाशित किया, जिनमें निर्दिष्ट क्षेत्रों के लगभग सम्पूर्ण ब्राह्मण मूर्तियों का विस्तृत एवं शोधपरक विश्लेषण उपलब्ध है।

तत्पश्चात् मारुतिनन्दन त्रिपाठी कृत ग्रंथ 'जैन प्रतिमा विज्ञान' (वाराणसी 1981), महेश्वरी दयाल खरे कृत 'विदिशा' (भोपाल 1985), भास्कर नाथ मिश्र कृत 'साँची', 1982, स्ट्रैला क्रैमरिश कृत 'द हिन्दू टेम्पल' (दो जिल्द), कलकत्ता 1946, रहमान अली कृत 'द टेम्पल ऑफ मध्य प्रदेश', (दिल्ली 2000) तथा हेमचन्द्र राय चौधरी कृत 'प्राचीन भारत का राजनैतिक इतिहास' (पुनर्मुद्रित इलाहाबाद 1971) एवं के.सी. श्रीवास्तव कृत 'प्राचीन भारत का इतिहास तथा संस्कृति' (प्रथम संस्करण, इलाहाबाद, 2000) प्रकाशित हुआ, जिनका कालान्तर में अध्ययन कर ग्रन्थ का सारगर्भित बनाया गया है।

उपरोक्त कृतियों के अतिरिक्त निर्दिष्ट क्षेत्र से सम्बन्धित अनेक चुने विषयों पर उत्तर प्रदेश एवं मध्य प्रदेश के पुरातात्त्विक संग्रहालय, लखनऊ व भोपाल की ओर से राष्ट्रीय स्तर पर संगोष्ठियाँ भी आयोजित हुयीं, जिनके प्रतिवेदन प्रकाशित हुए। इनके माध्यम से अनेक नवीन तथ्य प्रकाश में

आये, जो निर्दिष्ट क्षेत्र के सांस्कृतिक अन्त:सम्बन्धों की विधा के समग्र क्षेत्र में व विकसित परम्परा के ज्ञानवर्द्धक में उपयोगी सिद्ध हुए हैं। प्रतिवेदन में प्रमुख रूप से एम.डी. खरे कृत 'मालवा थ्रू द एजेज', (भोपाल, 1981) तथा के.के. चक्रवर्ती एवं डी.आर. विर्दी कृत 'विदिशा थ्रू द एजेज', 1990 विशेष उल्लेखनीय हैं।

साहित्यिक स्रोतों के अतिरिक्त पूर्वी उत्तर प्रदेश एवं मध्य प्रदेश के सांस्कृतिक जीवन पर प्रकाश डालने वाले प्रमुख संग्रहालयों, यथा–राजकीय बौद्ध संग्रहालय कुशीनगर, रामगढ़ संग्रहालय गोरखपुर, कला भवन वाराणसी व कौशाम्बी (इलाहाबाद) तथा साँची एवं विदिशा में प्रदर्शित दुर्लभ मूर्तियों का अध्ययन कर शोध विषय को सारगर्भित बनाने का एक सूक्ष्म प्रयास किया गया है।

अध्याय प्रथम

भौगोलिक पृष्ठभूमि

पूर्वी उत्तर प्रदेश

प्रस्तुत अध्ययन में पूर्वी उत्तर प्रदेश की भौतिक सीमाओं का तात्पर्य पश्चिम में प्राचीन श्रावस्ती (सहेत-महेत), पूर्व में कुशीनगर, दक्षिण एवं दक्षिण-पश्चिम में सरयू नदी[1], उत्तर एवं उत्तर पूर्व में 'सदानीरा'[2] तथा उत्तर-पश्चिम में हिमवान भू-भाग के मध्य स्थित क्षेत्र समाहित करना मात्र है।

अतः पूर्वी उत्तर प्रदेश का क्षेत्रीय विस्तार उत्तर में हिमालय, दक्षिण में सरयू नदी, पूरब में सदानीरा एवं पश्चिम में सरयू नदी के मध्य का भू-भाग सामान्यतया माना जाता है। यह क्षेत्र पूर्व से पश्चिम में लगभग 260 कि.मी. व उत्तर से दक्षिण में 160 कि.मी. के विस्तृत क्षेत्र में फैला है। जिसका क्षेत्रफल लगभग 33,236 वर्ग कि.मी. है।[3]

वर्तमान सन्दर्भ में पूर्वी उत्तर प्रदेश को प्रभावित करने वाली पर्वत श्रृंखला, नदी, झील एवं वनस्पतियों आदि का अध्ययन समीचीन होगा।

पर्वत-श्रेणी

भारतीय उप-महाद्वीप की उत्तरी सीमा के विनिर्धारक जिन पर्वत प्राचीरों का सूक्ष्मावलोकन पूर्वी उत्तर प्रदेश के भौगोलिक परिस्थिति के अध्ययन एवं विवेचन हेतु आवश्यक प्रतीत होता है, उनमें हिमालय एवं हिमालय पार की पर्वत श्रेणियाँ विशेष रूप से उल्लेखनीय हैं।

हिमालय

इस पर्वत को हेमवत, हिमवा, हिमालय, संस्कृत भाषा के हिमवत, हिमगिरी व हिमाचल-प्रदेश आदि संज्ञाओं से सम्बोधित किया गया है। पूर्ववर्ती बौद्ध-ग्रंथ इसे 'पर्वत-राज' की उपाधि से विभूषित करते हैं।[4] महाकवि कालिदास ने इसे नाग्राधिराज की संज्ञा से प्रदान किया है।[5] इसके अतिरिक्त इसका उल्लेख वैदिक साहित्य, मार्कण्डेय पुराण[6] एवं साहित्यिक अभिलखों में भी मिलता है।

प्रारम्भ में सप्त सिन्धु प्रदेश ही आर्यों का निवास क्षेत्र था,[7] जहाँ से वे पूर्वाभिमुख होकर वैदिक काल में पूर्वी उत्तर प्रदेश में प्रविष्ट हुए। पूर्वी उत्तर प्रदेश के क्षेत्र का निर्माण मध्य गंगा मैदान की

सरयू, राप्ती, बड़ी गण्डक, छोटी गण्डक, रोहिणी एवं इसकी सहायक लघु-सरिताओं द्वारा बहाकर लाये गये जलोढ़ निक्षेपण से हुआ है।[8]

ओल्डेन वर्ग के मतानुसार - गंगा मैदान के उत्तरी छोर पर इस निक्षेप की मोटाई लगभग 5 हजार से 6 हजार मी. के मध्य है,[9] परन्तु श्री ग्लेनी महोदय ने अपने शोध में निक्षेपित मैदान की मोटाई 1980 मी. तक अनुमानित किया है।[10]

डॉ. गिरी के मतानुसार[11] - स्थिति एवं संरचना की दृष्टि से पूर्वी उत्तर प्रदेश के भूमि को निम्न प्राकृतिक प्रदेशों में विभक्त किया जा सकता है –

(1) सरयू-राप्ती के दोआब

(क) सरयू खादर

(ख) सरयू राप्ती बांगर

(2) राप्ती-गण्डक के दोआब

(क) राप्ती खादर

(ख) राप्ती गण्डक बांगर

(ग) गण्डक खादर

(घ) तराई

(ङ) भांवर

उपरोक्त विभाजन डॉ. राजबली पाण्डेय द्वारा भी समर्थित है।[12]

अपवाह तन्त्र

किसी देश-प्रदेश अथवा क्षेत्र विशेष की सामाजिक, धार्मिक, आर्थिक एवं भौगोलिकता पर नियन्त्रण रखने वाले अनेक तत्त्वों में वहाँ के उच्चावच एवं अपवाह का विशेष महत्त्व होता है। क्षेत्र विशेष का प्रवाह तन्त्र उसके शैल संगठन एवं धरातलीय ढाल की दिशा की तरफ संकेत करता है। इस क्षेत्र का ढाल उत्तर-पश्चिम से दक्षिण-पूर्व की ओर होने के कारण नदियाँ एवं लघु सरितायें उत्तर-पश्चिम से दक्षिण-पूर्व की ओर प्रवाहित होती हैं।[13]

बड़ी गण्डक, छोटी गण्डक, राप्ती (अचिरावती), सरयू (घाघरा) इत्यादि यहाँ की प्रमुख नदियाँ हैं। इसके अतिरिक्त कतिपय लघु-सरितायें भी हैं, जो धरातल पर कुछ ही दूरी तय करने के पश्चात् इन्हीं बड़ी नदियों द्वारा आत्मसात कर ली जाती हैं।

सरयू

पूर्वी उत्तर प्रदेश के धरातलीय संरचना में सरयू नदी का महत्त्वपूर्ण योगदान रहा है। यह नदी उत्तर भारत की पंच-महानदियों में से एक है, जिसकी विभिन्न संज्ञायें हैं।[14] वैदिक काल में सरयू[15],

जनपद काल में सरयू[16] तथा वर्तमान में कौड़ियाला[17] व मैदानी भाग के पूर्वी उत्तर प्रदेश में लगभग 'घाघरा' अथवा 'घूघ्घर' नाम से जानी जाती है।[18] रामायण काल में यह अयोध्या से लगभग 11 कि.मी. दूर प्रवाहमान थी।[19] कोशल देश इसी के तट पर अवस्थित था।[20] कनिंघम के अनुसार यह प्राचीन अयोध्या को दो भागों में विभक्त करती थी।[21] सम्भवत: 'सर' अथवा 'झील' से नि:सृत होने के कारण इसे सरयू कहा गया, जो रामायण से भी समर्थित है।[22]

सम्प्रति यह नदी सरयू या घाघरा दोनों ही नाम से विख्यात है तथा हिमालय के 'पाद-प्रदेश' में प्रवेश के बाद कौड़ियाला एवं चौका दो भागों में विभक्त होकर गोण्डा-जनपद में एलवीन-पुल के समीप पुन: एक धारा में मिलकर घाघरा संज्ञा से अभिहित हो जाती है।[23] यह अध्ययन क्षेत्र की पश्चिमी व दक्षिणी सीमा का निर्माण करती हुई वलियाँ-जनपद के पूर्वी एवं छपरा जनपद के पश्चिमी छोर के निकट गंगा में समाहित हो जाती है।[24]

राप्ती

पूर्वी उत्तर प्रदेश के प्राचीन भौगोलिक अध्ययन में राप्ती का विशेष स्थान है। इसका प्रवाह कभी चिरस्थायी न होने के कारण इसे 'अचिरावती' नाम से भी जाना जाता है। इसके अतिरिक्त राप्ती को ऐरावती,[25] इरावती[26], रावती[27], अजिरावती[28] अथवा अचिरवती[29] आदि संज्ञाओं से विभूषित किया गया है।

चीनी पर्यटक युवानच्वांग ने इसे 'अ-चि-लो' कहा है जो श्रावस्ती के दक्षिण-पूर्व दिशा में बहती थी।[30] इत्सिंग महोदय ने अजिरावती का अभिप्राय अजि (Dargon) नदी से लगाया है।[31] जैन-साहित्य इसे 'ऐरावे' की संज्ञा से अभिहित करते हैं। यह वास्तव में आधुनिक राप्ती ही है। जिसके पश्चिम तट पर कोशल राज्य की अंतिम राजधानी श्रावस्ती थी।[32] 'संयुक्त निकाय'[33] के अनुसार यह नदी गंगा, यमुना, सरयू एवं महि सहित पूर्वाभिमुख बहती, कटाव करती हुई आगे बढ़ती थी तथा ग्रीष्म काल में शुष्क हो जाया करती थी।[34] लघु नौकाओं की सहायता से इसको पार किया जाता था।[35] तदुपरान्त राप्ती अपने उद्गम स्थल से तराई प्रदेश मे आकर दक्षिण-पूर्व की ओर बहती हुई पूर्वी उत्तर प्रदेश के वहराईच, गोण्डा, वस्ती व गोरखपुर जनपद को सिंचित करती हुई बरहज (देवरिया) वेलडाण ग्राम के निकट सरयू में विलीन होती है।[36]

रोहिणी

कनिंघम ने अपने भ्रमण रपट में रोहिणी नदी को आधुनिक रोवई अथवा 'रोहविनी' से समीकृत करते हुए कहा है कि यह गोरखपुर जनपद के समीप राप्ती में निमज्जित हो जाती है।[37]

जातक ग्रंथों में इसका उल्लेख एक लघु सरिता तथा शाक्य एवं कोलिय विषयक सीमा-निर्धारण के रूप मे किया गया है। जातक ग्रंथों के अनुसार इस नदी के जल वितरण के लिए शाक्य एवं कोलिय गणराज्यों में निरन्तर विवाद हुआ करता था, जो भगवान बुद्ध के प्रयास से किसी तरह शान्त हो सका।[38]

कुकुत्था

यह नदी दक्षिण-पूर्व की ओर प्रवाहमान होती हुई 'हिरण्यवती' में समाहित हो जाती है। इनमें 'कुकुत्था' अथवा 'कुकुहा' ही मात्र एक ऐसी सरिता है, जिसका उल्लेख प्राचीन ग्रन्थों में हुआ है। जो कुशीनारा के समीप प्रवाहित थी।[39] दीघनिकाय के अनुसार इस सरिता के परिचमी तट पर एक आम्रवन था, जिसके निकट भगवान बुद्ध (563-483 ई.पू.) ने पावा (पड़रौना) से कुशीनारा की अपनी अंतिम यात्रा मे स्नान कर जल ग्रहण किया था।[40] कनिंघम महोदय ने इसे 'वरहीं' से समीकृत करते हुए कुशीनारा से 10 कि.मी. नीचे अर्थात् पूर्व-दक्षिण की ओर छोटी गण्डक में इसका निमज्जन स्वीकार करते हैं।[41]

सदानीरा

यह सर्वदा जल से पूरित रहने वाली नदी है, जो प्राचीन समय में विदेह की पूर्वी एवं पश्चिमी सीमा का निर्माण करती थी।[42] इस नदी का उद्‌गम स्रोत तिब्बत का दामोदर कुण्ड बताया जाता है।[43] वराह पुराण[44] के अनुसार इसका निर्माण विष्णु के कपोलों से निर्गत-श्वेद अर्थात् 'गंड' से हुआ है। अत: कालान्तर में गण्डकी नाम पड़ा। महाभारत[45] में इसे सरयू एवं गण्डकी के मध्य स्थित कहा गया है, तथा उसी में एक स्थल पर इसे करतोया और गण्डक से अलग स्वतंत्र नदी कहा गया है।[46] भागवत पुराण[47] में इसे गण्डक एवं इसकी ऊपरी प्रवाह को चक्र नदी कहा गया है। बौद्ध भिक्षु धर्मरक्षित ने किसी समय इसका प्रवाह कुशीनारा के अति निकट मानते हुए विचार व्यक्त किया है कि बौद्धकाल में यह वैशाली के पशिचम, दक्षिण दिशा में प्रवाहमान थी, जिसे महानदी के नाम से भी जाना जाता था।[48]

उपर्युक्त विवेचन से स्पष्ट होता है कि सदानीरा ही आधुनिक बड़ी गण्डक है, जो शिवालिक श्रेणियों को जनपद गोरखपुर (उत्तर प्रदेश), पश्चिमी चम्पारन (बिहार), एवं नेपाल विषय की संधि स्थली त्रिवेणी पार कर मैदानी क्षेत्र में आती है तथा कुछ दूर तक गोरखपुर, चम्पारण, देवरिया एवं मुजफ्फरपुर की सीमा रेखा का निर्माण करती हुयी सोनपुर, हाजीपुर (बिहार) के मध्य गंगा में प्रविष्ट हो जाती है।

जलवायु

पूर्वी उत्तर प्रदेश के जलवायु के संकेत की पुष्टि प्राचीन वैदिक संहिताओं से होती है, जो विभिन्न कालों में परिवर्तित होती रहती है। भूगोलवेत्ताओं के मतानुसार यह क्षेत्र हिमालय की पर्वत शृंखलाओं तथा बंगाल की खाड़ी से प्रभावित होने के कारण परिवर्तित मानसूनी क्षेत्र कहा जाता है। इस मानसूनी क्षेत्र को क्रमश: तीन ऋतुओं में विभाजित किया गया है, यथा-ग्रीष्म ऋतु, वर्षा ऋतु व शीत ऋतु।

विवेच्य क्षेत्र के जलवायु अध्ययन से ज्ञात होता है कि इस क्षेत्र में ग्रीष्म ऋतु का औसत तापमान लगभग 13^0-43^0 से.ग्रे. होता है, जबकि जून माह में लगभग 43^0 से.ग्रे. पहुँच जाता है। उष्ण मानसूनी

हवायें प्राय: हिमालय की तलहटी से होकर पश्चिमोत्तर की ओर अग्रसर होती हुई पूर्वी उत्तर प्रदेश को अतिविष्ट प्रदान करती है। परन्तु जब ये मानसूनी हवायें गंगा घाटी से होकर संचारित होती हैं, तो यह क्षेत्र शुष्क ऋतु का अनुभव करता है, व महोदधि से निर्मित मानसूनी हवाओं के संचालन पथ के परिवर्तन होने से अतिवृष्ट एवं अल्पवृष्ट के कारणों का अभिज्ञान होता है।[49] भूमध्य सागरीय चक्रवर्ती से कभी-कभी शीत ऋतु में वर्षा व ओले पड़ने से पूर्वी उत्तर प्रदेश व समूचे उत्तर भारत का तापमान निम्नवत होकर 20^0-40^0 से.ग्रे. तक पहुँच जाता है। इस क्षेत्र में औसत वर्षा लगभग 100-120 से.मी. मानी जाती है।[50]

भौमिक संरचना

पूर्वी उत्तर प्रदेश की भौमिक संरचना को विभिन्नता के आधार पर तीन वर्गों में विभाजित किया जा सकता है।[51] –

1. भाँवर की तराई
2. खादर अथवा तरहार
3. बाँगर अथवा उपहार

भाँवर क्षेत्र उत्तरी भाग में 'शिवालिक' श्रेणियों के संगम-स्थल तक विस्तृत है। इस क्षेत्र में छोटे-छोटे गोलाश्म (Bolder), बजरी, कंकड़, पत्थर एवं मृत्तिका का असंगठित निक्षेपण हुआ है। असंगठित निक्षेपण के परिणामस्वरूप भाँवर क्षेत्र का धरातल सरंध्र (Porous) है।

तराई क्षेत्र का विस्तार भाँवर के दक्षिण में भारत-नेपाल सीमा के समानान्तर एक पतली पट्टी के रूप में लगभग 400 वर्ग कि.मी. क्षेत्र पर है। इसमें सूक्ष्म रेत या मृत्तिका से लेकर विभिन्न आकार की बालू के निक्षेप पाये जाते हैं। पश्चिमी तराई में पूर्वी तराई के अपेक्षा बड़े आकार के कणों का जमाव हुआ है।

खादर अथवा तरहार अपेक्षाकृत नवीन जलोढ़ के क्षेत्र है, जो एक बड़े मैदानों में विस्तृत है। प्रतिवर्ष बाढ़ की अवधि में मृत्तिका एवं बालू के कणों का निक्षेपण होता रहता है। खादर का विस्तार लगभग तीन उप क्षेत्रों में मिलता है :–

1. *घाघर-खादर का विस्तार* : यह पूर्वी उत्तर प्रदेश के दक्षिण-पश्चिमी सीमा पर लगभग 15-25 कि.मी. की पट्टी के रूप में फैला हुआ है।
2. *गण्डक-खादर का विस्तार* : पूर्वी सीमा पर अपेक्षाकृत कम चौड़ा है। मध्य पूर्वी-दक्षिणी भाग में एक पतली पट्टी के रूप में उत्तर-पश्चिम से दक्षिण-पूर्व का विस्तृत राप्ती खादर है। सम्पूर्ण खादर क्षेत्र बाढ़ तथा नदियों के मार्ग परिवर्तन से अप्रभावित रहता है।
3. *बांगर अथवा उपरहार* : अपेक्षाकृत उच्च भू-भाग में विस्तृत है। इसमे प्रमुख रूप से बालू, रेत, मृत्तिका आदि के जमाव मिलते हैं।

मिट्टी

पूर्वी उत्तर प्रदेश की मिट्टी को भौतिक एवं रासायनिक विशेषताओं के आधार पर निम्नलिखित भागों में विभाजित किया जा सकता है –

(1) बलुई-दोमट मिट्टी

इस प्रकार की मिट्टी में नमी धारण क्षमता, प्राप्त जल क्षमता व सिल्ट एवं मृत्तिका के कण अपेक्षाकृत्त कम मात्रा में होते हैं। यह घाघरा नदी के बाढ़ग्रस्त क्षेत्र के एक सकरी पट्टी में विस्तृत है। नमी धारण-क्षमता कम होने के कारण इस मिट्टी का उपयोग सिंचित जल उपलब्धि पर निर्भर करता है। बालू के कणों की मात्रा एवं आकार में विविधता के कारण इसकी उर्वरता में क्षेत्रीय अन्तर पाया जाता है। यह मृदा सम्पूर्ण क्षेत्र के लगभग 9.5 प्रतिशत में विस्तृत है।

(2) दोमट मिट्टी

इस मिट्टी में बालू व सिल्ट के कणों की मात्रा लगभग समान होती है। इसमें नमी धारण व प्राप्त जल की क्षमता, बलुई, दोमट की अपेक्षा अधिक होती है। इसमें कणों का आकार, रंग एवं उर्वरक स्तर में क्षेत्रीय विविधता है। उत्तर में तराई, दक्षिण में घाघरा खांदर, पूर्व में भाठ तथा कुछ स्थलों को छोड़कर सम्पूर्ण मध्यवर्ती बांगर क्षेत्र में इसका विस्तार विस्तृत है। बीच-बीच मे सिल्ट, दोमट, मटियार व क्षारीय मृदा इसकी सत्यता में अवरोध उत्पन्न करती है। यह सम्पूर्ण क्षेत्र के लगभग 48 प्रतिशत में विस्तृत है।

(3) सिल्ट-दोमट मिट्टी

इस मिट्टी में सिल्ट एवं मृत्तिका के कणों की अधिकता पायी जाती है। इसमें नमी धारण करने की क्षमता एवं प्राप्त जल क्षमता सामान्यतया अधिक होती है। इसका विस्तार पूर्वी उत्तर प्रदेश के बहराईच जनपद में राप्ती के ऊपरी भाग, गोण्डा जनपद के मध्यवर्ती राप्ती क्षेत्र तथा गोरखपुर एवं देवरिया जनपद के निचली राप्ती के बाढ़ क्षेत्र में एक पतली-पेटी के अन्तर्गत विस्तृत है।

(4) मट्टियार मिट्टी

यह अति सूक्ष्म कणों से निर्मित मिट्टी है, जिसका रंग लगभग भूरा होता है। इसमें नमी धारण करने की क्षमता अधिक होती है। यह उत्तर तराई तथा मध्यवर्ती पश्चिमी बांगर में गोण्डा जनपद के कुआनी एवं बिसुही नदियों के बीच तथा बहराईच जनपद के कुछ निचले भागों में विस्तृत है, जो धान की खेती के लिए अधिक उपयोगी मानी जाती है।

(5) भाट मिट्टी

यह बलुई-दोमट मिश्रित एक विशिष्ट प्रकार की मिट्टी है, जिनमें चूने की अधिकता होने के कारण इसका रंग हल्का सफेद दिखाई पड़ता है। इसमें जल अपृक्वता सदैव विद्यमान रहती है।

फलस्वरूप बिना सिंचाई के ही गन्ने की खेती की जा सकती है। इसका विस्तृत क्षेत्र कुशीनारा, पावा व श्रावस्ती जनपद में राप्ती नदी के उत्तरी भाग में नेपाल सीमा तक व उसकी सरितायें वानगंगा व बूढ़ी राप्ती के क्षेत्र में विस्तृत है। वस्ती जनपद में राप्ती नदी के दक्षिणी हिस्से में पतली पट्टी के रूप में भी भाट मृदा पायी जाती है।

(6) क्षारीय मिट्टी

इस मिट्टी में सोडियम कार्बोनेट अधिक होने के कारण इसका रंग रेहयुक्त होता है। यह पूर्वी उत्तर प्रदेश के मध्यवर्ती बांगर तथा घाघरा खादर के उत्तरी किनारे तराई क्षेत्र के लगभग 2.5 प्रतिशत विस्तृत भू-भाग में फैली हुयी है, जो कृषि के लिए अत्यंत उपयोगी है।

पूर्वी मध्य प्रदेश

वर्तमान में पूर्वी मध्य प्रदेश सामान्यतया 24° से 25° उत्तरी अक्षांश एवं 79° से 83° देशान्तर के मध्य स्थित है। प्रस्तुत अध्ययन में निर्दिष्ट क्षेत्र का तात्पर्य पूर्वी भाग में प्राचीन 'डाहल मण्डल' के कुछ हिस्से जिसमें आधुनिक सतना, रीवा, सीधी, पन्ना और प्राचीन जेजाक भुक्ति का महोबा, जालौन व झाँसी जिलों के क्षेत्र स्पर्श करते हैं। गोपाचल अर्थात् ग्वालियर क्षेत्र के पूर्व में स्थित कुछ आधुनिक जिले जैसे-शिवपुरी, गुना और डाहल मण्डल का आंशिक भाग 'दशार्ण देश' के सीमांकन से विख्यात था। लगभग यहीं से दक्कन के पठार का भाग प्रारम्भ होता है। इसके उत्तर और पूर्व में गंगा और यमुना नदियों का विस्तृत क्षेत्र है, जो 'वत्स' जनपद के सीमाओं में होने के कारण सम्पूर्ण क्षेत्र सांस्कृतिक गतिविधियों के समागम का क्षेत्र रहा है। गंगा घाटी मे विकसित सांस्कृतिक परम्पराओं की धारायें जब दक्षिण या दक्षिण-पश्चिम की ओर गतिमान होती थीं, तो इसी क्षेत्र को सर्वप्रथम सर्वाधिक प्रभावित करती थी। ततपश्चात् भारत के अन्य दूरस्थ क्षेत्रों में इनका विस्तार होता था। इनके मार्ग चम्बल (चर्मणवती) के उत्तर में मध्य-उच्च प्रदेश दक्कन ट्रैप व विन्ध्य शैल समूह के मध्य होकर गुजरता था। इसके दक्षिण और दक्षिणी-पूर्वी किनारे पर प्रपाती कगार हैं, जो पश्चिम से पूर्व की ओर क्रमशः विन्ध्याचल, भाण्डेर तथा कैमूर की श्रेणियों के नाम से पुकारे जाते हैं। पुराणों में भी इस क्षेत्र का उल्लेख मिलता है। इन कगारों के उत्तर का भाग हल्के उच्चावच का विस्तृत पठार है। नर्मदा घाटी के दक्षिण में पूर्व से पश्चिम तक सतपुड़ा श्रेणी विस्तृत है, जो ग्रेनाइट, नीस, गोण्डवाना शैल समूह तथा दक्कन ट्रैप से बनी है। इसका पूर्वी किनारा 'मैकल पर्वत' के नाम से जाना जाता है। यह अधिकतम कटाव वनों से आवृत्त प्रदेश है। इन दोनों भागों के पूर्व में पूर्वी पठार है, जिसका उत्तरी भाग बघेलखण्ड का पठार कहा जाता है।

मध्य-उच्च प्रदेश गंगा के घाटी का भाग है। दक्षिण कगारों से निकल कर चम्बल, बेतवा, केन और उसकी सहायक नदियाँ सम्पूर्ण पठार से बहती हुई यमुना में गिरती हैं।[52]

आधुनिक अध्ययन से ज्ञात होता है कि इन सभी नदियों में उत्तोलन के कारण अपरदन की नवीन शक्ति आ गयी है। नर्मदा तथा ताप्ती नदियाँ सतपुड़ा श्रेणी तथा विंध्याचल श्रेणी के दक्षिण ढ़ाल का

जल अरब सागर में ले जाती हैं। इन दोनों नदियों के भाग सकरे और लम्बे हैं। पूर्वी पठार महानदी और सोन नदी के घाटी का भाग है। सोन तथा उसकी सहायक नदियाँ बघेलखण्ड के पठार के उत्तरी भाग का जल ले जाती हैं, किन्तु सोन स्वयं अत्यधिक सकरी घाटी में प्रवाहित है। ऐतिहासिक काल में उत्तर से दक्षिण तथा दक्षिण से पश्चिम की ओर जाने वाले व्यापारी इस मार्ग से गुजरते थे, जिनका संबंध भृगुकच्छ (भड़ौच), सोपारा आदि प्रसिद्ध बंदरगाहों से था। इसके अतिरिक्त दक्षिणी भारत एवं उत्तरी भारत में जो भी शासक अपने शक्ति का विस्तार विपरीत दिशाओं में करना चाहते थे, तो उन्हें इसी मार्ग का अनुसरण करना पड़ता था।

भौतिक संरचना की दृष्टि से मध्य प्रदेश को निम्नलिखित तीन प्रमुख भागों में विभाजित किया जा सकता है-

1. नर्मदा-सोन अक्ष में स्थित मध्य उच्च-प्रदेश का विस्तार अरावली के श्रेणी तक है तथा उत्तर-पूर्व में कुछ भाग उत्तर प्रदेश व बिहार तक फैला हुआ है।
2. नर्मदा-सोन अक्ष के दक्षिण में सतपुड़ा मैकल श्रेणी है, जो दक्कन के पठार का उत्तरी हिस्सा है, इसका अधिकांश भाग महाराष्ट्र में चला गया है।
3. पूर्व की ओर पूर्वी-पठार है, जिसके अन्तर्गत बघेलखण्ड का पठार आता है।[53]

नदियाँ

पूर्वी मध्य प्रदेश के सांस्कृतिक, राजनैतिक तथा आर्थिक दृष्टि से कुछ प्रमुख नदियों का उल्लेख करना अनिवार्य है, यथा-

1. नर्मदा : यह नदी प्राचीनतम नदियों में से एक है। इसका उद्गम अमरकंटक (जिल-शहडोल) की पर्वत शृंखला से होकर यह अरब सागर मे मिलती है। नर्मदा का उल्लेख साहित्य में 'रेवा' नाम से भी हुआ है। इस नदी का उल्लेख रामायण, महाभारत तथा विभिन्न पुराणों में भी मिलता है। इसे कालिदास कृत 'मेघदूत' एवं गुप्तकालीन साहित्य 'बृहत् संहिता' आदि में अनेकानेक संज्ञाओं से पुकारा गया है। इस नदी का धार्मिक माहात्म्य के साथ-साथ राजनीतिक एवं आर्थिक महत्त्व भी था। यह पूर्वी मध्य प्रदेश ही नहीं, अपितु सम्पूर्ण मध्य प्रदेश के लिए जीवन रेखा है। अत: अनेक पौराणिक गाथायें इस नदी से जुड़ी हुयी हैं। यही कारण है कि अनेक धार्मिक स्थल इसके तट पर बसे हुए हैं। इसमें भेड़ाघाट, बर्मनघाट, औंकारेश्वर, मान्धाता तथा बड़वानी प्रमुख हैं।

ये सभी स्थल संन्यासियों एवं महापुरुषों से पारम्परिक जुड़े हुए हैं। नर्मदा का महत्त्व इससे और भी बढ़ता है कि यह 'आर्यावर्त्य' और 'दक्षिणापथ' की सीमाओं का विभाजन करती है।[54]

2. दशार्ण : दशार्ण नदी का उल्लेख महाभारत में मिलता है। इसके अतिरिक्त कालिदास कृत 'मेघदूत' में यही नाम उल्लेखित है। भण्डारकर महोदय ने तो दशार्ण को पूर्वी मालवा से प्रमाणित किया है।[55] दशार्ण नदी को आधुनिक 'धसान-नदी' से प्रामाणित किया गया है, जो सागर जिले से होकर बेतवा एवं केन नदियों के मध्य इसका क्षेत्र है। कूर्म पुराण, मत्स्य पुराण व ब्रह्माण्ड पुराण आदि

में उल्लेख है कि दशार्ण का उद्गम ऋक्ष-पर्वत शृंखला से है। परन्तु मार्कण्डेय पुराण में इसे भोपाल क्षेत्र से निकली हुई बताया गया है और बेतवा में मिलने का उल्लेख है।

पेरीप्लस में इसको 'दोशरेणे' कहा गया है एवं इसके अन्य नाम, यथा- ब्रह्माणी, वैतरणी, औशुवर्ण आदि भी मिलते हैं।

3. *सोन नदी :* यह नदी विंध्याचल पर्वत की अमरकंटक की पहाड़ियों से नर्मदा के उद्गम स्थल के निकट से निकलती है। इस नदी को 'सोणभद्र' या 'सोणभुण्डा' भी कहते हैं जो बिलासपुर व रीवा क्षेत्र से होकर लगभग 487 कि.मी. वहाव के बाद गंगा में पटना (बिहार) के निकट मिलती थी, किंतु वर्तमान में यह गंगा नदी में दीनापुर से 16 कि.मी. ऊपर की ओर गिरती है। इस नदी का उल्लेख रामायण एवं भागवत पुराण आदि में मिलता है। कालिदास ने सोनभद्र की लहरों का उल्लेख गंगा के निकट किया है। इसी प्रकार बृहत् संहिता में भी सोन नदी का नाम उल्लेखित है। महाभारत में सोन के सहायक नदियों में 'ज्योर्तितीर्था' का नाम मिलता है। पार्जिटर ने तो इसे सोन की सहायक नदी प्रमाणित किया है। अमरकोश में भी इसका उल्लेख मिलता है। भीमसेन द्वितीय द्वारा निःसृत आरंग (रायपुर) से प्राप्त ताम्रपत्र में इसे 'सुवर्ण नदी' कहकर उल्लेखित किया गया है। वर्तमान में यह सोन नदी है। टॉलमी इसको 'सोआ' कहता है, जो 'सोण' से प्रमाणित है।

4. *बेतवा :* यह नदी पूर्वी मध्य प्रदेश के अधिकांश भागों का जल लेकर बहती है, जिसमें उसकी सहायक नदियाँ बीना तथा धसान दाहिनी ओर से आकर मिलने वाली प्रमुख नदियाँ हैं, जबकि बायीं ओर एक छोटी सहायक नदी सिंध, गुना आदि जिलों को समद्विभाजित करती हुई मिलती है। बीना नदी सागर जिले की पश्चिमी सीमा के पास राहतगढ़ कस्बे के निकट एव ऊँचा खड़ा जल प्रपात-भालकुण्ड प्रपात (38 मी.) बनाती है। गुना से आगे बेतवा की दिशा उत्तर से उत्तर-पूर्व होते हुए मध्य प्रदेश और उत्तर प्रदेश की सीमा बनाती हुई माता टीला के नीचे झररघाट तक बहती है। आगे जिला झाँसी से प्रवाहित होकर टीकमगढ़ में प्रवेश करती है तथा अंत में हमीरपुर के निकट यमुना नदी में विलीन हो जाती है।[56]

5. *मंदाकिनी :* रामायण में उद्धृत चित्रकूट पर्वत से चित्रकूट नदी का उद्भव बताया गया है। यह इलाहाबाद से लगभग 100 कि.मी. पश्चिम और दक्षिण-पश्चिम में स्थित है। चित्रकूट पहाड़ी का सम्बन्ध दो नदियों से जोड़ा गया है, यथा - मन्दाकिनी और मालिनी।

डी.सी. सरकार के कथनानुसार चित्रकूट का वर्णन पुराणों में भी मिलता है, जिसको मन्दाकिनी या इसके किसी भी हिस्से से प्रमाणित किया जा सकता है। वर्तमान में भी यह नाम विख्यात है। कनिंघम के विचारानुसार वर्तमान मन्दाकिनी ही है, जिसको आधुनिक पयूसिनी से प्रमाणित किया गया है, जो मन्दाकिनी की सहायक नदी है। सम्भवतया मालिनी ही चित्रकूट थी, जिसको एन.एल. डे महोदय ने भी स्वीकार किया है, और कहा है कि इसका दूसरा नाम 'पयुसूनी' था।

मिट्टी

वनस्पति और कृषि के स्वरूप को निर्धारित करने के लिए मिट्टी अत्यधिक महत्त्वपूर्ण है। मध्य प्रदेश भारत के दक्षिणी पठार का भू-भाग होने के कारण यहाँ के विस्तृत क्षेत्र में अवशिष्ट मिट्टी पायी जाती है। विद्वानों के मतानुसार मध्य प्रदेश की मिट्टी को तीन भागों में विभाजित किया जा सकता है-

1. ***काली मिट्टी*** : काली मिट्टी मुख्य रूप से मध्य प्रदेश के मालवा के पठार सतपुड़ा के कुछ भाग तथा नर्मदा घाटी में विस्तृत पैमाने में पायी जाती है। यह पूर्वी मध्य प्रदेश के सतना, रीवा, पन्ना, छतरपुर, टीकमगढ़ तथा मध्यप्रदेश के अन्य भाग यथा — उज्जैन, शाजापुर, राजगढ़, भोपाल, विदिशा, गुना, शिवपुरी तथा सीधी इत्यादि जिलों में भी पायी जाती है।[57]

काली मिट्टी का क्षेत्र मुख्यतः वह है, जहाँ दक्कन ट्रैप अथवा बसाल्ट या आग्नेय चट्टान बहुत मोटी तहों में मिलती है और इसी काली चट्टान के ऋतुक्षरण से काली मिट्टी का निर्माण होता है। इस मिट्टी में लोहे व चूने की मात्रा अधिक तथा रासायनिक परिवर्तनों से इसका रंग काला हो जाता है। मिट्टी का गठन दोमट अथवा चिकनी होती है। अतः पानी पड़ने पर चिपकाती है और सूखने पर बड़ी सख्या में दरारें पड़ती हैं। इसको मुख्य रूप से तीन वर्गों मे विभाजित किया गया है-

1. गहरी काली मिट्टी : यह मिट्टी मध्य प्रदेश के नर्मदा घाटी, मालवा तथा सतपुड़ा के विस्तृत भागों में पायी जाती है। इसमें मुख्य रूप से गेहूँ, तिलहन, चना तथा ज्वार की खेती बड़े पैमाने पर की जाती है तथा अन्य पठारी और पहाड़ी भागों में सघन मानसूनी वन पाये जाते हैं। इसके अतिरिक्त मध्य प्रदेश के अन्य भागों में साधारणतया गहरी व छिछली काली मिट्टी भी विस्तृत क्षेत्र मे पायी जाती है।

2. लाल और पीली मिट्टी : मध्य प्रदेश के सम्पूर्ण पूर्वी भाग, प्राचीन डाहल मण्डल (बघेलखण्ड) के सतना, रीवा, पन्ना व छतरपुर आदि जिलों में लाल तथा पीली मिट्टी बड़े पैमाने पर पायी जाती है। मिट्टी में पीला रंग सम्भवतः फेरिक ऑक्साइड के जल योजन तथा लाल रंग लोहे के कणों के ऑक्सीकरण के कारण होता है। अधिकतर यह बलुई मिट्टी है लेकिन बीच-बीच में भारी चिकनी व दोमट मिट्टी भी प्राप्त होती है। इस मिट्टी में ह्यूमस तथा नाइट्रोजन की कमी एवं चूने की मात्रा अधिक व निक्षालन (Leaching) के कारण वनस्पतियाँ कम मात्रा में पायी जाती हैं।[58]

3. जलोढ़ मिट्टी : मध्य प्रदेश का उत्तरी-पश्चिमी भाग, गंगा की घाटी का सीमांत है। अतः यहाँ की मिट्टी, जलोढ़ मिट्टी मानी जाती है। यह मुरैना, भिण्ड, ग्वालियर तथा शिवपुरी जिलों में पड़ता है। इस मिट्टी का जनक पदार्थ 'प्राचीन डाहल मण्डल' का नीस तथा चम्बल द्वारा निक्षेपित पदार्थ

है। भिण्ड तथा मुरैना जिलों में मिट्टी का रंग पीलापन लिए भूरा होता है जिसमें बीच-बीच में राख का रंग भी मिलता है। इसके अन्य भागों में गहरे भूरे रंग की मिट्टी पायी जाती है।

2. *मिश्रित मिट्टी :* मध्य प्रदेश के अनेक क्षेत्रों में लाल, पीली एवं काली मिट्टी मिश्रित रूप में पायी जाती है। इस मिट्टी में फॉस्फेट, नाइट्रोजन एवं कार्बनिक पदार्थों की कमी रहती है, जिसके फलस्वरूप यह कम उपजाऊ रहती है। फलतः इस प्रकार की मिट्टियों में मुख्यतः मोटे अनाज, ज्वार, मक्का आदि उत्पादित किये जाते हैं।

मध्य प्रदेश के अन्य भागों की तुलना में यहाँ वर्षा का औसत बहुत कम है। अतः कृषि भूमि उपयोग में वे फसलें महत्त्वपूर्ण हैं, जो इस जलवायु में हो सकें, जिन भागों में सिंचाई की सुविधा है, वहाँ विभिन्न प्रकार की फसलें उगाई जाती हैं, जिससे स्पष्ट है कि मिट्टी की उर्वरा शक्ति कम नहीं है।

उपरोक्त दोनों ही क्षेत्रों की भौगोलिक संरचना, यथा-पर्वत श्रेणियाँ, नदियाँ और भौमिक संरचना इत्यादि का अध्ययन करने से स्पष्ट है कि पूर्वी उत्तर प्रदेश और मध्य प्रदेश दोनों ही एक-दूसरे से प्राकृतिक रूप से जुड़े हुए क्षेत्र हैं। इतना अवश्य है कि, उत्तर प्रदेश के हिमालय के तलहटी की जलवायु तथा गंगा-यमुना दोआब में भौमिक संरचना अंशतः भिन्न रही है, फिर भी सांस्कृतिक, आर्थिक और राजनैतिक दृष्टिकोण से महत्त्वपूर्ण रहे हैं।

लगभग छठी शताब्दी ई.पू. में विकसित गणतन्त्र एवं महाजनपदों का प्रभाव पूर्वी उत्तर प्रदेश में अधिक रहा, लेकिन प्रचलित षोडश महाजनपदों की सूची में मध्य प्रदेश के 'अवन्तिका', 'चेदि' तथा 'वत्स' जनपद साहित्य में एक साथ उल्लेखित है। अतः इनमें स्वाभाविक रूप से जो भी राजनीतिक गतिविधियाँ होती थीं, उसकी प्रतिध्वनि एक-दूसरे क्षेत्र में होती रही। इसलिए अनवरत इनमें राजनीतिक, सांस्कृतिक, आर्थिक, धार्मिक एवं सामाजिक सम्बंध स्थापित होते रहे, जिसका गहन अध्ययन यथास्थान किया जायेगा।

प्राचीन बौद्ध संघों का आवागमन मालवा (अवन्ति) अर्थात् मध्य प्रदेश की ओर अनवरत रहा। व्यापारिक दृष्टिकोण से भी यह प्रक्रिया जारी रही। तत्पश्चात् सांस्कृतिक दृष्टिकोण से भी अनेक सांस्कृतिक परम्परायें गंगा-दोआब से पूर्वी मालवा तथा अन्य क्षेत्रों में फैली जिनके प्रमाण आद्यतन पुरातात्त्विक साक्ष्य हैं।

मौर्यकाल (323-184 ई.पू.) में तो विदिशा (म.प्र.) व्यापारिक और सांस्कृतिक गतिविधियों का केन्द्र बन गया था। इस काल के महान शासक अशोक (273-236 ई.पू.) ने तो दशार्ण देश की प्राचीन राजधानी विदिशा में एक श्रेष्ठी की पुत्री 'देवी' से वैवाहिक संबंध भी स्थापित किया। देवी से उत्पन्न पुत्र 'महेन्द्र' व पुत्री 'संघमित्रा' की शिक्षा-दीक्षा यहीं हुयी, तथा महेन्द्र बौद्ध धर्म से प्रभावित होकर श्रीलंका जैसे देशों में जाकर वहाँ लोगों को बौद्ध धर्म में दीक्षित किया। देवी ने विदिशा को ही अपना स्थायी निवास बनाया। अशोक ने देवी से प्रभावित होकर विदिशा से लगभग 9 कि.मी. दक्षिण-पश्चिम में स्थित साँची में एक विशाल स्तूप का निर्माण

भी करवाया। देवी जिस विहार में निवास करती थी, उसके अवशेष आज भी सुरक्षित हैं। यहाँ तीसरी शताब्दी ई.पू. से लेकर गुप्तकाल तक के बौद्ध वास्तु एवं शिल्पकला के विकास व अवनति के विभिन्न चरणों पर प्रकाश पड़ता है।[59] यह स्थल दीर्घकाल तक बौद्धधर्म का महत्त्वपूर्ण केन्द्र बना रहा। यहाँ से अनवरत मगध व पूर्वी मध्य प्रदेश के विदिशा व अवन्ति से सांस्कृतिक संबंध ों में वृद्धि होती रही।

पूर्वी उत्तर प्रदेश की राजनीतिक शक्ति ने मध्य प्रदेश के भौगोलिक परिवेश से सांस्कृतिक गतिविधियों को संयोजित करते हुए भारतीय संस्कृति के क्षेत्र में नवीन आयाम स्थापित किये। मौर्यकाल से लेकर गुप्तकाल तक इसके उदाहरण देखे जा सकते हैं, विशेष कर मौर्यों के पतन और शुंगवंश के अभ्युदय में मध्य प्रदेश के विदिशा क्षेत्र के योगदान को नकारा नहीं जा सकता। इस काल में तो बड़े-बड़े यज्ञ भी हुए जिसके प्रमाण अभिलेखों में मिलते हैं।

गुप्तकाल में रामगुप्त के ऐतिहासिकता के आधार विविध संदर्भ जहाँ गुप्तों के प्रभुत्वबलि क्षेत्रों में दृष्टिगोचर नहीं होते वे 'दशार्ण' के सांस्कृतिक परिवेश में पल्लवित होते ज्ञात होते हैं। रामगुप्त के अतिरिक्त इस काल के महान शासक मगध नरेश समुद्रगुप्त और चन्द्रगुप्त द्वितीय ने तो विदिशा (वैदिशपुर)[60] और सागर (मध्य प्रदेश) के आसपास के क्षेत्रों में अपने शक्ति का केन्द्र स्थापित कर रखा था, जिसके प्रमाण भिलसा के समीप उदयगिरि[61] और साँची[62] के लेख आद्यतन उपलब्ध हैं। कहा जाता है कि दोनों नरेशों ने अपनी शक्ति का विस्तार यहीं से किया। उल्लेखनीय है कि साँची और विदिशा गुप्त राजाओं का प्रमुख केन्द्र था, जबकि गुप्तों का मूल स्थान पूर्वी उत्तर प्रदेश के आधुनिक 'मगध' में था।

अत: कहा जा सकता है कि निर्दिष्ट क्षेत्र भौमिक संरचना में आर्थिक रूप से सम्पन्न है। तत्पश्चात् आर्थिक गतिविधियों में भौमिक संरचना की महत्त्वपूर्ण भूमिका रहती है, जो इस क्षेत्र के लिए वरदान थी।

भौगोलिक परिवेश की सामंजस्यता में उत्तर प्रदेश से मध्य प्रदेश के व्यापारिक पथों का अस्तित्व विकसित हुआ, तो कालान्तर में दोनों क्षेत्रों में सांस्कृतिक आदान-प्रदान का आधार कहा जा सकता है।

संदर्भ

1. *पद्मपुराण*, भूमिखण्ड, अध्याय-24
2. विस्तार हेतु देखिए : डे, एन.एल. - द *ज्यॉग्राफी डिक्शनरी ऑफ एन्शियन्ट एण्ड मिडिवल इंडिया*, दिल्ली, 1971, पृ. 171
3. उत्तर प्रदेश एक दृष्टि में, सांख्यिकी हैण्ड बुक, 1996-97, *दैनिक जागरण*, प्रकाशन लखनऊ (उ.प्र.)
4. *अंगुत्तर-निकाय*, 1/152
5. *कुमारचरित*, 1

6. *मार्कण्डेय पुराण*, 54/24, 57/59
7. उत्तर भारत भूगोल पत्रिका, भूगोल परिषद, गोरखपुर वि.वि. गोरखपुर, जून, 1970, पृ. 26
8. *शतपथ ब्राह्मण*, 1/4/1/14
9. ओल्डेन बर्ग, आर.डी. - द डीप *वारिंग एट लखनऊ*, रिकार्ड ऑफ ज्योलोजिकल सर्वे ऑफ इण्डिया, जिल्द - 23, पृ. 263
10. ग्लेनी, इ.ए. - *मेमोरिज ऑफ द ज्योलोजिकल सर्वे ऑफ इण्डिया*, प्रोफेशनल पेपर नं. 27, देहरादून, 1932, पृ. 22
11. गिरी लेख - उपरोक्त, 1970, पृ. 26-27
12. पाण्डेय, राजबली - *गोरखपुर जनपद और उसकी क्षत्रिय जातियों का इतिहास*, वाराणसी, 1962, पृ. 15-16
13. *वही*, पृ. 6
14. *मार्कण्डेय पुराण*, 57/16/18; *संयुक्त निकाय*, पठमस त्वेजसुत्त।
15. *ऋग्वेद*, 10/64/9, 5/33/9, 4/30/18
16. *संयुक्त निकाय*, 'पठमस त्वेजसुत्त, मनोरथ पूर्णी', पृ. 759-60, पंचम सूदनी, सिंहली संस्करण II पृ. 586; *मिलिन्दपन्हो*, 4/1/35
17. मामोरिया, चतुर्भुज, *भारत-भूमि*, पृ. 35; बी.ए. चौहान, *भारत*, पृ. 54
18. *कास्मोग्रॉफी एण्ड ज्योग्राफी इन इण्डियन लिटरेचर*, पृ. 24
19. *रामायण*, बालकाण्ड, 22/11
20. *तैत्तिरीय संहिता*, 5/5; *स्कन्द पुराण*, 1/3/3
21. कनिंघम, अलेक्जेण्डर - *एशियन्ट ज्योग्राफी आर्क्योलोजी सर्वे ऑफ इण्डिया*, नई दिल्ली, 1963, पृ. 343
22. *रामायण*, बालकाण्ड, 24/9 'तस्मात्सुस्नाव सरसः सायोध्यामुपगूहते'।
23. *कास्मोग्रॉफी एण्ड ज्योग्राफी इन इण्डियन लिटरेचर*, पृ. 24
24. पाण्डेय, राजबली - उपरोक्त, पृ. 6-7; *माउण्टेन एण्ड रीवर्स ऑफ इण्डिया*, पृ. 199
25. *अवदान शतक* I, पृ. 63, पृ. 60
26. *विनयपिटक*, 5/1/12; *मज्जिम निकाय*, 1/3/6
27. कनिंघम, अलेक्जेण्डर - उपरोक्त, पृ. 343
28. *अवदान शतक* I, 63/5, 69/3-4
29. *अंगुत्तर निकाय*, जिल्द 4, पृ. 101, *संयुक्त निकाय*-पठमससुत्त; दीघनिकाय, त्वेजसुत्त; ला, वी.सी. -*श्रावस्ती*, पृ. 4
30. वाटर्स, टी. आन युवानच्वाँग - *ट्रेवल्स इन इण्डिया*, दिल्ली 1961, पृ. 398
31. *वही*, पृ. 5-6
32. प्राचीन श्रावस्ती संज्ञक ग्रामों से समीकृत।
33. *संयुक्त निकाय*, पृ. 135, तुलनीय, *संयुक्त निकाय* - 5/39/134
34. *अंगुत्तर निकाय*, जिल्द-4, पृ. 101
35. *विनय पिटक*, पृ. 63

36. पाण्डेय, राजबली - *उपरोक्त*।
37. कनिंघम, अलेक्जेण्डर - *उपरोक्त*, पृ. 190
38. *दीघ निकाय*, पृ. 337; *बुद्धचरित*, 25/54
39. *वही*, 2/3; उदानसुत्त, 8/5
40. *वही*, 2/3, 'तस्यायेव नदिया तीरे'।
41. कनिंघम, अलेक्जेण्डर - *उपरोक्त*, पृ. 435
42. *शतपथ ब्राह्मण* - 1/4/1/14; *गंधार जातक*, पृ. 365
43. चौधरी, एस.वी. - *द एन्शियन्ट ज्यॉग्राफी ऑफ इण्डिया*, कलकत्ता, 1954, पृ. 60
44. *वराह पुराण*, अ. 144
45. *महाभारत*, सभापर्व, अ. 20
46. *तैत्तिरीय संहिता*, भीष्मपर्व, अ. 9
47. *भागवत पुराण*, 10/79/11, 5/7/10; *विष्णु पुराण*, 13/7
48. बौद्धभिक्षु धर्मरक्षित त्रिपिटकाचार्य कृत - *कुशीनगर का इतिहास*, पृ. 31
49. *तैत्तिरीय संहिता*, पृ. 26-27
50. श्रीवास्तव, हरिओम - *सरयूपार मैदान (उ.प्र.) के बाजार केन्द्र*, अप्रस्तुत शोध प्रबन्ध, गोरखपुर वि.वि. , गोरखपुर।
51. पाण्डेय, जे. एन. - *सरयूपार का भूगोल*, पृ. 13-14
52. कुमार, प्रमिला - *मध्य प्रदेश : एक भौगोलिक अध्ययन*, म.प्र. हिन्दी ग्रंथ अकादमी, भोपाल, 1998, पृ. 10-14
53. छत्तीसगढ़ का मैदान तथा दण्डकारण्य (जिला बस्तर) वर्तमान छत्तीसगढ़ में सम्मिलित किये गये हैं।
54. भट्टाचार्य, पी.के. - *हिस्टोरिकल ज्योग्राफी ऑफ मध्य प्रदेश*, फ्राम अर्ली रिकार्ड, मोतीलाल बनारसीदास, दिल्ली, 1977, पृ. 95-99
55. भण्डारकर, आर.जी. - *अर्ली हिस्ट्री ऑफ दक्कन*, सेक्शन III
56. जैन एवं भटनागर - *मध्य प्रदेश सामान्य अध्ययन*, आगरा, 1998, पृ. 60
57. चौधरी, एस.पी. - *स्वायल्स ऑफ इण्डिया*, नई दिल्ली, 1963, पृ. 122-124
58. कुमार, प्रमिला - *उपरोक्त*, पृ. 23-26
59. सिंह, अनुज प्रताप - *साँची के बौद्ध स्मारक*, अप्रकाशित शोध ग्रन्थ, भोपाल, 1983-84, पृ. 1-2
60. गुप्तकाल में विदिशा को 'वैदिशपुर' नाम से जाना जाता था। विस्तार हेतु देखिये : *जर्नल ऑफ द न्यूमिस्मैटिक सोसायटी*, खण्ड-13, भाग-1, पृ. 27-28
61. चन्द्रगुप्त द्वितीय का प्रथम अभिलेख इसके सान्धिविग्रहिक सचिव वीरसेन का है। जिससे ज्ञात होता है कि वह सम्पूर्ण पृथ्वी को जीतने की इच्छा से राजा के साथ इस स्थान पर आया था।
62. श्रीवास्तव, के.सी. - *प्राचीन भारत का इतिहास तथा संस्कृति*, इलाहाबाद, 2000, पृ. 427

अध्याय द्वितीय

ऐतिहासिक पृष्ठभूमि

(क) लगभग छठी शताब्दी ई. पू. से तीसरी शताब्दी ई. तक

छठी शताब्दी ई.पू. के प्रारम्भ में उत्तर-भारत में सार्वभौम सत्ता का पूर्णतया अभाव था। सम्पूर्ण क्षेत्र अनेक स्वतन्त्र राज्यों में विभक्त थे। ये राज्य यद्यपि उत्तर-वैदिक कालीन राज्यों की अपेक्षा विस्तृत तथा शक्तिशाली थे, तथापि इनमें से कोई भी राजनैतिक एकता के सूत्र में समग्र क्षेत्र को बाँधने में समर्थ नहीं था। जो भी हो तत्कालीन राजनैतिक स्थिति के प्रामाणिक विवरण का अभाव सा है, परन्तु बौद्ध-ग्रंथ 'अंगुत्तर-निकाय' से ज्ञात होता है कि बुद्ध के उदय से कुछ समय पूर्व समस्त उत्तरी भारत सोलह बड़े राज्यों में विभाजित था[1], जिसे काशी, कोशल, अंग, मगध, बज्जि, मल्ल, चेदि, वत्स, कुरू, पंचाल, मत्स्य, शूरसेन, अश्मक, अवन्ति, गान्धार तथा कम्बोज के नाम से जाना जाता है। इनकी शासन व्यवस्था राजतंत्रात्मक थी। बौद्ध साहित्य के अतिरिक्त जैनग्रंथ भगवतीसूत्र में भी षोडश महाजनपदों की सूची मिलती है पर उनके नामों में भिन्नता है।[2] इस प्रकार पूर्वी उत्तर प्रदेश एवं मध्य प्रदेश में जनपद एवं गणतन्त्र दोनों ही विद्यमान थे। उनके राजनीतिक गतिविधियों का विहंगमावलोकन निम्नलिखित है —

1. काशी

आधुनिक वाराणसी तथा उसका सीमावर्ती क्षेत्र ही प्राचीन काल में काशी महाजनपद था। उत्तर में 'वरुणा' तथा दक्षिण में 'असी' नदियों से घिरी हुई यह नगरी महाजनपद की राजधानी थी। बौद्ध तथा जैन साहित्य में वर्णित षोडश महाजनपदों में इसका प्रथम स्थान है। सम्भवत: यह शक्तिशाली जनपद था, क्योंकि बौद्ध-जातकों में अन्य नगरों की अपेक्षा काशी राज्य की राजधानी 'वाराणसी' की विविध रूपों में वर्णित गरिमावान् नगर बताया गया है[3], यथा-'गुत्तिलजातक'[4] में इसे श्रेष्ठकर व 'महावग्ग'[5] में प्रभूत समृद्धशाली नगर बताया गया है। 'ब्रह्मत्तजातक'[6] से ज्ञात होता है कि काशी नरेश ब्रह्मदत्त ने एक बड़ी सेना के साथ कोशल पर आक्रमण कर वहाँ के राजा को बंदी बना लिया था। 'कोशाम्बीजातक'[7] व 'कुनालजातक'[8] में काशी के राजा ब्रह्मदत्त द्वारा कोशल को अपने अधीन

कर लेने का उल्लेख मिलता है। कालान्तर में कोशल के राजा कंस ने काशी को जीतकर अपने राज्य में मिला लिया।

2. कोशल

वर्तमान अवध का क्षेत्र (फैजाबाद मण्डल, पूर्वी उत्तर प्रदेश) प्राचीन काल में कोशल महाजनपद का निर्माण करता था। यह उत्तर में नेपाल से लेकर दक्षिण में सई नदी[9] तथा पश्चिम में पंचाल से लेकर पूर्व में गण्डक नदी तक फैला हुआ था। कोशल की राजधानी 'श्रावस्ती' थी। इसके अन्य प्रमुख नगर अयोध्या तथा साकेत थे। रामायणकालीन कोशल राज्य की राजधानी 'अयोध्या' थी।[10] 'मज्झिमनिकाय'[11] में बुद्ध को कोशल का निवासी बताया गया है। 'भद्रसालजातक'[12] से स्पष्ट है कि छठी शताब्दी ई.पू. में शाक्य लोग कोशल की अधीनता स्वीकार कर चुके थे। रामायण एवं उत्तरकालीन पुराणों के अनुसार कोशल के राजाओं के पूर्व पुरुष 'इच्छवाकु' थे, जिनके वंशज कुशीनारा[13], मिथिला तथा वैशाली (बिहार) में राज्य करते थे। पुराणों में दी गयी इच्छवाकु वंश सूची में इच्छवाकु से लेकर बिम्बिसार के समकालीन राजा प्रसेनजित तक का नाम मिलता है। विद्वानों में यह विवाद है कि छठी शताब्दी ई.पू. में हुए हिरण्यनाभ तथा प्रसेनजित के बीच कोई सम्बन्ध था या नहीं। पौराणिक सूचियों के अनुसार हिरण्यनाभ को प्रसेनजित का पूर्वज कहा गया है, किन्तु वंशसूची में प्रसेनजित की वास्तविक स्थिति निश्चित नहीं की जा सकी है। हिरण्यनाभ द्वारा एक अश्वमेघ यज्ञ की भी सूचना मिलती है। पौराणिक ग्रन्थों पर विचार किया जाये और यह तथ्य निकाला जाये कि यदि छठी ई.पू. में ये हुए थे, तो इन्हीं का नाम 'महाकोशल' रहा होगा। सिर्फ हिरण्यनाभ ही ऐसे राजा थे, जिन्हें वैदिक साहित्य में 'विदेह' तथा 'कोशल' दोनों नामों से सम्बोधित किया गया है।

बौद्ध ग्रंथों में कोशल के कई अन्य राजाओं के भी नाम मिलते हैं किन्तु रामायण तथा पुराणों से इनकी पुष्टि नहीं होती। इन राजाओं में से कुछ ही राजधानी पूर्वी उत्तर प्रदेश के अयोध्या[14], साकेत तथा शेष की श्रावस्ती थी। यह भी ठीक ज्ञात नहीं है कि अयोध्या तथा साकेत को छोड़कर कोशलधीशों ने श्रावस्ती को कब राजधानी की मान्यता दिया। अनुमानतः बुद्ध, बिम्बिसार या अधिसीमा कृष्ण के वंशज कौशाम्बी के उदयन के समकालीन प्रसेनजित के राज्याभिषेक के पूर्व ही श्रावस्ती को कोशल की राजधानी बना लिया गया।[15]

'महावग्ग' से ज्ञात होता है कि काशी के राजा ब्रह्मदत्त के पूर्व कोशल एक निर्धन, छोटा तथा सीमित साधनों का राज्य था, किन्तु छठी, पाँचवीं शताब्दी ई.पू. में यह एक शक्तिशाली राज्य बन गया। गंगा की घाटी में अपने एकाधिपत्य हेतु कोशल को काशी से युद्ध लड़ना पड़ा, जिसमें काशी की पराजय हुई। कोशल का मगध से भी वैमनस्यता एवं संघर्ष दीर्घकालिक तक चलता रहा, जिसका अन्त एक-दूसरे में विलीन होने पर हुआ।

3. मगध

मगध राज्य पूर्वी उत्तर प्रदेश के निकटवर्ती क्षेत्र बिहार के दक्षिण में स्थित था। वर्तमान के पटना

और गया जिले इसमें सम्मिलित थे। कालांतर में यह उत्तर भारत का सर्वाधिक शक्तिशाली महाजनपद बन गया। मगध तथा अंग एक-दूसरे के पड़ोसी राज्य थे तथा दोनों को पृथक करती हुई चम्पा नदी प्रवाहित थी। इस महाजनपद की सीमा उत्तर में गंगा से दक्षिण में विन्ध्य पर्वत तक, पूर्व में चम्पा से पश्चिम में सोन नदी तक विस्तृत थी। मगध की प्राचीन राजधानी 'राजगृह' अथवा 'गिरीव्रिज' थी। यह नगर पाँच पहाड़ियों के बीच में स्थित था। नगर के चारों ओर पत्थर की सुदृढ़ प्राचीर बनायी गयी थी। कालान्तर में मगध की राजधानी पाटलिपुत्र में स्थापित हुई।

महाभारत[16] से ज्ञात होता है कि जरासंध के पिता तथा वसु चैद्य उपरिचर के पुत्र 'बृहद्रथ' ने मगध के आदि वंश की स्थापना की थी। पुराणों में बृहद्रथ वंश के राजाओं की लम्बी सूची मिलती है, जिसमें 'रिपुञ्जय' को अंतिम सम्राट बताया गया है। विद्वानों के मतानुसार जिस समय पुलिक (पुणिक) ने अपने पुत्र प्रद्योत को अवन्ति (उज्जैन, मध्य प्रदेश) के सिंहासन पर बैठाया, उस समय बृहद्रथ वंश तथा मध्यभारत के कुछ अन्य शासक समाप्त हो चुके थे। प्रद्योत को बुद्ध के समकालीन बताया गया है। पुराणों से ज्ञात होता है कि छठी शताब्दी ई.पू. के अंत तक बृहद्रथ वंश का अंत हो चुका था।[17]

पुराणों से विदित है कि मगध में 'शैशुनाग' वंश भी था, जिसकी स्थापना 'शिशुनाग' ने की थी। अनुमानतः बुद्ध के समकालीन बिम्बिसार इसी वंश के थे। कुछ सूत्रों के अनुसार 'प्रद्योत' भी बिम्बिसार के समकालीन कहे जाते हैं।[18] पालि ग्रंथों में प्रद्योत प्रथम का नाम 'चण्डप्रद्योत महासेन' मिलता है तथा संस्कृत भाषा के कवियों एवं नाट्यकारों ने इन्हें बिम्बिसार तथा उनके पुत्र के समकालीन कहा है। इससे ज्ञात होता है कि शिशुनाग उक्त राजाओं के बाद हुये थे। किन्तु पुराणों मे शिशुनाग को बिम्बिसार का पूर्वज माना गया है तथा उन्हें बिम्बिसार के वंश का संस्थापक कहा गया है। पर यह स्पष्ट है कि वाराणसी तथा वैशाली के शिशुनाग बिम्बिसार तथा अजातशत्रु के बाद हुए थे। प्रारम्भ में इन्हीं शासकों ने 'मगध' की नींव डाली। 'मालालंकारवत्थु' नामक पालि ग्रंथ से प्रमाणित है कि राजा शिशुनाग वैशाली में रहते थे और वहीं कालान्तर में उनके राज्य की राजधानी बन गयी। इसके अतिरिक्त अजातशत्रु के पुत्र उदयन द्वारा राजधानी बदलने तथा पाटलीपुत्र को राजधानी बनाने का उल्लेख मिलता है।

4. मल्ल

महाजनपद काल मे 'वज्जिसंघ' के अतिरिक्त दूसरा महत्त्वपूर्ण गणतान्त्रिक राज्य मल्लों का था[19], जो पूर्वी उत्तर प्रदेश के देवरिया जिले में स्थित था, जिसे वर्तमान में जिला कुशीनगर के नाम से जाना जाता है।[20] यह राज्य वज्जिसंघ के पश्चिम और कोशल महाजनपद के पूरब में स्थित था। विद्वानों का विचार है कि मल्ल राष्ट्र (मल्ल रट्ठ) मुख्यतः दो भागों में विभक्त था, जिसे 'कुशावती' या 'कुशीनगर' तथा दूसरे को 'पावा' (पड़रौना) के नाम से जाना जाता था, जो राजधानी के रूप में विख्यात थी। सम्भवतः 'काकुत्था नदी' (कुकु) दोनों को एक-दूसरे से अलग करती थी।[21] महाभारत[22] में भी मल्लों के दो भाग, यथा मुख्य मल्ल तथा दक्षिणी मल्ल का उल्लेख मिलता है।

तथा इन दोनों भागों की राजधानियाँ क्रमशः कुशीनारा एवं पावा थीं, जो लगभग 10 कि.मी. उत्तर में स्थित थी। कुशीनारा गौतम बुद्ध के निर्वाण स्थली के रूप में भी विख्यात है।[23] कुशीनगर की ठीक स्थिति के बारे में विद्वानों में मतभेद हैं। 'महापरिनिब्बान सुत्तन्त'[24] से ज्ञात होता है कि कुशीनगर 'साल' उपवन (उपवत्तन) हिरण्यवती नदी के तट पर स्थित था। स्मिथ महोदय ने गण्डक को ही हिरण्यवती बताया है, जो नेपाल की तराई में पड़ता है और कुशीनगर को राप्ती या गण्डक नदियों के मिलन बिन्दु पर बसा बताया है। इतिहासकार विल्सन के अनुसार कुशीनगर को पूर्वी उत्तर प्रदेश के गोरखपुर के समीप बताया गया है, जिसको कनिंघम ने भी स्वीकार किया है। मल्ल जनपद में स्थित कसया के निर्वाण मंदिर के पीछे छोटी गण्डक पर एक बौद्धकालीन स्तूप की प्राप्ति हुई है, जो वर्तमान में जीर्ण-शीर्ण अवस्था में है। यहाँ से एक ताम्रपत्र प्राप्त हुआ है, जिस पर 'परिनिर्वाण-चैत्ये ताम्रपट्ट इति' उत्कीर्णित है।[25]

मल्ल राज्य का दूसरा प्रमुख नगर 'पावा' था, जिसे कनिंघम[26] ने कसया से 18 कि.मी. दूर उत्तर में स्थित बताया है। वर्तमान में यह 'पड़रौना' के नाम से जाना जाता है। यहाँ पर मल्ल राज्य को एक-दूसरे से अलग करने वाली 'काकुत्था' नदी भी प्रवाहित थी, जिसे 'वाढ़ीनाला' के नाम से भी जाना जाता है।

मल्ल राज्य के निवासियों तथा वैशाली के लिच्छवियों को 'मनु' ने 'व्रात्यक्षत्रिय' की संज्ञा से सम्बोधित किया है, जो बौद्ध मत के कट्टर अनुयायी थे। विदेह की भाँति मल्लों में भी प्रारम्भ में राजतन्त्र शासन प्रणाली थी। कुसजातक में ओक्काक (इक्ष्वाकु) नाम के एक मल्ल राजा का उल्लेख है, जिससे यह संकेत मिलता है कि शाक्यों की भाँति मल्ल राजकुमार भी अपने को 'इक्ष्वाकु' वंश से सम्बन्धित बताते थे, जिसकी पुष्टि 'महापरिनिब्बान सुत्तन्त' में वर्णित 'वासेट्ठे' अर्थात् वशिष्ठ गोत्र से होती है। 'महासुदस्सनसुत्त' में 'महासुदस्सन' नामक राजा का उल्लेख मिलता है। अनुमानतः मल्ल राज्य इन राजाओं द्वारा शासित था।[27] महाभारत[28] में भी मल्ल राजाओं का उल्लेख मिलता है। मल्ल राज्य के राज्यतन्त्र के काल में कुशावती नगर इसकी राजधानी थी तथा अनुपिया और उरूवेलकप्पा अन्य दो प्रमुख नगर थे।[29]

कौटिल्य के अर्थशास्त्र[30] से ज्ञात होता है कि बिम्बिसार के पूर्व राजतंत्र के स्थान पर गणतन्त्र की स्थापना हो गई थी और जंगलों[31] से घिरी राजधानी कुशीनारा जल प्रवाहित हो चुकी थी। बौद्ध ग्रंथों से विदित है कि मल्लों तथा लिच्छवियों का आपसी सम्बन्ध कभी-कभी ही शत्रुतापूर्ण रहा, जो सामान्यतया मैत्रीपूर्ण ही माना जाता है। भद्दसालजातक[32] की एक कथा में कोशल राज्य के प्रधान सेनापति 'बन्धुल' तथा लगभग पाँच सौ मल्लवासी लिच्छवियों के बीच आपसी वैमनस्यता की चर्चा की गई है। जैन ग्रंथ के 'कल्पसूत्र' में, कुशीनारा के मल्ल, वैशाली के लिच्छवि तथा काशी एवं कोशल के अधिपतियों ने कुणिक अजातशत्रु के विरुद्ध मोर्चाबन्दी की सूचना देता है। संभवतः कुणि अजातशत्रु भी गणतंत्रों को समाप्त कर अपने राज्य में आत्मसात करने का प्रयास कर रहे थे। अन्ततोगत्वा वे मल्ल राज्य में समाहित हो गये।

5. चेदि

चेदि राज्य 'कुरू' के चतुर्दिक यमुना के तट पर बसा हुआ था।[33] चम्बल के नजदीक बसे 'मत्स्य' राज्य से इसके अच्छे सम्बन्ध थे। इसके अतिरिक्त यह काशी तथा सोन की घाटी[34] के कारूष से भी सम्बन्धित था।[35] वर्तमान में आधुनिक बुन्देलखण्ड तथा उसके सीमावर्ती क्षेत्र को प्राचीन काल में 'चेदि' के नाम से जाना जाता था।[36] मध्यकाल में इस राज्य का विस्तार नर्मदा (मेकलसुत्ता) तक हो गया था। 'चेतिय जातक'[37] में सोत्थिवती नगर को चेदि राज्य की राजधानी कहा गया है। महाभारत[38] में शुक्तिमती नामक नदी का भी उल्लेख मिलता है, जो चेदि राजा उपरिचर की राजधानी से होकर प्रवाहित थी। पार्जिटर महोदय ने आधुनिक 'केन' नदी को ही प्राचीन शुक्तिमती स्वीकार किया है।

चेदि राज्य की प्राचीनता ऋग्वेद से जोड़ी जाती है। अनुमानतः दानस्तुति के स्तोत्र के अन्त में 'कसुचैद्य' का नाम मिलता है। रेप्सन के अनुसार राजा कसु को ही महाभारत में 'वसु' नाम से सम्बोधित किया गया है।

चेतिया जातक में चेदि राजाओं की विस्तृत सूची का वर्णन मिलता है, जो महासम्मत तथा मान्धाता नामों से प्रमाणित है। अनुमानतः चेदि वंश के राजा उपरिचर के पाँच पुत्र थे, जिनके बारे में कहा जाता है कि इन लोगों ने अपने कार्यकाल में हत्थिपुर, अस्सपुर, सीहपुर, उत्तर पांचाल तथा दद्दपुर नामक नगर का निर्माण कर अपनी शक्ति का परिचय दिया। सम्भवतः उपर्युक्त राजा उपरिचर ही चेदि के पौरव राजा 'उपरिचर वसु' थे।[39] इनका महाभारत[40] में भी उल्लेख मिलता है। इन्हीं पाँच पुत्रों ने कालान्तर में पाँच विभिन्न राजवंशों की स्थापना की थी। महाभारत[41] में वसु के वंशजों को पूर्वी उत्तर प्रदेश के कौशाम्बी, कन्नौज तथा गिरीव्रज से सम्बन्धित स्वीकार किया गया है। ग्रन्थों में चेदि राजा, दमघोष उनके पुत्र शिशुपाल, सुनीथ तथा उनके पुत्र धृष्टकेतु व शरभ की चर्चा मिलती है, जिसमें शिशुपाल को सर्वशक्तिशाली राजा बताया गया है।[42] इन राजाओं को महाभारत की लड़ाई के समय शासनारूढ़ बताया गया है, किन्तु प्रमाणों के अभाव में महाभारत व जातक कथाओं से चेदि राजाओं के शासन काल का जो विवरण मिलता है, उसे वास्तविक इतिहास के रूप में स्वीकार करना कठिन है।

6. वत्स

आधुनिक इलाहाबाद तथा वादा के क्षेत्र प्राचीनकाल में 'वत्स' महाजनपद का निर्माण करते थे।[43] रामायण में वत्स राज्य को गंगा के दक्षिण स्थित बताया गया है,[44] जिसकी राजधानी कौशाम्बी थी जो इलाहाबाद के दक्षिण-पश्चिम में लगभग 50 कि.मी. की दूरी पर यमुना नदी के तट पर स्थित है।[45] इसके अतिरिक्त 'बृहत कथा श्लोक संग्रह' से भी वत्स की राजधानी कौशाम्बी ज्ञात होती है। विष्णु पुराण से सूचित है कि हस्तिनापुर के राजा निचक्षु ने हस्तिनापुर के गंगा के प्रवाह में बह जाने के बाद कौशाम्बी को अपनी राजधानी बनाई।[46]

छठी शताब्दी ई.पू. में यहाँ का शासक उदयन था। 'स्वप्नवासवदत्ता' एवं 'प्रतिज्ञा यौगन्धरायण' में इसको भरत कुल का वंशज बताया गया है। इस वंश के सबसे प्रारम्भिक राजा 'शतानीक द्वितीय' थे जिनके पिता का नाम 'वसुदान' (भाषा के अनुसार 'सहस्रानिक') था।[47] पुराणों के अनुसार उदयन के पिता 'परन्तप' ने अंग की राजधानी चम्पा पर आक्रमण कर उसे विजित कर लिया। राजनीतिक प्रभुसता के लिए अवन्तिका (मध्य प्रदेश) से भी संघर्ष चलता रहा, जिसमें वत्सराज उदयन अनेक बार पराजित हुए। 'सुम्सुमारगिरि के भग्ग' राज्य को भी 'वत्स' के अधीन बताया गया है।[48]

7. पाँचाल

आधुनिक रुहेलखण्ड के बरेली, बदायूँ तथा फर्रूखाबाद (उत्तर प्रदेश) के जिलों से मिलकर प्राचीन पाँचाल महाजनपद का निर्माण माना जाता है। महाभारत, जातकों तथा दिव्यावदान[49] में इस राज्य को दो भागों में विभाजित माना गया है, यथा–उत्तरी पाँचाल तथा दक्षिणी पाँचाल। महाभारत[50] में गंगा नदी को दोनों भागों की विभाजन रेखा माना गया है। उत्तरी पाँचाल की राजधानी अहिछत्रा (आधुनिक बरेली) तथा दक्षिणी पाँचाल की राजधानी 'काम्पिल्य' थी और पाँचाल का भाग गंगा से चम्बल तक फैला हुआ था।[51] प्राचीन काल में उत्तरी पाँचाल पर अधिकार करने के लिए कुरुओं तथा पाँचालों में युद्ध हुआ करता था, जब कभी उत्तरी पाँचाल कुरु राष्ट्र में चला जाता था, तो इसकी राजधानी हस्तिनापुर हो जाती थी। पाँचाल की राजनीतिक स्थिति बहुत स्पष्ट नहीं है। प्रारम्भ में यहाँ राजतन्त्रात्मक शासन प्रणाली थी, परन्तु छठी तथा पाँचवीं शताब्दी ई.पू. में यह संघ राज्य बन गया।

8. अवन्ति

छठी शताब्दी ई.पू. में अवन्ति राज्य सम्पूर्ण उज्जैन क्षेत्र (मध्य प्रदेश) में फैला हुआ था। मान्धाता से लेकर महेश्वर तक नर्मदा की घाटी भी अवन्ति राज्य में सम्मिलित थी। जैनग्रंथों में आधुनिक गुना (मध्य प्रदेश) जिले के एरान से लगभग 75 कि.मी. दूर स्थित 'तुम्बन' (तुमेन) को भी अवन्तिका के अन्तर्गत बताया गया है।[52] विन्ध्याचल पहाड़ी के कारण यह राज्य दो भागों, यथा – उत्तरी अवन्ति एवं दक्षिणी अवन्ति में विभाजित हो गया था। अवन्ति राज्य के उत्तरी भाग में क्षिप्रा तथा अन्य नदियाँ बहती थीं, जिसकी राजधानी 'उज्जयिनी' थी और दक्षिणी भाग नर्मदा की घाटी में बसा था, जिसे महिस्सती या माहिष्मती (मान्धाता द्वीप) के नाम से जाना जाता था, इसकी राजधानी थी।[53]

बौद्ध तथा जैन ग्रंथों में अवन्ति के कुछ अन्य नगरों का भी उल्लेख मिलता है। इन नगरों में 'कुररघर', 'मक्करकट' तथा 'सुदर्शनपुर' आदि प्रमुख हैं। महागोविन्दसुत्तन्त में माहिष्मती को अवन्ति की राजधानी तथा 'वेस्साभु' को अवन्तिका का राजा कहा गया है।

पुराणों के अनुसार माहिष्मती, अवन्तिका तथा विदर्भ की स्थापना 'यदुवंशियों' ने की थी। 'ऐतरेय ब्राह्मण' में तो सत्वातों तथा भोजों को दक्षिण में फैली हुई यदुवंशियों की शाखा स्वीकार किया गया है।[54]

पुराणों में माहिष्मती राज्य के प्रथम राजवंश को 'हैहय कुल' से सम्बन्धित बताया गया है,[55] जिसकी चर्चा 'कौटिल्य के अर्थशास्त्र' में मिलती है।[56]

अनुमानतः नर्मदा घाटी के मूल निवासी नागवंशियों को हैहयों ने भगाकर इस राज्य पर शासन किया। ये लगभग पाँच शाखायें, यथा– वीतिहोत्र, भोज, अवन्तिका, कुण्डीकेर तथा तालजंघ में विभक्त थे। गौतम बुद्ध के समय अवन्तिका का प्रसिद्ध राजा 'चण्डप्रद्योत' था।[57] इसके राज्याभिषेक के सम्बन्ध में ज्ञात होता है कि राजा प्रद्योत के पिता पुलिक (पुणिक) ने अवन्ति के 'वीतिहोत्र वंश' के राजा की निर्मम हत्या कर अपने पुत्र प्रद्योत को गद्दी पर आसीन करवाया।[58] अवन्ति नरेश प्रद्योत एक कूटनीतिज्ञ शासक था, जिसने अपने साम्राज्य को विस्तृत करने के लिए वत्स, मगध तथा कोशल राज्यों के साथ युद्ध किया, जिसमें लगभग इसको पराजय का मुँह देखना पड़ा। अन्त में अवन्ति 'मगध' साम्राज्य में आत्मसात कर लिया गया।

इस प्रकार कहा जा सकता है कि छठी शताब्दी ई.पू. के प्रारम्भ में पूर्वी उत्तर प्रदेश एवं मध्य प्रदेश में विकेन्द्रीकरण एवं विभाजन के दृश्य उपस्थित हो रहे थे। प्रस्तुत अध्याय में सम्मिलित महाजनपदों में पारस्परिक संघर्ष, विद्वेष एवं घृणा का वातावरण व्याप्त था। प्रत्येक महाजनपद अपने राज्य की सीमा बढ़ाना चाहता था। पूर्वी उत्तर प्रदेश के क्षेत्र में स्थापित काशी और कोशल के राज्य एक-दूसरे के शत्रु थे, प्रारंभ में काशी विजयी रहा, परन्तु अन्ततोगत्वा वह कोशल की विस्तारवादी नीति का शिकार हो गया। इसी प्रकार निकटवर्ती क्षेत्र बिहार का मगध महाजनपद भी मध्य प्रदेश के अवन्ति जनपद से परस्पर संघर्ष में उलझा रहा। गणतन्त्रों का अस्तित्व राजतन्त्रों के लिए असहाय हो रहा था। प्रत्येक राज्य अपने पड़ौसी की स्वतंत्र सत्ता को समाप्त करने पर तुला हुआ था। अनुमानतः अन्य जनपदों की स्थिति भी इससे भिन्न नहीं रही होगी।

अतः कहा जा सकता है कि इस विस्तारवादी नीति का परिणाम लगभग अच्छा ही निकला। निर्बल महाजनपद शक्तिशाली राज्यों में मिला लिये गये और दोनों क्षेत्रों में एकता की प्रवृत्ति को बढ़ावा मिला। कालान्तर में कोशल, वत्स व निकटवर्ती मगध तथा मध्य प्रदेश का अवंति महाजनपद, चार शक्तिशाली राज्यतंत्र के रूप में उभर कर सामने आये।

पुराणों के अनुसार शक्तिशाली मगध के प्राचीन राजवंशों का संस्थापक 'बृहद्रथ' (हर्यक वंश) जिसके पुत्र जरासंध ने 'गिरीव्रज' को राजधानी बनाकर शासन किया। 'रिपुंजय' इस वंश का अंतिम शासक था। कालान्तर में यहाँ प्रद्योत, शिशुनाग एवं नन्दों का आधिपत्य रहा।

बिम्बिसार

मगध साम्राज्य की महत्ता का वास्तविक संस्थापक बिम्बिसार (लगभग 544-492 ई.पू.) था। भण्डारकर के मतानुसार बिम्बिसार लिच्छवियों का सेनापति था, जो तत्कालीन समय में मगध में शासन करते थे। सुत्तनिपात में वैशाली को 'मगधमपुरम' कहा गया है। दीपवंश में बिम्बिसार के पिता का नाम 'बोधिस' मिलता है, जो राजगृह के शासक थे।

बिम्बिसार एक महत्त्वाकांक्षी शासक था। गद्दी पर बैठते ही उसने विस्तारवादी नीति का अनुसरण किया। वह एक कूटनीतिज्ञ एवं दूरदर्शी सम्राट था। सर्वप्रथम उसने अपने समय के प्रमुख राजवंशों, यथा – लिच्छवि गणराज्य के शासक चेटक की पुत्री चेलना (छलना)[59], माद्रा[60], कोशल[61] तथा वैशाली से वैवाहिक सम्बन्ध स्थापित कर अपनी शक्ति का परिचय दिया।

जैन कथाओं से सूचित है कि एक बार अवन्ति (मध्य प्रदेश) नरेश 'प्रद्योत' ने बिम्बिसार के जीवनकाल में राजगृह पर आक्रमण किया, जिसमें वह असफल रहा। कालान्तर में बिम्बिसार के शासनारूढ़ होने के पश्चात् दोनों राज्यों के नरेशों में मधुर सम्बन्ध स्थापित हुए और एक बार तो अवन्ति नरेश प्रद्योत पाण्डुरोग से ग्रसित था, तो बिम्बिसार ने अपने राजवैद्य जीवक को अवन्ति भेजकर राजा प्रद्योत की सहायता की।[62]

विवाहों तथा मैत्री सम्बन्धों द्वारा अपनी आन्तरिक स्थिति मजबूत कर लेने के पश्चात् बिम्बिसार ने अपना विजय कार्य प्रारम्भ किया। इस विजय की प्रक्रिया में उसने अपने पड़ौसी राज्य काशी, कोशल के अतिरिक्त अंग राज्य को जीत कर मगध साम्राज्य में सम्मिलित कर लिया। जैनग्रंथों से भी इन राज्यों पर युवराज बिम्बिसार के अधिकार की पुष्टि होती है।[63] बिम्बिसार की इस विजय ने मगध की उस विजय तथा विस्तार का वह दौर प्रारम्भ किया, जो अशोक द्वारा कलिंग विजय के बाद तलवार रख देने के साथ समाप्त हुआ था। इन राज्यों के मगध में सम्मिलित हो जाने के पश्चात् इस क्षेत्र की सीमा अत्यधिक विस्तृत हो गई और मगध पूर्वी भारत का सर्वाधिक शक्तिशाली राज्य बन गया।

बौद्ध ग्रंथों से ज्ञात होता है कि बिम्बिसार भगवान बुद्ध का मित्र एवं संरक्षक था। विनयपिटक से विदित है कि बुद्ध से मिलने के बाद वह बौद्ध धर्म ग्रहण कर बेलुबन नामक उद्यान बुद्ध तथा संघ के निमित्त प्रदान कर अपने आध्यात्मिक प्रवृत्ति का परिचय दिया।[64]

बिम्बिसार ने लगभग 52 वर्षों तक शासन किया। उसका अन्त दुःखद हुआ। बौद्ध तथा जैन ग्रंथों से ज्ञात होता है कि उसके पुत्र अजातशत्रु ने उसे बंदी बनाकर कारागार में डाल दिया, जहाँ भीषण यातनाओं द्वारा लगभग 492 ई.पू. में इस महान राजा की मृत्यु हो गयी।

अजातशत्रु

बिम्बिसार के पश्चात् उसका पुत्र 'कुणिक' अजातशत्रु (लगभग 492–460 ई.पू.) मगध का शासक हुआ। वह अपने पिता के ही समान साम्राज्यवादी था। बौद्ध ग्रंथों से ज्ञात होता है कि बिम्बिसार की मृत्यु के पश्चात् उसकी पत्नी कोशला देवी की भी दुःख से मृत्यु हो गयी। प्रसेनजीत इस घटना से बड़ा क्रोधित हुआ तथा उसने पूर्वी उत्तर प्रदेश के काशी क्षेत्र पर पुनः अपना अधिकार कर लिया। अतः दोनों राज्यों में संघर्ष हुआ। प्रारम्भ में प्रसेनजीत पराजित हुआ। उसने भागकर 'श्रावस्ती' में शरण ली। किन्तु अन्त में अजातशत्रु पराजित हुआ और बंदी बना लिया गया, जिसका विस्तृत विवरण बौद्ध ग्रंथ के संयुक्त निकाय[65] में लिपिबद्ध है। अन्ततोगत्वा दोनों नरेशों के बीच सन्धि स्थापित हुई और

प्रसेनजीत ने अपनी पुत्री का विवाह अजातशत्रु से कर पुनः काशी के ऊपर अजातशत्रु का अधिकार स्वीकार कर लिया।

अजातशत्रु का दूसरा युद्ध वैशाली के लिच्छवियों से हुआ। जैनग्रंथ 'निरयावलीसूत्र' से ज्ञात होता है कि तत्कालीन समय में चेटक लिच्छवि गण का प्रधान था। उसने 9 लिच्छवियों, 9 मल्लों तथा काशी, कोशल के 18 गणराज्यों को एकत्र कर मगध नरेश के विरुद्ध युद्ध की घोषणा की, जिसमें अजातशत्रु विजयी हुए। इस विजय की सूचना भगवतीसूत्र में वर्णित है।[66] राय चौधरी के मतानुसार कोशल तथा वज्जि संघ के साथ संघर्ष पृथक्-पृथक् घटनायें नहीं, अपितु मगध साम्राज्य की प्रभुसत्ता के विरुद्ध लड़े जाने वाले समान युद्ध का ही अंग थी।[67]

वज्जि संघ को पराजित करने के बाद अजातशत्रु ने 'मल्ल संघ' को परास्त कर पूर्वी उत्तर प्रदेश के एक बड़े भू-भाग पर अपना स्वामित्व कायम कर लिया और मगध साम्राज्य की सीमा पर्याप्त विस्तृत हो गई।

अनुमानतः अब मगध का प्रतिद्वन्द्वी अवन्ति (मध्य प्रदेश) ही बचा था। 'मज्झिमनिकाय' से सूचित है कि अवन्ति नरेश प्रद्योत के आक्रमण के भय से अपनी राजधानी राजगृह को सुरक्षित रखने के लिए अजातशत्रु ने उसका दुर्गीकरण करवाया। जिस समय अजातशत्रु कोशल के साथ संघर्ष में उलझा हुआ था, सम्भवतः उसी समय अवन्ति नरेश प्रद्योत मगध पर आक्रमण करने की योजना बना रहा था। अन्ततः अजातशत्रु तथा प्रद्योत के बीच प्रत्यक्ष रूप से संघर्ष नहीं हो सका। इसका कारण शायद वे एक-दूसरे की शक्ति से डरते थे।[68]

उदयिन या उदयभद्र (लगभग 460-444 ई.पू.)

अजातशत्रु के बाद उसका पुत्र उदयिन अथवा उदयभद्र मगध का राजा हुआ। गद्दी पर बैठने के पुर्व वह 'चम्पा'[69] का उपराजा था। परिशिष्टपर्वन[70] से ज्ञाता होता है कि उसने गंगा के तट पर 'पाटलिपुत्र' नाम की एक नयी राजधानी का निर्माण करवाया। उदयिन जैनधर्म का प्रबल प्रवर्तक था। धर्मगुरु के उपदेश सुनते समय अवन्ति नरेश पालक द्वारा नियुक्त गुप्तचर ने छूरा भौंककर उसकी हत्या कर दी। उदयिन के बाद इसके तीनों पुत्र–अनिरुद्ध, मुंडक तथा नागदशक ने क्रमशः शासन किया। ये शासक अत्यन्त निर्बल तथा विलासी थे, जिससे शासन तन्त्र शिथिल पड़ गया। चारों तरफ अराजकता व्याप्त हो गयी और जनता क्रूर होकर इन पितृहन्ताओं को शासन से उतारकर एक योग्य अमात्य 'शिशुनाग' को राजा बनाया। उदयिन के उत्तराधिकारियों ने लगभग 412 ई.पू. तक शासन किया।

शैशुनाग वंश (लगभग 416-344 ई.पू.)

शिशुनाग भी नागवंश से सम्बन्धित थे। 'महावंश' टीका में उसे लिच्छवि राजा की वेश्या पत्नी से उत्पन्न बताया गया है। पुराण उसे क्षत्रिय कहते हैं। अनुमानतः पुराणों का कथन सत्य के काफी निकट है। पुराणों से ज्ञात होता है कि 'पाँच प्रद्योत पुत्र 138 वर्षों तक शासन करेंगे और उन सबको

मारकर शिशुनाग राजा होगा। अपने पुत्र को राजा बनाकर वह वाराणसी (उत्तर प्रदेश) प्रस्थान करेगा।[71] इससे स्पष्ट है कि शिशुनाग ने अवन्ति राज्य (मध्य प्रदेश) को जीतकर मगध साम्राज्य में सम्मिलित कर लिया था। श्री सुधाकर चट्टोपाध्याय के अनुसार शिशुनाग अंतिम हर्यंक शासक नागदशक का प्रधान सेनापति था, जिसका सेना के ऊपर पूर्ण नियंत्रण था। सम्भवतः उसने शक्तिशाली अवन्ति के ऊपर नागदशक के शासन काल में ही आक्रमण कर इसे पदच्युत कर जनता ने उसे मगध का राज सिंहासान सौंप दिया होगा।[72]

अवन्ति राज्य की विजय एक महान सफलता थी। इस विजय से शिशुनाग का 'वत्स' के ऊपर भी अधिकार हो गया, क्योंकि वत्स अवन्ति के अधीन था। इन दोनों राज्यों पर अधिकार हो जाने से पाटलिपुत्र को पश्चिमी विश्व के साथ व्यापार-वाणिज्य के लिए एक नया मार्ग प्राप्त हुआ। बौद्धग्रंथों से ज्ञात होता है कि पूर्वी उत्तर प्रदेश का एक बड़ा भू-भाग भी उसके अधीन था। श्री भण्डारकर के मतानुसार कोशल भी मगध का अंग बन चुका था। अनुमानतः मगध साम्राज्य में उत्तर भारत के वे सभी प्रमुख राजतंत्र सम्मिलित हो गये, जो बुद्ध के समय विद्यमान थे। इस प्रकार मगध का साम्राज्य एक विशाल साम्राज्य में बदल गया तथा इसकी सीमा बंगाल से लेकर पूर्वी उत्तर प्रदेश व मध्य प्रदेश के विस्तृत भू-भाग तक फैल गयी।[73] इन विजयों के उपरान्त शिशुनाग ने अपनी राजधानी गिरिब्रज से बदलकर वैशाली[74] कर अपनी शक्ति का परिचय दिया, जो बाद में उसकी प्रधान राजधानी बन गई।

महावंश के अनुसार शैशुनाग की मृत्यु के पश्चात् उसका पुत्र 'कालाशोक' राजा बना। सम्भवतः इसने अपनी राजधानी को पुनः पाटलिपुत्र में स्थानान्तरित कर दिया। कालाशोक के शासनकाल में वैशाली में बौद्धसंघ के 'द्वितीय संगीति' की सूचना मिलती है। बाणभट्ट के हर्षचरित से विदित है कि मगध नरेश 'काकवर्ण' को राजधानी के समीप घूमते हुए किसी व्यक्ति ने गले में छूरा भौंककर हत्या कर दी।[75] यह राजहन्ता कोई दूसरा नहीं, अपितु नंदवंश का पहला राजा 'महापद्मनन्द' ही था। कालाशोक ने 366 ई.पू. तथा इसके उत्तराधिकारियों ने लगभग 344 ई.पू. तक शासन किया।

नन्दवंश (344 ई.पू. से 324-323 ई.पू. तक)

बौद्ध ग्रंथों से विदित है कि जिस व्यक्ति ने 'शैशुनाग वंश' की स्थापना की, वह सम्भवतः निम्न वर्ण से सम्बन्धित था। उसका नाम पुराणों में भिन्न-भिन्न मिलता है। पुराणों में 'महापद्म'[76] तथा महाबोधि में 'उग्रसेन' नाम से सम्बोधित किया गया है। भारतीय तथा विदेशी दोनों ही साक्ष्य नन्दों की शूद्र अथवा निम्न जाति से उत्पत्ति का स्पष्ट संकेत देते हैं। पुराणों के अनुसार 'महापद्मनन्द' शैशुनाग वंश के अंतिम राजा 'महानन्दिन' की शूद्रा स्त्री के गर्भ से उत्पन्न (शूद्रागर्भोद्भव) हुआ था। विष्णु पुराण से विदित है कि 'महानन्दी' की शूद्र स्त्री से उत्पन्न महापद्म अत्यन्त लोभी, बलवान एवं परशुराम के समान क्षत्रियों का विनाशक होगा।[77] जैनग्रंथ 'परिशिष्टपर्वन' में नन्द को वेश्या माँ तथा नाई पिता का पुत्र बताया गया है।[78] 'कर्टिअस' के मतानुसार इसका पिता नाई था, जो रोजाना की कमाई से जीवन यापन करता था, परन्तु देखने में अत्यधिक खुबसूरत था, जो रानी का प्रेमपात्र

बन गया। कालान्तर में रानी के प्रोत्साहन के फलस्वरूप वह राजा के समीप पहुँचकर, राजा का विश्वासपात्र बन गया। एक दिन उसने छल से राजा की हत्या कर दी। अपने को राजकुमारों का अभिभावक घोषित करते हुए राजा के सभी अधिकार अपने हाथ में ले लिये।[79]

महापद्मनन्द में सैनिक प्रतिभा उच्च कोटि की थी। उसने पूर्वी उत्तर प्रदेश के अधिकांश भागों, यथा– 'इक्ष्वाकु', कोशेय, पाँचाल, मिथिल, शूरसेन (मथुरा) तथा मध्य प्रदेश के हैहक व वीतिहोत्र आदि राजाओं को अधीन कर शक्ति का परिचय दिया।[80]

महापद्मनन्द अभी तक निकटवर्ती मगध के सिंहासन पर बैठने वाले राजाओं में सर्वाधिक शक्तिशाली सिद्ध हुआ। उसकी विजयों के विषय में हमें पुराणों से विस्तृत सूचना प्राप्त होती है। उसके पास अतुल सम्पति तथा असंख्य सेना थी। अत: उसने अपने समय के लगभग सभी राजवंशों पर विजय की तथा एकछत्र शासन की स्थापना कर 'एकराट्' की उपाधि धारण की। पुराणों के अनुसार नन्दवंश में कुल 9 शासक हुए जिसे 'नवनन्द' के नाम से जाना जाता है, जिनका शासन काल अनुमानत: 20 वर्षों का था, परन्तु इस तिथि में विद्वानों में विवाद है।

मौर्य राजवंश (323 ई.पू.–184 ई.पू. तक)

मौर्य साम्राज्य का संस्थापक सम्राट इतिहास में 'चन्द्रगुप्त मौर्य ' के नाम से विख्यात है, जिसने अपने व्यक्तित्व एवं कृतियों से इतिहास के पृष्ठों में क्रांतिकारी परिवर्तन उत्पन्न किया है। उसका उदय वस्तुत: इतिहास की एक रोमांचकारी घटना है। देश को मकदूनी दासता से मुक्त करने तथा नन्दों के घृणित एवं अत्याचारपूर्ण शासन से जनता को छुटकारा दिलाने और देश को राजनीतिक एकता के सूत्र में संगठित करने का श्रेय इसी ख्यातनामा मौर्य सम्राट को प्राप्त है।

भारतीय इतिहास के अनेक महान व्यक्तियों के समान चन्द्रगुप्त मौर्य का वंश भी अन्धकारपूर्ण है। उसकी उत्पत्ति के विषय में ब्राह्मण, बौद्ध तथा जैनग्रंथों में परस्पर विरोधी विवरण मिलते हैं। विष्णु पुराण से ज्ञात होता है कि 'शैशुनाग वंशी' शासक महानन्दी के पश्चात् शूद्र योनि के राजा पृथ्वी पर शासन करेंगे।[81] कुछ विद्वानों ने इस कथन के आधार पर मौर्यों को शूद्र सिद्ध करने का प्रयास किया है। विष्णु पुराण के एक भाष्यकार श्रीधरस्वामी ने चन्द्रगुप्त को नन्दराज की पत्नी 'मुरा' से उत्पन्न बताया है। उनके अनुसार 'मुरा' की संतान होने के कारण ही वह मौर्य कहा गया।[82]

बौद्ध परम्परा के विपरीत बौद्ध ग्रंथों में चन्द्रगुप्त को मोरिय 'क्षत्रिय' वंश का स्वीकार किया गया है। ये 'मोरिय' कपिलवस्तु के शाक्यों की ही एक शाखा थे। जिस समय कोशल नरेश विडूडभ ने कपिलवस्तु पर आक्रमण किया, शाक्य परिवार के लोग कोशल नरेश के अत्याचारों से बचने के लिए हिमालय के एक सुरक्षित क्षेत्र में आकर बस गये। यह स्थान मोरों के लिए प्रसिद्ध था, अत: यहाँ के निवासी 'मोरिय' कहे गये।[83] अनेक बौद्धग्रंथ बिना किसी संदेह के चन्द्रगुप्त को क्षत्रिय घोषित करते हैं। महाबोधिवंश में उसे राजकुल से सम्बोधित (नरिन्द्रकुल संभव) बताया है, जो 'मोरिय नगर' से उत्पन्न हुआ था। 'महापरिनिब्बानसुत्त' में मौर्यों को पूर्वी उत्तर प्रदेश के 'पिप्पलिवन'[84] का शासक तथा क्षत्रिय वंश से सम्बन्धित स्वीकार किया गया है।

इसके अनुसार बुद्ध के निर्वाण के बाद मोरियों ने पूर्वी उत्तर प्रदेश के कुशीनारा के मल्लों के पास उनके अवशेषों का अंश प्राप्त करने के लिए राजदूत भेजकर अपने क्षत्रिय होने का दावा पेश किया।[85] 'महापरिनिब्बानसुत्त' प्राचीनतम बौद्ध ग्रंथ है, अत: इसे अपेक्षाकृत अधिक विश्वसनीय माना जा सकता है। इसके अतिरिक्त हेमचन्द्र कृत 'परिशिष्टपर्वन'[86] में चन्द्रगुप्त को 'मयूर पोषकों'[87] के ग्राम (मयूर पोषक ग्राम) के मुखिया की पुत्री का पुत्र बताया गया है।

इस प्रकार बौद्ध तथा जैन दोनों ही साक्ष्य मौर्यों को मयूर से सम्बन्धित करते हैं। इस मत की पुष्टि अशोक के लौरियानन्दगढ़ के स्तम्भ के नीचे भाग में उत्कीर्णित मयूर की आकृति से भी की जा सकती है। कालान्तर में इनका कला में उत्कीर्णन होने लगा। मार्शल के मतानुसार मध्य प्रदेश के साँची के पूर्वी द्वार तथा अन्य भवनों को सजाने के लिए मौर्य शासनकाल में मोरों के चित्र बनाये जाते थे। साँची के विशाल स्तूप में भी मयूरों की कई आकृतियाँ उत्कीर्ण मिलती हैं।

अन्य ग्रंथों से ज्ञात होता है कि चन्द्रगुप्त ने तक्षशिला के एक ब्राह्मण के पुत्र विष्णुगुप्त (कौटिल्य) की सहायता से नन्दवंश के बदनाम शासक 'घननंद' को गद्दी से हटाकर 321 ई.पू. में स्वयं मगध का सम्राट बन बैठा। तत्पश्चात् मगध की जनता ने चन्द्रगुप्त का मुक्तिदाता के रूप में स्वागत किया, क्योंकि वहाँ की जनता नन्द शासकों के अत्याचारों से ऊब चुकी थी। चन्द्रगुप्त तथा नंदवंश के अंतिम राजा के बीच चले संघर्ष का वर्णन मिलिन्दपञ्ह, महावंशटीका तथा जैन परिशिष्टपर्वन में लिपिबद्ध है।[88]

प्लूटार्क के मतानुसार चन्द्रगुप्त नन्दों के उन्मूलन के बाद पंजाब और मगध की विजय से ही संतुष्ट नहीं था। अपितु उसने साम्राज्यवादी नीति का पालन करके 6 लाख सेना के साथ लगभग समूचे भारत को रौंद डाला।

सिकन्दर की मृत्यु के पश्चात् उसके द्वारा विजित पूर्वी प्रदेशों का उत्तराधिकारी 'सेल्युकस' हुआ। वह बेबीलोन तथा वैक्ट्रिया को जीतकर पर्याप्त शक्ति को अर्जित कर लिया था। अत: साम्राज्य-विस्तार की होड़ ने भारतीय शासक चन्द्रगुप्त से युद्ध की योजना बनाई। अप्पिआनूस के कथनानुसार सेल्युकस ने सिन्धु नदी पार करके चन्द्रगुप्त मौर्य से युद्ध छेड़ा, जो कालान्तर में चलकर मित्रता में परिवर्तित होकर उनके वैवाहिक सम्बन्ध स्थापित हो गये।[89] अनुमानत: सन्धि में चन्द्रगुप्त ने सेल्युकस को 500 हाथी उपहार स्वरूप भेंट किये और सेल्युकस ने मौर्य शासक से प्रभावित होकर मैगस्थनीज नामक राजदूत को चन्द्रगुप्त मौर्य के दरबार में भेजा, जिसने पाटलिपुत्र में रहकर 'इण्डिका' नामक ग्रंथ की रचना की।[90] इस ग्रंथ में मौर्य साम्राज्य की प्रशासकीय व्यवस्था तथा पाटलिपुत्र में सामाजिक गतिविधियों पर विस्तार से चर्चा की गई है।

'जस्टिन' के विवरण से ज्ञात होता है कि लगभग सम्पूर्ण भारत मौर्य राजवंश के अधिकार में आ गया था। मगध साम्राज्य के उत्कर्ष की जो परम्परा बिम्बिसार के समय में प्रारम्भ हुई थी, वह चन्द्रगुप्त के समय पराकाष्ठा पर पहुँच गई। उसके विशाल साम्राज्य के अधीन उत्तर-पश्चिम में ईरान की सीमा से लेकर पश्चिम में सुराष्ट्र तथा सोपारा तक के प्रदेश सम्मिलित थे।

अतः कहा जा सकता है कि चन्द्रगुप्त मौर्य ने सेल्युकस को हराकर भारत की उस वैज्ञानिक सीमा पर अधिकार कर लिया, जिसे प्राप्त करने के लिए मुगल तथा अंग्रेज शासक असफल रहे। पाटलिपुत्र इस विशाल साम्राज्य की राजधानी थी। पुराणों के अनुसार चन्द्रगुप्त मौर्य ने सम्भवतः 24 वर्षों तक शासन किया। उसका शासनकाल सामानन्यतया 322-298 ई.पू. तक माना जाता है।

बिन्दुसार 'अमित्रघात' (298-273 ई.पू.)

चन्द्रगुप्त मौर्य की मृत्यु के पश्चात् उसका पुत्र बिन्दुसार मौर्य साम्राज्य की गद्दी पर आसीन हुआ। वायु पुराण में बिन्दुसार को 'भद्रसार' व 'वारिसार' तथा चीनी ग्रंथ 'फा-यु-एन-चुलिन' में 'बिन्दुपाल' नाम से जाना जाता है। यूनानियों ने उसे 'अमित्रोंकेडीस' व 'अलित्रोकेडीस' नाम से पुकारा है। यह एक ही नाम के रूपान्तरण हैं और उनका समीकरण संस्कृत में 'फ्लीट' के अनुसार 'अभित्ररवाद' तथा 'अमित्रघात'[91] (शत्रुओं का वध करने वाला) के साथ किया गया है, जो देवराज इन्द्र का एक विश्लेषण है।[92]

जैन परम्पराओं में बिन्दुसार की माता का नाम 'दुर्वरा' (दुर्धरा) व महावंश टीका में पत्नी का नाम 'धम्मा' बताया गया है।

आर्यमंजुश्री मूलकल्प तथा हेमचन्द्र व तारानाथ के मतानुसार बिन्दुसार के सिंहासनारूढ़ होने के बाद भी कौटिल्य या चाणक्य कुछ समय तक मंत्री पद पर आसीन रहे।[93] तारानाथ के अनुसार चाणक्य बिन्दुसार के संरक्षकों में से एक था, जिसने 16 नगरों[94] के राजाओं व शासकों को समाप्त कराके राजा को पूर्वी व पश्चिमी घाटों के समस्त भू-भाग का मालिक बना दिया। 'परिशिष्टपर्वन' में 'सुबन्धु' नामक मंत्री का भी उल्लेख है, जिसे चन्द्रगुप्त की मृत्यु के पश्चात् चाणक्य की सहमति से बिन्दुसार ने मंत्री पद दिया, जो कालान्तर में चाणक्य से ही द्वेष रखने लगा।

दिव्यावदान से सूचित है कि बिन्दुसार के शासनकाल में तक्षशिला में विद्रोह हुआ, जिसको दबाने के लिए सम्राट ने अपने पुत्र अशोक को भेजा।[95] अशोक ने उदारतापूर्ण नीति का अनुसरण करते हुए वहाँ शान्ति व्यवस्था स्थापित की।

अशोक के कलिंग अभिलेख में भी मौर्य साम्राज्य के दूरस्थ प्रान्तों में सरकारी अधिकारियों के अत्याचारों का उल्लेख है।[96] सम्भवतः मौर्य युग में यमुना का दक्षिणी भाग बिम्बिसार के अधीन नहीं था। अतः 'बुद्धघोष' से प्रमाणित है कि बिन्दुसार के शासनकाल में मध्य प्रदेश के 'अवन्ति' को अशोक ने जीतकर अपने पिता के राज्य में मिलाया। इस समय उत्तरी मध्य-भारत अवन्ति तथा विन्ध्य मेखला पर 'नाथ' तथा अन्य स्थानीय शासकों का वर्चस्व था।[97]

अतः कहा जा सकता है कि बिन्दुसार प्राचीन भारत का एक प्रतापी सम्राट था। उसने राष्ट्र के अतिरिक्त विदेशों, यथा-सीरिया व मिश्र आदि से मधुर सम्बन्ध बनाये। सीरिया के राजा ने तो बिन्दुसार से प्रभावित होकर 'डेमेकस' तथा मिश्र ने 'फिलाडेलफस' (लगभग 285-247 ई.पू.) नामक राजदूत भेजकर अपने मित्रवत सम्बन्ध का परिचय दिया।[98] इन सम्बन्धों से कालान्तर में व्यापार-वाणिज्य में वृद्धि हुई।

प्रशासन के क्षेत्र में बिन्दुसार ने अपने पिता की व्यवस्था का ही अनुगमन किया। अपने साम्राज्य को उसने प्रांतों में विभाजित कर 'कुमार' (उपराजा) की नियुक्ति की। दिव्यावदान के अनुसार अशोक अवन्ति राज्य (मध्य प्रदेश) का उपराजा था। बिन्दुसार के शासनकाल की अन्य घटनाओं के प्रमाण उपलब्ध नहीं हैं। उसने 25 वर्षों तक राज्य किया। सम्भवत: 273 ई.पू. के लगभग उसकी मृत्यु हो गयी।

अशोक (273-236 ई.पू.)

बिन्दुसार की मृत्यु के पश्चात् उसका सुयोग्य पुत्र अशोक विशाल मौर्य साम्राज्य की गद्‌दी पर बैठा। अशोक विश्व इतिहास के उन महानतम सम्राटों में अपना सर्वोपरि स्थान रखता है, जिन्होंने अपने युग पर अपने व्यक्तित्व की छाप लगा दी। अशोक सम्भवत: विश्व का प्रथम सम्राट था, जिसने साम्राज्यवादी युग में युद्ध की नीति को त्यागकर धार्मिक नीति का अनुसरण किया।

बौद्ध ग्रंथ 'दिव्यावदान' से ज्ञात होता है कि अशोक की माता का नाम 'सुभद्राड़ी' था, जो चम्पा के एक ब्राह्मण की कन्या थी। दक्षिणी परम्पराओं में उन्हें 'धर्मा' कहा गया है। कुछ विद्वान उसे 'सेल्युकस' की कन्या से उत्पन्न बताते हैं। सिंहली अनुश्रुतियों तथा दक्षिणी बौद्ध विवरणों से सूचित है कि अशोक ने अपने 99 भाइयों की हत्या कर साम्राज्य पर अधिकार कर लिया।[99] बिन्दुसार की मृत्यु के बाद उत्तराधिकारी के लिए आपस में संघर्ष हुए, जिसमें अशोक अपने सबसे बड़े सौतेले भाई 'राधागुप्त' की मदद से गद्‌दी हथिया कर राजा बन गया और सहयोगी राधागुप्त को अपना अग्रामात्य (प्रधानमंत्री) बनाया।[100] दिव्यावदान में अशोक को उग्र एवं उदंड प्रवृत्ति का युवक बताया गया है।

सिंहली परम्पराओं व महावंश से यह भी विदित है कि तीसरी शताब्दी ई.पू. में अशोक उज्जयिनी के शासकोपरान्त पाटलिपुत्र से विदिशा (मध्य प्रदेश) आकर वहाँ के 'देव' नामक राष्ट्रपाल की कन्या 'देवी' से प्रणय हो जाने के कारण विवाह कर लिया,[101] जिससे पुत्र 'महेन्द्र' तथा पुत्री 'संघमित्रा' का जन्म हुआ, जिन्होंने पिता के आदेश पर विदेशों में बौद्ध धर्म का प्रचार-प्रसार किया। दीपवंश से ज्ञात होता है कि अशोक के अभिषेक के छ: वर्ष बाद महेन्द्र की उम्र लगभग 20 वर्ष थी। अनुमानत: उसका जन्म अशोक के राज्यारोहण के 10 वर्ष पूर्व हुआ होगा।[102]

राजगद्‌दी प्राप्त होने के पश्चात् अशोक को अपनी आन्तरिक स्थिति सुदृढ़ करने में लगभग चार वर्षों का समय लगा। उसके अभिलेखों में उसके राज्यारोहण की तिथि (269 ई.पू.) बतायी गयी है। कालान्तर में अशोक 273 ई.पू. के लगभग मगध के राजसिंहासन पर बैठा, जिसे 'देवानंपिय'[103], 'देवानंपियदसि' (देवताओं का प्रिय अथवा देखने में सुन्दर तथा 'राजा' आदि के उपाधियों से सम्बोधित किया गया) इसके अतिरिक्त मध्यकालीन शिलालेखों, यथा–कुमारदेवी के 'सारनाथ-शिलालेख' में अशोक को 'धर्माशोक' कहकर पुकारा गया है।[104]

अपने शासन के प्रथम तेरह वर्षों में अशोक ने मौर्य साम्राज्य की परम्परागत नीति का ही अनुसरण किया, अर्थात् देश के अन्दर अपने साम्राज्य के विस्तार तथा विदेशों नरेशों से मैत्रीपूर्ण व्यवहार की

नीति अपनाई। अनुमानतः सेल्युकस से हुए युद्ध के बाद से मौर्यों की परराष्ट्र नीति प्रायः यही रही। चन्द्रगुप्त तथा बिन्दुसार की तरह अशोक ने भी देशी शक्तियों के लिए आक्रामक तथा विदेशी शक्तियों के लिए मित्रवत व्यवहार की नीति अपनायी। राजदूतों के आदान-प्रदान तथा 'तुषास्फ' जैसे यवनों को राजपद देने के उदाहरण विदेशियों से मौर्यों की मैत्री के परिचायक है। दिव्यावदान में 'स्वश' (खश) राज्य को हराने तथा तक्षशिला के विद्रोह का दमन करने का श्रेय सम्राट अशोक को ही दिया जाता है।

राज्याभिषेक के उपरान्त सम्राट अशोक ने अपने पिता एवं पितामह की दिग्विजय की नीति को जारी रखा। इस समय कलिंग[105] का राज्य मगध साम्राज्य की प्रभुसत्ता को चुनौती दे रहा था। प्रारम्भ में तो कलिंग मगध का ही एक अंग था, लेकिन अशोक एवं उसके भाइयों के बीच हुए उत्तराधिकार का लाभ उठाकर उसने अपनी स्वतंत्रता घोषित कर दी,[106] जो अशोक जैसे शासक के लिए असहाय थी। रोमिला थापर के अनुसार ''कलिंग तत्कालीन समय में व्यापारिक दृष्टि से महत्त्वपूर्ण राज्य था और अशोक की दृष्टि उसके समृद्ध व्यापार पर टिकी थी।'' अतः अपने अभिषेक के आठवें वर्ष (261 ई.पू.) में कलिंग के विरुद्ध युद्ध छेड़कर अपनी शक्ति का परिचय दिया। युद्ध में अशोक की जीत हुई और कलिंग का साम्राज्य मौर्य साम्राज्य में आत्मसात कर लिया गया, जिसकी पुष्टि अशोक के तेरहवें अभिलेख से भी होती है। इस विजित राज्य पर जिस वाइसराय (उपराजा) की नियुक्ति हुई, वह पुरी जिले के 'तोसरी' नामक स्थान पर रहता था।[107]

बौद्ध ग्रंथों से ज्ञात होता है कि कलिंग युद्ध की हृदय विदारक हिंसा एवं नरसंहार की घटनाओं ने कालान्तर में अशोक के हृदय को स्पर्श किया और वह पूर्णरूपेण आध्यात्मिक हो गया।

पुराणों के अनुसार अशोक ने कुल 37 वर्षों तक शासन किया। लगभग 237 ई.पू. में उसकी मृत्यु हो गई और मौर्य साम्राज्य इसके उत्तराधिकारियों, यथा-कुणाल, बन्धुपालित (कुणाल का पुत्र), इन्द्रपालित (बन्धुपालित का भाई), दशोन, दशरथ (अशोक का पुत्र), शलिशूक, देवधर्मन, शतधनुष तथा बृहद्रथ में विभक्त हो गया।[108] अनुमानतः इस वंश का अंतिम शासक बृहद्रथ था, जिसे 'प्रज्ञा दुर्बल' (बुद्धिहीन) की संज्ञा दी गयी है। सेना का निरीक्षण करते समय इसके सेनापति पुष्यमित्र ने धोखे से हत्या कर मौर्य वंश का अन्त कर दिया।

मौर्य साम्राज्य के पतन के पश्चात् मध्य प्रदेश में सात प्रमुख नगरों, यथा-विदिशा, उज्जयिनी, एरण, महिष्मति तथा त्रिपुरी आदि का वर्णन मिलता है, जो तत्कालीन समय में शक्तिशाली थे।[109]

शुंग तथा कण्व राजवंश (184 ई.पू. से 30 ई.पू. तक)

शुंग राजवंश-जिस महत्त्वाकांक्षी व्यक्ति ने 184 ई.पू. में अंतिम मौर्य शासक 'बृहद्रथ' की जीवन लीला समाप्त की, वह इतिहास में 'पुष्यमित्र' के नाम से विख्यात है। उसने जिस नवीन राजवंश की स्थापना की, वह 'शुंग' नाम से जाना जाता है। इनके उत्पत्ति के सम्बन्ध में विद्वानों में मतभेद है। इस वंश के राजाओं के नामों के अन्त में 'मित्र' शब्द से पं. हरिप्रसाद शास्त्री ने यह मत

प्रकट किया है कि शुंग वस्तुतः पारसीक थे, जो कालान्तर में सूर्य के उपासक हो गये।[110] परन्तु भारतीय साक्ष्यों के आलोक में इस मत को सर्वथा त्याज्य बताता गया है। हर्षचरित में पुष्यमित्र का अनार्य कहकर सम्बोधित किया गया है। अनुमानतः पुष्यमित्र के कार्य (अपने स्वामी की धोखे से हत्या) को निन्दनीय मानकर कालान्तर में उसे अनार्य की संज्ञा दी गयी होगी।[111]

'दिव्यावदान' के अनुसार पुष्यमित्र मौर्यों का वंशज था। 'मालविकाग्निमित्र' में पुष्यमित्र के पुत्र अग्निमित्र को 'बैम्बिकवंश' से सम्बन्धित स्वीकार किया गया है।[112] 'बौधायन श्रौतसूत्र' से ज्ञात होता है कि बैम्बिक काश्यप गोत्र के ब्राह्मण थे। आश्वलायन श्रौतसूत्र में भी शुंगों का उल्लेख आचार्यों के रूप में मिलता है। बृहदारण्यक उपनिषद् में 'शैंगीपुत्र' नामक एक आचार्य का उल्लेख है। अतः कहा जा सकता है कि शुंग ब्राह्मण पुरोहित ही थे, जो कालान्तर में अशोक द्वारा यज्ञों पर रोक लगा दिये जाने के कारण पौराहित्य कर्म त्यागकर सैनिक वृत्ति अपना लिये, जिसकी पुष्टि मनुस्मृति से भी होती है।[113]

पुष्यमित्र शुंग

पुष्यमित्र अंतिम मौर्य नरेश बृहद्रथ का प्रधान सेनापति था। उसके प्रारम्भिक जीवन में घटनाओं का अभाव सा है, परन्तु पौराणिक ग्रंथों से ज्ञात होता है कि एक दिन सेना का निरीक्षण करते समय बृहद्रथ की उसने धोखे से हत्या कर, वह राजा बन बैठा, जिसकी पुष्टि बाणभट्ट के हर्षचरित से भी होती है।[114] पुराण, हर्षचरित तथा मालविकाग्निमित्र आदि अधिकांश ग्रंथों में पुष्यमित्र के लिए 'सेनानी' अर्थात् सेनापति की उपाधि का ही प्रयोग मिलता है, जबकि उसके पुत्र अग्निमित्र को 'राजा' बताया गया है। अनुमानतः दीर्घकाल तक मौर्यों की सेना का सेनापति होने के कारण पुष्यमित्र की ख्याति सेनानी के रूप में बनी रही तथा राजा हो जाने के बाद भी उसने अपनी यह उपाधि बनाये रखी।

परवर्ती मौर्यों के निर्बल शासन में मगध का शासन तंत्र शिथिल पड़ गया था, तथा देश को आन्तरिक एवं बाह्य संकटों का खतरा था। ऐसी विकट परिस्थिति में पुष्यमित्र शुंग ने मगध साम्राज्य पर अपना अधिकार जमाकर, शान्ति व्यवस्था की स्थापना कर वैदिक धर्म एवं आदर्शों की पुनः प्रतिष्ठा की।

साम्राज्य विस्तार

पुष्यमित्र का साम्राज्य दक्षिण में नर्मदा तक फैला हुआ था। निकटवर्ती पाटलिपुत्र, पूर्वी उत्तर प्रदेश का अयोध्या तथा मध्य प्रदेश का विदिशा क्षेत्र उसके राज्य के प्रमुख नगर थे।[115] दिव्यावदान[116] से विदित है कि पुष्यमित्र निकटवर्ती पाटलिपुत्र में रहता था तथा उसका पुत्र अग्निमित्र विदिशा (पूर्वी मध्य प्रदेश) में उपराजा के रूप में कार्यरत था, जिसकी पुष्टि मालविकाग्निमित्र[117] से भी होती है। अग्निमित्र[118] की रानी का भाई 'वीरसेन' जो सम्भवतः निम्न जाति का था। उसकी नियुक्ति नर्मदा के तटवर्ती प्रदेशों में हुयी थी।

विदर्भ युद्ध (लगभग 184 ई.पू.)

मालविकाग्निमित्र से ज्ञात होता है कि पुष्यमित्र के समय में विदर्भ (कनिंघम[119] के मतानुसार भोपाल, भेलसा तथा नर्मदा का उत्तरीय क्षेत्र) यज्ञसेन के नेतृत्व में स्वतंत्र हो गया। यज्ञसेन मौर्य नरेश बृहद्रथ के सचिव का साला था, जिसे शुंगों ने 'स्वाभाविक शत्रु' (प्रकृत्यमित्र) बताया गया है। पुष्यमित्र ने बृहद्रथ की हत्या के पश्चात् उसके सचिव को कारागार में डाल दिया था। इसी बीच अग्निमित्र विदिशा (मध्य प्रदेश) का उपराजा था। अग्निमित्र का मित्र (सहयोगी) माधवसेन जो विदर्भ नरेश यज्ञसेन का चचेरा भाई था, परन्तु दोनों के सम्बन्ध अच्छे नहीं थे। अनुमानतः वह विदर्भ की गद्दी के लिए यज्ञसेन का प्रतिद्वन्द्वी दावेदार था। एक बार विदिशा (मध्य प्रदेश) जाते समय उसे यज्ञसेन के अन्तपाल (सीमा प्रान्त के राज्यपाल) ने बंदी बना लिया। शुंग नरेश अग्निमित्र ने यज्ञसेन से अपने मित्र माधवसेन को तत्काल मुक्त करने को कहा। यज्ञसेन ने यह शर्त रखी कि यदि उसका सम्बन्धी मौर्य नरेश का सचिव, जो पाटलिपुत्र के जेल में बंद है, को छोड़ दिया जाये, तो वह माधवसेन को मुक्त करा देगा।[120] इस पर अग्निमित्र ने अपने सेनापति वीरसेन को तुरन्त विदर्भ पर आक्रमण करने का आदेश दिया। युद्ध में यज्ञसेन पराजित हुआ और 'वर्धा नदी' दोनों राज्यों की सीमा मान ली गयी। इस राज्य का एक भाग माधवसेन को प्राप्त हुआ। दोनों ने पुष्यमित्र को अपना सम्राट स्वीकार किया और पुष्यमित्र का प्रभाव-क्षेत्र नर्मदा नदी के दक्षिण तक विस्तृत हो गया।[121]

इस घटना के पूर्व अवलोकन से अनुमान लगाया जा सकता है कि अंतिम मौर्य नरेश बृहद्रथ के समय में मगध साम्राज्य में दो प्रमुख गुट थे। पहले का नेतृत्व बृहद्रथ का सचिव तथा दूसरे का नेतृत्व सेनापति पुष्यमित्र कर रहा था। सचिव का सम्बन्धी यज्ञसेन विदर्भ का तथा पुष्यमित्र का पुत्र अग्निमित्र विदिशा का उपराजा बनाया गया था। संभवतः जब पुष्यमित्र ने पाटलिपुत्र पर अधिकार कर सचिव को बंदीगृह में डाल दिया तो यज्ञसेन ने अपनी स्वतंत्रता घोषित कर विदर्भ का राजा बन बैठा।

यवनों का आक्रमण

187 ई.पू. की राज्य क्रान्ति तथा विदर्भ के युद्ध के अतिरिक्त पुष्यमित्र के शासनकाल में यवनों के आक्रमण भी एक शंकारहित ऐतिहासिक तथ्य रहे हैं। विभिन्न साक्ष्यों से ज्ञात होता है कि ये आक्रमणकारी बिना किसी अवरोध के पूर्वी उत्तर प्रदेश के निकटवर्ती क्षेत्र पाटलिपुत्र के अत्यंत निकट आ पहुँचे। इस आक्रमण की चर्चा पतंजलि के 'महाभाष्य', 'गार्गी संहिता' तथा कालिदास के 'मालविकाग्निमित्रम्' नाटक में हुई है। पतंजलि पुष्यमित्र के पुरोहित थे। महाभाष्य में उन्होंने अनद्यतन लंग[121] का प्रयोग समझाते हुए लिखा है कि यवनों ने पूर्वी उत्तर प्रदेश के साकेत या अयोध्या तथा दूरस्थ चित्तौड़ क्षेत्र पर आक्रमण कर अपना अधिकार जमा लिया।[122] गार्गी संहिता में स्पष्टतः इस आक्रमण का उल्लेख करते हुए बताया गया है कि 'दुष्ट विक्रान्त यवनों' ने पूर्वी उत्तर प्रदेश के साकेत तथा मथुरा को रौंदते हुए पाटलिपुत्र तक पहुँच गये। प्रशासन में घोर अव्यवस्था उत्पन्न हो गयी तथा प्रजा व्याकुल हो गयी। परन्तु उनमें आपस में संघर्ष छिड़ गया और वे मध्य देश में नहीं रुक सके।[123]

कालान्तर में यह विवाद का विषय बन गया कि इन यवन आक्रमणकारियों का नेता कौन था। कुछ विद्वान 'डेकेट्रियस' को तो कुछ ने 'मेनाण्डर' को स्वीकार किया है। नागेन्द्र नाथ घोष के मतानुसार भारत पर दो यवन आक्रमण हुए। प्रथम पुष्यमित्र के शासन के प्रारम्भिक दिनों में हुआ, जिसका नेतृत्व डेकेट्रियस कर रहा था तथा द्वितीय उसके शासन के अंतिम दिनों अथवा उसकी मृत्यु के तत्काल बाद हुआ, जिसका नेता मेनाण्डर था,[124] जिसने पूर्वी उत्तर प्रदेश व मध्य प्रदेश पर आक्रमण किया और बाद में पुष्यमित्र के हाथों उसे परास्त होना पड़ा और अन्ततः उनका भारतीय अभियान असफल रहा।

मालविकाग्निमित्रम् से ज्ञात होता है कि पुष्यमित्र के यज्ञ का घोड़ा उसके पौत्र वसुमित्र के नेतृत्व में घूमते हुए सिन्धु नदी के दक्षिण किनारे पर यवनों द्वारा पकड़ लिया गया। इस पर दोनों सेनाओं में युद्ध हुआ।[125] वसुमित्र ने यवनों को पराजित किया तथा घोड़े को पाटलिपुत्र ले आया गया।[126] इस सिन्धु नदी के समीकरण के विषय में मतभेद है। वसुमित्र की यवन विजय का वृत्तांत अग्निमित्र को पुष्यमित्र द्वारा यज्ञशाला मे लिखे गये पत्र के माध्यम से ज्ञात हुआ। यदि वह युद्ध मध्य प्रदेश के सिन्धु नदी पर लड़ा गया होता, तो इसकी जानकारी विदिशा स्थित अग्निमित्र को अवश्य होती, क्योंकि सिन्धु अथवा काली सिन्धु दोनों ही विदिशा के समीप ही स्थित थी। नाटक में यह भी बताया गया है कि वसुमित्र की माता धारिणी अपने पुत्र के कुशलक्षेम के लिए अत्यंत चिंतित थी। यदि वसुमित्र विदिशा (मध्य प्रदेश) के समीप ही अभियान पर होता, तो उसका सम्पर्क अपने माता-पिता से अवश्य बना रहता। ये सभी बातें यह सिद्ध करती हैं कि वसुमित्र तथा यवनों के बीच युद्ध विदिशा के समीपवर्ती क्षेत्र में हुआ होगा।[127] सिन्धु नदी के दक्षिणी तट से तात्पर्य उसके दाहिने किनारे से है। अतः कहा जा सकता है कि यवनों को परास्त करना निश्चित रूप से पुष्यमित्र शुंग की एक महान सफलता थी।

साम्राज्य तथा शासन

पुष्यमित्र प्राचीन मौर्य साम्राज्य के मध्यवर्ती भाग को सुरक्षित रख सकने में सफल रहा। उसके साम्राज्य में पूर्वी उत्तर प्रदेश को अयोध्या तथा मध्य प्रदेश का विदिशा निश्चित रूप से सम्मिलित था। अयोध्या के लेख में पुष्यमित्र का उल्लेख मिलता है। विदिशा में उसका पुत्र अग्निमित्र शासन कर रहा था। मालविकाग्निमित्र के अनुसार विदर्भ भी उसके राज्य के अधीन था। दूरस्थ जालंधर तथा शाकल (स्यालकोट) पर भी उसका अधिकार था। अतः कहा जा सकता है कि उसका साम्राज्य उत्तर में हिमालय से लेकर दक्षिण में बरार तक तथा पश्चिम में पंजाब से लेकर पूर्वी उत्तर प्रदेश व निकटवर्ती मगध तक विस्तृत था। पाटलिपुत्र अब भी इस साम्राज्य की राजधानी थी।

पुष्यमित्र के शासन व्यवस्था के विषय में तथ्यों का अभाव सा है। अनुमानतः उसने मौर्य प्रशासन के स्वरूप को ही बनाये रखा। साम्राज्य के विभिन्न भागों में राजकुमार अथवा राजकुल से सम्बन्धित व्यक्तियों को राज्यपाल नियुक्त करने की परम्परा विद्यमान थी। पुराणों के अनुसार पुष्यमित्र ने 36 वर्षों तक शासन किया। उसका शासनकाल सामान्यतः 184 ई.पू. से 148 ई.पू. तक माना जाता है।[128]

पुष्यमित्र के उत्तराधिकारी

पुष्यमित्र की मृत्यु के पश्चात् उसका पुत्र अग्निमित्र राजा हुआ, जो अपने पिता के शासनकाल में मध्य प्रदेश के विदिशा का उपराजा था। उसके शासनकाल में महत्त्वपूर्ण घटनाओं का अभाव सा है। उसने कुल आठ वर्षों तक राज्य किया। उसके पश्चात् सुज्येष्ठ अथवा वसुज्येष्ठ नाममात्र के राजा हुए। इस वंश का चौथा राजा वसुमित्र था, जिसके नेतृत्व में शुंग सेना ने यवनों को पराजित किया था। सम्भवतः वह पुष्यमित्र के समय में साम्राज्य की उत्तरी-पश्चिमी सीमा प्रांत का राज्यपाल था। राजा होने के बाद वह अत्यंत विलासप्रिय हो गया। एक बार नृत्य का आनन्द लेते समय मुंजदेव अथवा मित्रदेव नामक व्यक्ति ने उसकी हत्या कर दी, जिसका वर्णन हर्षचरित में लिपिबद्ध है। पुराणों के अनुसार उसने लगभग दस वर्षों तक राज्य किया। इसके बाद आन्ध्रक, पुलिन्दक, घोष तथा वज्रमित्र बारी-बारी से राजा हुए, जिनके शासनकाल के विषय में इतिहास मौन है। इस वंश का नौवाँ शासक 'भागवत' अथवा 'भागभद्र' था, जो कुछ हद तक शक्तिशाली राजा था। इसके शासन काल के चौदहवें वर्ष तक्षशिला के यवन नरेश एन्टियालकीड्स के राजदूत हेलियोडोरस ने उसके विदिशा स्थित दरबार में उपस्थित होकर 'भागवत-धर्म' ग्रहण किया तथा बेसनगर में 'गरुड़-स्तम्भ' की स्थापना कर भागवत विष्णु की पूजा की।[129]

पुराणों के अनुसार शुंगवंश का दसवाँ एवं अंतिम नरेश देवभूति (देवभूमि)अत्यंत विलासी शासक था, जिसने दस वर्षों तक राज्य किया। उसके अमात्य 'वसुदेव कण्व' ने राजा की हत्या कर शुंगवंश का अंत कर दिया।[130] हर्षचरित के अनुसार विलासी देवभूति ने अपने अमात्य की सुन्दर कन्या से बलात्कार करने का प्रयास किया, परिणामस्वरूप कन्या की मृत्यु हो गई। अतः वकौल मंत्री वसुदेव ने देवभूति की दासी पुत्री के द्वारा उसकी हत्या करा दी।[131]

कण्व राजवंश

शुंगवंश का अंतिम राजा देवभूति अत्यंत निर्बल तथा विलासी शासक था। वह शासन के अंतिम दिनों में अपने अमात्य वसुदेव के षड़यंत्रों द्वारा मार डाला गया। हर्षचरित से विदित है कि ''शुंगों के अमात्य वसुदेव ने रानी के वेश में देवभूति की दासी की पुत्री द्वारा स्त्री-प्रसंग में अति आसक्त एवं कामदेव के वशीभूत देवभूति की हत्या कर दी।''[132] विष्णु पुराण में भी इस घटना की पुष्टि इस प्रकार की गयी है कि ''व्यसनी शुंगवंश के राजा देवभूति को उसका अमात्य कण्व वसुदेव मारकर पृथ्वी पर शासन करेगा।[133] वसुदेव ने जिस नवीन राजवंश की नींव डाली, वह 'कण्व' अथवा 'कण्वायन' नाम से जाना जाता है। शुंगों के समान यह भी एक ब्राह्मण वंश था। सम्भवतः वैदिक धर्म एवं संस्कृति संरक्षण की जो परम्परा शुंगों ने चलाई थी, वह इस समय भी कायम रही।''

दुर्भाग्यवश इस वंश के राजाओं के नाम के अतिरिक्त उनके राज्यकाल की प्रमुख घटनाओं का अभाव सा है। पुराणों में यह वर्णन मिलता है कि इस वंश के राजा सत्य और न्याय के साथ शासन करेंगे।

पुराणों के अनुसार कण्ववंश में कुल चार राजा हुए–चत्वार:, शुंगभृत्यास्ते नृपा:, काण्वायना:, द्विजा:।[134] जिसमें वसुदेव कुल का नौ वर्षों का शासन रहा। उसके पश्चात् भूमिमित्र, नारायण तथा सुशर्मा जिन्होंने क्रमश: चौदह, बारह तथा दस वर्षों तक राज्य किये। सुशर्मा इस वंश का अंतिम राजा था। वायुपुराण के अनुसार वह अपने आन्ध्र जातीय भृत्य शिमुख (सिन्धुक) द्वारा मार डाला गया।

सुशर्मा की मृत्यु के साथ ही कण्व राज्यवंश का अंत हो गया। इस वंश के चार राजाओं ने लगभग 75–30 ई.पू. तक शासन किया।

सातवाहन तथा चेदि

सातवाहनों की उत्पत्ति के विषय में विद्वानों में मतभेद है। पुराणों में इस वंश के संस्थापक सिमुक[135] को 'आन्ध्र भृत्य' तथा 'आन्ध्र जातीय'[136] कहा गया है। जबकि अपने अभिलेखों में इस वंश के नरेशों ने अपने को 'सातवाहन' कुल ही कहा है।[137] कतिपय विद्वानों का अनुमान है कि सातवाहन 'कुल' का नाम है, जबकि 'आन्ध्र' जाति का बोधक है। राय चौधरी के अनुसार सातवाहन वस्तुत: ब्राह्मण थे, जिनमें नागों के रक्त का मिश्रण था। इस वंश के शासक गौतमी पुत्र शातकर्णी को नाशिक-प्रशस्ति में 'एकबह्मन' (अद्वितीय ब्राह्मण) कहा गया है, जिसने क्षत्रियों के दर्प को चूर्ण (खतियदपमानमदनस) कर दिया था। यदि 'एकबह्मन' को 'खतियदपमानमदनस' के साथ संयुक्त कर दिया जाय, तो इससे यह नि:संदेह सिद्ध हो जाता है कि गौतमी पुत्र न केवल एक ब्राह्मण था, अपितु यह परशुराम प्रकृति का ब्राह्मण था, जिन्होंने क्षत्रियों के अभिमान को चूर्ण किया।[138]

अत: कहा जा सकता है कि सातवाहन मूलत: ब्राह्मण ही थे। तत्कालीन समय में ब्राह्मण धर्म एवं संस्कृति की रक्षा के लिए शस्त्र ग्रहण करना उन परिस्थितियों में सर्वथा उपयुक्त था। मौर्य युग में वैदिक धर्म की प्रतिष्ठा गिर गयी थी तथा क्षत्रिय बड़ी संख्या में बौद्ध बन गये थे। ऐसी स्थिति में ब्राह्मण धर्म की रक्षा के लिए ब्राह्मणों को आगे आना आवश्यक था।

प्रारम्भिक इतिहास

सातवाहनों का इतिहास 'सिमुक' के समय से प्रारम्भ होता है। वायुपुराण के कथनानुसार आन्धजातीय सिमुक कण्ववंश के अंतिक शासक सुशर्मा की हत्या कर तथा शुंगों की बची हुयी शक्ति को समाप्त कर पृथ्वी पर शासन करेंगे।[139] इससे यह अनुमान लगाया जा सकता है कि शुंगों तथा कण्वों से विदिशा (मध्य प्रदेश) के आसपास का क्षेत्र सम्भवत: जीत लिया होगा। पुराणों के अनुसार सिमुक ने तेईस वर्षों तक शासन किया । इसका शासनकाल लगभग 60–37 ई.पू. तक माना जाता है। इसके नाम का उल्लेख 'नाना घाट अभिलेख' में मिलता है। सिमुक के पश्चात् उसका छोटा भाई कृष्ण गद्दी पर आसीन हुआ, जिसने दूरस्थ नासिक (महाराष्ट्र) तक अपने साम्राज्य का विस्तार किया।

कृष्ण के मृत्योपर्यन्त गौतमी पुत्र सातकर्णी गद्दी पर बैठा, जो सिमुक सातवाहन का पुत्र था। कालान्तर में गौतमी पुत्र सातकर्णी ने विदर्भ क्षेत्र[140] शुंगों से जीतकर अपनी शक्ति का परिचय दिया, जिसकी पुष्टि वहाँ से प्राप्त सिक्कों से होती है।[141] इसी समय वासिष्ठिपुत्र आनन्द, जो सातकर्णी के

कारीगरों का मुखिया था, ने साँची, स्तूप (मध्य प्रदेश) के तोरणों पर अपना लेख उत्कीर्ण करवाया।[142] यह लेख पूर्वी मध्य प्रदेश पर उसके अधिकार की पुष्टि करता है।[143] मध्य प्रदेश के अन्य क्षेत्रों में उसके अधिकार की पुष्टि 'श्रीसात' नामधारी सिक्कों से होती है, जो इस क्षेत्र से प्राप्त हैं। इस प्रकार सम्पूर्ण मध्य प्रदेश क्षेत्र उसके अधिकार में था तथा पूर्व की ओर उसका राज्य दूरस्थ कलिंग की सीमा को स्पर्श करता था।

कालान्तर में सातकर्णी ने विस्तृत क्षेत्रों को जीतकर सार्वभौम राजा की उपाधि धारण की। उसके दो अश्वमेघ तथा राजसूय यज्ञों के भी प्रमाण मिलते हैं। सम्भवत: प्रथम अश्वमेघ यज्ञ राजा बनने के तत्काल बाद तथा द्वितीय अपने शासनकाल के अन्त में किया होगा। यज्ञ के पश्चात् उसने अपनी पत्नी के नाम पर 'रजत-मुद्रायें' उत्कीर्ण करवायीं, जिसके अग्रभाग में 'अश्व' की आकृति उत्कीर्णित है।

गौतमी पुत्र सातकर्णी प्रथम शासक था, जिसने सातवाहनों को प्रबल स्थिति प्रदान की। इसकी मृत्यु के पश्चात् सातवाहनों की शक्ति निर्बल पड़ने लगी। पुत्रों के अवयस्क होने के पश्चात् पत्नी 'नायानिका' ने संरक्षिका के रूप में शासन का संचालन किया।

कालान्तर में सातकर्णी का पुत्र पुलुमावी (पुलोमा) 130-159 ई.पू. सातवाहनों का राजा हुआ। विदिशा से इसकी आकृतियुक्त प्राप्त स्वर्ण मुद्राओं[144] से अनुमान लगाया जा सकता है कि पूर्वी मध्य प्रदेश अब भी सातवाहनों के अधिकार में था। इसके बाद इस राजवंश की शक्ति निर्बल पड़ गयी। पुराणों के अनुसार शिवश्री सातकर्णी (159-166 ई.) तथा शिवस्कन्द सातकर्णी (167-174 ई.) इस वंश के नरेश हुए, जिनके शासनकाल में महत्त्वपूर्ण घटनाओं का अभाव सा है। यज्ञ श्री-सातकर्णी (174-203 ई.) सातवाहन कुल का अंतिम राजा हुआ, जिसने शकों को पराजित कर नर्मदा घाटी पर पुन: आधिपत्य स्थापित कर अपनी शक्ति का परिचय दिया। इसकी मृत्यु के पश्चात् सातवाहन साम्राज्य के विघटन की प्रक्रिया प्रारम्भ हो गयी और राजवंश अनेक छोटे-छोटे राज्यों में विभाजित हो गया।

शक क्षत्रप

ऐतिहासिक ग्रंथों में इनकी अनेक शाखाओं का वर्णन मिलता है, जिनमें उत्तर प्रदेश के मथुरा, दूरस्थ पंजाब तथा पश्चिमी भारत की शाखाएँ विशेष प्रसिद्ध रही हैं। इनमें अंतिम शाखा का मध्य प्रदेश के इतिहास से घनिष्ठ सम्बन्ध रहा है। कालान्तर में पश्चिमी शाखा में दो वंश हो गये, जिसे 'क्षहरात' व 'कार्दमक' वंश के नाम से जाना जाता है। इन क्षहरातों में भूमक तथा नहपान अधिक प्रसिद्ध थे। परम नहपान शक्तिशाली क्षत्रप था, जिसके दामाद 'उषवदात' के शिलालेख से ज्ञात होता है कि इसका सम्राज्य पूर्वी मध्य प्रदेश के उज्जैन, मंदसौर तथा दूरस्थ उत्तरी कोंकण व काठियावाड़ तक विस्तृत था। नासिक के दसवें गुफालेख से उल्लेखित है कि नहपान के दामाद उषवदात ने मालव आक्रमणकारियों के विरुद्ध अपने मित्र उत्तमभद्रों की सहायता की थी, जिसमें मालवों को पराजय का मुंह देखना पड़ा।[145]

क्षत्रपों की दूसरी शाखा का नाम 'कार्दमक' था, जिनकी राजधानी उज्जयिनी थी। ग्रंथों में सातवाहन वंश के अंतिम राजाओं से इनके संघर्ष का वर्णन मिलता है। क्षत्रपों का यह वंश भारत के अन्य क्षत्रपों में सर्वाधिक प्रभावशाली था, इसका संस्थापक 'जामोतिक' (यशोमतिक) का पुत्र चष्टन (महाक्षत्रप) को स्वीकार किया गया है। सम्भवत: उज्जयिनी (मध्य प्रदेश) में राज्य स्थापना के पूर्व चष्टन कुषाणों के अधीन सिन्ध के किसी अज्ञात क्षेत्र में राज्य कर रहा था, और वहीं से वह दक्षिणी-पश्चिमी भारत का क्षत्रप नियुक्त हुआ।

अनुमानत: प्रथम शताब्दी ई. के पूर्व 'चष्टन' उज्जयिनी का महाक्षत्रप नियुक्त किया गया। इसके सिक्के पूर्वी मध्य प्रदेश के विदिशा, उज्जयिनी तथा शिवपुरी क्षेत्र से प्राप्त होते हैं। जिस पर ब्राह्मी-लिपि में 'राओम' (हा) क्षत्रपस घसामौतिकपुत्र (स चष्टनस)[146] उत्कीर्णित है।

कालान्तर में चष्टन का उत्तराधिकारी उसका पुत्र 'जसदामा' हुआ, किन्तु स्वतंत्र शासक न होने के कारण वह चष्टन के अधीन क्षत्रप बना रहा। जयदामा की मृत्यु चष्टन के राज्यकाल में ही बतायी जाती है। इसके उपरान्त इसका पुत्र रूद्रदामा प्रथम[147] लगभग 130-131 ई. में महाक्षत्रप बना, जिसकी पुष्टि जूनागढ़ अभिलेख से होती है।

रूद्रदामा के पश्चात् उसका पुत्र 'दामजद' उज्जयिनी का महाक्षत्रप नियुक्त हुआ, जिसने अत्यंत शान्तिपूर्वक राज्य किया, किन्तु इसकी मृत्यु के उपरान्त गृहकलह प्रारम्भ हो गया। दामजद का पुत्र जीवदामा महाक्षत्रप तो बना, किन्तु उसके चाचा रूद्रसिंह ने आमीर नामक सेनापति की सहायता से उसे अपदस्थ कर दिया। दो वर्षों बाद पुन: रूद्रसिंह महाक्षत्रप पद पर आसीन हुआ। इसके समय में उज्जयिनी (पूर्वी मध्य प्रदेश) में शक क्षत्रप पूर्णत: हिन्दू संस्कृति और धर्म को अपना चुके थे। इसी समय उज्जयिनी के शकों की राजकुमारी 'रूद्रधर भट्टारिका' से आन्ध्र के इक्ष्वाकु राजा 'वीरपुरुष दत्त' से विवाह के प्रमाण मिलते हैं जिससे दूरस्थ क्षेत्रों की सांस्कृतिक परम्पराओं में वृद्धि हुई।

रूद्रसेन प्रथम के पश्चात् उसके छोटे भाई संघदामा (222-23 ई.) दामसेन, (233-36 ई.) विजय सेन, दामजद तृतीय व रूद्रसेन द्वितीय ने क्रमश: शासन किया, परन्तु उनके शासन क्षेत्र के विभिन्न घटनाओं का अभाव सा है। कालान्तर में चष्टन के वंशजों की राजधानी उज्जयिनी से गिरिनार स्थानान्तरित कर ली गयी। वाकाटक नरेशों ने उनकी राज्य सीमा को अत्यंत सीमित कर दिया और आगे चन्द्रगुप्त विक्रमादित्य ने शकों के राज्य का अन्त कर दिया।

कुषाण राजवंश

कुषाण 'यू-ची'[148] जाति की एक शाखा थे। चीनी इतिहासकार 'सू-म-चीन' के मतानुसार यू-ची जाति के लोग 'तुन-हांग' (Tun-huang) अथवा (Tsenn-hoang) तथा चीनी तुर्किस्तान स्थित इसी कुल झील के पूर्वी दक्षिणी किनारे कीलिन पर्वत के मध्य 174 ई.पू. से 165 ई.पू. में निवास करते थे।[149] चीनी ग्रंथों से ज्ञात होता है कि 165 ई.पू. के लगभग 'हुडंग-न' (हूण) नामक एक अन्य पड़ोसी जाति द्वारा पराजित किये जाने पर अपना मूल निवास स्थान छोड़कर दक्षिण-पश्चिम

स्थित इली नदी-घाटी की ओर भाग निकले। इन्होंने कालान्तर में शक्तिशाली होकर भारतीय राजनीति में महत्त्वपूर्ण स्थान बना लिया। इनका नेतृत्व **'कुजुल कडफिसेस'** कर रहा था, जिसने एक नये वंश को जन्म दिया, जिसे भारतीय इतिहास में कुषाण राजवंश के नाम से जाना जाता है।

कुजुल कडफिसेस (15-65 ई. तक)

कुषाण राज्यवंश की स्थापना का श्रेय कुजुल कडफिसेस प्रथम को दिया जाता है। मध्य एशिया में अपना प्रभुत्व स्थापित करने के पश्चात् वह भारत की तरफ बढ़ा। चीनी इतिहासकार 'पान-कू' के ग्रंथ 'हाऊ-हान-शू' से ज्ञात होता है कि उसने पार्थियनों पर आक्रमण कर काबुल पर अधिकार कर लिया और कालान्तर में भारत के पश्चिमोत्तर प्रदेश का शासक बन बैठा। कुजुल के दो प्रकार के सिक्के मिलते हैं। प्रथम प्रकार के सिक्कों के मुख भाग पर काबुल के अंतिम यवन शासक हर्मियस का नाम यूनानी लिपि में तथा पृष्ठ भाग पर कुजुल का नाम खरोष्ठी लिपि में अंकित मिलता है। ऐसे ही दूसरे प्रकार के सिक्कों पर उसकी राजकीय उपाधियाँ, जैसे -'महाराजस महतस, कुषण-कुयल कफस' (महाराज महान कुयुल कफ कुषाण) उत्कीर्णित है। इस आधार पर यह निष्कर्ष निकला जा सकता है कि प्रारम्भ मे कुजुल यवन नरेश हर्मियस के अधीन शासक था, जो कालान्तर में स्वतंत्र हो गया। हर्मियस के पश्चात् काबुल क्षेत्र में पहवों को परास्त कर कुजुल ने काबुल तथा कान्धार पर अधिकार कर लिया। इस प्रकार कुजुल के समय में कुषाण साम्राज्य के अन्तर्गत सम्पूर्ण अफगानिस्तान तथा गान्धार प्रदेश सम्मिलित हो गये।

कालान्तर में कुजुल ने ताँबे के सिक्कों का प्रचलन कर अपनी शक्ति का परिचय दिया। उसके सिक्कों पर 'धर्मथिदस', 'धर्मथित (धर्म में स्थित) उत्कीर्णित है। अनुमानतः उसने बौद्ध धर्म ग्रहण कर लिया।

साधारणतः कुजुल का शासनकाल 15-65 ई. के बीच माना जाता है।[150] डॉ. मोतीचन्द्र के अनुसार उसका राज्य लगभग ई. पू. 25 से प्रारम्भ होकर ई. सन् के प्रथम पाद में समाप्त हो गया।[151]

विम कडफिसेस (65-70 ई.)

कुजुल कडफिसेस की मृत्यु के पश्चात् विम कडफिसेस कुषाण साम्राज्य की गद्दी पर आसीन हुआ। स्वर्ण की अधिकता से प्रभावित होकर कडफिसेस ने अपने शासन में स्वर्ण सिक्कों की शुरूआत की।[152] उसने सोने और ताँबे के मिश्रण से बनी मुद्राएँ चलायीं। कुछ सिक्के कौशाम्बी (प्रयाग), भीटा तथा दूरस्थ बक्सर, बसाढ़ (बिहार) आदि स्थानों से प्राप्त होते हैं, जिस पर खरोष्ठी लिपि में "महाराजस राजधिजस सर्वलोगइश्वरस महिश्वरस विम कडफिसेस त्रततस" (महाराज राजाधिराज सर्वलोकेश्वर महेश्वर विम कडफिसेस त्राता) उत्कीर्ण है। जो पूर्वी उत्तर प्रदेश पर विम कडफिसेस के अधिकार की पुष्टि करते हैं। सिक्कों पर शिव, नन्दी तथा त्रिशूल की आकृतियाँ उसके शैव मतानुयायी की ओर संकेतित हैं।

इसके अतिरिक्त मथुरा के 'माट' नामक स्थान से सिंहासन पर विराजमान एक विशाल प्रतिमा

प्राप्त हुयी है, जिस पर 'महाराज राजाधिराज देवपुत्र कुषाण पुत्र षाहि वेम तक्षम' अंकित है। काशी प्रसाद जायसवाल ने इन लेख में 'वेम' की पहचान विम कडफिसेस से करते हुए यह स्वीकार किया है कि कुषाण साम्राज्य उत्तर प्रदेश के मथुरा तक विस्तृत था।[153]

कालान्तर में विदिशा क्षेत्र से विम कडफिसेस के 'बीमा' श्रेणी वाला दुर्लभ चांदी का सिक्का[154] एवं जिला शहडोल से लगभग 757 कुषाणकालीन ताँबे के सिक्के की प्राप्ति से यह अनुमान लगाया जा सकता है कि मध्य प्रदेश के अधिकांश क्षेत्रों पर विम कडफिसेस का अधिकार था।[155]

कनिष्क (75-103 ई.)

विम कडफिसेस के पश्चात् कुषाण शासन की बागडोर कनिष्क के कंधों पर आ टिकी। सम्भवतः पिता के शासनकाल में यह भारत के पूर्वी प्रान्त का प्रशासक था। इसके राज्यारोहण की तिथि में विद्वानों में विवाद है। समय-समय पर आधुनिक इतिहासकार, यथा –फ्लीट, मार्शल तथा रमेशचन्द्र मजूमदार जैसे विद्वानों ने अलग-अलग मत प्रस्तुत किये हैं। इसी विवाद को लेकर 1913 व 1960 में लन्दन में दो अन्तर्राष्ट्रीय सम्मेलनों का आयोजन किया गया, जिसमें आम सहमति से कनिष्क की तिथि 78 ई. स्वीकार की गयी।[156] फर्ग्युसन, ओल्डेनबर्ग, थामस, बर्नी तथा राय चौधरी आदि विद्वानों ने भी इसी मत का समर्थन किया है। शक संवत् का प्रारम्भ कनिष्क के राज्याभिषेक के साथ ही माना जाता है।

पूर्वी-उत्तर प्रदेश एवं मध्य प्रदेश की विजय

कनिष्क एक महान सम्राट था, जिसने अपनी योग्यता तथा बाहुबल से अपने राज्य की सीमाओं का विस्तार किया। उत्तर भारत को विजित करके कनिष्क ने कपिशा, गान्धार तथा कश्मीर के अधिकांश क्षेत्रों पर अधिकार कर अपनी शक्ति का परिचय दिया।[157] सारनाथ (वाराणसी) से प्राप्त कनिष्क के शासनकाल के तीसरे वर्ष का अभिलेख एवं गोरखपुर[158], देवरिया, गाजीपुर, श्रावस्ती तथा मथुरा क्षेत्र से प्राप्त मुद्राओं से यह अनुमान लगाया जा सकता है कि पूर्वी उत्तर प्रदेश का क्षेत्र सम्राट कनिष्क के अधिकार में था। इसके अतिरिक्त काशी हिन्दू विश्वविद्यालय के श्री के.के. सिन्हा एवं श्री वी.पी. सिंह के निर्देशन में बलिया (उत्तर प्रदेश) जिले के 'खैराडीह' नामक स्थान पर उत्खनन से समृद्धशाली कुषाणकालीन बस्ती का ज्ञान होना पूर्वी उत्तर प्रदेश पर कुषाणों के आधिपत्य को प्रमाणित करता है। अनुमानतः घाघरा नदी के तट पर स्थित यह नगर तत्कालीन समय में एक प्रमुख व्यापारिक स्थल रहा होगा।[159]

पूर्वी उत्तर प्रदेश के कौशाम्बी तथा श्रावस्ती कुशीनगर से प्राप्त बुद्ध प्रतिमाओं की चौकी पर उत्कीर्णित अभिलेखों में भी कनिष्क के शासनकाल का उल्लेख मिलता है। कौशाम्बी से कनिष्क की एक मुहर भी मिली है, जो इस क्षेत्र पर उसके अधिकार की पुष्टि करती हैं।

बौद्ध ग्रंथ 'श्री-धर्मपिटकनिदान सूत्र' के चीनी अनुवाद से ज्ञात होता है कि कनिष्क ने निकटवर्ती क्षेत्र पाटलिपुत्र के राजा पर आक्रमण कर उसे बुरी तरह परास्त किया तथा हर्जाने के रूप

में बहुत बड़ी रकम की मांग की, परन्तु बदले में वह अश्वघोष लेखक, बुद्ध का भिक्षापात्र व एक अद्भुत मुर्गा पाकर ही सन्तुष्ट हो गया। इसके अतिरिक्त वैशाली, बक्सर तथा बोधगया क्षेत्र से कुषाणकालीन सिक्कों की प्राप्ति से अनुमान लगाया जा सकता है कि निकटस्थ बिहार के अधिकांश क्षेत्रों पर कनिष्क का अधिकार था।[160]

पूर्वी क्षेत्रों को विजित करने के उपरान्त साम्राज्य विस्तार की होड़ से कनिष्क ने मध्य प्रदेश क्षेत्र से मधुर सम्बन्ध बनाकर अपनी शक्ति का परिचय दिया। साँची से प्राप्त बौद्ध प्रतिमा पर उत्कीर्णित लेख जो कनिष्क संवत् 28 से प्रमाणित है। इस क्षेत्र पर इसके अधिकार की पुष्टि करते हैं। साँची लेख में 'वासु' नामक किसी अज्ञात राजा का उल्लेख मिलता है, जो सम्भवतः कनिष्क के समय में पूर्वी मध्य प्रदेश का 'उपराजा' रहा होगा। अनुमानतः इस क्षेत्र के विंध्य पर्वत तक इसका साम्राज्य विस्तृत था।

साम्राज्य तथा शासन

अपनी अनेकानेक विजयों के द्वारा कनिष्क ने एक विस्तृत साम्राज्य का निर्माण किया। विभिन्न लेखों तथा सिक्कों के आधार पर अनुमान लगाया जा सकता है कि कनिष्क के साम्राज्य की सीमा कश्मीर से लेकर मध्य प्रदेश में विन्ध्य पर्वत तक तथा पूर्व में पूर्वी उत्तर प्रदेश एवं बिहार तक विस्तृत थी। राजतरंगिणी से जहाँ कश्मीर पर उसके अधिकार की सूचना मिलती है, वहीं साँची से पूर्वी मध्य प्रदेश एवं कौशाम्बी, श्रावस्ती तथा सारनाथ के लेख पूर्वी उत्तर प्रदेश पर उसके आधिपत्य की सूचना देते हैं। सम्भवतः यह एक अन्तर्राष्ट्रीय साम्राज्य था और पुरुषपुर (पेशावर) इस विशाल साम्राज्य की राजधानी थी।

कनिष्क के शासन प्रबन्ध के विषय में संसाधनों का अभाव सा है, परन्तु वह एक शक्ति सम्पन्न सम्राट था। लेखों में उसे 'महाराजाधिराज देवपुत्र' कहा गया है। 'देवपूत्र' की उपाधि से यह सूचित होता है कि वह अपने दैवी उत्पति में विश्वास करता था।

कनिष्क के उत्तराधिकारी

कनिष्क की मृत्यु के पश्चात् उसका बड़ा पुत्र वासिष्क (102–106 ई.) कुषाण वंश का राजा हुआ।[161] इसके राज्यकाल के दो अभिलेख, यथा– मथुरा (कनिष्क संवत् 24) तथा साँची (कनिष्क संवत् 28) से विदित होता है कि वासिष्क का साम्राज्य उत्तर प्रदेश के मथुरा से पूर्वी मध्य प्रदेश तक विस्तृत था।[162]

वासिष्क के पश्चात् हुविष्क (106–138 ई.) कुषाण वंश का राजा हुआ। उत्तर प्रदेश के मथुरा में पाये जाने वाले एक अभिलेख से सूचित है कि वह किसी ऐसे राजा का पुत्र था, जिसे 'सचध्रम' की उपाधि प्राप्त थी।[163] कुयुल कफस की पायी जाने वाली मुद्रा पर यह उपाधि अंकित मिली थी।[164] हुविष्क का साम्राज्य कनिष्क के समान ही विशाल था। इसके सिक्कों तथा अभिलेखों से राज्य विस्तार का अनुमान लगाया जा सकता है। यद्यपि हुविष्क के राज्य में उत्तर प्रदेश का मथुरा एवं दूरस्थ

काबुल तथा मध्य प्रदेश के शहडोल, हरदा तथा झालापुरी के क्षेत्र सम्मिलित थे, विदिशा तथा पद्मावती से कुषाण अधिपत्य समाप्त हुआ दिखाई देता है।[165] इसके राज्यकाल में कुषाण सत्ता का प्रमुख केन्द्र पेशावर से हटकर उत्तर प्रदेश के मथुरा में स्थानान्तरित कर दिया गया। कालान्तर में हुविष्क ने मथुरा को अनेक स्मारकों से सजाया तथा क्षतिग्रस्त 'देवकुलों' को पुन:निर्मित करवाया। इसके द्वारा मथुरा में एक सुन्दर विहार निर्माण की भी सूचना मिलती है। हुविष्क के सिक्कों पर उत्कीर्णित शिव, स्कन्द, विशाख तथा महासेन की आकृतियों से अनुमान लगाया जा सकता है कि उसका व्यक्तिगत झुकाव ब्राह्मण धर्म की ओर था। वह बौद्ध तथा जैन मतानुयायियों के प्रति भी सहिष्णुता था।

हुविष्क के पश्चात् कनिष्क द्वितीय राजा हुआ, जो वासिष्क का पुत्र था।[166] अनुमानत: उसने कुछ समय तक हुविष्क के साथ मिलकर शासन करके 'महाराजा', 'राजाधिराज', तथा देवपुत्र की उपाधि धारण कर अपनी शक्ति का परिचय दिया।

कनिष्क कुल का अंतिम महान सम्राट वासुदेव प्रथम (सम्भवत 145-176 ई.)[167] हुआ। इसके अधिकांश अभिलेख मथुरा तथा उसके निकटवर्ती भागों से ही प्राप्त होते हैं। अनुमानत: मध्य प्रदेश से कुषाणों का प्रभाव क्रमश: कम होने लगा तथा कुषाण सत्ता का केन्द्र, मथुरा के सीमावर्ती क्षेत्र तक ही सीमित हो गया। वासुदेव शैवमतानुयायी था।

अत: कहा जा सकता है कि वासुदेव के साथ ही कनिष्क कुल का अन्त हो गया। इस वंश के राजाओं ने लगभग 99 वर्षों तक शासन किया।

(ब) तीसरी शताब्दी ई. से 650 ई. तक

कुषाणों के पतन के पश्चात् राजनीतिक शक्ति क्षीण हुई और विकेन्द्रीकरण की प्रक्रिया प्रारम्भ हो गई। इसमें अनेक राज्य एवं गणराज्यों ने भाग लिया। अन्तत: पूर्वी उत्तर प्रदेश का निकटवर्ती क्षेत्र 'मगध' में शक्तिशाली गुप्तवंश का उदय हुआ। इस वंश की मूल उत्पत्ति एवं निवास स्थान के सम्बन्ध में विवाद है, परन्तु गुप्त राजवंश की स्थापना लगभग 275 ई. में महाराजा 'श्री गुप्त' द्वारा स्वीकृत है। इनके शासनारूढ़ की प्रामाणिकता की पुष्टि उत्खनन में प्राप्त दो मुहरों में से एक पर 'गुप्तस्य' तथा दूसरे के ऊपर 'श्री-गुप्तस्य' के उत्कीर्णन से होती है।

इस वंश का दूसरा शासक महाराजा 'घटोत्कच' था, जो श्री गुप्त का पुत्र था। प्रभावती गुप्ता के पूना तथा रिद्धपुर ताम्रपत्रों में उसे ही गुप्तवंश का प्रथम शासक (आदिराज) बताया गया है। स्कन्दगुप्त के सुपियां (रीवा) पूर्वी मध्य प्रदेश के लेख में गुप्तों की वंशावली घटोत्कच से ही प्रारम्भ होती है। इस आधार पर कुछ विद्वानों का सुझाव है कि वस्तुत: घटोत्कच ही इस वंश का संस्थापक था। इसके शासनकाल में गुप्त राज्य का आंशिक विस्तार हुआ। इसने लगभग 300 से 319 ई. तक शासन किया। वैशाली से प्राप्त एक मुद्रा पर 'श्री घटोत्कच गुप्तस्य' उत्कीर्णित है।[168] जिससे अनुमान है कि इनका शासनकाल सम्भवत: पूर्वी उत्तर प्रदेश के सीमावर्ती क्षेत्र तक सीमित था।

चन्द्रगुप्त प्रथम (लगभग 319-350 ई.)

महाराजा घटोत्कच का पुत्र और उत्तराधिकारी चन्द्रगुप्त प्रारम्भिक गुप्त शासकों में सर्वाधिक शक्तिशाली था। राज्यारोहण के पश्चात् उसने अपनी महत्ता सूचित करने के लिए अपने पूर्वजों के विपरीत 'महाराजाधिराज'[169] की उपाधि ग्रहण की।

चन्द्रगुप्त एक दूरदर्शी सम्राट था। लिच्छवियों का सहयोग एवं समर्थन प्राप्त करने के लिए लिच्छवी वंशीय राजकुमारी 'कुमारदेवी' के साथ वैवाहिक सम्बन्ध स्थापित कर अपनी शक्ति का परिचय दिया। इसकी पुष्टि इसके स्वर्ण तथा रजत सिक्कों से होती है। ये सिक्के पूर्वी उत्तर प्रदेश के वाराणसी, अयोध्या, सीतापुर, गाजीपुर व टाडा (फैजाबाद) आदि स्थानों से प्राप्त हुए हैं।[170]

स्मिथ के मतानुसार इस वैवाहिक सम्बन्ध के फलस्वरूप चन्द्रगुप्त ने लिच्छवियों का राज्य प्राप्त कर लिया तथा पूर्वी उत्तर प्रदेश के सीमावर्ती क्षेत्र एवं मगध का सार्वभौम शासक बन बैठा।[171] ऐसा अनुमान है कि लिच्छवियों के दो राज्य स्थापित थे, जिसे वैशाली व नेपाल राज्य के नाम से जाना जाता था।[172] वैशाली उनका प्राचीन राज्य था तथा नेपाल प्रथम अथवा द्वितीय सदी के लगभग दूसरा राज्य स्थापित कर लिया था। कालान्तर में नेपाल राज्य को इसके पुत्र एवं उत्तराधिकारी समुद्रगुप्त ने अधिकृत किया। जिसकी पुष्टि 'प्रयाग-प्रशस्ति' से होती है।

चन्द्रगुप्त प्रथम के विजयों के सम्बन्ध में तथ्यों का अभाव सा है। वायुपुराण से संकेतित है कि गुप्तवंश के लोग गंगा के किनारे पूर्वी उत्तर प्रदेश के प्रयाग (साकेत) और इसके निकटवर्ती क्षेत्र मगध पर शासन करेंगे।[173] स्पष्ट है कि यह साम्राज्य सीमा चन्द्रगुप्त प्रथम के समय की है, क्योंकि उसके पूर्ववर्ती दोनों शासक अत्यन्त साधारण थे व उसके बाद के शासक समुद्रगुप्त का साम्राज्य इससे कहीं अधिक विस्तृत था।

राय चौधरी के मतानुसार चन्द्रगुप्त ने कौशाम्बी, कोशल तथा मगध के राजाओं को जीतकर उनके राज्यों पर अपना अधिकार कर लिया।

समुद्रगुप्त (350-375 ई.)

चन्द्रगुप्त प्रथम के पश्चात् उसका सुयोग्य पुत्र समुद्रगुप्त साम्राज्य की गद्दी पर बैठा। वह लिच्छवि राजकुमारी 'कुमारदेवी' से उत्पन्न हुआ था।[174] समुद्रगुप्त न केवल गुप्तवंश के अपितु सम्पूर्ण प्राचीन भारतीय इतिहास के महानतम शासकों में गिना जाता है। निःसंदेह उसका काल ऐतिहासिक तथा सांस्कृतिक दोनों ही दृष्टियों से गुप्त साम्राज्य के उत्कर्ष का काल माना जा सकता है।

समुद्रगुप्त के इतिहास का सर्वप्रमुख स्त्रोत 'प्रयाग-प्रशस्ति' है। इसकी रचना समुद्रगुप्त के सन्धिविग्रहिक सचिव 'हरिषेण' ने की थी। कनिंघम के मतानुसार यह लेख मूलतः पूर्वी उत्तर प्रदेश के कौशाम्बी में खुदवाया गया था।

'प्रयाग-प्रशस्ति' के चतुर्थ श्लोक से ज्ञात होता है कि चन्द्रगुप्त ने अपना उत्तराधिकारी चुनने के लिए अपने सभासदों की एक सभा बुलाई। वह समुद्रगुप्त के गुणों पर इतना अधिक मुग्ध था कि भरी सभा में उसने उसे गले लगाते हुए यह घोषणा की कि हे आर्य! तुम योग्य हो, पृथ्वी का पालन

करो। प्रशस्तिकार ने आगे यह भी कहा है कि इस घोषणा से चन्द्रगुप्त के दरबारी जहाँ प्रसन्न हुए, वहीं अन्य राजकुमार (तुल्यकुलज) दुःखी (म्लानमुख) हो गये।[175] इस विवरण के आधार पर कुछ विद्वानों ने विचार व्यक्त किया है कि घोषणा के बाद समुद्रगुप्त के अन्य भाइयों ने उसके निर्वाचन का विरोध किया, फलतः समुद्रगुप्त को उनके साथ उत्तराधिकार का युद्ध लड़ना पड़ा। इस विद्रोह का नेतृत्व 'काच' नामक उसके भाई ने किया था।[176] कतिपय विद्वानों ने इसको राजा स्वीकार किया है, जिसकी पुष्टि इसकी मुद्राओं से होती है। फिर भी इस 'काच' नामक राजा के समीकरण के विषय में मतभेद है।

कालान्तर में एलन महोदय ने यह मत प्रस्तुत किया कि 'काच' वस्तुतः समुद्रगुप्त का मौलिक नाम था, किन्तु बाद में अपना अधिकार क्षेत्र विस्तृत कर लेने के कारण उसने अपना नाम समुद्रगुप्त रख लिया। अतः काच और समुद्रगुप्त दोनों एक ही व्यक्ति प्रतीत होते हैं।[177]

उत्तराधिकार-युद्ध के विषय में निश्चित रूप से कुछ भी नहीं कहा जा सकता वास्तविकता जो भी हो, इतना तो स्पष्ट है कि यदि कोई युद्ध हुआ भी हो तो समुद्रगुप्त उसमें पूर्णतया सफल रहा और उसने अपने पराक्रम के बल पर सभी विद्रोहियों को शान्त कर अपनी स्थिति सुदृढ़ कर ली।

युद्ध तथा विजय[178]

राजधानी में अपनी स्थिति सुदृढ़ करने के बाद समुद्रगुप्त ने विस्तृत अभियान प्रारम्भ किया । वह एक महान विजेता था, जिसके दिग्विजय का उद्देश्य 'प्रयाग प्रशस्ति' के शब्दों में 'सम्पूर्ण पृथ्वी को जीतना' (क्षरणिबन्ध) स्वीकार किया गया है।

अपनी दिग्विजय की प्रक्रिया में समुद्रगुप्त ने सर्वप्रथम उत्तर भारत में एक छोटा सा युद्ध किया, जिसे आर्यावर्त के प्रथम युद्ध के नाम से जाना जाता है। इसके शासनकाल में 'अच्युत' सम्भवतः नागवंशी शासक था, जो अहिछत्रा में शासनारूढ़ था, जिसकी पहचान उत्तर प्रदेश के रामनगर (जिला बरेली) से की गयी है,[179] को जीतकर अपनी शक्ति का परिचय दिया। इसके अतिरिक्त दूरस्थ नागसेन (ग्वालियर) व कोतकुलज (पूर्वी पंजाब) पर भी इसका अधिकार था।

के.पी. जायसवाल के मतानुसार इन तीनों राजाओं ने एक सम्मिलित संघ बनाकर समुद्रगुप्त से युद्ध की चेष्टा की, परन्तु पूर्वी उत्तर प्रदेश के कौशाम्बी में इन्हें पराजय का मुँह देखना पड़ा।[180] किन्तु इस प्रकार की मान्यता के लिए कोई प्रमाण नहीं है।

महाभारत में विदर्भ तथा कौशल के दक्षिण में स्थित प्रदेश को दक्षिणापथ की संज्ञा प्रदान की गयी है।[181] गंगा दोआब के प्रदेशों की विजय के पश्चात् समुद्रगुप्त दक्षिण भारत की विजय के लिए निकल पड़ा। प्रशस्ति की 19वीं तथा 20वीं पंक्ति में दक्षिणापथ के बारह राज्यों तथा उनके राजाओं के नाम मिलते हैं। इन राज्यों को पहले तो समुद्रगुप्त ने जीता, किन्तु कालान्तर ने उन्हें स्वतंत्र कर दिया।[182] अनुमानतः उनसे भेंट उपहारादि प्राप्त करके ही संतुष्ट हो गया।

समुद्रगुप्त के शासनकाल में वाकाटकों की शक्ति अपनी चरम सीमा पर थी। गुप्त नरेश इनकी शक्ति से पूर्ण परिचित थे, इनके साथ व्यर्थ का संघर्ष मोल लेना हितकर नहीं समझते थे। यद्यपि

समुद्रगुप्त ने पश्चिमी दकन के वाकाटक राज्य पर आक्रमण तो नहीं किया, परन्तु मध्य प्रदेश से इनके अधिकार को समाप्त कर वाकाटकों का अन्त कर दिया। इस समय यहाँ वाकाटक नरेश पृथ्वीसेन का सामन्त 'व्याध्रदेव' शासन करता था। एरण के लेख से भी पूर्वी मध्य प्रदेश पर समुद्रगुप्त के अधिकार की पुष्टि होती है। इस विजय से मध्य प्रदेश में वाकाटकों के स्थान पर गुप्तों की सत्ता कायम हो गयी और वाकाटक राज्य पश्चिमी दकन में सीमित हो गये।[183]

दक्षिणापथ के अभियान से निवृत्त होने के पश्चात् समुद्रगुप्त ने उत्तर भारत में पुनः एक युद्ध किया, जिसे 'आर्यावर्त्त के द्वितीय युद्ध' के नाम से जाना जाता है। ऐसा प्रतीत होता है कि प्रथम युद्ध में उसने इन राज्यों को केवल परास्त ही किया था, उनका उन्मूलन नहीं। अतः राजधानी में उसकी अनुपस्थिति का लाभ उठाकर उत्तर के शासकों, यथा–रूद्रदेव (कौशाम्बी), अच्युत (अहिछत्रा), नागसेन (मथुरा) व मत्तिल (बुलन्दशहर) इत्यादि ने पुनः स्वतंत्र होने की चेष्टा की। परन्तु समुद्रगुप्त ने इन नरेशों को पूर्णतया पराजित कर अपनी शक्ति का परिचय दिया।

स्पष्टतया आर्यावर्त्त के द्वितीय युद्ध के परिणामस्वरूप समुद्रगुप्त ने पूर्वी उत्तर प्रदेश व मध्य प्रदेश के विस्तृत भाग पर अपना अधिकार सुदृढ़ कर लिया।

प्रशस्ति की 21वीं पंक्ति में 'आटविक राज्यों' की चर्चा की गयी है। अनुमानतः समुद्रगुप्त ने इसमें सम्मिलित सभी राज्यों को जीतकर उन्हें अपना सेवक बना लिया।[184] फ्लीट के अनुसार पूर्वी उत्तर प्रदेश के गाजीपुर से लेकर मध्य प्रदेश के जबलपुर जिले तक के वन प्रदेश में ये आटविक राज्य फैले हुए थे।[185] अनुमानतः जब समुद्रगुप्त दक्षिणी अभियान पर जा रहा था, तो इन राज्यों ने इनके मार्ग में अवरोध उत्पन्न किया। अतः उसने इन्हें जीतकर पूर्णतया अपने नियंत्रण में कर लिया।

प्रयाग प्रशस्ति की 22वीं पंक्ति में प्रत्यन्त राज्यों की एक लम्बी सूची मिलती है जिसमें पूर्वी मध्य प्रदेश के 'मालव' जो गुप्तों के शासनकाल में मंदसौर (प्राचीन दशपुर) में, प्रार्जुन, जिला नरसिंहपुर में व खरपलिक लोग सम्भवतः दमोह (मध्य प्रदेश) में शासन करते थे, जो समुद्रगुप्त के बढ़ते प्रभाव व पराक्रम से भयभीत होकर इसकी अधीनता स्वीकार कर लिया।[186]

अतः कहा जा सकता है कि अपनी विजयों के परिणामस्वरूप समुद्रगुप्त का साम्राज्य उत्तर में हिमालय से लेकर दक्षिण में विन्ध्य पर्वत तक तथा पूर्व में बंगाल की खाड़ी से लेकर पश्चिम में मध्य प्रदेश तक विस्तृत था। पूर्वी उत्तर प्रदेश का निकटवर्ती क्षेत्र 'पाटलिपुत्र' इस विशाल साम्राज्य की राजधानी थी।

समुद्रगुप्त ने अत्यंत नीति-निपुणता के साथ शासन का संचालन किया। अपनी विजयों से निवृत्ता होने के पश्चात् इसने अश्वमेघ यज्ञ भी किये, जिसकी पुष्टि इसके उत्तराधिकारियों द्वारा निर्मित शिलालेख एवं इसके अश्वमेघ प्रकार की स्वर्ण मुद्राओं से होती है।[187]

रामगुप्त

कुछ समय पूर्व विद्वानों का ऐसा विचार था कि समुद्रगुप्त की मृत्यु के पश्चात् चन्द्रगुप्त द्वितीय गुप्त साम्राज्य की गद्दी पर बैठा। परन्तु बाद में कुछ ऐसे साहित्यिक एवं पुरातात्त्विक प्रमाण प्रकाश में आये,

जिससे इतिहासकारों को अपनी धारणा बदलनी पड़ी, और अब तो यह स्वीकार कर लिया गया है कि समुद्रगुप्त तथा चन्द्रगुप्त के बीच 'रामगुप्त' नामक व्यक्ति ने थोड़े समय के लिए शासन किया।

इस नरेश के शासनारूढ़ होने की पुष्टि 'देवी चन्द्रगुप्तम्', 'हर्षचरित' तथा राजशेखर के 'काव्यमीमांसा' आदि ग्रंथों से भी होती है। कालान्तर के के.डी. वाजपेयी ने अत्यंत दृढ़तापूर्वक इस मत का खण्डन कर पूर्वी मध्य प्रदेश के विदिशा[188], सागर[189], एरण[190] तथा तालबेहट[191] आदि स्थानों से प्राप्त रामगुप्त की ताम्र मुद्राओं को ही पुरातात्त्विक आधार माना। इसके अतिरिक्त ग्राम दुर्जनपुर (विदिशा) से प्राप्त तीन जैन प्रतिमाओं के पादपीठ पर उत्कीर्णित अभिलेखों से ज्ञात होता है कि चन्द्रगुप्त द्वितीय के पूर्व इस विस्तृत क्षेत्र पर रामगुप्त का अधिकार था।[192]

चन्द्रगुप्त द्वितीय 'विक्रमादित्य' (लगभग 375 ई. से 415 ई. तक)

समुद्रगुप्त के पश्चात् उसकी प्रधान महिषी दत्तदेवी से उत्पन्न पुत्र चन्द्रगुप्त द्वितीय गुप्त राजवंश का सर्वाधिक महत्त्वपूर्ण एवं शक्तिशाली शासक बना। गुप्तवंशीय लेखों में उसे 'तत्परिगृहीत' अर्थात् उसके (समुद्रगुप्त) द्वारा चुना गया विदित है। चन्द्रगुप्त द्वितीय भी अपने पिता के ही समान कूटनीतिज्ञ एवं दूरदर्शी सम्राट था। इसने सर्वप्रथम नागवंश, वाकाटक वंश और कदम्य राजवंश के साथ वैवाहिक सम्बन्ध स्थापित कर सांस्कृतिक सम्बन्धों में वृद्धि की।

चन्द्रगुप्त के शासनारूढ़ के पश्चात् शकों का वर्चस्त तीव्र गति से बढ़ने लगा। अत: इनके बढ़ते प्रभाव को रोकने के लिए चन्द्रगुप्त द्वितीय ने अपने मंत्री वीरसेन की सहायता से शकों को युद्ध में परास्त कर 'शाकारि' की उपाधि प्राप्त की। भारतीय अनुश्रुतियाँ उसे 'विक्रमादित्य' के रूप में स्मरण करती हैं। अभिलेखों से ज्ञात होता है कि यह संघर्ष सम्भवत: विदिशा के निकट हुआ होगा, जहाँ पर विजयोपरांत उदयगिरि में विक्रमादित्य ने शैलोत्कीर्ण गुहा मंदिर में नृवराह की मूर्ति स्थापित की एवं गुप्त साम्राज्य को अक्षुण्य बनाये रखने की दृष्टि से उज्जयिनी को द्वितीय राजधानी बनाकर अपनी शक्ति का परिचय दिया। इसके शासनकाल में पाटलिपुत्र एवं उज्जयिनी विद्या के प्रमुख थे। उदयगिरि (विदिशा) तथा साँची से प्राप्त अभिलेख भी इस क्षेत्र पर विक्रमादित्य के अधिकार की पुष्टि करते हैं।[193]

कालान्तर में चन्द्रगुप्त द्वितीय ने शकों का उन्मूलन करने के पश्चात् दूरस्थ पंजाब में जाकर कुषाणों को भी परास्त किया, जिसे 'वाहिक-विजय' के नाम से जाना जाता है। युद्ध से निवृत्त होने के बाद सम्भवत: चन्द्रगुप्त ने 'अश्वमेघ यज्ञ' भी किये, जिसकी पुष्टि पूर्वी उत्तर प्रदेश के नगवाँ (जिला वाराणसी) से प्राप्त एक पाषाण निर्मित अश्व से होती है, जिस पर 'चन्द्रगुप्त' उत्कीर्ण है। जे. रत्नाकर ने इसकी पहचान चन्द्रगुप्त द्वितीय से की है।[194] परन्तु इस मत का समर्थन किसी अन्य साक्ष्य से नहीं होता।

इस प्रकार कहा जा सकता है कि 'चन्द्रगुप्त द्वितीय' एक महान विजेता, कुशल शासक, सफल कूटनीतिज्ञ एवं विद्या का उदार संरक्षक था । उसकी प्रतिभा बहुमुखी थी तथा उसके काल में गुप्त साम्राज्य की चहुँमुखी प्रगति हुई।

कुमारगुप्त प्रथम 'महेन्द्रादित्य' (लगभग 415-455 ई.)

चन्द्रगुप्त द्वितीय के बाद कुमारगुप्त प्रथम साम्राज्य की गद्दी पर बैठा। वह चन्द्रगुप्त की पत्नी ध्रुवदेवी से उत्पन्न उसका सबसे बड़ा पुत्र था।[195] अनुमानतः इसका गोविन्दगुप्त नामक एक छोटा भाई भी था, जो कुमारगुप्त के समय में बसाढ़ (वैशाली) का राज्यपाल था। कुछ विद्वानों के मतानुसार गोविन्दगुप्त व कुमारगुप्त प्रथम के बीच सम्भवतः उत्तराधिकारी के लिये कोई युद्ध हुआ और कुमारगुप्त ने गोविन्दगुप्त को बलपूर्वक हटाकर राजसिंहासन पर अधिकार कर लिया। परन्तु इस प्रकार की मान्यता के लिए तथ्यों का अभाव है।

कुमारगुप्त ने कुल 40 वर्षों तक शासन किया। इस दीर्घकाल में यद्यपि उसने कोई भी विजय प्राप्त नहीं की, अपितु अपने पिता से जिस विशाल साम्राज्य को उत्तराधिकार में प्राप्त किया था, उसे अक्षुण्य बनाये रखा। कुमारगुप्त के अभिलेखों[196] से ज्ञात होता है कि इसका साम्राज्य पूर्वी उत्तर प्रदेश के इलाहाबाद, फैजाबाद, मथुरा, एटा व पूर्वी मध्य प्रदेश के उदयगिरी, साँची, मन्दसौर तथा ग्वालियर के तुमैन तक विस्तृत था।

कालान्तर में गुप्त नरेश कुमारगुप्त ने विभिन्न प्रकार की स्वर्ण व ताम्र मुद्राओं का प्रचलन कर अपनी शक्ति व प्रभाव का परिचय दिया। इसके शासनकाल में निर्मित 'श्रीअश्वमेघमहेन्द्र' नामक विरुद्ध उल्लिखित स्वर्णमुद्राओं से स्पष्ट है कि अपने वंश की परम्परानुसार कुमारगुप्त ने भी एक भव्य अश्वमेघ यज्ञ का आयोजन किया होगा। इसके शासनकाल के अंतिम दिनों में पुष्यमित्रों शुंग के वंशज 'पुष्यमित्रों' ने सम्भवतः नर्मदा घाटी में विद्रोह खड़ा कर दिया, किन्तु युवराज स्कन्दगुप्त के हाथों उन्हें पराजित होना पड़ा।

स्कन्दगुप्त 'क्रमादित्य' (लगभग 455-467 ई.)

'आर्यमंजूश्रीमूलकल्प' से विदित है कि कुमारगुप्त की मृत्योपर्यन्त गुप्त शासन की बागडोर उसके सुयोग्य पुत्र स्कन्दगुप्त के कंधों पर आ टिकी। अनुमानतः राज्य पद प्राप्त करने के लिए इसे उत्तराधिकार का एक छोटा सा युद्ध भी लड़ना पड़ा, जिसमें अन्य राजकुमार पराजित हुये।

'जूनागढ़ अभिलेख' से सूचित है कि स्कन्दगुप्त के शासनारूढ़ के तत्काल बाद गुप्त साम्राज्य पर हूणों का आक्रमण हुआ, जिसमें हूण बुरी तरह परास्त हुए व देश से बाहर खदेड़ दिये गये। प्राप्त अभिलेख में हूणों को 'म्लेच्छ' से सम्बोधित किया गया है।[197] सोमदेव के 'कथासरित्सागर' से विदित है कि उज्जयिनी नरेश महेन्द्रादित्य के पुत्र विक्रमादित्य ने म्लेच्छों को जीतकर अपनी शक्ति का परिचय दिया।[198] सम्भवतः हूणों को पराजित करने के बाद स्कन्दगुप्त ने 'क्रमादित्य' तथा 'विक्रमादित्य' की उपाधि धारण की होगी।[199]

स्कन्दगुप्त ने साम्राज्य को विस्तृत करने के उपरान्त अपने पूर्वजों की भाँति अन्य लोकोपकारी कार्यों की प्रथा को भी प्रचलित रखा तथा चन्द्रगुप्त मौर्य के समय में निर्मित सुदर्शन झील का पुनः जीर्णोद्धार करवाया।

साम्राज्य विस्तार

स्कन्दगुप्त के अभिलेखों व मुद्राओं से सूचित है कि इसका साम्राज्य पूर्वी उत्तर प्रदेश के गोरखपुर, इलाहाबाद व गाजीपुर से लेकर पूर्वी मध्य प्रदेश के सीमावर्ती क्षेत्र रीवा व उज्जयिनी तक विस्तृत था। इसके 'वेदी-प्रकार' के सिक्के मध्य भारत पर अधिकार की पुष्टि करते हैं।

अत: कहा जा सकता है कि स्कन्दगुप्त एक महान विजेता, कुशल प्रशासक, अपने वंश की प्रतिष्ठा का पुनर्स्थापक व प्रजावत्सल सम्राट था। इसने अपनी वीरता व पराक्रम के बल पर अपने वंश की विचलित राजलक्ष्मी को पुन: प्रतिष्ठित किया, परन्तु उसकी मृत्यु के साथ ही गुप्त साम्राज्य विघटन एवं विभाजन की दिशा में अग्रसर हो उठा।

स्कन्दगुप्त की मृत्यु के पश्चात् गुप्त साम्राज्य की अवनति प्रारम्भ हो गयी और पुरूगुप्त (467-473 ई.) गुप्त साम्राज्य का शासक नियुक्त हुआ, जिसके शासन क्षेत्र के बारे में तथ्यों का अभाव सा है। इसके बाद कुमारगुप्त द्वितीय (473-477 ई.) ने सत्ता हस्तान्तरित की, जिसकी पुष्टि सारनाथ के अभिलेख में उत्कीर्णित 'भूमि रक्षति कुमार गुप्ते', से होती है। अनुमानत: यह स्वतंत्र शासक न होकर गुरूगुप्त का 'गोप्ता' था, जो सारनाथ में उसके प्रतिनिधि के रूप में कार्यरत था।

इसके बाद क्रमश: बुद्धगुप्त (477-495 ई.) ने गुप्त साम्राज्य की बागडोर अपने कंधों पर सम्हाली। एरण अभिलेख से ज्ञात होता है कि बुद्धगुप्त का प्रान्तीय पदाधिकारी 'मातृविष्णु' पूर्वी मध्य प्रदेश के विस्तृत क्षेत्र पर एक सामन्त के रूप में कार्यरत था, जिससे इस क्षेत्र पर उसके अधिकार की पुष्टि होती है।

कालान्तर में नरसिंह गुप्त 'बालादित्य' (495-530 ई.), भानुगुप्त, वैन्यगुप्त, कुमारगुप्त तृतीय (530-543 ई.) व विष्णुगुप्त (543-550 ई.) ने गुप्त राजवंश पर शासन किया। इन नरेशों में योग्यता व कुशलता का अभाव था, जिसका लाभ उठाकर कुछ क्षेत्रीय शक्तियाँ, यथा-थानेश्वर के वर्द्धन, कन्नौज के मौखारि, कामरूप के वर्मन तथा मालवा के यशोधर्मन् ने अपनी स्वतंत्र सत्ता स्थापित कर ली।

गुप्तों के पतन के बाद थानेश्वर के यशोधर्मन् की मृत्यु के पश्चात् आर्यावर्त्त का शासन कन्नौज के मौखरियों के अधिकार में आ गया। वस्तुत: परवर्ती गुप्तों के ही समान मौखरि भी चक्रवर्ती गुप्तवंश के सामन्त थे, किन्तु गुप्त सत्ता के निर्बल होने पर उन्होंने अपनी स्वतंत्रता घोषित कर दी और उत्तर प्रदेश के कन्नौज में राज्य स्थापित कर अपनी शक्ति का परिचय दिया। इस समय मगध के स्थान पर कन्नौज राजनीतिक गतिविधियों का प्रमुख केन्द्र बन गया था, जिसकी पुष्टि देवरिया व फैजाबाद से प्राप्त मुद्राओं से होती है।

छठी शताब्दी ई. में गुप्त साम्राज्य के विघटन के पश्चात् उत्तर भारत में जिस राजनैतिक विकेन्द्रीकरण के युग का प्रारम्भ हुआ, उसे थानेश्वर के वर्द्धन राजवंश के नाम से जाना जाता है। इस वंश का संस्थापक प्रभाकरवर्द्धन था। इसने अपनी स्वतंत्र स्थिति सूचित करने के लिए 'परमभट्टारक' तथा 'महाराजा' जैसी सम्मानजनक उपाधि धारण की। अपने शासन को विस्तृत करने के लिए इसने अपनी पुत्री राज्यश्री का विवाह कन्नौज नरेश मौखरि राजा ग्रहवर्मा से कर सांस्कृतिक

सम्बन्धों में वृद्धि की। बाणभट्टकृत 'हर्षचरित' से ज्ञात होता है कि जिस समय प्रभाकरवर्धन मृत्युशय्या पर अंतिम श्वास ले रहे थे, उसी समय उनके दोनों पुत्र राज्यवर्द्धन और हर्षवर्द्धन हूणों के विरुद्ध युद्ध में व्यस्त थे। अतः वक्त का लाभ उठाकर मालव नरेश शशांक ने महाराज ग्रहवर्मा की हत्या कर राज्यश्री को कारागर में डाल दिया। इस घटना से शशांक व वर्द्धन नरेश राज्यवर्द्धन से आपस में युद्ध छिड़ गया, जिसमें मालव नरेश को हार का मुँह देखना पड़ा।

'हर्षचरित' से विदित है कि युद्ध में पराजय के बाद शशांक ने राज्यवर्द्धन के साथ अपनी पुत्री के विवाह का प्रस्ताव रखा। अतः उसके प्रलोभन में आकर वार्ता के लिए अपनी सुरक्षा का ख्याल किये बिना वर्द्धन नरेश शशांक के महल में जा पहुँचे, जहाँ भोज के अवसर पर गौड़ नरेश ने उसकी हत्या कर दी।

राज्यवर्द्धन की मृत्यु के पश्चात् हर्षवर्द्धन (606-647 ई.) थानेश्वर की गद्दी पर आसीन हुए। इसके राज्य में दूरस्थ पंजाब व पूर्वी राजपूताना के क्षेत्र सम्मिलित थे। ग्रहवर्मा की मृत्युपर्यन्त इसने कन्नौज के मौखरि राज्य को अपने साम्राज्य में मिला लिया, जिसमें समस्त पूर्वी उत्तर प्रदेश व मगध के कुछ भाग सम्मिलित थे। अनुमानतः अहिछत्रा व श्रावस्ती के राज्य हर्ष के अधीन थे।

कालान्तर में हर्षवर्द्धन की साम्राज्यवादी नीति ने पूर्वी उत्तर प्रदेश के अतिरिक्त पूर्वी न पश्चिमी मालवा तथा बलभी के राज्यों पर अधिकार कर अपनी शक्ति का परिचय दिया। हर्ष ने सम्भवतः 647 ई. तक शासन किया। चूँकि उसका कोई उत्तराधिकारी नहीं था। अतः हर्ष की मृत्यु के बाद समस्त उत्तर भारत व मध्य प्रदेश के विस्तृत क्षेत्र में पुनः अराजकता की स्थिति व्याप्त हो गयी और छोटे-छोटे राजवंश अपने राजनीतिक प्रभुत्व स्थापित करने में जुट गये। उपरोक्त दीर्घकालिक इतिहास की पुष्टि साहित्य व पुरातात्त्विक दोनों ही साक्ष्यों से होती है। उल्लेखनीय है कि विभिन्न राजवंशों की शासनावधि में इन दोनों ही क्षेत्रों के राजवंशों में समय-समय पर राजनीतिक सम्बन्ध स्थापित हुए और सांस्कृतिक गतिविधियों में अभिवृद्धि हुई।

संदर्भ

1. *अंगुत्तरनिकाय*, 1, 213, 4, 252, 256, 260। जनवसभसुत्त में केवल बारह राज्यों के ही नाम मिलते हैं। चुल्लनिद्देश में 'षोडश महाजनपदों' की सूची में कलिंग को जोड़ दिया है तथा गान्धार के स्थान पर 'योन' का उल्लेख है। *महावस्तु* में गान्धार तथा कम्बोज के स्थान पर क्रमशः शिवि तथा दशार्ण के नाम मिलते हैं। इन सबमें '*अंगुत्तरनिकाय*' की सूची ही प्रमाणिक मानी गयी है। श्री बी.एस. अग्रवाल ने ई.पू. 1000 से लेकर ई.पू. 500 तक के काल को जनपद युग की संज्ञा दी है।
2. राय, चौधरी, हेमचन्द्र–*प्राचीन भारत का राजनैतिक इतिहास*, किताब महल, इलाहाबाद, 1971, पृ. 86
3. *वही*, पृ. 86-87
4. *गुत्तिलजातक*, क्र. 243
5. *महावग्ग* X, 2.3; *विनयपिटक*, 342

6. *ब्रह्मत्तजातक*, नं. 336
7. *कौशाम्बीजातक*, नं. 428
8. *कुनालजातक*, नं. 536
9. *रामायण* II, 49, 11-12, 50,1,VIII, 104, 15
10. श्रीवास्तव, के.सी., *उपरोक्त*, पृ. 97
11. *मज्झिमनिकाय*, II, 124
12. *भद्दसालजातक*, नं. 465
13. *कुशजातक*, क्र. 531; *महावस्तु* (III, I) में इच्छवाकु को वाराणसी को राजा बताया गया है 'अभूशि राजा इच्छवांकु वाराण्स्याम महावली'।
14. *घटजातक*, क्र. 454 में अयोध्या के राजाओं में एक राजा का नाम 'कालसेन' मिलता है।
15. राय, चौधरी, हेमचन्द्र, *उपरोक्त*, पृ. 95-96
16. *महाभारत*, I, 32, 7
17. राय, चौधरी, हेमचन्द्र, *उपरोक्त*, पृ. 104-105
18. अष्ट त्रिंशच्छतम भव्याः, प्रद्योताः पंच ते सुताः।
हत्वा तेषां यशः कृत्स्नां, शिशुनागो भविव्याति।। — *वायुपुराण*, 99, 314
19. प्रसाद, कामेश्वर - *भारत का इतिहास* (आदिकाल से 1206 ई. तक) पटना, 2000, पृ. 90
20. श्रीवास्तव, के.सी. - *उपरोक्त*, पृ. 97-98
21. राय, चौधरी, हेमचन्द्र - उपरोक्त, पृ. 114
22. *महाभारत*, II, 30.3 और क्र. 12
23. प्रसाद, कामेश्वर - *उपरोक्त*, पृ. 90
24. *दीघनिकाय*, II, 137
25. *आर्क्योलॉजिकल सर्वे ऑफ इण्डिया*, वार्षिक रिपोर्ट, 1911-12
26. *ए गाइड ऑफ एंशिएन्ट इण्डिया*, 1924, पृ. 714
27. राय, चौधरी, हेमचन्द्र - *उपरोक्त*, पृ. 115-16
28. *महाभारत*, II, 30.3
29. लॉ. बी.सी. - *सम क्षत्रिय ट्राइब्स*, पृ. 149; *डायलॉग्ज ऑफ द बुद्धा*, भाग-3, 1921
30. *कौटिल्य का अर्थशास्त्र*, 1919, पृ. 338
31. खुद्दानगरक, उज्जंगलनगरक, साखानगरक।
32. *भद्दसालजातक*, क्र. 465
33. प्रसाद, कामेश्वर - *उपरोक्त*, पृ. 89
34. *महाभारत*, V, 22.25, 74.16, 198.2, VI, 47.4, 54.8
35. 'दशार्ण देश' की राजकुमारियों की शादी 'विदर्भ' के भीम और 'चेदि' के वीरबाहु या सुबाहु के साथ होने के प्रमाण मिलते हैं। (*महाभारत*, III, 69, 14-15)
36. पार्जिटर - जनरल एशियाटिक सोसायटी ऑफ बंगाल, 1895, पृ. 253 के अनुसार 'चेदि' राज्य यमुना के किनारे स्थित बताया गया है। इसके उत्तर-पश्चिम में चम्बल तथा दक्षिण-पूर्व में करवी स्थित थी। दक्षिण में इनकी सीमा मालवा तथा बुन्देलखण्ड की पहाड़ियों तक विस्तृत थी।

37. *चेतियाजातक*, क्र. 422
38. *महाभारत*, I, 63.35
39. राय, चौधरी, हेमचन्द्र, *उपरोक्त*, पृ. 118
40. *महाभारत*, I, 63, 1-2
41. *वही*,I, 63, 30-33
42. प्रसाद, कामेश्वर-*उपरोक्त*, पृ. 89
43. श्रीवास्तव, के.सी. -*उपरोक्त*, पृ. 98
44. *रामायण*, I, 53.101
45. श्रीवास्तव, के.सी.-*उपरोक्त*, पृ. 98
46. गंगयापहते तस्मिन् नगरे नागसाहवये।
    त्यावत्त्वा निचक्षुनगरमं कौशाम्ब्याम् स निवत्स्पति।। -पार्जिटर, *डायनेस्टीज ऑफ द कलिऐज*, पृ. 5
47. राय, चौधरी, हेमचन्द्र, *उपरोक्त*, पृ. 120
48. सम्मुमारगिरि के भग्गों का समीकरण वर्तमान मिर्जापुर (उत्तर प्रदेश) से किया जाता है। यहाँ पर उदयन का पुत्र बोधिकोकनाद प्रसाद में रहता था। ये वत्स के अधीन थे और इनका शासन गणतन्त्रात्मक था। सम्भवतः ये बाद में स्वतंत्र हो गये।
49. *अर्थशास्त्र*, 1919, पृ. 378
50. *महाभारत*, I, 138.70
51. *वही*I, 138.73-74
52. ''इह इव जम्बूद्वीपेऽयाग भरतार्ध विभूषणाम्।
    अवन्तिरिति देशोऽस्ति स्वर्गदेशीय ऋद्धिभिः।।
    तत्र तुम्बवनमिति विद्यते सन्निवेशनम्।।'' - परिशिष्टपर्वन् XII, 2-3
53. राय, चौधरी, हेमचन्द्र, *उपरोक्त*, पृ. 130
54. *मत्स्यपुराण*, 43-44; *वायुपुराण*, 95-99; *ऐतरेय ब्राह्मण*, VII, 14
55. *मत्स्यपुराण*, 43, 8-29; *वायुपुराण*, 95, 5-26
56. *अर्थशास्त्र*, पृ. 11; *महाभारत*, VII, 68.6; *सौन्दरानन्द*, 45
57. प्रसाद, कामेश्वर - *उपरोक्त*, पृ. 89
58. राय, चौधरी, हेमचन्द्र, - *उपरोक्त*, पृ. 131
59. श्रीवास्तव, के.सी. - *उपरोक्त*, पृ. 113
60. राय, चौधरी, हेमचन्द्र ने शाकल (माद्रा) की राजकुमारी 'खेमा' को बिम्बिसार की मुख्य रानी (प्रेमिका) स्वीकार किया है। अनुमानतः तोलेमी के समय में शाकल में पाये जाने वाले पाण्डवों से भी बिम्बिसार का मधुर सम्बन्ध था।
61. *धम्मपद कमेंट्री* (हारवर्ड, पृ. 29, 60, 30, 225) के अनुसार बिम्बिसार तथा प्रसेनजीत एक-दूसरे की बहन से विवाह कर वैवाहिक सूत्र में बंधे थे।
62. राय, चौधरी, हेमचन्द्र, - *उपरोक्त*, पृ. 181
63. विस्तार हेतु देखिए, हेमचन्द्र कृत '*परिशिष्टपर्वन्*' (VII, 22)
64. जैनग्रंथ भी 'बिम्बिसार' को अपने मत का पोषक मानते हैं।

65. विस्तार हेतु देखिए - *संयुक्तनिकाय*, *भद्रसालजातक* व *हरितमात* आदि बौद्ध ग्रंथ।
66. 'वजि विदेहपुत्रे जयित्था नव मल्लई नव लिच्छऐ।
काशी कोशलगा अट्ठारसवि गणरायानों पराजयित्था।'' - *भगवतीसूत्र*
67. *उपरोक्त*, पृ. 213
68. श्रीवास्तव, के.सी. - *उपरोक्त*, पृ. 115-116
69. जैकोवी, *परिशिष्टपर्वन्*, पृ. 42
70. *परिशिष्टपर्वन्*, VI, 34, 175-180, इस कथन की पुष्टि *गार्गी संहिता* तथा *वायुपुराण* से भी होती है।
71. अष्टत्रिशच्छत्रम भव्याः प्रद्योताः पच्च ते सुत्ताः।
हत्वा तेषां यशः .त्सनं शिशुनागा भविष्यति।
वाराणस्यां सुतं स्थाप्य गिरिब्रजम्।। - पार्जिटर, एफ. ई. - *डायनेस्टीज ऑफ द कलि एज*, लन्दन, 1913, पृ. 20-21
72. चट्टोपाध्याय, सुधाकर - *बिम्बिसार टू अशोक*, पृ. 52
73. श्रीवास्तव, के.सी. - *उपरोक्त*, पृ. 118
74. यदि 'द्वातृंशत् पुत्तलिका' के ऊपर विश्वास किया जाये तो 'नन्दों' के समय तक वैशाली दूसरी राजधानी के रूप में बनी रही।
75. काकवर्णः शैशुनागिः नगरोपकण्ठे निच.ते निस्त्रिंशेन। - *हर्षचरित*
76. नामकरण विवादास्पद है।
77. महानन्दीनस्त तश्शूद्रागर्भोद्भवो अतिलुब्धो अतिबलो, महापद्मभनामा नन्दः परशुरामिवापरो अखिल-क्षत्रान्तकारी भविष्यति। -*विष्णुपुराण*, 4, 24.20
78. *परिशिष्टपर्वन्*, पृ. 46 (उक्त कथन की पुष्टि सिकन्दर के समकालीन मगध के शासकों की वंशावली से भी होती है।)
79. राय, चौधरी, हेमचन्द्र, - *उपरोक्त*, पृ. 203
80. श्रीवास्तव, के.सी. - *उपरोक्त*, पृ. 121 (क) बौद्ध ग्रंथ से सूचित है कि हैहय राजवंश के लोग नर्मदा नदी के एक भाग पर शासन करते थे और इनकी महिष्मति (मध्य प्रदेश) थी।
(ख) पुराणों के अनुसार 'वीतिहोत्र' लोग अवन्तिका के प्रद्योत तथा नर्मदा के तटवर्ती के हैहयों से घनिष्ठ रूप से सम्बन्धित थे।
81. ''ततः प्रभृत्ति राजानौ भविष्यन्ति शूद्रयोनयः।''
-पार्जिटर, *डायनेस्टीज ऑफ द कलि एज*, पृ. 25
82. ''चन्द्रगुप्तं नंदस्यैव पत्यंतरस्य मुरासंज्ञस्य पुत्रं मौर्याणामं प्रथमर्म्''।।
83. श्रीवास्तव, के.सी. - *उपरोक्त*, पृ. 220-221
84. पिप्पलिवन का समीकरण कुछ विद्वान गोरखपुर (पूर्वी उत्तर प्रदेश) से लगभग 22 कि.मी. दक्षिण-पूर्व 'गुर्रा नदी' के तट पर स्थित उपधौली डीह से तो कुछ 'पिपरहवा' से करते हैं।
85. ''भगवापि खत्तियो मयमपि खत्तियो मयमपि अरहाम भगवतो सरीरानां भागी।'' - महापरिनिब्बानसुत्त
86. *परिशिष्टपर्वन्*, पृ. 56, VIII, 229 एफ।
87. बौद्ध जनश्रुतियों में भी मोरिय (मौर्य) तथा मोरया मयूर में कुछ सम्बन्ध दिखाई पड़ता है।
-(टर्नर, महावंश, XXXIX F)

एलन के मतानुसार पाटलिपुत्र के उद्यानों में पालतू मयूर भी रखे जाते थे।

88. राय, चौधरी, हेमचन्द्र, - उपरोक्त, पृ. 234-35
89. रेप्सन, ई.जे. - *कैम्ब्रिज हिस्ट्री ऑफ इण्डिया* (एंशिएन्ट इण्डिया), 1922, पृ. 424-25
90. बरूआ, वी.एम. - *अशोक एण्ड हिज इंसक्रिप्सन्स*, भाग-2, पृ. 45
91. पतंजलि के महाभाष्य में 'अमित्रघात' शब्द का विस्तृत उल्लेख किया गया है। विस्तार हेतु देखिए - *महाभारत*, 30.19, 62.8, VII, 22.16 यहाँ पर अमितघात का प्रयोग राजकुमारों तथा योद्धाओं के विश्लेषण के रूप में हुआ है।
92. पाण्डेय, विमल चन्द्र - *प्राचीन भारत का राजनीतिक तथा सांस्कृतिक इतिहास*, भाग-1, इलाहाबाद, 2000, पृ. 269-270
93. विस्तार हेतु देखिए - जैकोबी, *परिशिष्टपर्वन्*, पृ. 62
94. अनुमानतः ये नगर षोडश महाजनपदों की राजधानियाँ थीं।
95. शास्त्री, के.ए. नीलकांत - *एज ऑफ दि नन्दज एण्ड मौर्याज*, बनारस, 1952 (अनुवादक मंगल नाथ सिंह), *नन्द मौर्ययुगीन भारत*, पृ. 187
96. स्मिथ, बी.ए. - *अशोक*, तृतीय संस्करण, पृ. 194-195
97. खरे, महेश्वरी दयाल - *विदिशा*, मध्य प्रदेश हिन्दी ग्रंथ अकादमी, भोपाल, 1985, पृ. 21
98. राय, चौधरी, हेमचन्द्र, - *उपरोक्त*, पृ. 263
99. श्रीवास्तव, के.सी. - *उपरोक्त*, पृ. 234-235
(डॉ. स्मिथ ने सिंहली कथाओं को मूर्खतापूर्ण बताया है, जिसमें स्वीकार किया गया है कि अशोक ने कई भाईयों की हत्या की थी, क्योंकि उसके शासन के 17वें, 18वें वर्ष उसके कई भाई-बहन जीवित थे। विस्तार हेतु देखिए : विन्सेंट, स्मिथ - *अर्ली हिस्ट्री ऑफ इण्डिया*, तृतीय संस्करण, पृ. 155 अशोक के पाँचवें अभिलेख में भी उसके जीवित भाईयों के परिवारों का उल्लेख किया गया है।)
100. राय, चौधरी, हेमचन्द्र, - उपरोक्त, पृ. 265
101. *महावंश*, टर्नर, *पाली बुद्धिस्ट एनल्स*, 1938, पृ. 130 ''वेदिसा महादेवी-साक्य कुमारी।''।
102. शास्त्री, नीलकांत - *उपरोक्त*, पृ. 235 (पाद टिप्पणी)
103. विस्तार हेतु देखिए - शिलालेख VIII, कालसी, शाहवाजगढ़ी तथा मानसहर लेख।
104. राय, चौधरी, हेमचन्द्र, - *उपरोक्त*, पृ. 267
105. प्राचीन काल में कलिंग राज्य, उत्तर में वैतरणी, पश्चिम में अमरकंटक तथा दक्षिण में महेन्द्रगिरी तक फैला हुआ था। (विस्तार हेतु देखिए - *महाभारत* III, 114, 4; *कूर्मपुराण*, II, 039.9; *वायुपुराण*, 77, 4-13 एवं *रघुवंश पुराण*, IV, 38-43, VI, 53-54)
106. पाण्डेय, विमल चन्द्र - *उपरोक्त*, पृ. 278
107. तोसाली (तोसल) एक देश तथा नगर दोनों का नाम था। वही ब्राह्मण साहित्य में तोसल कोशल (दक्षिण) से सम्बन्धित बताया गया है, तथा उसे कलिंग से भिन्न कहा गया है। तोलेमी के भूगोल में भी 'तोसलेई' का उल्लेख मिलता है।
108. इतिहासकार तारानाथ ने केवल तीन मौर्य शासकों, यथा - कुषाण, विगतशोक तथा वीरसेन का उल्लेख किया है।

109. खरे, एम.डी. - *मेमोइर्स ऑफ द डिपार्टमेंट ऑफ एंशियेंट इण्डियन हिस्ट्री, कल्चर एण्ड आर्क्योलॉजी*, अंक-2, वाराणसी 1968, पृ. 157-160, विस्तार हेतु देखिए, सांकल्या, सुब्बाराव, *दि एक्सकेवेशन एट महेश्वर एण्ड नावदाटोली*। वाजपेयी, के.डी.-*सागर थ्रू द एजेज* एवं दीक्षित, एम.जी. - *त्रिपुरी*, 1952
110. *जर्नल ऑफ रायल एशियाटिक सोसायटी ऑफ बंगाल*, 1912, पृ. 287
111. श्रीवास्तव, के.सी. - *उपरोक्त*, पृ. 302
112. *मालविकाग्निमित्र*, पृ. 16, विस्तार हेतु देखिए - राय, चौधरी, हेमचन्द्र, - *उपरोक्त*, पृ. 325
113. शस्त्रं द्विजातिभिर्ग्राह्यं धर्मो यत्रोपरुध्यते।
द्विजातीनां च वर्णानां विप्लवे कालकारिते।। - *मनुस्मृति*, 8.348
114. *हर्षचरित* -षष्ठ उच्छवास।
115. जैन ग्रंथकार *'मेरूतुड'* ने मध्य प्रदेश के अवन्ति को भी पुष्यमित्र का प्रमुख प्रान्त मानते हैं, जिस पर कालान्तर में सातवाहनों का अधिकार हो गया।
116. *'दिव्यावदान'*, पृ. 434
117. जी. विद्यानिधि कृत *'मालविकाग्निमित्र'*, एक्ट 5, पृ. 370-91
118. विभिन्न राज्यों में कार्यरत उपराजाओं का उल्लेख अयोध्या से प्राप्त एक शिलालेख में मिलता है। यहाँ पुष्यमित्र का छठा भाई 'कोशलाधिप' के रूप में यहाँ शासन करता था। जिसने कालान्तर में दो अश्वमेघ यज्ञ भी किये थे। (*नागरी प्रचारिणी पत्रिका*, वैशाख सम्वत् 1981)
119. कनिंघम, ए. - *भिलसा टोप्स*, वाराणसी, 1996, पृ. 50
120. मौर्य सचिवं विमुचति यदि पूज्यः संयतं मम श्यालम्।
मोक्ता माधवसेन मया बन्धनात्सद्यः ।। - *मालविकाग्निमित्रम्*, 1.7
121. इस प्रकार का प्रयोग भूतकाल की उस सर्वविदित घटना के लिए किया जाता है जो तुरन्त घटी हो और यदि कोई देखना चाहे तो उसे देख सकता है।
122. अरूणद यवनः साकेतम्। अरूणद् यवनः माध्यमिकाम्। - *महाभाष्य*, 3/2, 111
123. ततः साकेतमाक्रम्य पञ्चालालान्मथुरान्स्तथा।
यवना दुष्टविक्रान्ता प्राप्यस्यन्ति कुसुमध्वजम्।।
ततः पुष्पपुर प्राप्ते कर्दमे प्रथिते हिते,
आकुला विषया सर्वेभविष्यन्ति न संशयः।
मध्यदेश च स्थास्यन्ति यवना युद्धदुर्मदाः।।
तेषामन्योनयसंभावा भविष्यन्ति न संशयः।
आत्म चक्रोत्थितं घोरं युद्धं परं दारूणम्।। - *गार्गी संहिता*
124. श्रीवास्तव, के.सी. - *उपरोक्त*, पृ. 305
125. सिन्धोर्दक्षिणरोधसि चरन्नश्वानीकेत यवनेत प्रार्थितः।
ततः उभयोः सेनयोर्महानासीत्समर्दः ।। *मालविकाग्निमित्र*, अंक-5
126. ततः परान्पराजित्य वसुमित्रेण धन्वित।
प्रसह्य हियमाणो में वाजिराजो निवर्तितेः ।। - *वही*, 5.15
129. *सम इण्डोलाजिकल स्टडीज*, पृ. 73-82

128. श्रीवास्तव, के.सी. - *उपरोक्त*, पृ. 309
129. द्विवेदी, हरिहर निवास - ग्वलियर राज्य के अभिलेख, विक्रम स्मृति ग्रंथ, पृ. 10
(महेश्वरी दयाल खरे, निदेशक, स्मारक, भारतीय पुरातत्त्व सर्वेक्षण, नई दिल्ली द्वारा विदिशा के उत्खनन में 'गरूड़ स्तम्भ के समकालीन भव्य विष्णु मंदिर तथा इस स्तम्भ के अतिरिक्त सात स्तम्भों के अवशेष प्राप्त हुए हैं। विस्तार हेतु देखिए - *ललित कला*, अंक-13, *इण्डियन आर्क्योलॉजी ए रिव्यू*, 1964-65, वैष्णव धर्म और प्राचीन विदिशा)।
130. *विष्णु पुराण*, 4, 24, 39, पृ. 352, गीता प्रेस संस्करण, 'देवभूतिं तु शुंगराजानं व्यसनिनं तस्यैवामात्य: काण्वो वसुदेवनामा तं निहत्य स्वयमवनी भोक्ष्याति।
131. अति स्त्रीसंगरतमनंगपरवश शुंगममात्यत वसुदेवो देवभूति - दासी दुहित्रा देवी व्यंजनया वीतजीतिवमकारयत्। *हर्षचरित*, 6, पृ. 199, बम्बई, 1925
विस्तार हेतु देखिए त्रिपाठी, आर.एस. - *हिस्ट्री ऑफ एंशियेंट इंडिया*, दिल्ली, 1971, पृ. 189
132. श्रीवास्तव, के.सी. - *उपरोक्त*, पृ. 310
133. *वही*, पृ. 310
134. *वायुपुराण*।
135. पुराणों में सिमुक के अतिरिक्त अन्य नाम, यथा - सिन्धुक व शिप्रक भी मिलता है।
विस्तार हेतु देखिए - राय, चौधरी, हेमचन्द्र, - *उपरोक्त*, पृ. 354
136. पुराणों में 'आन्धजातीय' या 'आन्ध्र' लिखा मिलता है, जिसकी स्थापना कण्व राजाओं के नौकरों या भृत्यों ने की थी। सर भण्डारकर ने विष्णुपुराण की चर्चा करते हुए 'सिमुक' को आन्ध्र भृत्यंश का संस्थापक स्वीकार किया है।
(पार्जिटर, एफ.ई. - *उपरोक्त* व *विष्णुपुराण*, IV, 24.13)
137. श्रीवास्तव, के.सी. - *उपरोक्त*, पृ. 318
138. राय, चौधरी, हेमचन्द्र, - *उपरोक्त*, पृ. 353-60
139. काण्वायनस्ततोभृत्य: सुरार्माणं प्रसह्यतम्, शुंगानामं चैव यच्छैव क्षपयित्वा तु वलीयस:।
सिन्धु को आन्ध्रजातीय: प्राप्सयतीमां वसुन्दधराम्, त्रयोविंशत समा राजा सिमुकस्तु भविष्यति।
पार्जिटर - *उपरोक्त*, पृ. 38
140. लाल, बी.बी. - *इण्डियन आर्क्योलॉजी ए रिव्यू*, 1967-68, पृ. 63; *दि जर्नल ऑफ दि न्यूमिस्मैटिक सोसायटी*, खण्ड-2, 1940, पृ. 63
141. कनिंघम, ए - *क्यायन्स ऑफ एन्शियन्ट इंडिया*, वाराणसी, 1963, पृ. 106
गौतमीपुत्र सातकर्णी ने दूसरी शताब्दी ई. में महाक्षत्रप नहपान से आकरावंति (पूर्वी-पश्चिमी मध्य प्रदेश) व दूरस्थ निमाड़ जीतकर अपने राज्य का विस्तार किया। उसका एक सिक्का उज्जैन से प्राप्त हुआ है। विस्तार हेतु देखिए - मिश्र, भास्कर नाथ - *साँची*, मध्य प्रदेश हिन्दी ग्रंथ अकादमी, भोपाल, 1982, पृ. 6
142. श्रीवास्तव, के.सी. - *उपरोक्त*, पृ. 320
143. विदिशा क्षेत्र से एक चाँदी का सिक्का प्राप्त हुआ है। जिस पर, ''रात्रों वासिठिपुतस् पुलुमाविस'' अंकित है, जो इस क्षेत्र पर इसके अधिकार की पुष्टि करते हैं।

विस्तार हेतु देखिए - *दि जर्नल ऑफ दि न्यूमिस्मैटिक सोसायटी*, भाग-1, खण्ड -14, पृ. 2

144. द्विवेदी, हरिहर - *दि जर्नल ऑफ दि न्यूमिस्मैटिक सोसायटी ऑफ इंडिया*, 1953, भाग-1, ग्रंथ-14 (द्विवेदी का यह मत अधिक युक्त संगत प्रतीत नहीं होता, क्योंकि उन्होंने यह मुद्रा नदी में गोता लगाने वाले व्यक्ति से उपलब्ध की थी।)
145. खरे, महेश्वरी दयाल - *उपरोक्त*, पृ. 42
146. द्विवेदी, एच.डी. - *ए न्यू सिल्वर क्वाइन ऑफ चण्टन एज महाक्षत्रप*, 1953, पृ. 20-21
147. 'कन्हेरी गुफा' से प्राप्त एक खण्डित अभिलेख से ज्ञात होता है कि वसिष्ठी पुत्र श्री-सातकर्णी का विवाह रूद्रदामा की पुत्री से हुआ था। विद्वानों के मतानुसार यह सातकर्णी सम्भवतः जायसवाल की सूची का 22वाँ राजा वसिष्ठपुत्र चतरवटु सातकर्णी रूद्रदामा का जमाता था। विस्तार हेतु देखिए - खरे, महेश्वरी दयाल - *विदिशा*।
148. किंग्स मिल ने 'यू-ची' शब्द का आधुनिक उच्चारण 'यू-ती' स्वीकार किया है। राय, चौधरी, हेमचन्द्र, - *उपरोक्त*, पृ. 404
149. *वही*, पृ. 404
150. देखिए रैप्सन, ई.जे. - *उपरोक्त* पृ. 524; खरे, महेश्वरी दयाल - *उपरोक्त*, पृ. 95 व श्रीवास्तव, के.सी. - *उपरोक्त*, पृ. 360
151. मोतीचन्द्र - *सार्थवाह*, पटना, 1953, पृ. 96
152. विम की एक स्वर्ण मुद्रा मे उसकी उपाधि इस प्रकार मिलती है - Basileus Basilen Soter Megas, राय, चौधरी, हेमचन्द्र, - *उपरोक्त*, पृ. 410
153. *जर्नल ऑफ बिहार एण्ड उड़ीसा रिसर्च सोसायटी*, पृ. 21-22
154. लाल, बी.बी. - *उपरोक्त*, 1967-68, पृ. 63
155. वही, 1964-65, पृ. 70
156. श्रीवास्तव, के.सी. - *उपरोक्त*, पृ. 361-65
157. राय, चौधरी, हेमचन्द्र, - *उपरोक्त*, पृ. 420-421
158. सोहगौरा के उत्खनन में पायी गयी एक स्वर्ण मुद्रा में कनिष्क की एक खड़ी प्रतिमा उत्कीर्णित है। प्रतिमा में उसे दाढ़ी का सुन्दर अवलोकन किया जा सकता हैं। राय, चौधरी, हेमचन्द्र के मतानुसार कदाचित यह महान कुषाण सम्राट की नकल है।
159. *टाइम्स ऑफ इण्डिया*, लखनऊ, 29 अगस्त, 1984
160. श्रीवास्तव, के.सी. - *उपरोक्त*, पृ. 365-66
161. 41 संवत् आरा लेख से वासिष्क के राज्यारोहण की सूचना मिलती है।
162. सम्भवतः साँची की मूर्तियाँ मथुरा से लायी गयी थीं। अतः जहाँ-जहाँ मूर्तियाँ पाई गई हैं, सब स्थान उसी के साम्राज्य के अंग थे, कहना असंगत होगा।
163. *जनरल ऑफ द रॉयल एशियटिक सोसायटी ऑफ ग्रेट ब्रिटेन एण्ड आयरलैण्ड*, पासिम, 1924, पृ. 402
164. खरोष्ठी लिपि में पाये गये लेख, 'अंगोक' के सम्बन्ध में यही सत्य प्रतीत होता है। ब्राउन, पृ. 128
165. खरे, महेश्वरी दयाल - *उपरोक्त*, पृ. 46

166. आधुनिक इतिहासकार लूड्र्स के अनुसार – आरा लेख में कनिष्क के पिता का नाम वासिष्क और पितामह का नाम कनिष्क प्रथम लिपिबद्ध है।
167. पालिखेड़ा (मथुरा म्यूजियम, क्र. 2907) से पायी गयी भगवान बुद्ध की मूर्ति के निचले भाग के लेख को प्रमाणित करते हुए श्री एम. नागोर के कथनानुसार यह प्रतिमा वासुदेव के शासन काल में (संवत् 67) बनाकर स्थापित की गयी थी।
इसके अतिरिक्त के.सी. श्रीवास्तव ने अपनी पुस्तक *'प्राचीन भारत का इतिहास तथा संस्कृति'* में हुविष्क की तिथि कनिष्क संवत् 28-62 के मध्य स्वीकार किया है जो मथुरा, म्यूजियम क्र. 2907 के बुद्ध प्रतिमा से प्रमाणित है।
168. खरे, महेश्वरी दयाल – *उपरोक्त*, पृ. 53
169. राय, चौधरी, हेमचन्द्र, – *उपरोक्त*, पृ. 473
170. श्रीवास्तव, के.सी. – *उपरोक्त*, पृ. 401– 402
171. स्मिथ, वी.ए. – *अर्ली हिस्ट्री ऑफ इंडिया*, पृ. 279
172. उल्लेखनीय है कि लिच्छवी राज्य आर्थिक दृष्टि से अत्यंत समृद्ध था। उसमें बहुमूल्य रत्नों की खान थी। बुद्धघोष की टीका, *'सुमंगलविलासिनी'* से विदित है कि पाँचवीं शताब्दी ई. पू. में मगध नरेश अजातशत्रु का लिच्छवियों से संघर्ष सम्भवतः रत्नों की खान पर नियन्त्रण स्थापित करने के लिए हुआ था।
173. विस्तार हेतु देखिए – अनुगंगम् हस्तिनापुरम्, अनुगंगम् वाराणसी, अनुशोणम् पाटलिपुत्रम–*पतंजलि*, II, 1, 2
174. महाराजाधिराज-श्रीचन्द्रगुप्तपुत्रस्य लिच्छविदौहित्रस्य महादेव्यां कुमारदेव्यामुत्पन्नस्महाराजाधिराज श्री समुद्रगुप्त...........। – भितरी लेख
175. आर्यो हीत्युगुह्यभावपिशुनैरुत्कीर्णितः रोमभिः,
सभ्येषूच्छवसितेषु तुल्यकुलजनम्लानाननोद्वीक्षितः।
स्नेहाव्याकुलितेनवाष्पगुरुणा तत्वेक्षिणा चक्षुषा,
यः पित्राभिहितो निरीक्ष्य निखिलां पाह्येवमुर्वीमिति।। –प्रयाग प्रशस्ति।
176. श्रीवास्तव, के.सी. – *उपरोक्त*, पृ. 408 (कांच नामधारी कुछ सिक्के भी प्राप्त हुए हैं जिनके मुख भाग पर राजा की आकृति तथा मुद्रालेख कांच पृथ्वी को जीतकर उत्तम कर्मों द्वारा स्वर्ग को जीतना है, (काचो गामवजित्य दिवं कर्मभिरुत्तमैर्जयति), उत्कीर्ण है तथा पृष्ठ भाग पर 'सर्वराजोच्छेता' (समस्त राजाओं का उन्मूलन करने वाला) विरुद्ध अंकित है।
177. *वही*, पृ. 409
178. मुख्यतः प्रयाग प्रशस्ति के आधार पर।
179. बरेली से 'अच्यु' नामधारी छोटे-छोटे ताँबे के सिक्कों की प्राप्ति से इस क्षेत्र पर नागवंशीय शासकों के अधिकार की पुष्टि होती है।
180. श्रीवास्तव, के.सी. – *उपरोक्त*, पृ. 410
181. एष पन्था विदर्भाण असौ गच्छति कोसलान्।
अतः परंच देशोऽयं दक्षिणे दक्षिणापथः।। – *महाभारत*, 21, 31, 16

182. ग्रहणमोक्षानुग्रह।
183. श्रीवास्तव, के.सी. - *उपरोक्त*, पृ. 412
184. परिचारकी कृत सर्वाटविकराज्यस्य।
185. फ्लीट, जे.एफ. - *कापर्स इन्स्क्रीप्सनम् इण्डिकेरम*, (गुप्ता इन्स्क्रीप्सन) बनारस, 1970, पृ. 114
186. श्रीवास्तव, के.सी. - *उपरोक्त*, पृ. 413-414
187. पूना लेख में समुद्रगुप्त को 'अनेकाश्वमेघयामिन्' (अनेक अश्वमेघ यज्ञों को करने वाला) की उपाधि से विभूषित किया गया है।
188. मिश्र, भास्करनाथ - *उपरोक्त*, पृ. 9
189. लाल, बी.बी., - *उपरोक्त*, 1960-61 पृ. 18
190. *दि जर्नल ऑफ दि न्यूमिस्मैटिक सोसायटी*, खण्ड-23, पृ. 340-44
191. *वही*, भाग-1, खण्ड-18, भाग-1, पृ. 108-109
192. लाल, बी.बी., - *उपरोक्त*, 1968-69, पृ. 46-47 व 77
193. मार्शल, फूशे - *उपरोक्त*, भाग-1, पृ. 389
194. श्रीवास्तव, के.सी. - *उपरोक्त*, पृ. 43 एवं *इण्डियन हिस्टारिकल क्वार्टली*, पृ. 719
195. महाराजाधिराज श्रीचन्द्रगुप्तस्य महादेव्यां ध्रुवदेव्यामुत्पन्नस्य महाराजाधिराज कुमार गुप्तस्य......।
196. कुमारगुप्त प्रथम के वर्तमान में कुल अट्ठारह अभिलेख प्राप्त हुए हैं, जिनमें विलसद, गढ़वा कमरमदण्डा, मनकुंवर, मथुरा, साँची, उदयगिरी तथा तुमैन के अभिलेख पूर्वी उत्तर प्रदेश व मध्य प्रदेश पर कुमारगुप्त प्रथम के आधिपत्य की पुष्टि करते हैं। विस्तार हेतु देखिए, फ्लीट, जान फेथफुल का भारतीय अभिलेख संग्रह, राजस्थान हिन्दी ग्रंथ अकादमी, जयपुर, 1974
197. "अपि च जितमेव तेन प्रथयन्ति यथांसि यस्य रिपवोऽपि, आमूल भग्नदर्पा निर्वचना मलेच्छदेशषु।"
   - जूनागढ़ अभिलेख
198. "उज्जयिन्यां सुतः शूरो महेन्द्रादित्यभूपतेः।
   प्रवीर भूतले यस्तान्म्लेच्छानुत्सादयिष्यति।।" - *कथासरित्सागर*
199. राय चौधरी, हेमचन्द्र, - *उपरोक्त*, पृ. 519

अध्याय तृतीय

सामाजिक, आर्थिक एवं धार्मिक पृष्ठभूमि

सामाजिक पृष्ठभूमि

छठी शताब्दी ई.पू. में भारतीय सामाजिक व्यवस्था प्राचीन वैदिक परम्पराओं पर आधारित थी। अतः उत्तर भारत के विस्तृत भू-भाग में स्थापित 'पूर्वी उत्तर प्रदेश एवं मध्य प्रदेश इससे भिन्न नहीं था। समाज का विभाजन पूर्ववत् वर्णाश्रम व्यवस्था के आधार पर चार वर्णों, यथा - ब्राह्मण, क्षत्रिय, वैश्य एवं शूद्र में विभक्त था।

कालान्तर में मौर्यकाल में बौद्ध एवं जैन धर्म के प्रभाव से वर्णाश्रम व्यवस्था पर आघात पहुँचा और शीघ्र ही आमूलचूल परिवर्तन हुआ तथा समाज के एक बड़े वर्ग ने भिक्षु अथवा श्रमण-जीवन को अपना लिया। यही कारण है कि मनुस्मृति में इस तथ्य पर बल दिया गया है कि प्रत्येक व्यक्ति अपने जातिगत पेशे का अनुशरण करे। 'मनुस्मृति' में यहाँ तक कहा गया है कि 'स्वधर्म' निम्न धर्म होने पर भी श्रेष्ठ परधर्म की अपेक्षा उत्तम है। यदि निम्न जाति का व्यक्ति लोभवश उच्च जाति को अपनाये, तो राजा को चाहिए कि उसकी सम्पत्ति जब्त कर उसे समाज (देश) से बहिष्कृत कर दे।[1]

इस प्रकार जाति परिवर्तन पर निषेध लगाया गया। इसके अतिरिक्त जातिगत पेशे के अलावा अन्य कार्य में लिप्त होने पर दण्ड का भी विधान था अर्थात् यदि ब्राह्मण शास्त्र संगत आचरण नहीं करता था, तो उसे अपनी सामाजिक प्रतिष्ठा खो देनी पड़ती थीं। विज्ञ, त्यागी एवं तपस्वी ब्राह्मणों को वास्तविक ब्राह्मण की संज्ञा प्रदान की गयी थी। 'मनु' विपत्ति के समय ब्राह्मण को अपने वर्ण से भिन्न पेशा अपनाकर जीविका कमाने की छूट प्रदान करता है,[2] यथा — बृहद्रथ के समय ब्राह्मण पुष्यमित्र शुंग उसका सेनापति था, जो संकटकाल में शस्त्र भी धारण कर सकता था।[3]

क्षत्रिय का प्रधान कर्तव्य राज्य की रक्षा करना तथा वैश्य प्रमुखतः व्यापार-वाणिज्य करते थे। शूद्रों का प्रमुख कर्तव्य तीनों वर्णों की सेवा करना था।[4]

गुप्तकालीन समाज में अपेक्षया वर्ग-बन्धन पूर्व की तुलना में और कठोर हो गये, वर्गीकरण का आधार अर्थोपार्जन पर अधारित हो गया, जिसकी पुष्टि समकालीन सूत्रों से होती है।[5] वात्स्यायन के अनुसार पूर्ववत् नियमानुसार जन्म के आधार पर प्रत्येक जाति का व्यवसाय निश्चित था। इन्होंने सजातीय विवाहों पर बल दिया है। वराहमिहिर ने 'बृहत् संहित्ता' में नगर की चार दिशाओं में ब्राह्मण,

क्षत्रिय, वैश्य और शूद्र की बस्ती का उल्लेख किया है, किन्तु समाज में ब्राह्मणों पर विशेषाधिकार अब भी प्राप्त था। उनको बड़े दण्ड से मुक्त रखा गया था तथा इनकी सम्पत्ति को कोई ले नहीं सकता था। इस नियम का शुद्ध पालन किया जाता था। इसके प्रमाण तत्कालीन साहित्य एवं नाटकों में मिलते हैं, उदाहरणार्थ - चारूदत्त को मृत्युदण्ड का अपराधी घोषित कर दिया गया था, फिर भी ब्राह्मण वंश में जन्म होने के नाते उसे क्षमा कर दिया गया।

निम्न जाति एवं जनजाति

साहित्यिक स्रोतों से ज्ञात होता है कि धर्मसूत्रकाल (600-300 ई.पू.) में शूद्रों की स्थिति अत्यन्त दयनीय थी। उन्हें पूर्णतया द्विजों के ऊपर आश्रित होकर जीवन यापन करना पड़ता था। मौर्यकाल में उनकी स्थिति में कुछ सुधार हुआ। अशोक के अभिलेख में दासों तथा भृत्यों के साथ उचित व्यवहार करने का उपदेश दिया गया है।

ऐसा अनुमान किया जाता है कि कभी-कभी धन्धे से जाति का सम्बन्ध नहीं होता था, जैसे — मन्दसौर अभिलेख (मध्य प्रदेश) से स्पष्ट होता है कि रेशम के व्यापारी गुजरात से मन्दसौर आव्रजित हुए और अनेक धन्धों में लिप्त हो गये, यथा - धनुष बाण बनाना, कथानक कहना, ज्योतिष का धन्धा करना इत्यादि। इसी प्रकार ब्राह्मण जाति का 'मातृ-विष्णु' पुरोहित का कार्य छोड़कर सेना में भर्ती हुआ और एरण के निकट एक प्रान्त की स्थापना की। विद्वानों के मतानुसार सेना में वैश्य और शूद्रों की संख्या ज्यादा थी।

साहित्यिक साक्ष्यों तथा तत्कालीन नाटकों से ज्ञात होता है कि निर्दिष्ट क्षेत्र में प्रेम विवाह (अन्तर्जातीय विवाह) की प्रथा विद्यमान थी, अर्थात् जाति बन्धन ढीले हो रहे थे। यहाँ तक कि ब्राह्मण और क्षत्रियों के राज दरबारियों एवं दासियों की पुत्रियों से विवाह के प्रमाण मिलते हैं, यथा — मृच्छकटिकम् में शरकिलक ने अपनी ही दासी से विवाह किया था।

दास

भारतवर्ष में दास प्रथा की प्राचीनता ऋग्वैदिक काल से मानी जाती है। उपनिषद् साहित्य में भी दास-दासियों से सम्बन्धित कई उल्लेख प्राप्त होते हैं। इसके अध्ययन से ज्ञात होता है कि तत्कालीन समाज में दास रखना सामाजिक कुलीनता का प्रतीक समझा जाता था। राजाओं, महाराजाओं तथा कुलीन वर्ग के लोगों के यहाँ दास-दासियाँ इनका सेवा कार्य किया करती थी।[6]

मौर्ययुगीन समाज में भी दास प्रथा के प्रचलन के प्रमाण मिलते हैं। अर्थशास्त्र में पाँच प्रकार के दासों का उल्लेख किया गया है, यथा - उदरदास, आत्मविक्रयी, आत्मधाता, दण्डप्रणीतदास एवं ध्वजाहृत।[7] इसके अतिरिक्त मनुस्मृति[8] में सात और 'मिताक्षरा'[9] में पन्द्रह प्रकार के दासों का उल्लेख किया गया है।

'मृच्छकटिकम्' से ज्ञात होता है कि निर्दिष्ट क्षेत्र में साधारणतया धनिक वर्ग के लोग दास रखते

थे। अवन्ति में तो दास रखने का प्रचलन था, मालिक दासों पर प्रभाव रखते थे, कतिपय सेविकाएँ मालिक की विश्वासपात्र भी थी। उदाहरणार्थ मदनिका अपने मालिक से दोस्ती या मित्रता का व्यवहार रखती थी। दासता से मुक्त होने पर दासी अपने को स्वतंत्र नागरिक मानती थी और समाज में किसी से भी वैवाहिक संबंध स्थापित कर सकती थी। 'नारद-स्मृति' में दासों के विभिन्न वर्गों का उल्लेख तथा उनकी दासता से मुक्ति का वर्णन मिलता है।

आश्रम

समाज में वर्ण व्यवस्था के साथ-साथ लोगों को प्रमुख आश्रमों का ज्ञान था। इसका उल्लेख वात्स्यायन और वराहमिहिर दोनों ने किया है। समाज में चार आश्रमों की व्यवस्था थी।[10] उपनयन-संस्कार के पश्चात् ब्रह्मचर्य आश्रम प्रारम्भ होता था। गृहस्थाश्रम समाज का मेरूदण्ड था, जिस पर शेष तीनों आश्रम अपनी जीविका के लिए निर्भर रहते थे। ऐसा आभास होता है कि वात्स्यायन के समय में तीसरे वानप्रस्थ आश्रम के पालन में शिथिलता आ गयी थी, संन्यास आश्रम क्रमवार जारी था। इसके अतिरिक्त उन्होंने संन्यासियों का भी उल्लेख किया है, जो चतुर्थ आश्रम (संन्यास आश्रम) का पालन करते थे।

समाज में अन्य संस्कार भी प्रचलित थे। जातकर्म, मुण्डन, कर्णवेध व उपनयन आदि संस्कारों का समाज में विशेष रूप से प्रचलन था।[11] विवाह एवं जन्म के शुभ अवसरों पर धार्मिक अनुष्ठानों का भी आयोजन किया जाता था।

विवाह

हिन्दू समाज में विवाह को एक पवित्र धार्मिक संस्था के रूप में मान्यता प्राप्त है, जिसका उद्देश्य पति और पत्नी के सहयोग से विभिन्न पुरुषार्थों को पूर्ण करना था।[12] स्मृत ग्रंथों में विवाह के आठ प्रकारों का उल्लेख किया गया है, यथा - ब्राह्म, दैव, आर्ष, प्रजापत्य, आसुर, गान्धर्व, राक्षस तथा पैशाच,[13] जिसकी पुष्टि मौर्यकाल में भी होती है।[14]

वात्स्यायन ने तो समाज में चार प्रकार के विवाहों को मान्यता दी है, यथा - ब्राह्म, प्रजापत्य, आर्ष और दैव। आगे उन्होंने गान्धर्व, पैशाच व राक्षस विवाहों का केवल वर्णन दिया है। इस प्रकार कुल सात प्रकार के विवाहों का उल्लेख उनके ग्रंथ 'कामसूत्र' में किया गया है। सम्भवत: असुर विवाह सभ्य समाज में हेय दृष्टि से देखा जाता था। कालिदास ने तत्कालीन समय में आठ विवाहों का उल्लेख किया है। इनमें गन्धर्व, असुर और प्रजापत्य का उल्लेख है।[15] इसके अतिरिक्त उन्होंने राज परिवार में स्वयंवर का थी उल्लेख किया है। सम्भवत: प्रजापत्य विवाह साधारण समाज में आदर्श था व बहुपत्नी विवाह अस्तित्व में थे। समाज में धनी तथा प्रतिष्ठित लोग बहुधा कई पत्नियाँ रखते थे। सजातीय विवाह होते थे, परन्तु अन्तर्जातीय विवाह भी प्रचलन में थे, उदाहरणार्थ-चन्द्रगुप्त द्वितीय की पुत्री प्रभावती वाकाटक-वंशीय रूद्रसेन द्वितीय से ब्याही गई थी, जो ब्राह्मण जाति का था।[16]

स्त्रियों की स्थिति

तत्कालीन समाज में संयुक्त परिवार प्रथा का प्रचलन था। स्मृतियों में वर्णित विवाह के आठों प्रकार लगभग मौर्य समाज में प्रचलित थे। तलाक की प्रथा भी विद्यमान थी। कुलीन परिवारों में बहुविवाह होते थे। अन्तर्जातीय विवाह का भी प्रचलन था। चन्द्रगुप्त मौर्य का यूनानी कन्या के साथ विवाह हिन्दू समाज में एक क्रांतिकारी कदम था। अर्थशास्त्र में स्त्री के लिए 'असूर्यपश्या' (सूर्य को न देखने वाली) एवं अवरोधन जैसे शब्दों का प्रयोग हुआ है, जिससे अनुमान लगाया जा सकता है कि समाज में पर्दा प्रथा विद्यमान थी।[17]

साहित्यिक स्रोतों से ज्ञात होता है कि उत्तर भारत के अभीष्ठ क्षेत्रों में शुंगकालीन स्त्रियों की दशा अच्छी थी। तलाक की प्रथा लगभग समाप्त सी हो गयी थी। 'मनु' ने तो विवाह को आजीवन चलने वाली संस्था बताया है। 'मनुस्मृति' से विदित है कि "जहाँ स्त्रियों की पूजा होती है, वहाँ देवता निवास करते हैं और जहाँ उनकी पूजा नहीं होती है, वहाँ क्रियाएँ निष्फल हो जाती हैं।"[18]

गुप्तकाल में आदर्श पत्नी अपने पति के साथ प्रेम और श्रद्धा से पूजा में भाग ले सकती थी। वह पति की सेवा-सुश्रुषा के अतिरिक्त मित्रों एवं सगे-सम्बन्धियों का स्वागत भी करती थी। ऐसा उल्लेख मिलता है कि वह पुरुष के साथ आवश्यकता हो तो, खेल या प्रतिस्पर्द्धा में सहभागिता भी करती थी। समारोहों में पति की अनुमति के बिना वह नहीं जाती थी, अर्थात् वह कोई भी ऐसा कार्य नहीं करती थी, जिससे उसके पतिव्रत धर्म पर उसके पति को संदेह हो। यहाँ तक कि वह शंकास्पद चरित्र की महिलाओं के साथ नहीं जा सकती थी।[19]

सेवा एवं उद्यम में स्वयं को लगाये रखना स्त्रियों की मुख्य विशेषता थी। पति की अनुमति के पश्चात् परिवार की देखभाल और प्रबन्ध वही सम्भालती थी। वह घर के वार्षिक आय-व्यय का हिसाब भी रखती थी। अनुमानत: संयुक्त परिवार समाज में व्याप्त थी। अभिलेखों में संयुक्त परिवार द्वारा दिये गये दान के उल्लेख मिलते हैं। भरहुत के प्रथम स्तम्भ अभिलेख का दान रेवतीमित्र की भार्या चम्पादेवी ने दिया था।[20] साँची के स्तूप अभिलेख में निर्दिष्ट क्षेत्रों के भिक्षु-भिक्षुणियों, विभिन्न व्यवसायियों, गोष्ठियों तथा श्रेष्ठियों के दान का भी उल्लेख मिलता है। इससे समाज में धर्म के प्रति अत्यधिक उत्साह प्रकट होता है। तत्कालिन समाज में साधारणतया स्त्रियाँ शिक्षित थीं, लेकिन उच्च शिक्षा सबको नहीं मिल पाती थी। केवल राजाओं एवं समाज के उच्च वर्ग के लोगों की कन्याओं को उच्च शिक्षा प्राप्त हो पाती थी, जिनमें नृत्य, संगीत इत्यादि प्रमुख थे।[21] पत्नी के रूप में उनका कर्त्तव्य था कि पति की आज्ञा का पूर्णरूप से पालन करें।[22] गणिकाएँ भी पढ़ी-लिखी होती थीं। उनकी प्रतिभा का निखार शास्त्रों के अध्ययन से होता है। समाज में विभिन्न कलाओं में पारंगत विशेष गुण माना जाता था। 'अमरकोश' को महिला शिक्षिका के लिए 'उपाध्याय' और 'उपाध्यायी' शब्द का प्रयोग किया गया है।[23] वराहमिहिर ने एक 'ब्रह्मवादिनी' महिला का उल्लेख किया है, जो विभिन्न विज्ञानों में पारंगत थी और समाज की निर्धन महिला कढ़ाई-बुनाई करके अपना भरण-पोषण करती थी।[24] विधवा महिलाएँ साधारणतया पवित्र एवं कठोर जीवन व्यतीत करती थीं।

उच्च वर्ग में बहुविवाह प्रचलित था। चन्द्रगुप्त द्वितीय बहुपत्नीक था। इसने अपने ज्येष्ठ भ्राता

रामगुप्त की विधवा पत्नी के साथ वैवाहिक सम्बन्ध स्थापित किया था। सती प्रथा भी प्रचलन में थी, यथा–सामंत गोपराज की रानी ने अपने पति की चिता के साथ अपने प्राण त्याग दिये। यह गुप्तकालीन सती प्रथा का ज्वलंत उदाहरण है।[25] विधवाओं को पुनर्विवाह नहीं होता था परन्तु शत्–प्रतिशत प्रतिबंध नहीं था। भास, वात्स्यायन, शूद्रक एवं वराहमिहिर ने भी इसका उल्लेख किया है।

कालिदास के मेघदूत से ज्ञात होता है कि अवन्ति (उज्जैन) में वेश्याएँ महाकाल मंदिर में सेवारत थीं। इसी प्रकार यहाँ भारी संख्या में वेश्याओं का मोहल्ला था।[26] कादम्बरी में परिचारिकाओं एवं वारंगनाओं का भी उल्लेख मिलता है, जिनका नगर में विशेष स्थान था।[27]

शिक्षा

छठी शताब्दी ई.पू. के पश्चात् निर्दिष्ट क्षेत्रों में शिक्षा मानव जीवन में प्रकाश का स्रोत माना जाता था, जो जीवन के विभिन्न क्षेत्रों में सच्चे मार्ग का प्रदर्शन करता है।

प्राचीन ग्रंथों से ज्ञात होता है कि तत्कालीन समय में संस्कृति की सुरक्षा के लिए 'त्रिऋण' का सिद्धान्त समाज में प्रचलित था। इस सिद्धान्त के अनुसार प्रत्येक व्यक्ति तीन ऋणों के साथ जन्म ग्रहण करता है। सर्वप्रथम उसे देवताओं का ऋणी बताया गया है, जो यज्ञों द्वारा चुकाया जाता था, जिससे धार्मिक परम्पराओं का संरक्षण हो सके। दूसरा 'ऋषि ऋण' व्याप्त था, जिसकी पूर्ति ग्रंथों के अध्ययन व साहित्यिक एवं व्यावसायिक परम्पराओं को अविच्छन रखने से तृप्ति हो सकती थी। फलतः साहित्यिक व व्यावसायिक परम्पराओं की रक्षा होती थी। तीसरा 'पितृ ऋण' था, जिसे संतति उत्पादन और उनके सम्यक् शिक्षण के द्वारा चुकाया जा सकता था। इसके लिए तत्कालीन समय में 'स्वाध्याय' और 'ऋषि तर्पण' पर जोर दिया जाता था।

अतः कहा जा सकता है कि उत्तरकालीन शिक्षा प्राप्त करने की अभिरुचि ने पाठशालाओं और संगठित शिक्षण संस्थाओं को जन्म दिया। विहार, मंदिर व बौद्ध मठ शिक्षण संस्थानों में बदल गये।

प्रारम्भ में छोटी-छोटी पाठशालाएँ समस्त भारत में पायी जाती थीं, किन्तु राजाओं की राजधानियाँ व तीर्थ स्थानों में इनकी संख्या अधिक थी। राजा और सामन्त विद्या को प्रोत्साहन देते थे, जिससे विद्वान उनकी राजधानियों की तरफ आकर्षित हो सके। इन्हीं परिस्थितियों ने पूर्वी उत्तर प्रदेश के काशी, निकटवर्ती पाटलिपुत्र, तक्षशिला व उज्जयिनी नगरी को विद्या का प्रमुख केन्द्र बना दिया। 'कोसिय' तथा 'तितर जातक' से ज्ञात होता है कि काशी के यशस्वी आचार्य तीनों वेदों व अट्ठारह शिल्पों का ज्ञान रखते थे। यहाँ पर वर्ष भर लगभग सोलह वर्ष की आयु वाले विद्यार्थियों की भीड़ बनी रहती थी, जिसकी पुष्टि 'अंकित जातक' से होती है।

छठी शताब्दी ई.पू. में काशी से प्रभावित होकर भगवान बुद्ध ने बौद्ध धर्म के प्रचार-प्रसार का संकल्प लिया। सम्भवतः तत्कालीन समय में इसे सर्वोच्च स्थान प्राप्त था।

मौर्यकाल में अशोक के संरक्षण से पूर्वी उत्तर प्रदेश का सारनाथ एवं मध्य प्रदेश का साँची, शिक्षण के प्रसिद्ध केन्द्र बन गये, जो तत्कालीन समय में बौद्ध विहार थे, जिसकी उन्नति लगभग

सातवीं शताब्दी तक अनवरत चलती रही। कालान्तर में अशोक के पुत्र एवं पुत्रियों ने साँची बिहार में बौद्ध भिक्षु के रूप में शिक्षा प्राप्त कर विदेश (श्रीलंका) को प्रस्थान किया तथा वहाँ के लोगों को दीक्षित किया।

आर्थिक पृष्ठभूमि

साहित्यिक एवं पुरातात्त्विक साक्ष्यों से ज्ञात होता है कि छठी शताब्दी ई.पू. में निर्दिष्ट क्षेत्रों में जीविका का मुख्य स्रोत कृषि था। अधिकांश वर्ग के लोग कृषि कार्य पर ही निर्भर थे। जनजातीय वर्ग में सामूहिक कृषि का प्रचलन था।[28] मैगस्थनीज ने समाज में कृषकों का एक अलग वर्ग बताया है।[29] पुरोहित भी कृषि कार्य करते थे।[30] अनाजों में प्रमुख रूप से गेहूँ, चावल, चना, उड़द व फलों में नारियल इत्यादि[31] तथा मसाले की भी खेती की जाती थी।[32] फसलों की सिंचाई के लिए प्रकृति पर निर्भर रहना पड़ता था। जातक कथाओं से ज्ञात होता है कि तत्कालीन समय में राज्य की तरफ से सिंचाई की व्यवस्था भी की जाती थी।[33]

मौर्यकाल में भी कृषि ही अधिकांश जनता के जीवन का आधार था। कालान्तर में लोहे के उपकरणों के भारी मात्रा में प्रयोग के कारण उत्पादन में बढ़ोतरी हुयी। गेहूँ, जौ, चना, चावल, तथा ईख इत्यादि इस युग की प्रमुख फसलें थीं।[34] शासन की ओर से सिंचाई व्यवस्था के प्रमाण मिलते हैं।[35] वेस नदी विदिशा के समीप उत्खनन के समय हेलियोडोरस के गरुड़ स्तम्भ के पास प्राग्य-मौर्य कुँए व नहरों के अवशेष मिले हैं।[36] भण्डारकर के अनुसार वेस नदी पर बाँध बनाकर विदिशा नगर की चतुर्दिक भूमि की सिंचाई की जाती थी। इसके अतिरिक्त चन्द्रगुप्त मौर्य ने भी सुराष्ट्र प्रान्त में सुदर्शन झील की नींव रखी, जिसको अशोक के राज्यपाल 'तुषास्य' ने पूर्ण करवाया, जिसकी पुष्टि जूनागढ़ अभिलेख से होती है।[37]

स्पष्टतया मौर्यकाल में सिंचाई की व्यवस्था राज्य के अधीन थी। जनता भी इसमें अपनी भागीदार निभाती थी। सिंचाई हेतु विभिन्न विधियों का प्रयोग किया जाता था। इसके बदले राजा राज्य के उत्पादक से उत्पादन का एक निश्चित भाग कर (टैक्स) के रूप में वसूल करता था। मौर्येत्तर काल से लेकर कुषाण काल तक कृषि का स्वरूप लगभग व्यक्तिगत हो गया था, फिर भी राजा सम्पूर्ण भूमि का स्वामी होता था।[38] अभिलखों से पशुधन के दान तथा भूमिदान के विवरण से उन्नत कृषि का अनुमान लगाया जा सकता है।[39]

तत्कालीन साहित्यिक एवं पुरातात्त्विक साक्ष्यों से स्पष्ट होता है कि शकों को परास्त करने के बाद चन्द्रगुप्त द्वितीय ने पूर्वी मध्य प्रदेश (दशार्ण) के अधिकांश क्षेत्रों को अधिग्रहीत कर लिया, कालान्तर मे गुप्तों की उच्च कोटि की शासन व्यवस्था, शान्ति तथा सुरक्षा के कारण निर्दिष्ट क्षेत्र में कृषि, उद्योग एवं व्यापार में प्रगति हुई।

कृषि पारम्परिक पद्धति से होती थी और कृषक को ऋतुओं का ज्ञान था। वराहमिहिर ने विभिन्न ऋतुओं की भविष्यवाणी की है।[40] उन्होंने सूखा, बरसात, बाढ़ तथा अनुकूल व प्रतिकूल मौसम की जानकारी दी है। रबी व खरीफ की दो प्रमुख फसलें उगाई जाती थीं। 'अमरकोश' और 'बृहत् संहिता'

में गेहूँ, जौ, चावल, तिलहन आदि फसलों तथा मसालों व औषधियों आदि के उत्पादनों का उल्लेख इन क्षेत्र से सूचित है। यहाँ के अधिकांश लोगों का मुख्य व्यवसाय कृषि था। कृषि हेतु सिंचाई की भी व्यवस्था थी।[41]

उद्योग-धन्धे एवं व्यवसाय

बौद्धकालीन ग्रंथों से ज्ञात होता है कि छठी शताब्दी ई.पू. में पूर्वी उत्तर प्रदेश एवं मध्य प्रदेश के अधिकांश क्षेत्रों में उद्योग-धन्धों का क्रमशः विकास हुआ। व्यवसाय प्रायः आनुवंशिक हो गये। जातक कथाओं में तत्कालीन समाज के कुछ जातियों का उल्लेख किया गया है, यथा–बढ़ई, लुहार, कुम्हार इत्यादि जो एक ही ग्राम में रहकर अलग-अलग वीथी पर व्यवसाय करते थे,[42] जिसकी पुष्टि 'मालविकाग्निमित्रम्' से भी होती है।[43] पशुपालन भी लोगों का रुचिकर व्यवसाय था। बौद्ध तथा जैन ग्रंथों में गाय, बैल, सूअर, घोड़ा व बकरी इत्यादि का विस्तृत वर्णन मिलता है।[44] वस्त्र व्यवसाय भी विकसित था। सिल्क, मलमल तथा ऊनी वस्त्र बनाये जाते थे। 'महावग्ग' में अनेक ऊनी वस्त्रों का उल्लेख मिलता है।[45] रेशमी वस्त्रों का भी प्रयोग होता था। सूती वस्त्र सामान्य जनता तथा रेशमी वस्त्र समुन्नत परिवार के लोग प्रयोग करते थे। बौद्धकाल में तो वाराणसी (पूर्वी उत्तर प्रदेश) रेशमी कपड़ों के लिए ख्याति प्राप्त किया था।[46]

इसके अतिरिक्त बहुमूल्य धातु व्यवसायियों का भी उल्लेख जातकों में हुआ है, जो सोने, चाँदी के विभिन्न आभूषण बनाया करते थे। आभूषणों का प्रयोग पुरुष व स्त्रियाँ दोनों ही करते थे। बौद्ध ग्रंथों में केयूर, कुण्डल, चूड़ामणि इत्यादि गहनों का उल्लेख किया गया है।[47] गहनों के अतिरिक्त इस काल में हाथी के दाँत का भी उद्योग प्रसिद्ध था। इस उद्योग में पूर्वी उत्तर प्रदेश का वाराणसी एवं मध्य प्रदेश का साँची अग्रणी था, जहाँ पर वीथी में हाथी दाँत का उद्योग होता था। ऐसे व्यवसायियों को हास्तिदन्तकार नाम से सम्बोधित किया जाता था।[48] लेखक तथा ज्योतिष जैसे कुछ स्वतंत्र व्यवसायियों का भी उल्लेख बौद्ध व जैन ग्रंथों में हुआ है।[49]

बौद्धकाल की अपेक्षा मौर्यकाल में व्यापार व्यवसाय को शासन की ओर से काफी प्रोत्साहन मिला। कृषि तथा पशुपालन के अतिरिक्त बढ़ईगिरी, चर्म व्यवसाय जैसे अन्य छोटे-छोटे कुटीर उद्योगों का भी प्रचलन हुआ, जिसमें छाता बनाने वाले, जरी का कशीदाकारी करने वाले उद्योग प्रमुख हैं। उद्योग एवं व्यवसाय के पनपने का मूल कारण जातिगत स्तर पर व्यवसायों का प्रचलन प्रारम्भ हो गया था, जो लगभग प्रथम शताब्दी ई. तक अनवरत जारी रहा।[50]

तत्कालीन अभिलेखों से ज्ञात होता है कि व्यापार एवं व्यवसायों में सिक्कों का प्रचलन था, जो क्रमशः सोने, चाँदी तथा ताँबे के निर्मित होते थे, जिनको 'निष्क' और 'सुवर्ण' तथा चाँदी के सिक्कों को 'कार्षागण' कहा जाता था।[51]

गुप्तकाल भारतीय इतिहास में समृद्ध का युग माना जाता है। कृषि राज्य के संरक्षण में सुमन्नत थी। गौ-पालन भी एक मुख्य व्यवसाय बन गया था। इसके अतिरिक्त 'कालिदास' व 'बाणभट्ट' के ग्रंथों से ज्ञात होता है कि वस्त्र व्यवसाय अपनी चरम सीमा पर था। सूती, ऊनी तथा रेशमी इत्यादि

वस्त्रों का व्यापार बड़े पैमाने पर किया जाता था। विभिन्न प्रकार के वस्त्रों के निर्माण व कपास उत्पादनों का उल्लेख अमरकोश में निहित है। तत्कालीन ग्रंथों में कौशेय[52], क्षौम[53] व वदर[54] जैसे वस्त्रों की चर्चा की गई है।

व्यापार और वाणिज्य

बौद्धकालीन ग्रंथों से ज्ञात होता है कि तत्कालीन समाज में व्यवसायी श्रेणियों के रूप में संगठित हो गये थे। जातक कथाओं में 18 प्रकार के श्रेणियों का उल्लेख मिलता है, यथा-काष्ठकारों की श्रेणी, लुहारों की श्रेणी, चर्मकारों की श्रेणी व चित्रकारों की श्रेणी इत्यादि। श्रेणियों के अपने न्यायालय होते थे, जो व्यापार व्यवसाय सम्बन्धी झगड़ों का निपटारा स्वंयं किया करते थे। श्रेणी न्यायालय का प्रधान ''महाश्रेष्ठि'' कहा जाता था। राज्य की ओर से विविध प्रकार की वस्तुओं को बनाने के लिए औद्योगिक केन्द्र भी स्थापित किये जाने के प्रमाण मिलते हैं।[55] श्रेणियाँ सुविधानुसार मुद्रा भी प्रचारित करती थी, यथा-पूर्वी उत्तर प्रदेश के भीटा (इलाहाबाद) के उत्खनन में प्राप्त एक मोहर पर चौथी या तीसरी शताब्दी ई.पू. के लिपि में ''शहिजितिये निगमश'' लेख[56] व मध्य प्रदेश के विदिशा से प्राप्त स्वर्ण मुद्रा पर अंकित 'कनम' के उत्कीर्णन से इनके द्वारा मुद्राओं के प्रसारण की पुष्टि होती है।[57]

साहित्यिक स्रोतों से ज्ञात होता है कि नील, कपास, लाख, रेशम व वस्त्र व्यापार के अतिरिक्त अन्य व्यवसायों का भी प्रचलन था। इन वस्तुओं के निर्माण के लिए स्थान विशेष की विशिष्टता थी, जैसे बर्तन उद्योग के लिए दशार्ण देश प्रसिद्ध था।[58]

प्रथम शताब्दी ई. के पश्चात् लौह उद्योग अपनी चरम सीमा पर पहुँच चुका था। मध्य प्रदेश का प्रसिद्ध व्यापारिक नगर विदिशा तेज धारवाली तलवार के लिए प्रसिद्ध था, जिसका निर्यात मध्य प्रदेश के अतिरिक्त दूरस्थ क्षेत्रों मे होता है।[59] स्वर्ण रजत का भी आयात होता था और विभिन्न प्रकार के आभूषण भी बनाये जाते थे।

लौह उद्योग के वैज्ञानिक तकनीकि का ज्ञान लोगों को था, जैसे-रूपरत्न-परीक्षा, 'धातु वाद' और 'मणिरागकरज्ञानम्' इत्यादि का उल्लेख मिलता है। बृहत् संहिता में कम से कम 22 प्रकार के जवाहरात का उल्लेख है। जौहरियों की स्थिति अच्छी थी। वराहमिहिर ने इसकी विस्तृत विवेचना की है।[60] धनी लोगों के घरों में स्वर्णकारों के कार्य का उल्लेख मिलता है। 'मालविकाग्निमित्रम्'[61] में विदिशा क्षेत्र की बड़ी-बड़ी खानों से बहुमूल्य पत्थर, धातु, हीरे, संगमरमर और सोना निकालने का उल्लेख है। पुरातात्त्विक उत्खनन में विदिशा के अतिरिक्त मध्य प्रदेश के अन्य स्थानों जैसे-एरण, उज्जैन आदि से भी अर्द्धकीमती पत्थरों के अलंकार एवं उपकरणों के मिलने के प्रमाण मिलते हैं। कादम्बरी[62] में 'इन्द्रनील', स्फटिक आदि बहुमूल्य रत्नों का वर्णन मिलता है। विभिन्न आभूषणों को रत्नों से जड़ा जाता था। तलवारों की मूठ भी रत्नों से जड़ी जाती थी।

कालान्तर में निर्दिष्ट क्षेत्रों के व्यापार एवं वाणिज्य को बढ़ावा दिया गया, जिसका वर्णन साहित्यों में निहित है। अर्थशास्त्र में तो व्यापारियों के काफिलों (सार्थवाहों) का भी उल्लेख मिलता है, जिससे

विदित है कि तत्कालीन समय में आन्तरिक व्यापार प्रगति पर था। इस समय पूर्वी उत्तर प्रदेश एवं मध्य प्रदेश के अन्दर अनेक व्यापारिक मार्ग थे। प्रमुख मार्ग पूर्वी भारत (बंगाल) के समुद्रतट पर स्थित 'ताम्रलिप्ति' नामक बन्दरगाह से पश्चिमोत्तर भारत के पुष्कलावती तक जाता था जिसे 'उत्तरापथ' की संज्ञा दी गयी है। इस मार्ग पर पूर्वी उत्तर प्रदेश के काशी, प्रयाग, कौशाम्बी, कान्यकुब्ज तथा निकटवर्ती पाटलिपुत्र, गया व तक्षशिला जैसे प्रमुख नगर स्थित थे।

दूसरा मार्ग पश्चिम में पाटल से कौशाम्बी के समीप उत्तरापथ में मिलता था। तीसरा मार्ग दक्षिण में प्रतिष्ठान से जिला श्रावस्ती (पूर्वी उत्तर प्रदेश) की ओर तक जाता था, जिस पर पूर्वी मध्य प्रदेश के महिष्मती, उज्जयिनी एवं विदिशा जैसे व्यावसायिक नगर स्थित थे। चौथा प्रसिद्ध व्यापारिक मार्ग दूरस्थ भृगकच्छ (गुजरात) से उत्तर प्रदेश के मथुरा तक जाता था, जिसके मार्ग में अवन्तिका नगरी स्थित थी।[63]

'पादतड़िकम्' से ज्ञात होता है उज्जैन 'दशार्ण देश' का एक प्रमुख व्यापारिक केन्द्र था, जहाँ पर दूरस्थ क्षेत्रों, यथा–पाटलिपुत्र, किरात, कलिंग, वेग एवं उत्तर भारत के व्यापारी, व्यापार के उद्देश्य से आये और यहाँ के स्थायी निवासी बन गये।

अत: कहा जा सकता है कि व्यापार व वाणिज्य के कारण संगठित श्रेणियों की स्थापना हुयी और कालान्तर में इन व्यापारियों ने मंदिर तथा साँची के दक्षिणी तोरणद्वार के निर्माण में आर्थिक सहयोग प्रदान किया।

आय-व्यय

'मालविकाग्निमित्रम्' में महाश्रेष्ठियों द्वारा संचालित व्यापार से अधिकांश धन के अर्जन का वर्णन मिलता है।[64] राजकीय अधिकारी विभिन्न व्यवसायी समूहों से श्रेणियों पर 'कर' (टैक्स) लगाकर आय प्राप्त करते थे। कृषि पर उपज का एक निश्चित भाग राजकीय कोष में जमा होता था। कालिदास ने आय के विभिन्न स्रोतों का विस्तृत वर्णन किया है। भूमि पर षडांश, उपरिकर, विष्टी तथा अन्य प्रकार के कर एवं व्यापारियों तथा शिल्पियों पर चुंगीकर लगाये जाते थे। कोष से सार्वजनिक लाभ हेतु सार्वजनिक कार्य किये जाते थे, यथा-सिंचाई के लिए नहर खुदवाना, मंदिर निर्माण, सड़कों के किनारे पौधे लगवाना, व पूजा अर्चना इत्यादि। शासन की ओर से धार्मिक संघ को ग्राम-दान[65] देने की प्रथा प्रचलित थी। जैसे - चन्द्रगुप्त द्वितीय के एक उच्च सैनिक पदाधिकारी 'आम्रकाईव' नामक व्यक्ति द्वारा ईश्वरवासक नामक ग्राम 'पंचमंडली' को प्रदान किया गया था। अत: उस ग्राम की समस्त आय का कुछ भाग साँची के 'श्री-महाविहार' को प्राप्त होता रहा होगा।

मुद्राएँ

मुद्राओं का प्रचलन विनिमय के रूप में होता था, जो स्वर्ण, रजत, ताम्र व मिश्रित धातु की बनती थी। पुरातात्त्विक उत्खननों एवं साहित्यिक साक्ष्यों से ज्ञात होता है कि छठी शताब्दी ई.पू. में निर्दिष्ट क्षेत्रों में मुद्रा का प्रचलन था। सन् 1935-36 ई. में श्रावस्ती के उत्खनन से लगभग 500 ताम्र मुद्राएँ

प्राप्त हुयी हैं, जिनका आकार पतला, चौड़ा, वर्तुलाकार व अण्डाकार है, जिनमें अधिकांश का वजन 41-42 ग्रेन मापा गया है।

इसके अतिरिक्त पूर्वी उत्तर प्रदेश से विवेच्यकालीन आहत, रजत, स्वर्ण एवं ताम्र धातुओं की मुद्राएँ क्रमशः कुशीनगर, गोरखपुर, कोपियाँ (बस्ती) व महाराजगंज के विस्तृत क्षेत्र से उत्खनन में प्राप्त हुयी हैं, जो वर्तमान में 'राहुल सांस्कृत्यायन शोध संस्थान, गोरखपुर' में संरक्षित हैं।

मध्य प्रदेश के विदिशा, साँची तथा एरण से भी बहुसंख्यक ताँबे की आहत-मुद्राएँ मिली हैं।[66] निर्दिष्ट क्षेत्रों के उत्खननों से विदित है कि मौर्यकाल में आहत एवं शुंगकाल में दीनार का प्रचलन था। दीनार नाम के रोमन सम्भवतः प्रथम शताब्दी ई. में सम्राट आगस्टस के समय भारत पहुँचा।

कुषाण शासनकाल में भारत ही नहीं, बल्कि रोम तथा अन्य पाश्चात्य देशों के साथ व्यापारिक सम्पर्क बढ़ जाने से निश्चित माप के सिक्कों की आवश्यकता प्रतीत हुई। अतः कुषाण राजाओं ने विभिन्न आकार के स्वर्ण, ताम्र एवं रजत सिक्कों का भारी मात्रा में प्रचलन किया। कनिष्क के स्वर्ण सिक्के रोमन सिक्कों (लगभग 124 ग्रेन) के बराबर थे।[67]

गुप्त शासकों की अधिकांश मुद्राएँ पूर्वी उत्तर प्रदेश के सारनाथ, कौशाम्बी तथा मध्य प्रदेश के विदिशा व एरण से प्राप्त हुयी हैं, जो निर्दिष्ट क्षेत्रों के संग्रहालयों में संग्रहित हैं। वमनाला (निमाड़) व सिहोरा (जिला गुना) से भी कुछ मुद्राएँ प्राप्त हैं, जिनमें अधिकांशतः समुद्रगुप्त, चन्द्रगुप्त द्वितीय व कुमारगुप्त की है। अनुमान है कि चन्द्रगुप्त द्वितीय ने पूर्वी मध्य प्रदेश (दशार्ण देश) विजय के बाद शक-क्षत्रपों की नकल में ये मुद्रा चलाई। 'पादतड़िकम्' में इन सिक्कों को स्वर्ण, माषक, माषिकार्द्ध और काँकिणि के नाम से उल्लेखित किया गया है। साँची के एक अभिलेख (445-50 ई.) में दीनार का उल्लेख है। वराहमिहिर भी कार्षापण व रूपक का उल्लेख करता है।

धार्मिक पृष्ठभूमि

छठी शताब्दी ई.पू. में सामाजिक, आर्थिक परिवर्तनों की भाँति धार्मिक क्षेत्र में भी मूलभूत परिवर्तन हुए। निर्दिष्ट क्षेत्र भी इस प्रभाव से अछूता नहीं रहा। तत्कालीन समय में बौद्ध एवं जैन धर्मों के प्रचार-प्रसार से क्रांतिकारी परिवर्तन हो रहे थे, यहाँ तक कि इसे राजकीय प्रश्रय भी मिला। कालान्तर में मौर्य सम्राट अशोक ने अपने पुत्र महेन्द्र व पुत्री संघमित्रा को बौद्ध धर्म प्रचार हेतु श्रीलंका भेजा, जो बौद्ध धर्म के लिए एक महान उपलब्धि थी। इस धर्म के प्रति गहरी श्रद्धा का प्रमाण पूर्वी उत्तर प्रदेश के कौशाम्बी, सारनाथ व कुशीनगर में निर्मित बौद्ध मंदिरों, स्तूपों व मूर्तियों तथा मध्य प्रदेश के साँची से प्राप्त समस्त वर्गों द्वारा प्रदत्त 'दानलेख' से मिलता है।

कालान्तर में इस क्षेत्र में ब्राह्मण शासक भागभद्र के यज्ञ में समाज के अन्य वर्गों के अतिरिक्त यवनदूत भी सम्मिलित हुए और वैष्णव धर्म स्वीकार किया। साहित्यिक स्रोतों से ज्ञात होता है कि मौर्यों के पतन के बाद निकटवर्ती पाटलिपुत्र में पुष्यमित्र शुंग ने सत्ता हस्तगत की और ब्राहाण धर्म को राजकीय संरक्षण प्रदान किया गया तथा वैदिक कर्मकाण्डों के अनुष्ठान पर बल दिया जाने लगा। कुषाणों ने भी उपरोक्त मौर्य शासकों की भाँति पुनः बौद्ध धर्म की प्रतिष्ठा की और महायान शाखा को राजाश्रम प्रदान किया।

गुप्तकाल में तो निर्दिष्ट क्षेत्रों के धार्मिक क्षेत्र में अन्य कालों की अपेक्षा अनेक परिवर्तन आये, यथा–'वैदिक संहिता' और ब्राह्मणों द्वारा प्रतिपादित धर्म समाप्त होने लगा व उनके स्थान पर पौराणिक धर्म विख्यात हुआ। फलतः वैष्णव एवं शैवधर्म का प्रचलन बढ़ा और पूजा पद्धति में परिवर्तन हुआ। कालान्तर में तंत्र का प्रभाव भी बढ़ने लगा और पूर्वी उत्तर प्रदेश एवं मध्य प्रदेश के विस्तृत क्षेत्र में अनेक देवी-देवताओं की मूर्तियाँ निर्मित होने लगीं। विष्णु और शिव अन्य देवी-देवताओं में श्रेष्ठ हो गये, जबकि शेष देवता गौण हो गये। जो भी हो, तत्कालीन समय में लगभग सभी धर्मों में सहिष्णुता का भाव था।

वैदिक धर्म

शुंगों के शासनकाल में वैदिक धर्म का पुनरुत्थान हुआ। इसी समय यज्ञ व अश्वमेघ जैसे कर्मकाण्ड पुनः प्रारम्भ किये गये। पतंजलि के महाभाष्य में पुष्यमित्र द्वारा अश्वमेघ के आयोजन का वर्णन मिलता है,[68] धनदेव के अयोध्या अभिलेख[69] से पुष्यमित्र शुंग द्वारा पूर्वी उत्तर प्रदेश में दो अश्वमेघों और मालविकाग्निमित्रम्[70] से एक अश्वमेघ यज्ञ करने की पुष्टि होती है। वेसनगर उत्खनन[71] से भी यज्ञशाला के प्रमाण मिले हैं, जिनमें बहुसंख्यक मिट्टी की मुद्राएँ भी प्राप्त हुयी हैं।[72] साँची अभिलेख में नन्दोत्तरा: उदयगिरी से प्राप्त अभिलेख में 'नदिरा' आदि नाम यहाँ ब्राह्मण धर्म को प्रकट करते हैं।[73] एरण अभिलेख में मातृविष्णु को विप्रषि, स्वकर्माभिरत और क्रुतयाजी (वैदिक यज्ञकर्ता) कहा गया है। साहित्यिक स्त्रोतों से ज्ञात होता है कि इसी समय पूर्वी उत्तर प्रदेश एवं मध्य प्रदेश के अधिकांश क्षेत्रों में भागवत धर्म का उदय हुआ और 'वासुदेव विष्णु' की उपासना प्रारम्भ हुयी। कालान्तर में निकटवर्ती क्षेत्र तक्षशिला के यवन 'हेलियोडोरस' ने वासुदेव के सम्मान में विदिशा के पास बेसनगर (भिलसा) में 'गरुड़ स्तम्भ'[74] की स्थापना कर ''भागवत विष्णु'' की पूजा की और स्वयं भागवत हो गया।

बौद्ध धर्म

बौद्ध धर्म का प्रभाव बुद्ध के जीवनकाल से ही उत्तर भारत में प्रारम्भ हो गया था। वे 'महाकात्यायन' को अपने प्रमुख शिष्यों में एक मानते थे,[75] जो उज्जयिनी के निवासी थे। विनयपिटक के अनुसार दशार्ण देश स्थित कुरर या 'कुरधर' नामक स्थान पर इन्होंने कुछ समय निवास किया था।[76] उनके प्रयत्न से इस सम्पूर्ण प्रदेश में बौद्ध धर्म का प्रचार-प्रसार हुआ। कात्यायन का नाम 'थेरवाद शाखा' के संस्थापक के रूप में तिब्बती परम्परा में लिया जाता है।

बौद्ध धर्म का सर्वाधिक प्रचार-प्रसार मौर्य सम्राट अशोक के समय हुआ। उसने इस धर्म से प्रभावित होकर पूर्वी उत्तर प्रदेश के सारनाथ व मध्य प्रदेश के समीप साँची नामक स्थान पर स्तूप का निर्माण करवाया। महावंश के अनुसार अशोक की पत्नी 'देवी' ने चैत्यगिरि पर विहार की स्थापना करवायी।[77] विद्वानों के मतानुसार देवी ने अशोक के बौद्ध धर्म ग्रहण करने के पूर्व ही इस धर्म को स्वीकार कर लिया था। परन्तु बौद्ध परम्परा से यह प्रकट होता है कि अशोक को बौद्ध धर्म में लेने का श्रेय उसकी पत्नी नहीं, अपितु बौद्ध भिक्षुओं को है।

अशोक के समय भिक्षुओं के मध्य विनय-नियमों के सम्बन्ध में पारस्परिक विवाद और वैमनस्य बढ़ गया। सिंहली इतिहासकारों के अनुसार इस जटिल समस्या को सुलझाने के लिए अशोक के तत्त्वाधान में भिक्षुओं की एक सभा बुलायी गयी, जिसमें थेरवाद और विनयपिटक के नियमों को न मानने वाले सभी भिक्षुओं को पाटलिपुत्र छोड़कर बाहर जाने के लिए विवश किया गया। इसके पश्चात् ही सम्भवत: अशोक ने पूर्वी उत्तर प्रदेश के सारनाथ, कौशाम्बी एवं मध्य प्रदेश स्थित साँची के लघु स्तम्भों पर संघ भेद न होने सम्बन्धी सूचना अंकित करवाई, अर्थात् ''जो कोई भी भिक्षु या भिक्षुणी बौद्धसंघ को भंग करेगा उसे श्वेत वस्त्र पहनाकर अयोग्य स्थान पर रखा जायेगा। अत: यह आदेश संघ में सूचित किया जाना चाहिए, क्योंकि मेरी इच्छा है कि संघ समग्र होकर चिरस्थायी हो जाये।''[78]

पूर्वी उत्तर प्रदेश एवं मध्य प्रदेश के अधिकांश क्षेत्रों में, यथा–श्रावस्ती, कुशीनगर, सारनाथ, भीतरकोट, तुमेन[79] एवं भीमबेटका[80] इत्यादि से अधिकांश मात्रा में मौर्यकालीन स्तूपों के अवशेष मिले हैं। इससे विदित होता है कि यह सम्पूर्ण क्षेत्र बौद्ध धर्म से प्रभावित था।

शुंगवंशीय शासक वैदिक धर्मावलम्बी थे, परन्तु इस काल में भी बौद्ध धर्म के प्रभाव को नकारा नहीं जा सकता। अशोककालीन सारनाथ एवं साँची के समीपस्थ स्थित स्तूप तथा विहार, पुष्यमित्र शुंग द्वारा नष्ट किये गये। परन्तु इस कथन का तत्कालीन प्रमाण नहीं मिलता, लेकिन वहीं पुष्यमित्र शुंग के उत्तराधिकारियों की धार्मिक सहिष्णुता के कारण साँची महास्तूप पर 'कंचुक अच्छादन' एवं इसका विस्तार दिखाई पड़ता है। इसमें कुछ स्तूप, यथा–स्तूप क्रमांक 2, 3, 6 तथा स्तम्भ क्रमांक-25 शुंगकाल की निर्मित्तियाँ हैं।

अत: कहा जा सकता है कि निर्दिष्ट क्षेत्र के अधिकांश लोग शुंग शासनकाल में वैष्णव धर्मावलम्बी होते हुए भी बौद्ध धर्म के प्रति आस्था रखते थे।

कुषाणकाल में भी पूर्वी उत्तर प्रदेश व मध्य प्रदेश का ऐतिहासिक स्थल सारनाथ, कौशाम्बी, कुशीनगर, साँची बौद्ध धर्म का केन्द्र बना रहा। साँची से प्राप्त दानलेखों से ज्ञात होता है कि बौद्ध धर्म शासक से लेकर जनसाधारण तक सर्वमान्य था। यहाँ से दूरस्थ क्षेत्र के लोगों का भी अनवरत संबंध जारी रहा। कुषाणकालीन बोधिसत्त्व एवं बुद्ध प्रतिमाओं से यह विदित होता है कि कुछ समय पश्चात् इस सम्पूर्ण क्षेत्र में अन्य सम्प्रदायों का उदय होने लगा। इस सम्प्रदाय के अस्तित्व में आने के पश्चात् साँची के एक लेख में यह घोषणा की गयी कि जो भी साँची के तोरण या वेदिका को नष्ट करेगा वह ''पंचमहापातक'' का भागी होगा।[81]

गुप्त शासक यद्यपि ब्राह्मण धर्मावलम्बी थे, परन्तु अन्य धर्मों को भी इन्होंने प्रश्रय दिया। कालान्तर में निर्दिष्ट क्षेत्रों में 'बौद्ध-महायान' सम्प्रदाय अत्यधिक लोकप्रिय हुआ।[82] चन्द्रगुप्त द्वितीय स्वयं वैष्णव था, परन्तु उसका सेनापति आम्रकार्दव बौद्ध धर्म का अनुयायी था। चन्द्रगुप्त द्वितीय के एक अभिलेख (412-413 ई.) में उल्लेख है कि पच्चीस दीनार (स्वर्ण मुद्रा) तथा काकना-वोटा (साँची) स्थित विहार मैं संघ को दान देता हूँ। दान की राशि को रत्नगिरि में दीप जलाने और भिक्षुओं

की दवा हेतु व्यय किया जाता था। इस दान का कुछ भाग राजा और अन्य भाग 'आम्रकार्दव' ने स्वयं दिया था। साँची से प्राप्त एक स्थानक प्रतिमा की पादपीठ पर पाँचवीं सदी के एक लेख में 'सूरकुल' द्वारा दान देने का उल्लेख है। इसी प्रकार वाघ की गुफा क्रमांक-2 से प्राप्त ताम्रपत्र (416-417 ई.) में भी ग्राम दसिथकपल्ली, महिष्मती के महाराज सुबन्धु ने बौद्ध-भिक्षुओं के खर्च एवं विहार के रखरखाव के लिए दान दिया था।[83] बिहार-कोटरा (राजगढ़) अभिलेख (417-418 ई.) में उल्लेख है कि भिक्षु 'वीरसेन' के पुत्र 'भट्टिमहर' ने दान में तालाब का उत्खनन कराया और जल आपूर्ति की व्यवस्था की।[84] यह घटना औलिकर नरेश नरवर्मन के काल की है। साँची से प्राप्त अभिलेख (450-451 ई.) से ज्ञात होता है कि 'काकानावोटा' स्थित विहार में निवास करने वाले भिक्षुओं के खर्च के लिए सोलह स्वर्ण दिनार की राशि उपासिका 'हरिस्वामिनी' द्वारा दान में दी गई, जो उपासक सोणसिद्ध की पत्नी थी। साँची स्तूप के प्रदक्षिणापथ से निर्मित चार बौद्ध मूर्तियाँ इसी काल की हैं।

पाँचवीं सदी के अन्य अभिलेख से ब्रजपाणि स्तम्भ, दो अन्य स्तम्भ, तोरणद्वार और विहार के मुखमण्डप के निर्माण के लिए रूद्रसिंह आत्मज गोसुर सिद्धवल द्वारा किये गये दान का उल्लेख मिलता है, जो विहार के अभियन्ता थे।

साँची से प्राप्त कुछ अभिलेखों में शिवागुप्त एवं कुलादित्य नामक व्यक्तियों द्वारा बुद्ध प्रतिमा दान देने के उल्लेख से अनुमान लगाया जा सकता है कि तत्कालीन समय में मध्य प्रदेश के अधिकांश लोगों ने बौद्धधर्म स्वीकार कर लिया था।

पुरातात्त्विक साक्ष्यों के अतिरिक्त साहित्यिक साक्ष्यों से भी दोनों क्षेत्रों में बौद्ध धर्म की स्थिति पर प्रकाश पड़ता है, उदाहरणार्थ– 'पदम प्राभित्तकम्' नामक ग्रंथ से परोक्ष रूप से व्रजयान सम्प्रदाय पर प्रकाश पड़ता है। इससे यह स्पष्ट है कि बौद्धधर्म की पाँचवीं सदी में लोकप्रियता थी। इसकी पुष्टि इस तथ्य से भी होती है कि पाँचवीं शताब्दी ई. के मध्य यहाँ के अनेक बौद्ध विद्वान चीन गये और बौद्ध परम्पराओं को सीखा। साथ ही ये लोग भारी संख्या में बौद्ध ग्रंथ भी ले गये, जिनका चीनी भाषा में अनुवाद हुआ। यहाँ उल्लेखनीय है कि गुणभद्र नामक एक महान बौद्ध विद्वान, जिसने अभिधर्म में विशेष योग्यता प्राप्त की थी, वह मूलरूप से मध्य भारत का रहने वाला था। यह 421 ई. में चीन गया तथा (668 ई. तक) जीवनपर्यन्त वहीं रहा। उसने 76 बौद्ध ग्रंथों का चीनी भाषा में अनुवाद किया।

इसी प्रकार 'उपासुत्त' और 'परमार्थ' दो अन्य विद्वान जो उज्जैन के निवासी थे, उनमें 'उपासुत्त' समुद्रमार्ग से चीन गया और लगभग छठी शताब्दी ई. तक वहाँ कार्य किया। परमार्थ भी 546-559 ई. के मध्य चीन में रहा। वहाँ उसे 'गुणरत्न' के नाम से जाना जाता था। वह बौद्ध साहित्य का ज्ञाता था और उसने 70 संस्कृत ग्रंथों का चीनी भाषा में अनुवाद किया। इसी प्रकार उज्जैन के अन्य विद्वान जैसे नालन्द, यशस, विनीत, रुचि और अतिगुप्त आदि छठी शताब्दी ई. में चीन गये और अनेक बौद्ध ग्रंथों का अनुवाद किया। ऐसे ही चीन से भी फाह्यान, युवानच्वांग एवं स्वेनताई आदि विद्वान भारत आये।

जैन धर्म

बौद्ध धर्म की भाँति जैन धर्म का भी प्रचार-प्रसार चण्डप्रद्योत के समय से प्रारम्भ हुआ। जैन परम्परा के अनुसार महावीर (599-527 ई. पू.) के जीवनकाल में चन्दन काष्ठ निर्मित प्रतिमा ध्यानस्थ मुद्रा में बनायी गयी। ऐसी तीन मूर्तियाँ मध्य प्रदेश के उज्जैन, दशपुर एवं विदिशा में स्थापित की गयी थीं।[85]

जैन ग्रंथों से विदित होता है कि आर्य सुहस्ति भी जैन तीर्थंकर 'जीवन स्वामी' की पूजा हेतु उत्तर भारत व मध्य प्रदेश के विदिशा क्षेत्र की यात्रा की, जहाँ पर अशोक के पुत्र सम्प्रति को जैन धर्म की ओर प्रविष्ट किया।[86] व्रजस्वामी तुम्बवन (तुमैन) में निवास करते थे। उन्होंने सिंहगिरि से दशपुर में एकादश अंगों का अध्ययन कर दृष्टिवादाँग का अध्ययन करने हेतु उज्जयिनी में भद्रगुप्त से मुलाकात की। व्रजस्वामी सम्पूर्ण दसपूर्वा के अंतिम ज्ञाता थे। जैन ग्रंथों से ज्ञात होता है कि व्रजस्वामी पूर्वी उत्तर प्रदेश एवं मध्य प्रदेश के अधिकांश क्षेत्रों में 500 श्रमणों के साथ जैन धर्म का प्रचार-प्रसार करते हुए अन्ततोगत्वा 'कुन्जरावर्त पर्वत' पर इन्होंने निर्वाण प्राप्त किया।[87]

मौर्यकाल के पश्चात् लगभग निर्दिष्ट क्षेत्रों में शुंगवंश के शासकों का कुछ हिस्सों पर अधिकार रहा। इस काल में जैन धर्म के प्रचार-प्रसार का स्पष्ट प्रमाण नहीं मिलता।

गुप्तकाल में सम्भवतः जैन धर्म, बौद्ध धर्म की अपेक्षा अधिक लोकप्रिय था। ग्राम दुर्जनपुर (विदिशा) से तीन जैन तीर्थंकरों की प्रतिमाएँ प्राप्त हुई हैं, जिनकी पादपीठ पर चौथी-पाँचवीं शताब्दी के लेख में 'महाराजाधिराज रामगुप्तः' का नाम अंकित है, जो गुप्त वंश के नरेश थे।

रामगुप्त यद्यपि वैष्णव था, फिर भी उसने तीन तीर्थंकरों की मूर्तियाँ स्थापित कर संरक्षण प्रदान किया। इसी प्रकार उदयगिरि गुहा अभिलेख (425-426 ई.) में उल्लेख है कि संतगोशर्मण के शिष्य शंकर ने तीर्थंकर पार्श्वनाथ की प्रतिमा की स्थापना की। यह प्रतिमा गुहा के अन्दर प्राप्त हुयी थी, जहाँ गुप्तकालीन मंदिर था। ऐसा अनुमान है कि तत्कालीन समय में जैन धर्म का कोई केन्द्र विदिशा के निकटवर्ती क्षेत्र में स्थापित रहा होगा।

वैष्णव धर्म

ऋग्वेद में विष्णु को 'आदित्य' के रूप में स्वीकार किया गया। ऐतरेय और शतपथ ब्राह्मण में भी आदित्य विष्णु के सर्वोच्च देवता के रूप में उल्लेखित हुए हैं।[88] बौधायन धर्मसूत्र में (चौथी शताब्दी ई.पू.) विष्णु दामोदर तथा गोविन्द नाम से वर्णन मिलता है।[89] इसके अतिरिक्त डॉ. भण्डारकर, भागवत धर्म को चौथी शताब्दी ई.पू. से प्रचलित बताते हैं।[90] परन्तु भागभद्र के शासनकाल में तक्षशिला के निवासी हेलियोडोरस ने वासुदेव का गरुड़ ध्वज (स्तम्भ) बनवाया, जो इसी सदी में वैष्णव धर्म के प्रभाव को दर्शाता है। स्तम्भ अभिलेख से ज्ञात होता है कि शुंगों के शासनकाल में ग्रीकों ने भी वैष्णव धर्म अपनाया। हेलियोडोरस स्तम्भ के निकट से इस काल की एक विष्णु प्रतिमा प्राप्त हुई है, जो सम्भवतः प्रासोदोत्तम में स्थापित विष्णु रही होगी। कालान्तर में पूर्वी उत्तर प्रदेश के राजघाट (वाराणसी), प्रयाग तथा कानपुर क्षेत्र से प्राप्त विभिन्न शैली में निर्मित विष्णु मूर्तियों की प्राप्ति इस

सम्पूर्ण प्रदेश में वैष्णव धर्म के प्रभाव को दर्शाती हैं। मध्य प्रदेश में वैष्णव धर्म के प्रचार-प्रसार की पुष्टि भरहुत स्तूप की पेष्टनी पर अंकित मूर्तिशिल्प से भी होती है। उत्कीर्णित दो अर्द्धचित्रों में[91] एक अश्वारोही महिला अपने हाथ में गरुड़ ध्वज लिए हुए है, तथा शेष में गजारोही राजा उसकी महिषी बौद्धावशेष लिए हुए जुलूस का नेतृत्व कर रहे हैं। इनके पीछे एक अश्वारोही को भी दिखाया गया है, जो गरुड़ ध्वज लिए चल रहा है, इससे यह अनुमान लगाया जा सकता है कि तत्कालीन समाज में वैष्णव धर्म का अस्तित्व विद्यमान था।[92]

गुप्तकाल में भी वैष्णव धर्म की तीव्र गति से विकास हुआ। इस काल में नरेश अपने को 'परमभागवत महाराजाधिराज' कहने में गर्व करते थे।[93] इस धर्म की मुख्य विशेषता यह थी कि विष्णु के अवतारों की कल्पना हुयी और उनकी पूजा प्रचलित की गयी तथा अनेक मंदिरों के निर्माण हुए।

समुद्रगुप्त के एरण अभिलेख से ज्ञात होता है कि उसने एक विष्णु का मंदिर बनवाया। इसी प्रकार उदयगिरि अभिलेख (401-402 ई.) में एक वैष्णव गुफा के समर्पण का उल्लेख है, जिसे चन्द्रगुप्त द्वितीय के अधीन महाराज सनकानिक ने उत्कीर्ण कराया था।[94] इसी प्रकार बुद्धगुप्त कालीन एरण अभिलेख (484-485 ई.) से ज्ञात होता है कि मातृविष्णु और धन्यविष्णु ने अपने माता-पिता के धर्म वृद्धि हेतु एक जनार्दन (विष्णु) का ध्वज-स्तम्भ स्थापित किया। तोरमाण कालीन एरण अभिलेख से भी अनुमान लगाया जा सकता है कि धन्यविष्णु ने अपने छोटे भाई महाराज मातृविष्णु के पुण्य हेतु एक मंदिर का निर्माण कराया और वराह अवतार की प्रतिमा स्थापित करवायी।[95] इन अभिलेखीय साक्ष्यों से यह स्पष्ट होता है कि पूर्वी मध्य प्रदेश के एरण और विदिशा क्षेत्र में वैष्णव धर्म विशेष लोकप्रिय था।

शैव धर्म

निर्दिष्ट क्षेत्रों में शैवधर्म की स्थापना के प्रारम्भिक प्रमाण शिव[96] और शिव-वाहन नन्दी आकृति मुद्राएँ हैं, जो लगभग 300 ई. से 200 ई.पू. के प्रमाणित होते हैं मुद्रा पर कमण्डलु व दण्ड धारण किये शिव व अन्य पर शिववाहन नंदी अंकित है। मुद्राओं पर इन अंकन से अनुमान लगाया जा सकता है कि यहाँ शैव धर्मानुयायी भी थे, जो इसे पूजनीय मानकर मुद्राओं पर अंकित करते थे।

शैव धर्म का विकसित स्वरूप गुप्तकाल से ज्ञात होता है। इस काल में शैव धर्म अधिक लोकप्रिय हो गया था। कालिदास के ग्रंथों में ज्योतिर्लिंग (महाकाल) का वर्णन मिलता है। इसके अतिरिक्त विश्व के तीनों लोकों के भगवान 'चण्डेश्वर' का उल्लेख है। मत्स्यपुराण, नृसिंहपुराण, शिवपुराण और स्कंदपुराण में महाकाल की अनेक परम्पराओं का उल्लेख है और उनकी प्रशंसा की गयी है। उदयगिरि के गुहा अभिलेख के अनुसार चन्द्रगुप्त द्वितीय के एक मंत्री जिसे वीरसेन उर्फ शोभा कहा गया है, ने भगवान शिव का शम्भू के नाम गुहा मंदिर उत्कीर्ण करवाया। परवर्ती अभिलेखों में शिव के अनेक नाम जैसे- त्रिलोचन[97], लक्षकेश्वर[98], महादेव[99], महाकाल[100], तथा पशुपति[101] आदि नामों का उल्लेख मिलता है। शिव की उपासना सामान्यत: लिंग के रूप में की जाती थी। अत: मंदिरों में शिवलिंग की स्थापना होती थी।

शाक्त सम्प्रदाय

गुप्तोत्तर काल में शक्ति की उपासना लोकप्रिय थी। प्रमुख देवताओं के साथ उनकी पत्नियों (शक्तियों) का विशेष वर्णन किया जाता था, उन्हें अमुक देवता के शक्ति के रूप में माना जाता था। शिव के साथ पार्वती व विष्णु के साथ लक्ष्मी का वर्णन प्राप्त होता है। शक्ति की आराध्य भगवती, चण्डिका (चामुण्डा), श्री अम्बालोही देवी, लक्ष्मी, वर आक्षणी देवी, वसुन्धरा, रविमंगला देवी, कंचन देवी, गौरी, तथा वामूर्ति देवी इत्यादि के रूप में होती थी।

संदर्भ

1. यत्र त्वेते परिध्वंसा जायन्ते वर्णदूषका:।
   राष्ट्रिकै: सह तद्राष्ट्रं क्षिप्रमेव विनश्यति।। - *मनुस्मृति*, X. 61
2. *मनुस्मृति*, 9, 152-153
3. *वही*, 10/75
   वही, संकाराद द्विजमुच्यते।
4. श्रीवास्तव, के.सी. - *उपरोक्त*, पृ. 311
5. वात्स्यायन - *कामसूत्र*, डी.एल. गोस्वामी, (सं.) वाराणसी, 1929, भाग-4, सूत्र-1, पृ. 42
6. श्रीवास्तव, के.सी. - *उपरोक्त*, पृ. 160
7. *अर्थशास्त्र*, 3.13
8. *मनुस्मृति*, VIII, 145
9. *मिताक्षरा*, व्यवहार अध्याय (विज्ञानेश्वरकृत *याज्ञवल्क्य स्मृति* की टीका, जे.आर. धारपुरे द्वारा सम्पादित, बम्बई, 1914, इस ग्रंथ में दास प्रथा का विस्तृत वर्णन किया है।)
10. *अमरकोष*, 2.17.3
11. *बृहत् संहिता*, 42.37
12. श्रीवास्तव के.सी. - *उपरोक्त*, पृ. 186
13. ब्राह्मो दैवस्तथैवार्ष: प्राजापत्यस्तथासुर:।
    गान्धर्वो राक्षसश्चैव पैशाचश्चाष्टमोऽधम:।। - *मनुस्मृति*, III.21
14. श्रीवास्तव, के.सी. - *उपरोक्त*, पृ. 286
15. *रघुवंश*, 7.13, 15-28
16. श्रीवास्तव, के.सी. - *उपरोक्त*, पृ. 426 एवं अल्तेकर, ए.एस. व मजूमदार, आर.सी. - *वाकाटक गुप्त एज*, मोतीलाल बनारसीदास, दिल्ली, वाराणसी, पटना, प्रथम संक्सरण, 1986 पृ. 112
17. श्रीवास्तव, के.सी.- *उपरोक्त*, पृ. 286-87
18. यत्र नार्यस्तु न पूज्यन्ते रमन्ते तत्र देवता:।
    यत्रैतास्तु न पूज्यन्ते सर्वास्तत्राफला: क्रिया:।। - *मनुस्मृति*, III.56
19. चकलादर, एस. - *सोशल लाइफ इन एन्शियेंट इण्डिया*, पृ. 122 एवं टाना, सा.एच. कृत *मालविकाग्निमित्रम्*, वाराणसी, 1964, 1, 95

20. बरूआ, वी.एस. - *भरहुत*, पृ. 13
21. *मालविकाग्निमित्रम्*, 1, 8
22. *बृहत् संहिता*, 24, 13
23. *अमरकोश*, 11-6, 14
24. शास्त्री, ए.एम. - *इण्डिया एज सीन इन बृहत् संहिता*, दिल्ली, 1969, पृ. 288
25. फ्लीट, जे.एफ. - *कार्पस इन्स्क्रीप्सनम् इण्डिकेरम*, भाग-3, *गुप्त इन्स्क्रीप्सन*, बनारस, 1970, पृ. 92
26. *मेघदूत*, श्लोक 26
27. *कादम्बरी*, पृ. 46
28. *जातक*, 2/301
29. Fragmants, 33
30. *कंगुजातक*, 2/117; *सुगमात्रजातक*, 2/74
31. *वही*, 1/97
32. *वही*, 1/224
33. *चुल्लवग्गजातक*, 5-17-2
34. श्रीवास्तव, के.सी. - *उपरोक्त*, पृ. 387-88
35. *अर्थशास्त्र*, 2, 24
36. *आर्क्योलॉजिकल सर्वे ऑफ इण्डिया*, एनुअल रिपोर्ट, 1914-15, पृ. 70-71
37. श्रीवास्तव, के.सी. - *उपरोक्त*, पृ. 288
38. सहाय, शिवस्वरूप - *प्राचीन भारत का सामाजिक एवं आर्थिक इतिहास*, मोतीलाल बनारसीदास, दिल्ली, 1998, पृ. 329
39. द *अर्ली हिस्ट्री ऑफ* दक्कन, याजदानी, भाग-2, पृ. 137
40. *बृहत् संहिता* XXI, 32, 34, इत्यादि
41. बेस नदी के समीप उत्खनन के समय हेलियोडोरस द्वारा स्थापित गरुड़ स्तम्भ के पास नहर के अवशेष प्राप्त हुए हैं, जिससे अनुमान लगाया जा सकता है कि इस सम्पूर्ण क्षेत्र में सिंचाई की व्यवस्था थी।
42. *जातक*, 2 पृ. 18, 350, 376
43. *मालविकाग्निमित्रम्*, पृ. 33
44. सहाय, शिवस्वरूप - *उपरोक्त*, पृ. 376
45. *महावग्ग*, 8/1
46. सहाय, शिवस्वरूप - *उपरोक्त*, पृ. 376 एवं मिश्र, भास्करनाथ, उपरोक्त, पृ. 378
47. *आचारसुत्त*, 2/2/12/1 आदि।
48. सहाय, शिवस्वरूप - *उपरोक्त*, पृ. 378
49. *वही*, पृ. 378
50. *वही*, पृ. 382
51. श्रीवास्तव, के.सी. - *उपरोक्त*, पृ. 290
52. *ऋतुसंहार*, 5/8

53. क्षौम (रेशमी वस्त्र)।
54. फलों की छाल से बने वस्त्र।
55. श्रीवास्तव, के.सी. - *उपरोक्त*, पृ. 289
56. जैन, के.सी. - *प्राचीन भारतीय सामाजिक एवं आर्थिक संस्थाएँ*, मध्य प्रदेश हिन्दी ग्रंथ अकादमी, भोपाल, 1987, पृ. 234
57. *इण्डियन आर्क्योलॉजिकल - ए रिव्यू*, भारतीय पुरातत्त्व सर्वेक्षण, नई दिल्ली, 1962-63, पृ. 63
58. सहाय, शिवस्वरूप - *उपरोक्त*, पृ. 394
59. *अमरकोश*, 2.9.6 इत्यादि
60. *वही*, 80, 4-5
61. *मालविकाग्निमित्रम्*, 5, 18:1, 6
62. *कादम्बरी*, पृ. 25
63. श्रीवास्तव, के.सी.-*उपरोक्त*, पृ. 288
64. *मालविकाग्निमित्रम्*, 1, 17
65. मिराशी, बी.वी. - *कार्पस इन्स्क्रीप्सनम् इण्डिकेरम*, भाग-3, उटकमण्ड, 1955, पृ. 31
66. फ्लीट, जॉन फेथफुल - *उपरोक्त*, पृ. 31
67. श्रीवास्तव, के.सी. - *उपरोक्त*, पृ. 380-82
68. *महाभाष्य* 3.2, 123-4-123, पंक्ति 3
69. *एपीग्राफिया इण्डिका*, मैसूर (सम्बन्धित जिल्द) -20, पृ. 57
70. *मालविकाग्निमित्रम्*, अंक 5
71. *आर्क्योलॉजिकल सर्वे ऑफ इण्डिया, एनुअल रिपोर्ट*, 1914-15, पृ. 75
72. *वही*, 1914-15 पृ. 7
73. मिराशी, बी.वी. - *उपरोक्त*, पृ. 607-608

74 'त्रिनि अमृतपदानि इ अ सु - अनुठितानि।
नेयन्ति (स्वर्ग) दम चाग अपमदा।।'
उक्त श्लोक ब्राह्मी लिपि में बेसनगर स्थित 'गरुड़-स्तम्भ' पर उत्कीर्णित है।

75. *म. नि.* 1-2-8 बुद्ध ने इसे पंडित व महाप्रज्ञ कहकर संबोधित किया है।
76. *विनयपिटक* (पालि टेक्स्ट सोसायटी, 1929) भाग-1, पृ. 194, *एपीग्राफिया इंडिका*, भाग-2, पृ. 96
77. *महावंश*, 161. 6-9 एवं *साँची उत्खनन आर्क्योलॉजी सर्वे ऑफ इंडिया, एनुअल रिपोर्ट*, 1936-37, पृ. 84
78. ''ये संघ भखति भिखु वा भिखुनि वा ओदातानि सनंधापयितु अनावासमि वासापेतविये। इछा हि मे किंति संघे समगे चिलथितीके सियाति।'' - लघु स्तम्भ लेख, साँची।
79. के.डी. वाजपेयी द्वारा प्राप्त सूचना के अनुसार।
80. श्री वी.एस. वाकणकर द्वारा खोज।
81. पंच महापातक (मातृघात, पितृघात, अर्हत्‌घात, संघभेद एवं रुधिरपय)।
82. साँची और वाध (धार) में स्तूप, विहार, मंदिर के अतिरिक्त बौद्ध, मूर्तियों का भी निर्माण होता था। जो दूरस्थ क्षेत्रों तक भेजी जाती थी।

83. जैन, के.सी.- *मालवा थ्रू द एजेज*, मोतीलाल बनारसीदास, दिल्ली, 1972, पृ. 277
84. *एपिग्राफिया इण्डिका*, जिल्द, XXXVI, पृ. 130
85. त्रिषास्टि शलाका पुरुष्ठाचरित, पर्व-10, सर्ग-2, पृ. 157
86. जैन, जगदीशचन्द्र - *जैन आगम साहित्य में भारतीय समाज*, पृ. 50
87. *मरणसमाधि*, 472 आदि, पृ. 128 अ, रामायण, 4.41
88. भण्डारकर, आर.जी. - *वैष्णविज्म, शैविज्म एण्ड अदर माईनर रिलीजियस सिस्टम्स*, एशियन एजुकेशनल सर्विसेज, नई दिल्ली, 1983, पृ. 34
89. *बौधायन धर्मसूत्र* 2.5.24
90. भण्डारकर, आर.जी. - *उपरोक्त*, पृ. 03
91. *आर्क्योलॉजिकल सर्वे ऑफ इंडिया, एनुअल रिपोर्ट*, 1913-14, पृ. 186-88
92. गोस्वामी, कुंज गोविन्द - *ए स्टडी ऑफ वैष्णविज्म*, 1956, पृ. 7
93. श्रीवास्तव, के.सी. - *उपरोक्त*, पृ. 436
94. फ्लीट, जॉन फेथफुल - *उपरोक्त*, जिल्द, III, पृ. 25
95. *वही*, पृ. 159
96. *जर्नल ऑफ न्यूमिस्मेटिक सोसायटी*, पृ. 304
97. *आर्क्योलॉजिकल सर्वे ऑफ इण्डिया*, जिल्द XVIII, पृ. 11-13
98. *एपीग्राफिया इण्डिका*, जिल्द, I, पृ. 162
99. *वही*, जिल्द-III, पृ. 263-67
100. *वही*, जिल्द-VII, पृ. 38
101. *वही*, जिल्द-VIII पृ. 95

अध्याय चतुर्थ

सांस्कृतिक गतिविधियाँ

(क) परम्परायें

लगभग छठीं शताब्दी ई.पू. के अन्त में उत्तर-पश्चिम भारत का बहुत बड़ा भाग, जिसमें गान्धार, बलूचिस्तान और सिन्ध शामिल थे, ईरान के हाखामनीष-वंश के शासक दारा प्रथम[1] ने जीतकर अपने साम्राज्य में मिला लिया। उसके बाद लगभग दो सौ वर्षों तक यह क्षेत्र ईरान के सम्राटों के अधीनस्थ था। कालान्तर में 327 ई.पू. में यूनानी शासक सिकन्दर ने हाखामनीष साम्राज्य का प्रभुत्व समाप्त किया। इसके बाद यह क्षेत्र यूनानी सम्राज्य का अंग बन गया। सिकन्दर की मृत्यु के पश्चात् शीघ्र ही उसका विजित साम्राज्य दो सेनापतियों के मध्य विभक्त हो गया। फलतः इसका पूर्वी भाग सेनापति 'सेल्यूकस' को मिला। इसने भारत के उत्तर-पश्चिम क्षेत्र पर अपना स्थायी प्रभुत्व स्थापित करने का प्रयास किया, परन्तु शीघ्र ही चन्द्रगुप्त मौर्य ने उसे पराजित कर यूनानी सेना को भारत भूमि से बाहर खदेड़ दिया।

ऐतिहासिक काल में भारत पर अनेक विदेशी आक्रमण हुए। इनमें यूनानी, हिन्द-वखतरी (इण्ड्रोबैक्ट्रियन) पार्थियन, शक, कुषाण, हूण, पठान, और मुगल प्रमुख थे। इसके अतिरिक्त व्यापार एवं वाणिज्य के द्वारा विदेशियों से भारत का सम्बन्ध अनवरत प्रगाढ़ होता रहा। तत्पश्चात् भारतीयों के रीति-रिवाज, रहन-सहन पर बाह्य संस्कृतियों का गहरा प्रभाव पड़ा और प्राचीन भारतीय संस्कृति के प्रबल-प्रवाह में विदेशी सांस्कृतिक धारायें भी समय के साथ विलीन हो गईं। परन्तु ये भारतीय संस्कृति को समाप्त न करके अपितु प्रबल ही बनायी। इसके प्रमाण सामाजिक जीवन के विभिन्न पक्षों, यथा - कला, साहित्य तथा रीति-रिवाजों में देखे जा सकते हैं। कालान्तर में यह विशाल देश विभिन्न संस्कृतियों का संगम बन गया, और भारतीय सामाजिक जीवन में भाषायें, रीति-रिवाज, वेशभूषा तथा स्वभाव आदि में वृद्धि समृद्ध होती रही।

प्रस्तुत सन्दर्भ में विस्तृत भारत भूमि का एक छोटा सा क्षेत्र 'पूर्वी' उत्तर प्रदेश एवं मध्य प्रदेश है, जिसकी भौगोलिक परिस्थितियाँ एक निश्चित परम्परा के संगम के क्षेत्र के रूप में स्वीकार की जा सकती है। इस क्षेत्र में जहाँ एक तरफ विश्वविख्यात हिमालय की शृंखलायें इसे सुरक्षित करती हैं, तो दूसरी तरफ विन्ध्य पहाड़ी की शृंखलायें इसे सुरक्षा प्रदान करती हैं। इनमें एक तरफ 'नर्मदा' तथा इसकी सहायक नदियों से सिंचित, निर्मित उर्वरा भाग है, जो विन्ध्य पहाड़ी-शृंखला से सुरक्षित

है। नर्मदा तथा गंगा के दोआब से प्रभावित होने वाली सांस्कृतिक परम्परायें जब दक्षिण की ओर बढ़ती हैं, तो नर्मदा घाटी के जीवन को प्रभावित करती हैं। इनका प्रचार-प्रसार कालान्तर में प्रसिद्ध प्राचीन व्यापारिक मार्गों से हुआ, जिसका अनुशरण व्यापारी वर्ग तो करता ही रहा, पर धार्मिक संघों एवं आक्रमणकारियों की सेनायें भी करती रहीं। इन्हीं मार्गों के किनारे पर बसे व्यापारिक दृष्टि से महत्त्वपूर्ण नगर इन सांस्कृतिक परम्पराओं के आदान-प्रदान के केन्द्र रहे। इतना ही नहीं, इन्हीं मार्गों से व्यापार के अतिरिक्त युग-युगीन धार्मिक परम्पराओं का प्रचार-प्रसार भी हुआ, और साथ ही आक्रमणकारी भी दक्षिण से उत्तर गंगा घाटी में पहुँचे। इसके साथ भारतीय मूल की वन्य जातियाँ एवं मुख्यधारा से अलग लोगों का समूह था, जिन पर सामाजिक परम्पराओं का भी प्रभाव पड़ा।

कालान्तर में विशिष्ट भौगोलिक परिस्थितियों के कारण सांस्कृतिक परम्पराओं में युग-युगीन मिश्रण एवं परिवर्तन हुए, जिनके कुछ प्रमुख बिन्दुओं पर निर्दिष्ट काल में निम्नानुसार विश्लेषण किया जा सकता है:

(क) वास्तुकला

(1) *स्तूप* - भारतीय वास्तुकला के प्राचीन उदाहरणों में स्तूप निर्माण की वैदिक युगीन परम्परा स्वीकार की जा सकती है। स्तूप संस्कृत शब्द 'स्तूप:' अथवा प्राकृत शब्द 'थूप' धातु से बना है। जिसका अर्थ एकत्रित करना, 'ढेर लगाना' आदि है।

अत: यह मरणोपरांत एक परम्परा का संकेत है। कालान्तर में 'स्तूप' शब्द साहित्य में प्रमुख हो गया। अमरकोश, (3/5/19) में 'राशिकृत मृतकादि' उसी कथन की पुष्टि करता है। साधारणतया स्तूप का सम्बन्ध बौद्धमत से होता है। अत: बौद्ध साहित्य, दीघनिकाय (2/142), अंगुत्तरनिकाय (1/117) तथा 'मज्झिमनिकाय' (2/244) में 'थूप' शब्द का प्रयोग किया गया है।

बुद्ध के निर्वाण के उपरान्त पूर्वी उत्तर प्रदेश के अनेक स्थलों पर, यथा - कुशीनारा, पावा, रामग्राम, कौशाम्बी, सारनाथ, श्रावस्ती, कपिलवस्तु (नेपाल) तथा निकटवर्ती क्षेत्र विहार के राजगृह, वैशाली, नालन्दा व बोधगया आदि महत्त्वपूर्ण स्थानों पर स्तूप निर्मित किये गये। स्तूप निर्माण की परम्परा कालान्तर में विस्तृत हुयी, जिसका प्रभाव निकटवर्ती क्षेत्र मध्य प्रदेश के अधिकांश भागों, यथा- साँची, सतधारा, भरहुत, विदिशा तथा दूरस्थ कलिंग व गांधार क्षेत्रों आदि पर भी पड़ा और बहुतायत स्तूप निर्मित किये गये।

मध्य प्रदेश के भरहुत व साँची के तोरणद्वारों पर उत्कीर्णित बुद्ध के जीवन से सम्बन्धित घटनाओं व लोककथाओं के सूक्ष्म अवलोकन से यह अनुमान लगाया जा सकता है कि यह परम्परा पूर्वी उत्तर प्रदेश से मध्य प्रदेश में आयी। चूँकि उत्तर प्रदेश में भी प्रारम्भिक मौर्य एवं शुंग नरेशों द्वारा स्तूप निर्माण व पुनरुद्धार किये गये। जो भी हो, तत्कालीन समय में घटित घटनाओं को कालान्तर में परम्परागत ढंग से कलागत प्रदर्शन मध्य प्रदेश के अधिकांश भग्नावेशों में अवलोकन किया जा सकता है। इन पर स्पष्ट रूप से पूर्वी उत्तर प्रदेश के कला-परम्परा का प्रभाव दृष्टिगोचर होता है।

(2) *विहार या संघाराम* - सर्वप्रथम छठीं शताब्दी ई.पू. में भगवान बुद्ध के निवास निमित्त जो कुटीया आवास बनाये गये, उन्हें 'आराम' की संज्ञा दी गई (वह स्थान जहाँ बुद्ध निवास करें)[2]। पूर्वी उत्तर प्रदेश के जिला श्रावस्ती में अनाथपिंडक द्वारा निर्मित गृह को 'विहार' की संज्ञा दी गयी है। जेतवन विहार के क्रय, विहार निर्माण तथा उसके दान का प्रदर्शन मध्य प्रदेश के भरहुत तथा बोधगया (विहार) के वेष्टनियों पर मिलता है। इसके अवलोकन में एक कमरा दिखाई पड़ता हैं, जिसे 'सेठी' ने बुद्ध को दान दिया तथा भगवान बुद्ध ने यहाँ 'वर्षावास' किया। अत: 'आराम' तथा 'विहार' शब्दों से बुद्ध के रहने योग्य निवास स्थान का बोध होता है। कालान्तर में इन शब्दों का प्रयोग समूह के रूप में होने लगा। भिक्षु समूह के निवास-निमित्त स्थान ही संघाराम या विहार कहलाये।[3]

ऐसा अनुमान है कि बौद्ध सम्प्रदाय में संघ स्थापना के पश्चात् विहार का निर्माण प्रारम्भ हो गया और भिक्षु तथा भिक्षुणियों के लिए सर्वदा भ्रमण करना वर्जित हो गया। इसी परम्परा का निर्वाह करते हुए कालान्तर में पूर्वी उत्तर प्रदेश क्षेत्र में भिक्षु-भिक्षुणियों के निवास के निमित्त समूहों में विहार निर्मित हुए, जिसका प्रारम्भिक स्वरूप कुशीनगर (रमाभार स्तूप) व श्रावस्ती में देखा जा सकता है। मथुरा (उत्तर प्रदेश) से प्राप्त एक लेख में तेरह विहारों का उल्लेख है, जिन्हें कुषाणयुगीन स्वीकार किया गया है।

कालान्तर में विहार निर्माण की परम्परा और भिक्षु-भिक्षुणियों के बौद्ध धर्म के प्रचार-प्रसार के समय दूरस्थ क्षेत्रों में ठहरने के लिए विहारों का निर्माण किया गया। पूर्वी उत्तर प्रदेश के निकटवर्ती क्षेत्र मध्य प्रदेश के साँची, सतधारा, भोजपुर, बुदनी तथा आन्धेर आदि स्थानों पर समूह निर्मित विहार बनाये गये, जो वर्तमान में भी सुरक्षित हैं। सम्भवत: विहार निर्माण की यह परम्परा पूर्वी उत्तर प्रदेश से मध्य प्रदेश में आयी और कालान्तर में सम्पूर्ण भारत के दूरस्थ क्षेत्रों में प्रचलित हो गई।

(ख) मूर्तिकला

छठी शताब्दी ई.पू. की मृण्मय मूर्तियों की उपलब्धि पूर्वी उत्तर प्रदेश एवं मध्य प्रदेश में दुर्लभ है। लेकिन मौर्ययुगीन मृण्-मूर्तियों की उपलब्धि पूर्वी उत्तर प्रदेश से सूचित है। इनकी निर्माण पद्धति को प्रसिद्ध कला विदुषी स्ट्रैला क्रैमरिस ने "*Hand Pressed Technique*" अर्थात् "अंगुलियों से दबाकर आकार व अंगों को रूप देना" के नाम से पुकारा है। यही निर्माण परम्परा सम्पूर्ण गंगा दोआब में मिलती है। इस शैली में निर्मित मूर्तियाँ पूर्वी मध्य प्रदेश से अपेक्षया कम सूचित है।

फिर भी इस वर्ग की मातृदेवी मृण्मय मूर्तियाँ व यक्ष-यक्षिणियों की मूर्तियाँ पूर्वी उत्तर प्रदेश के कोपियाँ (बस्ती), बनरसियाँ (सिद्धार्थनगर) तथा सोहगौरा (गोरखपुर) के पुरातात्त्विक उत्खननों से प्राप्त हुयी हैं,[4] जो वर्तमान में बौद्ध संग्रहालय, रामगढ़ ताल (जिला गोरखपुर) में संग्रहित हैं।

कालान्तर में शुंगकाल में सांचे का प्रयोग प्रारम्भ हुआ और विभिन्न देवी, देवताओं की मूर्तियाँ साँचे में ढ़ालकर बनायी जाने लगीं, जिनकी उपलब्धि सर्वेक्षण एवं उत्खननों से सूचित है। पाषाण पट्टिकाओं पर अर्द्धशिल्पांकनों की परम्परा इसी काल में प्रारम्भ हुयी। कुशीनगर, सारनाथ, कौशाम्बी,

साँची तथा भरहुत में निर्मित बौद्ध स्तूपों एवं तोरणद्वारों में उत्कीर्णित शिल्पांकन, धार्मिक जीवन एवं लोक जीवन के साथ-साथ बुद्ध के जीवन से सम्बन्धित घटनाओं का दिग्दर्शन करती है, यथा-साँची में निर्मित पूर्वी तोरणद्वार के सम्मुख भाग में ऊपरी सिरदल पर 'सात मानुषीबुद्ध', बीच के सिरदल पर 'महाभिनिष्क्रमण' और निचले सिरदल पर सम्राट अशोक की 'वज्रासन-यात्रा' का दृश्य उत्कीर्णित है।

दक्षिणी स्तम्भ पर ऊपर से वृषारोही, बुद्धजन्म, शार्दूल, धर्मचक्रप्रवर्तन, गजशीर्ष, नीरांजना नदी पर बुद्ध का चंक्रम, संबोधि, जटिल या काश्यप भिक्षुओं का धर्म परिवर्तन और बुद्ध के पास सम्राट बिम्बिसार या अजातशत्रु के आने के दृश्य हैं। उत्तरी स्तम्भ के सम्मुख भाग पर ऊपर से वृषारोही, बोधिसत्त्व, मैत्रेय, शार्दूल, बुद्धजन्म, गजशीर्ष और स्वर्ग के 6 श्लोक प्रदर्शित हैं। इसके अतिरिक्त दक्षिणी स्तम्भ के भीतरी भाग पर जटीलों के धर्म-दीक्षा के तीन दृश्य तथा उत्तरी स्तम्भ के भीतरी भाग पर बुद्ध से धर्मोपदेश करने के लिए देवताओं की अध्येषणा, मायादेवी के स्वप्न और कपिलवस्तु में बोधिसत्त्वों के आगमन के दृश्य का मोहक अंकन किया गया है।[5]

ऐसे ही भरहुत के स्तूप एवं अर्द्धखण्डित शिलापट्टों पर भी बुद्ध के जीवन से सम्बन्धित घटनाओं, यथा-महाभिनिष्क्रमण, संबोधि, धर्मचक्रप्रवर्तन तथा निर्वाण का सूक्ष्म उत्कीर्णन किया गया है।[6]

कुषाण एवं गुप्तकालीन मूर्तियों की परम्परा पूर्वी उत्तर प्रदेश के मथुरा, सारनाथ, कौशाम्बी, कुशीनगर व श्रावस्ती तथा मध्य प्रदेश के साँची व भरहुत में निर्मित अधिकांश मूर्तियाँ आपस में समान दिखाई देती हैं। इसी काल में महाकाव्यों के कथानकों को भी शिल्पांकित किया गया।

(ग) लोक परम्परायें

यक्ष पूजा परम्परा - भारतीय लोकधर्म के देवताओं में यक्ष-पूजा परम्परा प्राचीन काल से ही लोकप्रिय रही है। इसका प्राचीनतम उल्लेख वैदिक, साहित्य, यथा-ऋग्वेद, यजुर्वेद, अथर्ववेद, उपनिषद्, गृह्यसूत्र, पुराण तथा बौद्ध एवं जैन साहित्य में मिलता है। प्राचीन काल में भारत के विस्तृत क्षेत्र में इसका प्रचलन था।[7] ब्राह्मण धर्म एवं भारतीय कला के आधार के रूप में यक्ष देवताओं से सम्बन्धित उल्लेख कुमारस्वामी के ग्रंथ में निहित हैं, यथा-भूत, पिशाच, किन्नर, राक्षस, गन्धर्व, नाग, दानव आदि के मध्य 'यक्षों' का नाम मिलता है। धीरे-धीरे वैदिक आर्य देवों के सम्पर्क में आने से इनके महत्त्व और लोकप्रियता में मूलत: वृद्धि हुई और यक्षों का स्वरूप लोक-कल्याण के अतिरिक्त घोर तथा रौद्र भी माना जाने लगा।

आनन्द कुमार स्वामी के 'यक्ष' नामक ग्रंथ के अध्ययन से अनुमान लगाया जा सकता है कि तत्कालीन समाज में बौद्ध एवं जैन धर्मों में भी यक्षों का विभिन्न रूपों में समन्वय हुआ और यक्ष तथा यक्षिणियों की कल्पना की गई। कला में इनका प्रवेश लगभग इसी समय हुआ, यथा-यक्ष और यक्षिणी मूर्तियों का बौद्ध स्तूपों में प्रदर्शन के अतिरिक्त जैन धर्म में प्रत्येक तीर्थंकर के साथ संरक्षक या सेवक देवताओं के रूप में एक यक्ष और एक यक्षिणी का सम्बन्ध अनिवार्य कर दिया गया।

'यक्ष' शब्द की व्युत्पत्ति में यक्ष को 'यक्ख' ओर लोकभाषा में 'जाख' (पूर्वी उत्तर प्रदेश में) नाम से प्रचलित हुए। सिंघली भाषा में यक्ष-यक्षी को 'यका', 'यकी' नाम से जाना जाता है। दक्षिणी भारत में इसे 'यस्क' कहा गया है। वास्तव में यक्ष शब्द की व्युत्पत्ति में विद्वानों में मतभेद है। जिसकी विस्तृत विवेचना कुमार स्वामी ने प्रस्तुत की है। मूलतः यक्ष की सबसे बड़ी विशेषता उसका अद्‌भुत व विलक्षण रूप है जैसा कि ऋग्वेद में संकेतित है। सम्भवतः अपने उपासकों को वांछित फल अन्य देवी-देवताओं की तुलना में अतिशीघ्र प्रदान करने के कारण यह संज्ञा एवं स्वरूप की कल्पना है। कालान्तर में कालिदास के 'मेघदूत' में यक्षों की महती भूमिका बताई गई है और एक संज्ञा राजा के रूप में प्रयोग की गई है, जहाँ 'कुबेर' को 'राजराज' कहा गया है, अर्थात्-'यज्ञों का राजा' इत्यादि (अन्तवोण्यश्ररमनुचरौ राजराजस्य दध्यौ - मेघदूत 1/3)।

धीरे-धीरे यह शब्द कई प्रकार से एक-दूसरे का पर्याय बन गया और आगे चलकर इनकी पूजा-परम्परा विभिन्न धर्मों में अनेक नामों से होने लगी और वर्तमान में भी पूर्वी उत्तर प्रदेश और पूर्वी मध्य प्रदेश में यक्ष-पूजा के अनेक स्थल विद्यमान है। कला में निःसंदेह इनका शिल्पांकन विभिन्न रूपों में किया गया। उत्तर भारत से दूसरी शताब्दी ई.पू. से लेकर लगभग चौथी शताब्दी ई. तक अनेक यक्षों की परम्पराएँ उपलब्ध हुई हैं। इनकी मूर्तियों का विस्तृत अध्ययन एवं प्रमाणीकरण श्री आर.पी. चन्द्रा ने किया और उसके बाद कुमार स्वामी ने 'यक्ष' नामक ग्रंथ लिखा, जो 1928 ई. में वाशिंगटन से प्रकाशित हुआ। तदुपरान्त के.पी. जायसवाल एवं वी.एस. अग्रवाल आदि अनेक विद्वानों ने अभिलेखों के आधार पर उत्तर भारत और बिहार से प्राप्त प्रतिमाओं को प्रमाणित कर अध्ययन का विषय बनाया तथा लोक-परम्पराओं को उजागर किया। इनके प्रमुख यक्ष, पारखम, दसना, माणक आदि से प्राप्त हैं, उनके पादपीठ पर स्थापित लेख से प्रमाणित किया।

बौद्ध ग्रंथों के अध्ययन से ज्ञात होता है कि लगभग छठीं शताब्दी ई.पू. में साधारणतः जनता में यक्ष-पूजा का प्रचलन तीव्र था। बौद्ध धर्म स्वीकृत कर लेने पर भी गृहस्थों और साधारण लोगों में यक्षों और यक्षिणियों के प्रति अटूट श्रद्धा थी, जिसका विस्तृत वर्णन बौद्ध साहित्य (कथा साहित्य) में निहित है। इसमें यक्षों को महिद्धिक (ऋद्ध) और प्रभाव रखने वाला देवता कहा गया है।

बौद्ध साहित्य के 'महामायुरी' नामक ग्रंथ के अध्ययन से ज्ञात होता है कि तत्कालीन समय में पूर्वी उत्तर प्रदेश के श्रावस्ती व साकेत में सागर, वैशाली में वज्रायु, वाराणसी में महाकाल, कपिलवस्तु में काल व उपकालक, कौशाम्बी में अनायास और मध्य प्रदेश के विदिशा में वासव, उज्जयिनी में वसुत्रात, अवन्ति में वसुभूति और मालवा में गिरीकूट नामक यक्षों की पूजा की जाती थी।[8] जिस स्थान पर यक्ष की पूजा की जाती थी। उसे प्रायः 'चैत्य' के नाम से जाना जाता था। आरम्भ में इन चैत्यों का स्वरूप सरल था। मिट्‌टी, ईट या पत्थर का चबूतरा यक्ष-पूजा के लिए पर्याप्त माना जाता था। उस पर 'पूजा-शिला' या 'आयागपट्‌ट' या यक्ष की तिकोनी पिण्डी की स्थापना की जाती थी।

यक्ष-पूजा का दूसरा प्रकार मूर्तियों के रूप में भी था। ये मूर्तियाँ आकार में बहुत बड़ी होती थीं। इनको स्वतंत्र रूप से खुले आकाश में नीचे स्थापित कर पूजा की जाती थी। इस प्रकार की अधिकांश

मूर्तियाँ भारतीय शिल्प में प्राप्त हो चुकी हैं, जिनकी प्राचीनता चौथी शताब्दी ई.पू. तक स्वीकार की गई है। भारतीय मूर्तियों में यक्ष मूर्तियाँ सबसे प्राचीन है। जहाँ तक कला में प्रारम्भिक स्वरूप का प्रदर्शन है, तो इन मूर्तियों के सिर पर पगड़ी, कानों के कुण्डल, गले में आभूषण तथा हाथों में कटुक से सुशोभित उनका भारी-भरकम शरीर व अलंकरण उनके अद्‌भुत तथा दैविक शक्ति का संकेत करते हैं। इनकी पूजा क्षेत्र, परिवार तथा स्वयं की रक्षा हेतु विभिन्न नामों से किया जाता था।

लगभग छठीं शताब्दी ई.पू. से ही पूर्वी उत्तर प्रदेश में इस परम्परा के प्रमाण मिलने लगते हैं। उदाहरण के लिए बौद्ध साहित्य से ज्ञात होता है कि कपिलवस्तु (आधुनिक सिद्धार्थनगर) के पास 'एक शाक्यवर्द्धन यक्ष' का मन्दिर था, जहाँ सिद्धार्थ के माता-पिता बच्चे को लेकर पूजा के लिए गए थे। इसी प्रकार काशी विश्वविद्यालय में प्राचीन यक्ष-पूजा के चार मंदिर (विरों के थान) आज भी विद्यमान हैं, जहाँ नियमित रूप से पूजा-अर्चना की जाती है। 'वीर और वरहा' दोनों शब्द यक्षों के लिए प्रयुक्त हुए हैं, जिनका विस्तृत विवरण 'केन उपनिषद्' व 'अर्थववेद' में संग्रहित है। इस प्रकार यक्ष-पूजा का तत्कालीन प्रमाण लोक जीवन में वर्तमान में विद्यमान है। यह परम्परा न केवल काशी अपितु आसपास के निकटस्थ क्षेत्रों, यथा-पूर्वी उत्तर प्रदेश के गोरखपुर, देवरिया, कुंशीनारा, पावा, बलिया, आजमगढ़ तथा जौनपुर इत्यादि जिलों में 'वीर वरहा' की पूजा विस्तृत पैमाने पर की जाती है।

इसी प्रकार वैशाली और दूरस्थ पाटलिपुत्र नगरों के बाहर क्रमश: 'विशाल' नामक यक्ष और 'पुरगा' नामक यक्षी मंदिर के प्रमाण मिले हैं, जहाँ तत्कालीन समय में पूजा-अर्चना की जाती थी। बिहार के 'गया' तथा 'चम्पा' नगरों के निकटस्थ क्षेत्रों में अनेक यक्ष मूर्तियों का उल्लेख मिलता है, जहाँ पर उत्सव यात्राएँ निकाली जाती थीं और वर्तमान में भी यहाँ नागों व यक्षों की पूजा में अनेक लोक परम्पराएँ जारी हैं। यही पूजा-परम्परा कालान्तर में चलकर 'भागवतों' में जारी हुआ, जो वीरों की पूजा या 'पंचवृण्णि' के नाम से जाना जाता है। सम्भवत: मथुरा में व्याप्त 'पंचवृण्णि-पूजा' वैदिक धर्म में भागवतों द्वारा इसी परम्परा से ली गई। 'परमसंहिता' व 'अहिर्बुधन्य संहिता' आदि प्राचीन पंचरात्र संहिताओं में एक ओर भागवत-धर्म के पूजन में वैदिक यज्ञों का अनुष्ठान और स्वीकृति है, तो दूसरी ओर नृत्य, गीत, वादन, यंत्र, पुष्प, फल और बलि आदि द्वारा लौकिक पूजा विधि मान्य समझी गई और उसका सुविस्तृत उल्लेख किया गया। इस प्रकार हिन्दू संस्कृति समन्वय के बीज-मंत्र को लेकर आगे बढ़ी। इस बीज-मंत्र से हिन्दू सस्कृति में 'अभय मुद्रा' का जन्म हुआ और छोटी-बड़ी सभी संस्कृतियाँ एक परिवार की अंग बन गईं व लोक-कला में इनका प्रदर्शन किया गया।

पूर्वी उत्तर प्रदेश और बिहार से नि:सृत इस परम्परा ने पड़ोसी क्षेत्रों को प्रभावित किया और शीघ्र ही वैदिक धर्म के उद्धार के समय लगभग शुंगकाल (द्वितीय शताब्दी ई.पू) में इसका प्रवेश पूर्वी मध्य प्रदेश में हुआ। यद्यपि यह प्रवाह मौर्यकाल से ही जारी था, यथा-मध्य प्रदेश के साँची व भरहुत के तोरणों में उत्कीर्णित बौद्ध-जातक कथाओं में यक्ष-यक्षिणियों की भूमिका का शिल्पांकन एवं तोरणद्वार पर कुपिर (कुबेर), अजकालक, गंगित, सुपवस आदि यक्षियों के नाम मिलते हैं। जिनमें 'कुबेर यक्ष' का शिल्पांकन महत्त्वपूर्ण है। इतना ही नहीं, बेसनगर (विदिशा) से प्राप्त यक्ष और यक्षिणियों की भी मूर्तियाँ उल्लेखनीय हैं। विदिशा से प्राप्त यक्ष निश्चित रूप से बेसनगर से बाहर

किसी सीमा पर स्थापित था जहाँ इसकी पूजा की जाती थी और जो वर्तमान में जिला विदिशा के पुरातत्त्व संग्रहालय की शोभा बढ़ा रही है। इसी प्रकार बेस नदी से लगभग 3.6 मीटर ऊँची मूर्ति भी कला की दृष्टि से महत्त्वपूर्ण है। 'दोनों ही मूर्तियाँ' समकालीन हैं और तत्कालीन लोक कला में इनका प्रदर्शन इनकी पूजा-परम्परा का संकेत करता है।

उल्लेखनीय है कि दूसरी शताब्दी ई.पू. में विदिशा वैदिक धर्म के प्रचार-प्रसार का केन्द्र था, जहाँ पर भागवत धर्म के एक भव्य यज्ञ का आयोजन किया गया था। इसकी पुष्टि (देवदेवसवासुदेव अर्थात् देवताओं में सर्वश्रेष्ठ वासुदेव) वासुदेव मंदिर के सामने स्थापित गरुड़ स्तम्भ से होती है। इससे ज्ञात होता है कि तक्षशिला निवासी ग्रीक राजदूत 'अन्तलीकितस' द्वारा वैष्णव धर्म स्वीकार कर स्तम्भ की स्थापना की गई। यह घटना काशीपुत्र 'भागभद्र' के शासनकाल के चौदहवें वर्ष की है।

प्रस्तुत संदर्भ में उल्लेखनीय है कि सामान्यतया यक्ष और यक्षिणियों के अधिकांश मूर्तियों की प्राप्ति इसी क्षेत्र से हुई है, जिससे स्पष्ट होता है कि भागवत धर्म (वैदिक धर्म) में इन यक्षिणियों का प्रचलन लगभग अभिन्न हो चुका था, जो लोकधर्म में भी विद्यमान है। अत: कहा जा सकता है कि ये लोकधर्म के यक्ष है, जो वैदिक धर्म में भी स्वीकार किए गए और शीघ्र ही भारतीय समाज में महत्त्वपूर्ण स्थान प्राप्त कर जनमानस में इनकी पूजा लोकप्रिय हो गई।

इस प्रकार कहा जा सकता है कि वैदिक संस्कृति की यह परम्परा शुंगकाल, सातवाहन एवं गुप्तकाल में अनवरत प्रचलित रही थी।

व्रत, पर्व एवं त्यौहार

प्राचीन भारतीय राष्ट्र, समाज एवं संस्कृति की विशिष्टताओं को जानने के लिए तत्कालीन समाज में वर्णित लोक परम्पराओं का अध्ययन करना अनिवार्य है। छठी शताब्दी ई.पू. से ही समाज के अधिकांश वर्ग ने आध्यात्मिक एवं मानसिक शान्ति के लिए, चित्त अथवा आत्मा की शुद्धि के लिए, संकल्प शक्ति की दृढ़ता के लिए, ईश्वर की भक्ति और श्रद्धा के विकास के लिए, वातावरण की पवित्रता के लिए एवं अपने विचारों को उच्च एवं परिष्कृत करने के लिए क्षेत्रीय परम्पराओं के आधार पर व्रत, पर्व एवं त्यौहारों को बढ़ावा दिया। यद्यपि प्राचीन भारतीय विचारधारा में व्रत का सामान्य अर्थ 'व्रत अथवा उपवास' ही है। तथापि कुछ ऐसे भी क्षेत्रीय व्रत हैं, जिनमें उपवास का स्थान गौण है और चित्त-शुद्धि अथवा आत्म परिष्कृत का स्थान मुख्य है। 'पर्व' किसी मुख्य तिथि अथवा ज्योतिष के अनुसार ग्रहों आदि के संयोग का दूसरा नाम है, जो किसी निर्दिष्ट समय पर आता है। पर्व का शाब्दिक अर्थ 'गाठ' से है, जैसे–ईख अथवा बांस की गाँठ कुछ समान अन्तर पर रहती है। वैसे ही प्राचीन भारतीय कालगणना अथवा ज्योतिष शास्त्र के अनुसार कुछ पर्व भी बीच-बीच में निर्दिष्ट अवधि पर आते रहते हैं, जिसका पालन कर समाज का अधिकांश वर्ग आध्यात्मिक शान्ति प्राप्त करता है। वर्तमान में इसका प्रयोग व्रत और पर्व के लिए भी होने लगा है, किन्तु इसका तात्पर्य वस्तुत: लौकिक उत्सवों एवं समारोहों की तिथि से अधिक समीप है, जैसे - दीपावली, दशहरा, होली आदि।

प्राचीन भारतीय साहित्यों में व्रत, पर्व तथा त्यौहारों की एक लम्बी सूची मिलती है, परन्तु कुछ ऐसे पर्व एवं त्यौहार पौराणिक ग्रंथों में लिपिबद्ध है, जो किसी क्षेत्र विशेष में ही पाये जाते हैं, ये निम्नांकित हैं :-

लोकगीत और मनोरंजन

(1) कजली

पूर्वी उत्तर प्रदेश के अधिकांश क्षेत्रों में प्रचलित 'कजली' (लोकभाषा में कजरी) हिन्दू स्त्रियों का एक प्रमुख लोक उत्सव है। आकाश मण्डल में छाये हुए काले-काले मेघों की घटाओं के स्वागत का यह त्योहार श्रावण महीने में गाँव-गाँव में नवजीवन प्रदान करता है। शस्य श्यामल धरती एवं मेघमंडित आकाश के बीच कजली का सामूहिक गायन सुनकर नीरस हृदय भी रसार्द हो जाता है एवं पशु-पक्षियों में मादकता छा जाती है। इस त्यौहार की लोकप्रियता का अनुमान इसी से लगाया जा सकता है। परम्परा के अनुसार लगता है कि इस अवसर पर गाये जाने वाले 'लोकगीत' का नाम भी कजरी रख दिया गया है और लोक संगीत तथा साहित्य में इसकी अनुपम प्रतिष्ठा है।[9] पूर्वी उत्तर प्रदेश, बिहार, विन्ध्य प्रदेश (पूर्वी मध्य प्रदेश) एवं मध्य भारत आदि के गाँवों की स्त्रियाँ प्राचीन काल से ही इस लोकप्रिय त्यौहार की महीनों पूर्व से अगवानी करती है। यहाँ तक परवर्ती काल में भी यहाँ पर यह त्यौहार जीवित है।

(2) नवरात्रि महोत्सव (शक्ति-उपासना)

नवरात्रि महोत्सव अथवा दुर्गा पूजा जिसे आसुरी शक्ति पर दैवी शक्ति की विजय का प्रतीक माना जाता है, इस त्यौहार में नव देवियों की पूजा की जाती है। इसकी पूजा प्रथम चैत्य शुक्ल पक्ष व द्वितीय अश्विनी शुक्ल पक्ष में की जाती है। कृषि प्रधान भारत देश की दो प्रमुख फसलें 'चैती' और 'कुआरी' प्रमुख मानी जाती हैं, अत: जहाँ 'कुआरी' फसल का विशेष महत्त्व है वहाँ अश्विनी नवरात्र को समारोहपूर्वक मनाने की परम्परा है। चैत्र का नवरात्र यदि उत्तर प्रदेश, बिहार व मध्य प्रदेश के कुछ अंचलों में विशेष महत्त्व रखता है, तो अश्विनी नवरात्रि की महिमा पूर्वी भारत के अधिकांश भागों में विशेष लोकप्रिय होती है। धीरे-धीरे नवरात्रि महोत्सव की यह परम्परा बंगाल (पूर्वी भारत) से पूर्वी उत्तर प्रदेश एवं मध्य प्रदेश, महाराष्ट्र व राजस्थान में भी लोकप्रिय हो गई।

भारत में शक्ति उपासना अति प्राचीन है। पुरातात्त्विक उत्खननों से प्रमाणित हो गया है कि ताम्राश्म युग में शक्ति की उपासना प्रचलित थी। कालान्तर में शैवमत से घनिष्ठ सम्बन्ध हो गये।[10]

(3) मनोरंजन

छठी शताब्दी ई.पू. में पूर्वी उत्तर प्रदेश की गंगा, यमुना दोआब एवं निकटस्थ पूर्वी मध्य प्रदेश का क्षेत्र भी इससे प्रभावित हुआ होगा, क्योंकि यह क्षेत्र भी शीघ्र ही उत्तर भारतीय संस्कृति का क्षेत्र बन गया था। वैदिक काल की भाँति महाजनपद काल में क्रीड़ा-कौतुल और मनोविनोद के साधनों

के क्षेत्र में कई महत्त्वपूर्ण परिवर्तन हुए। भिन्न-भिन्न दौड़ों की प्रतियोगिता वैदिक काल की अपेक्षा प्रायः ठप हो गयी। मानव की अंतरात्मा में निहित युद्ध-लिप्सा को शान्त करने के अभिप्राय से मल्लयुद्ध, मुष्टियुद्ध व पशुयुद्ध जैसी अभिनव प्रतियोगिता मूलक क्रीड़ाओं का अविर्भाव हुआ। प्राचीनकाल के नृत्य, गीत-वारित्र, जुआ प्रवृत्ति के अतिरिक्त अनेक प्रकार के नये मनोरंजन के साधनों का आविष्कार हुआ, यथा-मल्लयुद्ध, पशुयुद्ध, बतकही, उद्यान-यात्रा आदि। काशी राजा ब्रह्मदत्त के बारे में कहा जाता है कि वे कभी-कभी सम्पूर्ण दिन उद्यान में बिताकर संध्या समय नगर को लौट जाते थे। उसी प्रकार कोशल राज की जब उद्यान-यात्रा करने की प्रबल इच्छा हुई, तो उद्यान-पालक को बगीचे की सफाई का आदेश दिया। इसके अतिरिक्त कभी-कभी लोग खानपान की पूरी सामग्री लेकर उद्यान-यात्रा से उद्यान-क्रीड़ा में निकल जाते थे।[11]

कालान्तर में उद्यान यात्रा से उद्यान-क्रीड़ा की लोकप्रियता बढ़ी और कला में भी इनका उत्कीर्णन होने लगा, यथा–साँची, भरहुत के तोरणों पर कदमी वृक्ष से लिपटकर महिलाओं की उद्यान-क्रीड़ा का मोहक अंकन बौद्ध साहित्य में उपलब्ध है। इसके अतिरिक्त शालभंजिका अप्सराओं का कला में अंकन इस तथ्य की पुष्टि करता है कि तत्कालीन समय में उद्यान-क्रीड़ा महिलाओं का एक प्रमुख मनोरंजन था।

(4) गणिकायें मनोरंजन के रूप में

पालि-साहित्य में मनोरंजन के लिए 'गणिकाओं' की कृतियों का भी विशद वर्णन मिलता है। गणिका वेश्याओं की रानी मानी जाती थी। वस्तुतः किसी-किसी गणिका के परिवार में पाँच सौ तक 'वण्णिदासियाँ होती थीं।[12] भरत के नाट्यशास्त्र में कहा गया है कि गणिकायें राजाओं की सेवा करने में कुशल स्त्रियों की सामान्य कमियों से परे, मधुर भाषिणी, मनोज्ञाधीर, पस्त न होने वाली तथा रूप गुण शील, यौवन-माधुर्य तथा शक्ति सम्पन्न होती थी।[13] कौटिल्य के अर्थशास्त्र से ज्ञात होता है कि गणिकाएँ मौर्य साम्राज्य के दरबार में प्रतिदिन उपस्थित होती थीं और उन्हें वेतन मिलता था। उनसे छत्रधारिणी, स्वर्णत्रृंगारधारिणी और चामरधारिणी का काम लिया जाता था। इसके अतिरिक्त वे भण्डार, पाकशाला, स्नानागार और 'हरम' में भी काम करती थी।[14] कामशास्त्र में गणिकाओं को यह आदेश दिया जाता था कि वे अपने प्रेमियों से रुपये वसूल कर मंदिर, जलाशय, बाग-बगीचे आदि बनवायें और दूसरों को बीच में रखकर (मध्यस्थता) कर ब्राह्मणों को दान दें।[15]

(घ) वस्त्राभूषण

वस्त्र मानव शरीर का आवरण ही नहीं बल्कि अलंकरण भी माना जाता है। इसे शरीर का परिधान स्वीकार किया गया है। प्राकृतिक जलवायु के प्रकोप से शरीर की रक्षा के लिए व सूर्य की प्रचण्ड धूप और कड़कड़ाती ठंड से शरीर को बचाने आदि के लिए मनुष्य ने आदिकाल से ही शरीर को पत्तों, पेड़ की छालों या जानवरों की खालों से सम्भवतः ढंकना शुरु किया होगा। बाद में सभ्यता की ओर अग्रसर होते हुए उसने पशु संस्कृति से पृथक् होने के लिए वस्त्रों का आविष्कार किया होगा।

वस्त्रों के अध्ययन में बौद्ध ग्रंथों से ज्ञात होता है कि महाजनपद युग (650 ई.पू.-320 ई.) तक प्राचीन भारत में नागर संस्कृति का लगभग पर्याप्त विकास हो चुका था। अतः वाराणसी (पूर्वी उत्तर प्रदेश) एवं मध्य प्रदेश दोनों ही क्षेत्रों के वस्त्रोद्योग के कारीगर बड़े पैमाने पर वस्त्र निर्माण करने लगे थे और उनकी श्रेणियाँ बन चुकी थीं। जैन ग्रंथ जम्बूद्वीप प्रज्ञप्ति (70) के अनुसार तुण्णाग (दरजी), तंतुवाय (बुनकर) और पट्टगार (रेशमी वस्त्र बुनकर) शिल्पियों को 'शिल्पार्य' कहा गया है। 'महापरिनिव्वाणसुत्त' (2/18) नामक बौद्धग्रंथ में वैशाली (बिहार) के परिधान-रुचि का वर्णन है। लगभग अधिकांश क्षेत्र की स्त्रियाँ साड़ी (साटक) तथा पुरुष बड़े आकर्षक ढंग से धोती पहनते थे,[16] जिनमें हस्तिशैण्डिक, मत्स्यवालक, चतुष्कर्षक, तालवृन्तक, शतवल्लिक आदि शैलियाँ प्रसिद्ध थीं।[17] काशी, वस्त्र निर्माण का प्रख्यात केन्द्र बन चुका था।

मौर्यकालीन वस्त्राभूषण का ज्ञान हमें कौटिल्य के अर्थशास्त्र और मैगस्थनीज के विवरणों से प्राप्त होता है। यूनानी लेखकों ने भारतीयों के सुनहरे काम वाले और रत्नजड़ित जैसे महत्त्वपूर्ण वस्त्रों का भी वर्णन किया है। अर्थशास्त्र से प्रमाणित होता है कि राजकीय स्तर पर भी वस्त्र बुनने की कर्मशालाएँ होती थीं, जहाँ सभी प्रकार के वस्त्रों की बुनाई, रंगाई, अलंकरण और अधिवासना के साथ-साथ रखरखाव भी किया जाता था।

शुंग, सातवाहन व कुषाणकाल (200 ई.पू.-200 ई.) में भारतीय उष्णीषकला ने विशेष प्रगति की। मध्य प्रदेश के भरहुत के अर्धचित्रों में पगड़ियों के कलात्मक नमूने दृष्टव्य हैं। पतंजलि कृत महाभाष्य में परिधेय वस्त्रों का अच्छा प्रस्तुतीकरण मिलता है, जैसे-शाटक (आच्छादनक), प्रावारक, वृहतिका (सब उत्तरीय) तथा कुतप (ऊनी कंबल) इत्यादि। महाभाष्यकार ने वस्त्रों के अनेक रंगों का उल्लेख किया है।[18] इस काल में उत्तरीय धारण करने की अनेक शैलियाँ प्रचलित थीं। तत्कालीन मूर्तिशिल्प का साक्ष्य वस्त्र-सज्जा की कलात्मकता और विविधता के लिए बहुत प्रामाणिक है। अश्वघोष द्वारा रचित महाकाव्यों में भी उस युग की वेशभूषा का काव्यात्मक चित्रण हुआ है। हर्ष एवं शोक के अवसर पर भिन्न-भिन्न रंगों के वस्त्र पहने जाते थे। वस्त्रों को सुवासित करने की भी प्रथा थी।[19] महाकवि हाल रचित 'गाथासत्तसई' में ग्रामीणजनों की विशिष्ट वस्त्रभूषा का वर्णन किया गया है।[20]

गुप्तयुग को भारतीय वेशभूषा के इतिहास में कलात्मक विकास का चरम युग कहा जा सकता है। इस युग में निर्मित सारनाथ, कुशीनगर की मूर्तियाँ, अजन्ता के भित्तिचित्रों और महाकवि कालिदास की रचनाओं से हमें वेश-विन्यास के विशद चित्र प्राप्त होते हैं। हंसदुकुल गुप्तयुग की वस्त्र-निर्माण कला का उत्कृष्ट नमूना था।[21] मंदसौर (मध्य प्रदेश) के शिलालेख (473-74 ई.) में रेशमी पट्ट-वस्त्रों की प्रशस्ति है, जिन्हें धारण किये बिना तारुण्यकांति, सुवर्णहार, ताम्बूल, पुष्पादि का शृंगार भी शोभा नहीं देता।[22] महाकवि कालिदास ने जहाँ ऋतु प्रदेश, पद एवं वर्ग-विशेष के अनुरूप परिधानों का काव्यात्मक वर्णन किया है, वहीं महाकवि बाणभट्ट की गद्य रचना 'कादम्बरी' और विशेषतः ऐतिहासिक गद्य काव्य 'हर्षचरितम्' में तत्कालीन वस्त्र, परिधान और उनके कलात्मक स्वरूप विकास के विशद् चित्र प्राप्त होते हैं।

बाणभट्ट ने हर्षकालीन सामान्यजन से लेकर तत्कालीन राजाओं तक के वस्त्रों का चित्रोपन वर्णन तो दिया ही है, साथ ही चाण्डालकन्या, महाश्वेता, कादम्बरी, पत्रलेखा, मालती, सावित्री तथा सरस्वती आदि पात्रों के वेश विन्यास का अत्यंत सूक्ष्म वर्णन करके अपने युग की वस्त्रसज्जा को साकार बनाने का पूर्ण प्रयास किया है। हर्षचरितम् (चतुर्थ उच्छ्वास) में कपड़ों पर भक्ति (भाँत) लगाने, बाँधने, रंगाई करने, कुटिलक्रम (लहरिया), रूप (ठप्पा), पल्लव (फूलपत्ती), परभाग (रंगमिश्रण), कुंकुमयंक के स्थासक (कुंकुम के थापे आदि की छपाई करने और भंगुर चुन्नट) डालकर उत्तरीय बनाने की कला का भी वर्णन प्राप्त होता है।[23]

(ख) वैवाहिक सम्बन्ध

विवाह मानव समाज के विकास में एक महत्त्वपूर्ण घटना है, इसी से मनुष्य के एक संगठित परिवार का आरम्भ होता है और पुरुष तथा स्त्री के जीवन से कामाचार समाप्त होकर कानून एवं परम्परा द्वारा मर्यादित नये जीवन की शुरूआत होती है, जिसमें वे स्वयं एक-दूसरे तथा अपनी संतानों के प्रति अधिकारों एवं कर्तव्यों का पालन करते हैं। भारतीय संस्कृति में विवाह शारीरिक आवश्यकता ही नहीं, अपितु आध्यात्मिक व्यवस्था भी है और शारीरिक सम्बन्ध आध्यात्मिक सम्बन्ध के बिना अपूर्ण है।

मानव समाज में विवाह के विकास के अनेक कारण थे, जिसकी पूर्णता और अपूर्णता से सम्बद्ध इतिहास मे अनेक घटनायें घटीं और इनके माध्यम से विषम परिस्थितियों का समाधान भी हुआ।

भारतीय सांस्कृतिक इतिहास में विवाह के विकास के विभिन्न चरणों के प्रमाण मिलते हैं, जैसे- पूर्वयुगीन वैदिक समाज में विवाह संस्था की स्थापना नहीं हुयी थी, परन्तु इसे सामान्यतया सामाजिक और धार्मिक कर्तव्य माना जाता था।[24] उत्तर वैदिक युग में आश्रम व्यवस्था के विकास के साथ विवाह का महत्त्व बढ़ गया। समाज के भरण-पोषण का कार्य गृहस्थ पर निर्भर हो गया और शतपथ ब्राह्मण[25] के अनुसार पत्नी पति की अर्धांगिनी बन गयी, अर्थात् जब तक व्यक्ति विवाह नहीं करता, सन्तानोत्पति नहीं करता, तब तक वह पूर्ण नहीं माना जाता।

वैदिक युग में विवाह एक अनिवार्य कर्तव्य बन गया और लगभग 500 ई.पू. तक विवाह स्त्री-पुरुष के लिए कर्तव्य माना जाता था। समाज ने यह प्रतिबन्ध नहीं लगाया था कि विवाह कठिनाई होने पर भी किया जाये। ऋग्वेद में कुछ ऐसी कन्याओं के उदाहरण मिलते हैं, जो जीवन पर्यन्त माता-पिता के साथ रहती थीं। इन्हें 'अमाजू' कहते थे। अथर्ववेद में भी अविवाहित कन्याओं का उललेख है। इसी प्रकार उपनिषद् तथा बौद्ध ग्रंथों में अविवाहित युवक-युवतियों का उल्लेख मिलता है। 'थेरिगाथा' की टीका में अनेक अविवाहित बौद्ध भिक्षुणियों का उल्लेख है, जैसे-'सुलभा और सूमू' ने आध्यात्मिक शान्ति हेतु विवाह नहीं किया। इसी प्रकार भगवतीसूत्र में जैन भिक्षुणी 'जयन्ती' का वर्णन है, जिसने अविवाहित रहकर धर्म और दर्शन का अध्ययन किया।[26] कालान्तर में समाज में लड़कियों के लिए विवाह अनिवार्य हो गया। इसी समय अनेक युवक-युवतियों ने बौद्ध एवं जैन धर्म में प्रवेश किया और धीरे-धीरे विवाह सामाजिक बन्धन हो गया, जिससे समाज को अनेक लाभ एवं हानियाँ हुईं और धीरे-धीरे भारतीय समाज में अनेक प्रकार के विवाह संस्कार प्रचलित हुए।

छठी शताब्दी ई.पू. में उत्तर भारत के राजनीतिक परिदृश्य में महान् क्रान्ति आयी और षोड़श महाजनपद एवं दस गणराज्य[27] प्रकाश में आये। इनमें शक्ति विस्तार हेतु आपसी संघर्ष हुआ करते थे और अनेक महत्त्वपूर्ण युद्धों का परिणाम वैवाहिक सम्बन्धों के साथ समाप्त हुआ, जिसकी संक्षिप्त व्याख्या प्रस्तुत संदर्भ में समीचीन प्रतीत होता है।

कोशल

छठी शताब्दी ई.पू. में कोशल अत्यधिक ख्याति प्राप्त महाजनपद था। यहाँ के शासक कंस ने काशी (वाराणसी) राज्य को अपने साम्राज्य में आत्मसात कर अपनी शक्ति का परिचय दिया। तदुपरांत कंस के बाद 'महाकोशल' राजा बना। इसने अपनी पुत्री कोशला देवी का विवाह मगध राजा बिम्बिसार (544-492 ई.पू.) के साथ कर स्नान सुगन्ध व्यय के लिए काशी जनपद की आमदनी दहेज में दे दी, जिसकी वार्षिक आय लगभग 1 लाख थी। महाकोशल के बाद उसका पुत्र प्रसेनजित गद्दी पर बैठा। इसके शासन काल में मगध में एक प्रत्याशित घटना घटी। अजातशत्रु (492-460 ई.पू.) ने अपने पिता की निर्मम हत्या कर राजगद्दी पर अधिकार कर लिया। इस घटना से कोशल नरेश प्रसेनजित को गहरा आघात पहुँचा, फलत: अपनी पुत्री को दिये 'काशी' ग्राम की आमदनी वापस ले ली। तदुपरान्त दोनों में युद्ध छिड़ गया। प्रारम्भ में तो प्रसेनजित को सफलता नहीं मिली, पर बाद में इसने अजातशत्रु को पराजित कर बंदी बना लिया। अंत में इसने अपने भाँजे अजातशत्रु पर दया की और उससे समझौता कर उसे मुक्त कर दिया तथा अपनी पुत्री 'वाजिरा' का विवाह कर काशी ग्राम की आमदनी पुन: वापस कर दी। इस वैवाहिक सम्बन्ध के बाद दोनों गणराज्यों में स्थायी संबंध कायम हो गये।[28]

इसी प्रकार एक अन्य वैवाहिक सम्बन्ध का उल्लेख किया जा सकता है, जिससे समाज में प्रचलित 'अनुलोम विवाह'[29] का पता चलता है, यथा-कोशल नरेश प्रसेनजित ने श्रावस्ती के मालाकार की कन्या 'मल्लिका' से विवाह किया था।[30]

इसी प्रकार प्रस्तुत संदर्भ में मगध नरेश बिम्बिसार के वैवाहिक सम्बन्ध का उल्लेख किया जा सकता है, जिसके माध्यम से उन्होंने अपनी शक्ति का स्थायी विस्तार किया, यथा- बिम्बिसार की तीसरी रानी पंजाब स्थित मद्रदेश की राजकुमारी खेमा (क्षेमा) थी।

वत्स

छठी शताब्दी ई.पू. में यहाँ का शासक उदयन था। एक बार शिकार करते समय उदयन महासेन को अवन्ति (मध्य प्रदेश) नरेश चण्डप्रद्योत के सैनिकों ने बंदी बनाकर कारागार में डाल दिया। कारागार में उदयन, अवन्ति नरेश प्रद्योत की कन्या 'वासवदत्ता' के सम्पर्क में आये तथा उससे प्रेम करने लगे। कालान्तर में कारागार से मुक्त होने के बाद वासवदत्ता का अपहरण कर कौशाम्बी भाग निकले। परन्तु जब अवन्ति नरेश चण्डप्रद्योत को इसकी सूचना मिली, तो दोनों के अटूट प्रेम को देखते हुए उदयन और वासवदत्ता का विवाह कर सामाजिक और सांस्कृतिक गतिविधियों का परिचय दिया।

भास ने अपने नाटक 'स्वप्नवासवदत्ता' में इस वैवाहिक-सम्बन्ध पर विस्तृत चर्चा है।[31] दोनों महाजनपदों में वैवाहिक सम्बन्ध से दीर्घकालीन शत्रुता समाप्त हो गयी और दोनों राज्य एक-दूसरे के मित्र हो गये।

इसी संदर्भ में वत्स नरेश उदयन के दूसरे विवाह की चर्चा भी उल्लेखनीय है। उदयन ने पूर्वी उत्तर प्रदेश के सीमावर्ती क्षेत्र मगध के दर्शक की बहन 'पद्मावती' से विवाह किया, जो सम्भवतः मगध का सामन्त था। इस वैवाहिक सम्बन्ध से स्पष्ट होता है कि कालान्तर में वत्स नरेश उदयन का मगध से मधुर सम्बन्ध था।[32]

उदयन को 'स्वप्नवासवदत्ता' एवं 'प्रतिज्ञायौगन्धरायण' में भारत कुल का वंशज बताया गया है।[33] इस वंश के सबसे प्रारम्भिक राजा 'शतानीक द्वितीय' थे, जिनके पिता का नाम 'वसुदान' था।[34] कालान्तर में इनका विवाह विदेह की राजकुमारी से हुआ था, जिनसे उत्पन्न पुत्र को 'वैदेही-पुत्र' के नाम से जाना जाता है।[35]

इसी प्रकार मगध के उत्तर में स्थित वैशाली के लिच्छवियों का संघ था, जिसका प्रमुख शासक चेटक था। इसके सात पुत्रियों में से एक पुत्री का विवाह बिम्बिसार से हुआ था। बिम्बिसार ने यह वैवाहिक सम्बन्ध स्थापित कर मगध के उत्तरी सीमा को पूर्णतः सुरक्षित कर ली थी।[36] लिच्छविसंघ अत्यंत शक्तिशाली थे, जिन्होंने कालान्तर में अपने सहयोग से मगध में विशाल साम्राज्य की स्थापना में सहयोग दिया।

तत्कालीन प्रमुख दस गणराज्यों में भी वैवाहिक सम्बन्धों में माध्यम से उनसे आपसी राजनयिक सम्बन्धों, शक्ति विस्तार एवं राज्य विस्तार तथा संघर्ष के प्रमाण मिलते हैं, उदाहरणार्थ-नेपाल की तराई में स्थित 'कपिलवस्तु के शाक्य'[37] नितान्त स्वाभिमानी थे, वे अपने कुल के बाहर सामान्यतया वैवाहिक सम्बन्ध रखना उचित नहीं समझते थे, जिससे इनके राज्य की सीमा सीमित थी।

कालान्तर में कोशल नरेश प्रसेनजित ने जब शाक्यों से इनके पुत्री का हाथ मांगा, तो भयवश शाक्य नरेश ने आज्ञा मानकर अपनी पुत्री न भेजकर दासी-पुत्री भेजी। दासी पुत्री से 'विडूडभ' नामक पुत्र का जन्म हुआ, जो सत्ता सम्भालने के बाद अपने पिता के अपमान का बदला लिया और इन पर आक्रमण कर भारी क्षति पहुँचायी।[38]

वैशाली के लिच्छवि जिनका प्रभाव आधुनिक पूर्वी उत्तर प्रदेश के निकटवर्ती क्षेत्र बिहार, वैशाली पर भी था। ये लोग शक्तिशाली गणतंत्र के रूप में प्रसिद्ध थे, जिनकी राजधानी वैशाली थी। यहाँ के राजा चेटक की बहन 'छलना' का विवाह सीमावर्ती क्षेत्र के शासक बिम्बिसार के साथ हुआ। महावीर (599-527 ई.पू.) की माता त्रिशला उसकी बहन थी।[39] कालान्तर में लिच्छवियों ने जैनधर्म के प्रचार-प्रसार में महत्त्वपूर्ण भूमिका निभायी।

छठी शताब्दी ई.पू. में मिथिला के विदेह (आधुनिक बिहार का दरभंगा, भागलपुर) की राजनीतिक स्थिति अत्यंत सुदृढ़ थी। सम्भवतः इसी कारण मगध के बिम्बिसार तथा वत्स (इलाहाबाद) के उदयन ने इस राजघराने की कन्याओं से वैवाहिक सम्बन्ध स्थापित कर अपनी बाह्य शक्ति को समय-समय पर सुदृढ़ किया और सांस्कृतिक सम्बन्धों में वृद्धि की।[40]

मौर्यकाल (322-184 ई.पू.)

इस काल के प्रमुख मौर्य शासकों, यथा-चन्द्रगुप्त मौर्य, बिन्दुसार एवं अशोक ने राष्ट्र ही नहीं, अपितु अन्तर्राष्ट्रीय वैवाहिक सम्बन्ध स्थापित किये, जिससे विस्तृत साम्राज्य को स्थायी बनाने में अभूतपूर्व सफलता प्राप्त हुयी। ऐतिहासिक घटनाओं में हम चन्द्रगुप्त मौर्य का उल्लेख कर सकते हैं। 'अप्पिआनूस' में उद्‌धृत सिकन्दर महान के सेनापति सेल्युकस ने सिन्धु नदी पार करके भारत पर आक्रमण कर चन्द्रगुप्त मौर्य से युद्ध छेड़ा, जो बाद में मित्रता और वैवाहिक सम्बन्ध में बदल गई। कहा जाता है कि सेल्युकस ने अपनी पुत्री का विवाह चन्द्रगुप्त मौर्य से कर दिया और उससे 500 हाथियों का उपहार प्राप्त किया। इस तथ्य को 'प्लूटार्क' महोदय ने भी स्वीकार किया है। उल्लेखनीय है कि यह भारतीय इतिहास का सर्वप्रथम अन्तर्राष्ट्रीय वैवाहिक सम्बन्ध था। इस विवाह से ईरान का अधिकांश भाग, यथा- ऐरिया, अरकोसिया, गदरोसिया तथा परोपनिसदई अर्थात् हेरात, कन्दहार, मकरान और काबुल मौर्य साम्राज्य में मिल गये। अशोक के शिलालेखों से भी सिद्ध होता है कि काबुल की घाटी मौर्य साम्राज्य के अन्तर्गत थी।[41] इसके अतिरिक्त सेल्युकस ने चन्द्रगुप्त से प्रभावित होकर अपने विश्वसनीय राजदूत 'मैगस्थनीज' को पाटलिपुत्र भेजा, जिसने 'इंडिका' नामक प्रसिद्ध ग्रंथ की रचना की, जिसमें मौर्य शासकों की दिनचर्या, प्रशासनिक व्यवस्था, सामाजिक परम्परायें तथा विस्तार क्षेत्र की विस्तृत चर्चा की गई है।

चन्द्रगुप्त मौर्य का उत्तराधिकारी बिन्दुसार (298-273 ई.पू.) के शासन काल में उसका पुत्र अशोक तक्षशिला और उज्जयिनी (मध्य प्रदेश) का कुमारामात्य (राज्यपाल) नियुक्त हुआ। सिंहली परम्पराओं से ज्ञात होता है कि वह पाटलिपुत्र से उज्जयिनी जाते समय बेसनगर (आधुनिक विदिशा) में ठहरा था, जहाँ उसने वहाँ के 'देव' नामक 'राष्ट्रपाल' अथवा राष्ट्रीय (श्रेणी) की कन्या 'देवी' से प्रणय हो जाने के कारण विवाह कर लिया।[42] देवी अत्यंत सुन्दर थी। बौद्ध साहित्य 'महाबोधिवंश' में उसका नाम 'वेदिश महादेवी शाक्य कुमारी' मिलता है तथा उसे शाक्य जाति की कन्या से सम्बोधित किया गया है। वैवाहिक सम्बन्धों के उपरान्त देवी से उत्पन्न महेन्द्र व पुत्री कुमारी संघमित्रा आजीवन माता के साथ 'चेतियगिरि' में निवास करते रहे और कालान्तर में भारत ही नहीं, अपितु विश्व के अधिकांश देशों में बौद्ध धर्म का प्रचार-प्रसार किये।[43]

उल्लेखनीय है कि सम्भवत: बौद्ध संघ के साथ किसी राजकुमार या राजकुमारी का विदेश जाना यह एक महत्त्वपूर्ण घटना थी। अशोक के ये पुत्र-पुत्रियाँ उसके साथ पाटलिपुत्र भी आये थे, परन्तु देवी के आज्ञा से ये विदिशा (मध्य प्रदेश) आये और यहीं स्थायी रूप से रहने लगे।

संघमित्रा का विवाह अशोक की बहन के पुत्र 'अग्निब्रह्मा' के साथ हुआ था, जिससे 'सुमन' नामक पुत्र की प्राप्ति हुयी और कालान्तर में ये सब बौद्ध धर्म में समाहित हो गये।[44]

कालान्तर में अशोक ने अन्य अंतर्राष्ट्रीय वैवाहिक सम्बन्ध भी स्थापित किये, जिसका वर्णन कल्हण की 'राजतरंगिणी' में भी मिलता है।

शुंगकाल

शुंगकालीन इतिहास के स्रोत के रूप में 'मालिवकाग्निमित्रम्' नाटक अत्यधिक महत्त्वपूर्ण है। इस ग्रंथ से सूचना मिलती है कि मौर्यों का 184-85 ई.पू. में जब अंत हुआ, तो शुंगवंशीय शासक पुष्यमित्र के हाथ सत्ता हस्तान्तरित करने के समय विदर्भ पर यज्ञसेन शासन कर रहा था, जो मौर्य सम्राट के सचिव या मंत्री का बहनोई था। नाटक में इस राज्य को 'अचिराधिष्ठित' कहा गया है अर्थात् निकट भूतकाल में स्थापित हुआ एवं 'नवसंरोपण शिथिलस्तक:' अर्थात् नये रोपे गये वृक्ष के समान दुर्बल कहा गया है। साथ ही इस नव निर्माणित विदर्भ राज्य को शुंगों का 'प्रकृत्यमित्र' अर्थात् स्वाभाविक शत्रु बतलाया गया है। ऐसा प्रतीत होता है कि बृहद्रथ के शासनकाल में मौर्य राजदरबार दो परस्पर विरोधी दलों में विभक्त हो गया था, जिनमें एक दल का नेता राजा का सचिव या मंत्री था और दूसरे दल का मुख्य सेनापति 'पुष्यमित्र' था। दोनों ही नेता अपनी-अपनी स्थिति दृढ़ करने के उपाय में थे, जिसके फलस्वरूप पुष्यमित्र का अग्निमित्र विदिशा का तथा सचिव का बहनोई 'यज्ञसेन' विदर्भ के शासक नियुक्त हो गये थे। जब पुष्यमित्र ने राजा बृहद्रथ की हत्या कर राज्य पर अधिकार कर लिया, तो उसने अपनी प्रतिद्वन्द्वी सचिव को बंदी बना लिया। ऐसी स्थिति में यह स्वाभाविक था कि यज्ञसेन अपने साले को बन्धन मुक्त कराने में सैनिक कार्यवाई प्रारम्भ करता। इस बीच विदिशा के शासक एवं पुष्यमित्र के पुत्र अग्निमित्र ने यज्ञसेन के चचेरें भाई माधवसेन को फोड़कर अपनी ओर मिला लिया। एक दिन माधवसेन अग्निमित्र से मिलने के लिए विदर्भ से विदिशा जा रहा था कि सीमा पर अन्तपालों ने उसे बंदी बना लिया। इस पर अग्निमित्र ने अपने मित्र माधवसेन को बन्धन मुक्त करने की मांग की, जिसके उत्तर में यज्ञसेन ने यह संदेश भेजा कि जब तक पुष्यमित्र मौर्य सचिव को मुक्त नहीं करेगा, तब तक वह भी माधवसेन को बन्धन मुक्त न कर सकेगा। इसी बात पर अग्निमित्र एवं यज्ञसेन के बीच युद्ध छिड़ गया। अग्निमित्र ने विदर्भ पर आक्रमण करने के निमित अपने पत्नी के रक्षक वीरसेन[45] को भेजा, जो उस समय नर्मदा तट पर एक सीमावर्ती दुर्ग का अन्तपाल या रक्षक नियुक्त था।

युद्ध का विस्तृत विवरण अनुपलब्ध है, परन्तु युद्ध में यज्ञसेन पराजित हुआ, माधवसेन बन्धनमुक्त हुआ तथा वरदा नदी (आधुनिक वर्धा नदी) को सीमा मानकर विदर्भ का राज्य यज्ञसेन एवं माधवसेन में विभक्त हो गया। दोनों ही शासकों ने पुष्यमित्र की अधीनता स्वीकार की और इस प्रकार विदर्भ तक शुंग राज्य का विस्तार हो गया।[46]

शुंगों के पतन के बाद पूर्वी उत्तर प्रदेश और मध्य प्रदेश के विस्तृत भू-भाग पर राजनीतिक अस्थिरता एवं अराजकता व्याप्त हो गयी। इनमें विदेशी आक्रमणकारी जातियों से भारत की भूमि की रक्षा का प्रश्न उठ खड़ा हुआ था, जिससे शुंगों को बार-बार यवनों से संघर्ष करना पड़ा, जिसका संकेत ''पतंजलि के महाभाष्य'' से मिलता है।

राजनीतिक अस्थिरता में विवाह सम्बन्ध के ऐतिहासिक घटनाओं के महत्त्वपूर्ण प्रमाणों का अभाव सा है, परन्तु जब गुप्त शासकों के साम्राज्य स्थापित हुए, तो पुन: वैवाहिक सम्बन्धों के प्रमाण साहित्यिक स्रोतों से मिलते हैं।

कालान्तर में गुप्त शासकों की सत्ता स्थापना के पृष्ठभूमि में वैवाहिक सम्बन्धों का विशेष योगदान था, यथा - चन्द्रगुप्त प्रथम (319-350 ई.) के साथ सर्वाधिक महत्त्वपूर्ण घटना गुप्तों तथा लिच्छवियों के बीच वैवाहिक सम्बन्ध था। इस वंश का प्रथम शासक चन्द्रगुप्त एक दूरदर्शी सम्राट था और उसके समकालीन लिच्छवि गणराज्य शक्तिशाली था। उसने लिच्छवि राजकुमारी कुमारदेवी के साथ वैवाहिक सम्बन्ध स्थापित किया, जिससे उसे लिच्छवियों का एक तरफ समर्थन प्राप्त हुआ तो दूसरी तरफ उसकी प्रतिष्ठा में वृद्धि हुई।[47] इसकी पुष्टि उसके द्वारा निष्कासित स्वर्ण मुद्राएँ हैं जिसे मुद्राशास्त्र में चन्द्रगुप्त कुमारदेवी प्रकार, लिच्छवि प्रकार, राजा-रानी प्रकार, विवाह प्रकार आदि विभिन्न नामों से जाना जाता है।[48] इस मुद्रा के मुख भाग पर चन्द्रगुप्त कुमारदेवी की आकृति उनके नामों सहित अंकित है। रानी राजा को अंगुठी, सिन्दूरदानी अथवा कंकण जैसी कोई वस्तु समर्पित कर रही है और पृष्ठभाग पर सिंहवाहिनी देवी (दुर्गा) की आकृति तथा ब्राह्मी लिपी में मुद्रालेख 'लिच्छवय:' उत्कीर्ण है।[49] निश्चित रूप से इस मुद्रा का इतिहास में महत्त्व है। ये सिक्के पूर्वी उत्तर प्रदेश के गाजीपुर, टाडा (फैजाबाद), मथुरा, वाराणसी, अयोध्या तथा सीतापुर आदि स्थानों से प्राप्त होते हैं।[50]

इतिहासकार स्मिथ का विचार है कि चन्द्रगुप्त ने लिच्छवियों का राज्य प्राप्त कर पूर्वी उत्तर प्रदेश के सीमावर्ती मगध (तत्कालीन सर्वसम्पन्न राज्य) का सार्वभौम शासक बन बैठा।[51] एलन के मतानुसार इस विवाह से चन्द्रगुप्त प्रथम का सामाजिक स्तर बढ़ा, क्योंकि लिच्छवि कुलीनता के कारण श्रेष्ठ थे, उन्हें अपने रक्त पर गर्व था।[52] यही कारण है कि भविष्य के अन्य गुप्त शासक लिच्छवि वंश से अपना सम्बन्ध जोड़कर गर्व का अनुभव करते थे, यद्यपि की यह विवादास्पद है। जो भी हो लिच्छवि और गुप्तों का सम्बन्ध निश्चित रूप से इतिहास में महत्त्वपूर्ण माना जाता है।

चन्द्रगुप्त का शासनकाल अल्पकालिक था। इसकी मृत्यु के बाद समुद्रगुप्त (350-375 ई.) गुप्त साम्राज्य की गद्दी पर आसीन हुआ। राज्यारोहण के पश्चात् इसके उत्तरापथ एवं दक्षिणापथ अभियान इस तथ्य की पुष्टि करते हैं कि अनेक आन्तरिक एवं बाह्य विरोधी तत्त्व समुद्रगुप्त के विपक्ष में उठ खड़े हुए, जिसे समुद्रगुप्त ने अत्यंत शौर्य और वीरता के साथ सामना कर उनका दमन किया। महत्त्वपूर्ण तथ्य यह है कि विजित राज्यों के साथ समुद्रगुप्त ने जो नीति अपनायी, उसमें एक वैवाहिक सम्बन्ध भी था। 'प्रयाग प्रशस्ति' से यह संकेत मिलता है कि इसने उत्तरापथ एवं दक्षिणापथ के अनेक राजवंशों से वैवाहिक सम्बन्ध स्थापित कर अपने स्थिति को और सुदृढ़ किया। एरण अभिलेख से स्पष्ट है कि वह मध्य प्रदेश (जिला-सागर) में स्थित 'ऐरिकिण-प्रदेश' (आधुनिक एरण) जिसे "स्वभोग नगर" की संज्ञा दी गयी है, में संगोष्ठियाँ किया करता था, जिसे तत्कालीन समय में द्वितीय राजधानी की मान्यता प्राप्त थी। निश्चित रूप से ये शासक महत्त्वपूर्ण अवसरों पर मिलते होंगे।[53]

उपलब्ध प्रमाणों के आधार पर अब यह सिद्ध हो गया है कि समुद्रगुप्त और चन्द्रगुप्त द्वितीय के मध्य रामगुप्त नामक शासक ने कुछ समय के लिए शासन किया। यहाँ तक कि उसने मुद्रायें भी चलायीं। सन् 1969 में दुर्जनपुर नामक ग्राम से जो प्राचीन विदिशा (मध्य प्रदेश) का एक अंग

था, जहाँ से तीन जैन प्रतिमायें प्राप्त हुयी हैं, उससे यह संकेत मिलता है कि पूर्वी मालवा (पूर्वी मध्य प्रदेश) के विदिशा क्षेत्र में रामगुप्त का विशेष प्रभाव था।[54]

रामगुप्त एक निर्बल शासक माना जाता है। इसके काल में शकों ने गुप्त साम्राज्य पर आक्रमण किया। रामगुप्त पराजित हुआ तथा एक अत्यंत अपमानजनक सन्धि करने के लिए बाध्य किया गया। सन्धि की शर्तों के अनुसार उसे अपनी पत्नी ध्रुवदेवी (ध्रुवस्वामिनी) को शकराज को भेंट में दे देना था। अपने बचाव का कोई उपाय न पाकर रामगुप्त ने यह स्वीकार कर लिया। उसका छोटा भाई चन्द्रगुप्त स्वभाव से वीर तथा स्वाभिमानी था। उसे यह शर्त अपनी मर्यादा के विपरीत लगी। उसने यह प्रस्ताव किया कि ध्रुवदेवी के वेश में उसे ही 'शकपति' के शिविर में भेजा जाय। उसका प्रस्ताव मान लिया गया। फलस्वरूप उसने छद्म वेश में जाकर शकपति की हत्या कर दी। इस कार्य से उसकी लोकप्रियता बढ़ी और रामगुप्त उतना ही निन्दनीय होता गया। अपनी लोकप्रियता का लाभ उठाते हुए उसने बड़े भाई रामगुप्त की हत्या कर उसकी पत्नी से विवाह कर लिया। तदुपरान्त गुप्तवंश का राजा बन बैठा।[55] इस विवाह का विस्तृत वर्णन विशाखदत्त कृत नाटक ''देवीचन्द्रगुप्तम्'' एवं बाणभट्ट के 'हर्षचरित' में उपलब्ध है।[56] विवाह के बाद चन्द्रगुप्त द्वितीय ने 'विक्रमादित्य' की उपाधि धारण की, और विदिशा के निकट उदयगिरि के गुफा मंदिर क्रमांक 19 में एक लेख उत्कीर्ण करवाया, जिसमें उसे 'शकारि' से सम्बोधित किया गया है तथा 'पृथ्वी का उद्धार' करने वाला बताया गया है, अर्थात् यह घटना मध्य प्रदेश में घटी, जिससे समग्र गुप्तवंशीय इतिहास में एक प्रतिभाशाली शासक का उदय हुआ।

चन्द्रगुप्त द्वितीय ने अपनी आन्तरिक स्थिति सुदृढ़ करने के लिए तत्कालीन राज्यों के साथ वैवाहिक सम्बन्ध स्थापित किये। 'प्रयाग प्रशस्ति' में उद्धृत नाग राजाओं के गुप्त नरेशों के साथ प्रागाढ़ सम्बन्ध थे। ये उत्तर प्रदेश के मथुरा, अहिछत्रा एवं मध्य प्रदेश के विदिशा में शासन करते थे, जिनकी स्थिति सुदृढ़ थी। इन्हें पूर्ववर्ती नरेश समुद्रगुप्त ने जीता था। कालान्तर में चन्द्रगुप्त द्वितीय ने सहयोग प्राप्त कर अपने साम्राज्य की वृद्धि के लिए नाग राजकुमारी 'कुवेरनागा' के साथ विवाह किया, जिससे प्रभावती गुप्त नामक कन्या का जन्म हुआ। पूना ताम्रापत्र में उसने अपनी माता को 'नागकुलसमूता' (नागकुल से उत्पन्न) बताया है। नागों से वैवाहिक सम्बन्ध स्थापित कर चन्द्रगुप्त द्वितीय ने नवस्थापित गुप्त साम्राज्य को चक्रवर्ती स्थिति दृढ़ीकरण में उपयोगी सिद्ध हुआ। तत्पश्चात् यह वैवाहिक सम्बन्ध विशेष लाभप्रद सिद्ध हुआ।[57]

इसी प्रकार तत्कालीन वाकाटक वंश के शासक पूर्वी मध्य प्रदेश के सीमावर्ती क्षेत्र महाराष्ट्र (आधुनिक महाराष्ट्र) में शासन करते थे। इनकी गणना दक्षिण के प्रतिष्ठित शक्तियों में की जाती थी। यहाँ के शासक रूद्रसेन द्वितीय से उसने अपनी पुत्री प्रभावती गुप्त का विवाह कर अपनी कूटनीतिक बुद्धिमता का परिचय दिया,[58] क्योंकि उसे अपने साम्राज्य को विस्तृत करने के लिए और गुजरात एवं काठियावाड़ के शक राज्य पर विजय प्राप्त करने के लिए वाकाटकों से सहयोग की अपेक्षा थी।

इस वैवाहिक सम्बन्ध के बाद रूद्रसेन की मृत्यु हो गयी और प्रभावती गुप्त वाकाटक राज्य की संरक्षिका बनी, क्योंकि पति की मृत्यु के समय उसके दोनों पुत्र (दिवाकर सेन व दामोदर सेन) अवयस्क थे। अन्त में रूद्रसेन की मृत्यु के बाद वाकाटक साम्राज्य पूरी तरह गुप्तों के प्रभाव में आ गया, जिसका लाभ उठाकर चन्द्रगुप्त द्वितीय ने गुजरात और काठियावाड़ पर विजय की, जिसमें विधवा रानी प्रभावती गुप्त ने हर संभव सहायता प्रदान की।[59]

आधुनिक अमरावती जिले में स्थित रामटेक को श्री मिराशी ने वाकाटकों की राजधानी प्रमाणित किया है। यहाँ पर उपलब्ध पुरातात्त्विक अवशेष, यथा - मंदिर, मूर्तियाँ आदि वर्तमान में गुप्तकालीन कला से प्रभावित दिखाई देती हैं।

चन्द्रगुप्त द्वितीय के काल में कदम्य राजवंश के शासकों से भी वैवाहिक सम्बन्ध स्थापित हुए। इस राजवंश के लोग कुन्तल (कर्नाटक) में शासन करते थे। 'तालगुण्ड अभिलेख' से ज्ञात होता है कि इस वंश के शासक 'काकुत्सवर्मन' ने अपनी एक पुत्री का विवाह किसी गुप्त राजवंश में किया था।[60] सम्भवतः वह चन्द्रगुप्त द्वितीय का समकालीन था। अनुमान है कि चन्द्रगुप्त द्वितीय के पुत्र कुमारगुप्त का विवाह कदम्य राजवंश में हुआ होगा।

इसके अतिरिक्त साहित्यिक साक्ष्य, जैसे-भोजकृत 'श्रृंगारप्रकाश' तथा क्षेमेन्द्रकृत 'औचित्यविचारचर्चा' से ज्ञात होता है कि चन्द्रगुप्त द्वितीय ने कालिदास को अपना दूत बनाकर कुन्तल नरेश के दरबार में भेजा। तदुपरान्त उन्होंने वापस आकर अपने सम्राट को सूचित किया कि कुन्तल नरेश अपने शासन का भार चन्द्रगुप्त द्वितीय के ऊपर सौंपकर भोग-विलास में लिप्त है।[61] अतः स्पष्ट है कि इस वैवाहिक सम्बन्ध के फलस्वरूप चन्द्रगुप्त द्वितीय की ख्याति उत्तर व मध्य भारत के अतिरिक्त सुदूर दक्षिण के राज्यों में भी फैल गयी।

उत्तर गुप्तकालीन नरेश ने भी अपनी शक्ति के विस्तार और आन्तरिक स्थिति को सुदृढ़ करने के लिए वैवाहिक सम्बन्धों का सहारा लिया। इनमें उत्तर गुप्त नरेश देवगुप्त जो सम्भवतः मालवा (मध्य प्रदेश) का शासक था, का उल्लेख समीचीन प्रतीत होता है। इसने कन्नौज (उत्तर प्रदेश) के शासक ग्रहवर्मन जिसका वैवाहिक सम्बन्ध वर्द्धनवंश की राजकुमारी राज्यश्री से हुआ था। वैवाहिक सम्बन्ध से इसके बढ़ते प्रभाव को कम करने के लिए मालवा शासक देवगुप्त ने मगध शासक शशांक से सन्धि कर कन्नौज पर आक्रमण कर ग्रहवर्मन की हत्या कर दी और राज्यश्री को कैद कर लिया। लगभग 605 ई. में मौखरी राज्यवंश का अन्त हो गया।

कालान्तर में बदले की दृष्टि से हर्षवर्द्धन ने शशांक को परास्त कर अपनी बहन राज्यश्री को मुक्त किया तथा वर्द्धन और मौखरी राज्य को एक कर कन्नौज पर शासन करना प्रारम्भ किया।[62]

इसी प्रकार मगध के उत्तर गुप्त शासक महासेनगुप्त ने मौखरियों के बढ़ते प्रभाव से बचने के लिए पुष्यभूतियों से वैवाहिक सम्बन्ध स्थापित किया और अपनी बहन 'महासेन गुप्ता' का विवाह हर्षवर्द्धन के पूर्ववर्ती शासक आदित्यवर्द्धन (555-580 ई.) से किया, जिसकी पुष्टि मधुवन और वासखेड़ा अभिलेखों से होती है। कालान्तर में इस विवाह का लाभ उठाकर महासेनगुप्त ने कामरूप के राजा सुस्थिवर्मन को पराजित कर अपने साम्राज्य का विस्तार किया।[63]

उपरोक्त वैवाहिक सम्बन्धों के अतिरिक्त एक अन्य वैवाहिक सम्बन्ध का प्रमाण ग्रंथों में मिलता है, जिसका उल्लेख गुर्जर नरेश 'ददा' के नौसारी अभिलेख मे लिपिबद्ध है। इससे ज्ञात होता है कि वलभी नरेश 'ध्रुवसेन द्वितीय', हर्षवर्द्धन से पराजित होकर गुर्जरों के पास सहायता के लिए पहुँचा। कालान्तर में उसने हर्ष की अधीनता स्वीकार कर ली और हर्ष के सामन्त के रूप में कार्य करने लगा। तदुपरान्त हर्षवर्द्धन ने ध्रुवसेन द्वितीय से प्रभावित होकर अपनी पुत्री का विवाह कर अपने राज्य का विस्तार किया।[64]

उत्तर भारत के प्राचीन राजवंशों के मध्य स्थापित उपरोक्त ऐतिहासिक वैवाहिक सम्बन्धों से स्पष्ट है कि इनका प्रभाव तत्कालीन समाज, राजनीति पर पड़ा और आपसी कटुता तथा द्वेष दूर होकर सांस्कृतिक सम्बन्धों में वृद्धि हुयी।

(ग) कल्याणकारी गतिविधियाँ

छठी शताब्दी ई.पू. पूर्वी उत्तर प्रदेश क्षेत्र के प्राचीन जनपदों एवं गणराज्यों ने जो भी कल्याणकारी कार्य किया, इसका स्पष्ट प्रमाण न तो साहित्य में उपलब्ध है और न ही पुरातात्त्विक साक्ष्य उसकी पुष्टि करते हैं। यही स्थिति अवन्ति जनपद और उत्तर प्रदेश की है। यद्यपि कि राजनीतिक दृष्टि से इनमें समय-समय पर सम्पर्क का उल्लेख मिलता है।

कालान्तर में नन्दों के पतन के बाद जब मौर्यवंश का साम्राज्य स्थापित हुआ, तो इस वंश के शासकों ने कल्याणकारी गतिविधियाँ प्रारम्भ कीं। मौर्य साम्राज्य का संस्थापक सम्राट चन्द्रगुप्त मौर्य भारत के उन महानतम सम्राटों में है, जिन्होंने अपने व्यक्तित्व, कृतियों तथा समाज के कल्याणकारी कार्यों से इतिहास के पृष्ठों में क्रान्तिकारी परिवर्तन लाया। इन्होंने जनता के हित के लिए दूरस्थ सुराष्ट्र प्रान्त के राज्यपाल पुष्यगुप्त वैश्य के निर्देशन में पश्चिमी भारत में सिंचाई की सुविधा के लिए सुदर्शन झील का निर्माण करवाया। कालान्तर में अशोक के राष्ट्रीय यवन जातीय 'तुषास्य' ने इस झील पर बाँध का निर्माण कराया।[65]

चन्द्रगुप्त मौर्य व बिन्दुसार के पश्चात् उसका सुयोग्य पुत्र अशोक विशाल मौर्य साम्राज्य की गद्दी पर आसीन हुआ। अपने राज्याभिषेक के बाद साम्राज्य विस्तार की होड़ ने अशोक को कलिंग युद्ध (262-261 ई.पू.) करने के लिए विवश किया, जिसमें लाखों लोगों की जानें गईं। कालान्तर में इस युद्ध की हृदय विदारक हिंसा एवं नरसंहार की घटनाओं से अशोक का हृदय परिवर्तन हुआ और साम्राज्य विस्तार के बदले में उसने जनकल्याणकारी कार्यों को प्रोत्साहन दिया। इस प्रकार कलिंग युद्ध से मौर्य शासकों की विजयों एवं राज्य विस्तार का वह दौर समाप्त हुआ, जो बिम्बिसार द्वारा 'अंग' राज्य को जीतने के बाद से प्रारम्भ हुआ था। इसके बाद एक नये युग का सूत्रपात हुआ, जिसे शान्ति, सामाजिक प्रगति एवं 'लोककल्याणकारी' नामों से जाना जाता है। यहीं से सैन्य विजय तथा दिग्विजय का युग समाप्त होता है और आध्यात्मिक विजय एवं जनता के हित में कल्याणकारी गतिविधियों का युग प्रारम्भ होता है।[66]

अतः मनुष्य और पशु के दुःख निवारण एवं कल्याण के प्रति अशोक अब दत्तचित हुआ तथा राज्य के विभिन्न भागों में जनकल्याण के लिये धर्मलेख (कल्याणकारी लेख) लिखवाये गये, जिसमें

उल्लेख है कि कोई भी जीव मारकर न तो बलिदान या होम किया जाये। अशोक के ऐसे समाज को निषिद्ध करता है, जिसमें जीव हिंसा होती है।[67] अशोक के प्रधान शिलालेख 'गिरनारपाठ' से प्रमाणित है कि उसने धीरे-धीरे अपनी रसोई में शाक वर्जित पाक बन्द करवा दिये और स्वयं निरामिष हो गया। मांसाहार, नृत्य संगीत-प्रधान समाजों पर उसने सर्वथा रोक लगा दी। इसी प्रकार पंचस्तम्भ लेख में पशुओं के अंग विच्छेद तथा वध के विरुद्ध कुछ विधानों का उल्लेख वर्णित है। वह साधुओं, दरिद्रों और पीड़ितों को दान देता था। अपनी रानियाँ तथा राजकुमारों के दानों का प्रबन्ध करने के लिए उसने विशेष प्रकार के उच्चाधिकारियों की नियुक्ति की थी, जिसे 'मुख' कहा जाता था। द्वितीय शिलालेख के अनुसार अशोक ने मनुष्य और पशुओं के लिए देश के कौने-कौने में औषधालया खोले। इस प्रकार के चिकित्सा सम्बन्धी प्रबन्ध दक्षिण के पड़ौसी राज्यों, यथा-चोलों, पांडयों, सतियपुत्रों, केरलपुत्रों और ताम्रपर्णी (सिंहल) तथा बहुतायत यवन राज्यों में मिलते हैं।[68] इसके अतिरिक्त अशोक ने प्रत्येक आधे कोस पर कूप और विश्रामगृह बनवाये, जहाँ औषधियों के पौधे नहीं थे, वहाँ उन्हें आहरित कर पौधारोपण करवायें, राहगीरों के लिए सड़कों के किनारे वृक्ष लगवायें, गाँवों एवं जंगलों में औषधियों के पौधे लगाये गये। मनुष्यों एवं पशुओं के लिए (परिभोगाय पशुमनुषाना), वटवृक्ष और आम्रकानन के पौधे लगवाये गये, साथ ही पानी की पूर्ति के लिए कूप, वापी पुष्करिणी और तालाब भी खुदवाये गये।[69] कल्याणकारी कार्यों को वर्चस्व देते हुए अशोक अपने 'छठे शिलालेख' में अपनी भावना व्यक्त करते हुए कहता है कि 'सर्व लोकहित' मेरा कर्तव्य है, ऐसा मेरा मत है। सर्व लोकहित से बढ़कर दूसरा काम नहीं है। मैं जो कुछ भी पराक्रम करता हूँ, इसलिए कि भूतों के ऋण से मुक्त हो जाऊँ। मैं उनको इस लोक में सुखी बनाऊँ, और वे दूसरे लोक में स्वर्ग प्राप्त कर सकें।[70] कौटिल्य का अर्थशास्त्र भी सेतु वारि-स्थल-पथ, आराम तथा अन्य पूर्ववर्ती राजाओं द्वारा किये गये कल्याणकारी कृत्यों का उल्लेख करता है। उसने इस कर्तव्य को राजा के लिए आवश्यक और पुण्यकारी बताया है।[71] बौद्ध ग्रंथ के संयुक्तनिकाय में भी इसी प्रकार का उद्धरण मिलता है, जिसमें राजा के सर्वाधिक कर्तव्यों को एक सामाजिक कर्तव्य के रूप में परिगणना की गयी है।[72]

इसके अतिरिक्त मौर्यकालीन राजाओं द्वारा जनता के हितार्थ व समाज के कल्याण के लिए पर्वत गुफाओं को काटकर बहुतायत में निवास-स्थान (विहार) बनाये गये। अशोक तथा उसके पुत्र दशरथ के समय में बराबर तथा नागार्जुनी की पहाड़ियों को काटकर 'आजीविको' के लिए आवास के प्रमाण मिलते हैं, जिसमें सभी वर्गों के लोग निवास करते थे। अशोक के समय बराबर पहाड़ी की गुफाओं में 'सुदामा' व 'कर्णचौपण' की गुफायें आद्यतन उपलब्ध हैं।

किंवदन्तियों के अनुसार अशोक ने बौद्ध धर्म से प्रभावित होकर अपने शासनकाल में चौरासी हजार स्तूप व विहारों का निर्माण करवाया, जिसकी पुष्टि बौद्ध ग्रंथ महावंश टीका से होती है।[73]

महावंश[74] में उल्लेखित है कि राजकुमार अशोक तीसरी शताब्दी ई.पू. में उज्जयिनी (पूर्वी मध्य प्रदेश) का शासक था। अतः पाटलिपुत्र से उज्जैन उसका आवागमन बना रहता था। उज्जयिनी आते समय विदिशा में श्रेष्ठी की पुत्री 'देवी' से वैवाहिक सम्बन्ध हो जाने के कारण विदिशा (मध्य

प्रदेश) से उसका मधुर सम्बन्ध था। सम्भवत: देवी के आग्रह पर अशोक ने विदिशा के पूर्व, पश्चिम तथा दक्षिण की पहाड़ियों पर बौद्ध त्रिपिटाकाचार्य एवं गरीबों के निवास के लिए अनेक विहारों तथा 'अस्थि पूजा' के लिए स्तूप-समूहों का निर्माण करवाया।[75] बौद्ध ग्रंथ के अध्ययन से ज्ञात होता है कि पुत्र महेन्द्र बौद्ध धर्म का प्रचार-प्रसार करने के लिए लंका जाने के पूर्व अपनी माता से मिलने विदिशा (मध्य प्रदेश) आया। देवी उसे वेदिसगिरी के विहार में ले गयी और अपने हाथ का बनाया भोजन पुत्र को खिलाया।[76] महेन्द्र विदिशा में एक माह ठहरा[77], और वेदिसगिरी से लंका (तवपण्णि) को प्रस्थान किया।[78] विहारों का निर्माण बौद्ध धर्म के प्रचार-प्रसार के साथ-साथ जनता के निवास हित को ध्यान में रखकर किया जाता था, जिससे समाज के अधिकांश लोगों का कल्याण हो सके। ये विहार बौद्ध धर्म की शिक्षा प्रचार के महत्त्वपूर्ण केन्द्र भी थे। विहारों के अतिरिक्त विदिशा से अशोक स्तम्भ के भी प्रमाण मिलते हैं, जो वर्तमान में जीर्ण-शीर्ण अवस्था में विद्यमान हैं।

मौर्य साम्राज्य के पतन के उपरान्त शुंगकाल में ज़नकल्याणकारी गतिविधियों का अभाव सा है, पर वैदिक अश्वमेघ यज्ञों की सूचना पतञ्जलि के महाभाष्य से मिलती है। अनुमान है कि इन नरेशों ने देश की रक्षा हेतु दो अश्वमेघ यज्ञ किये। शुंग शासक ब्राह्मण धर्म के कट्टर अनुयायी थे, पर जनसामान्य अपने स्वतंत्र धर्म के अनुपालन हेतु मुक्त थे। फलत: बौद्ध स्तूपों व विहारों की सांस्कृतिक गतिविधियाँ पूर्वी उत्तर प्रदेश एवं मध्य प्रदेश में चलती रही। कुशीनगर, सारनाथ, साँची स्तूप एवं अन्य भग्नावशेषों के उपलब्ध प्रमाणों से इस तथ्य की पुष्टि होती है, कि इस काल में निर्माण कार्य अनवरत जारी रहे। कालान्तर में भरहुत व साँची स्तूपों में पुन:निर्माण कार्य हुए एवं तोरण द्वारों को अलंकृत किया गया।

कालान्तर में कुषाण नरेशों ने अपने परवर्ती शासकों की भाँति बौद्ध धर्म को स्वीकार कर जनकल्याण के लिए अनेक चैत्य एवं विहारों का निर्माण करवाया, जो वर्तमान में पूर्वी उत्तर प्रदेश के मथुरा, तक्षशिला (बिहार) एवं मध्य प्रदेश के अतिरिक्त सुदूर क्षेत्रों, यथा-कश्मीर तथा पेशावर आदि में विद्यमान है।[79] ये तत्कालीन समय के वास्तुकला के उत्कृष्ट धरोहर माने जाते हैं।

सातवाहन नरेश गौतमी पुत्र सातकर्णी (106-130 ई.) के अभिलेखों से यह पुष्टि होती है कि पूर्वी उत्तर प्रदेश में इनका वर्चस्व नहीं था, पर मध्य प्रदेश में इनका प्रभाव आंशिक रूप से दिखाई देता है। इसी समय साँची के कुछ तोरणों को स्थापित किया गया। साँची से प्राप्त स्तूप क्रमांक-1 के दक्षिणी तोरणद्वार के ऊपरी सिरदल में उत्कीर्णित एक अभिलेख[80] में सातवाहन नरेश सातकर्णी (द्वितीय) के शासन में, शिल्पियों के अग्रणी 'आनन्द' के दान का उल्लेख मिलता है, जो जनकल्याण के लिए किया गया था।

सांस्कृतिक गतिविधियों में गुप्त शासकों के योगदान को नकारा नहीं जा सकता। कल्याणकारी गतिविधियों के क्षेत्र में चन्द्रगुप्त द्वितीय ने जनकल्याण के लिए अपने मंत्री 'वीरसेन' (शाब) के नेतृत्व में 'शम्भु' नाम के अन्तर्गत शिव मंदिर के रूप में एक शैलोत्कीर्ण गुहा का उत्कीर्णन करवाया और भिन्न-भिन्न गुफाओं का पुन: निर्माण करवाया।[81] इस कार्य को पूर्ण होने से चन्द्रगुप्त द्वितीय ने लगभग सम्पूर्ण मालवा में अपने आधिपत्य की घोषणा कर 'पृथ्वी उद्धारक' के रूप में 'विक्रमादित्य' की उपाधि धारण की।

गुप्त नरेश स्कन्दगुप्त (455-467 ई.) भी अत्यंत लोकोपकारी शासक था, जिसे अपनी प्रजा के सुख-दुःख की निरन्तर चिन्ता बनी रहती थी। वह दीन-दुखियों के प्रति उदार था। प्रान्तों में उसके राज्यपाल भी 'कल्याणकारी कार्यों' में सदा संलग्न रहते थे। 'जूनागढ़ अभिलेख' से ज्ञात होता है कि स्कन्दगुप्त के शासनकाल में भारी वर्षा के कारण ऐतिहासिक सुदर्शन झील का बाँध टूट गया। क्षण भर के लिए वह रमणीय झील सम्पूर्ण लोक के लिए दुदर्शन अथवा भयावह आकृति वाला बन गया। इससे प्रजा को महान कष्ट होने लगा।[82] इस कष्ट के निवारणार्थ सुराष्ट्र प्रान्त के राज्यपाल पर्णदत्त के पुत्र 'चक्रपालित' ने, जो गिरनार नगर का नागपति था, दो माह के भीतर ही अतुल धन व्यय करके झील के बाँध का पुनर्निर्माण करवाया। लेख के अनुसार यह बाँध लगभग सौ हाथ लम्बा तथा अड़सठ हाथ चौड़ा था। इससे प्रजा ने सुख की साँस ली तथा स्वभाव से ही अदुष्ट सुदर्शन झील शाश्वत रूप में स्थिर हो गयी।

स्कन्दगुप्त उदारवादी शासक था, जिसकी प्रजा पूर्णरूपेण सुखी एवं समृद्ध थी, किसी को कोई कष्ट नहीं था। जूनागढ़ अभिलेख से यह प्रमाणित होता है कि स्कन्दगुप्त के शासन काल में, उसकी प्रजा में कोई ऐसा व्यक्ति नहीं था, जो धर्मच्युत अथवा दुःखी, दरिद्र, आपत्तिग्रस्त, लोभी या दण्डनीय होने के कारण अत्यंत सताया गया है।[83]

अतः कहा जा सकता है कि स्कन्दगुप्त प्रजा के जनकल्याण के लिए तन, मन, धन तीनों न्यौछावर करने के लिए तत्पर था। विद्वानों ने इसे प्रजावत्सल सम्राट से सम्बोधित किया है।

गुप्तकालीन नरेश वैष्णव मतानुयायी थे, जिसकी पुष्टि उनके सिक्कों एवं अभिलेखों से होती है। साम्राज्य विस्तार के पश्चात् इन शासकों ने धार्मिक प्रचार-प्रसार एवं जनकल्याण के लिए भारत के विभिन्न क्षेत्रों में मंदिर एवं मठों का निर्माण करवाया। एस.के. सरस्वती के मतानुसार 'गुप्तकाल में मंदिर' मठ एवं भवन निर्माणकला के इतिहास में एक नये युग का आरम्भ हुआ,[84] जिससे कल्याणकारी गतिविधियों में वृद्धि हुयी, अभिलेखों से ज्ञात होता है कि गुप्त सम्राटों ने गगनचुम्बी मंदिरों तथा जनकल्याण के लिए बड़े-बड़े मठों का निर्माण करवाया, किन्तु दुर्भाग्यवश ये नष्ट हो गये हैं। फिर भी इस काल के कुछ मंदिर वर्तमान में भी विद्यमान हैं, जिनसे गुप्त नरेशों की कल्याणकारी गतिविधियों का अनुमान लगाया जा सकता है। इन मंदिरों में देवगढ़ का दशावतार मंदिर (झाँसी), भीतरगांव का मंदिर (कानपुर, उत्तर प्रदेश) एवं पूर्वी उत्तर प्रदेश के निकटवर्ती क्षेत्र बोधगया (बिहार) का महाबोधि मंदिर एवं मध्य प्रदेश में भूमरा का शिव मंदिर, एरण व तिगवां का विष्णु मंदिर, नचना कुठार का पार्वती मंदिर (अजयगढ़) और साँची का मंदिर क्रमांक-17 विशेष रूप से उल्लेखनीय है।[85]

कालान्तर में गुप्त शासकों ने जनकल्याण के लिए मंदिरों के अतिरिक्त अनेक सभागृहों का भी निर्माण किया, जिसमें राजगृह स्थित 'जरासंघ की बैठक'[86] का निर्माण प्रमुख है। तदुपरान्त जनकल्याणकारी कार्य करने से गुप्त शासकों की लोकप्रियता बढ़ती गयी और ये जनमानस में सराहनीय हो गये।

गुप्त साम्राज्य के विघटन के पश्चात् उत्तर भारत में विकेन्द्रीकरण एवं अराजकता की स्थिति उत्पन्न हो गयी और गुप्त साम्राज्य छोटे-छोटे राज्यों में विभक्त हो गया। ये राज्य एक-दूसरे पर आधिपत्य जमाने के लिए आपस में संघर्ष करने लगे। ऐसे समय में हूणों के विनाशकारी आक्रमणों में स्थिति को अधिक गम्भीर बना दिया। ऐसी विकट परिस्थिति में भारतीय रंगमंच पर एक महान विभूति का आविर्भाव हुआ, जिसे पुष्यभूति या वर्द्धन राज्यवंश (606-647 ई.) के नाम से जाना जाता है, जिसका प्रमुख शासक हर्ष थानेश्वर था।

हर्ष अपने राज्य में हर पाँचवें वर्ष एक भव्य धार्मिक आयोजन करता था, जिसमें राजा की ओर से विपुल धनराशि गरीबों को दान दी जाती थी। इसी परम्परा का निर्वाह करते हुए एक बार कन्नौज (उत्तर प्रदेश) सभा की समाप्ति के बाद हर्ष ने 643 ई. में प्रयाग (वाराणसी) में बड़ी धूमधाम से छठे पंचवर्षीय वितरण समारोह का आयोजन किया, जिसमें अन्य राज्यों के 'बीस राजा' तथा पाँच लाख साधारण जनता ने भाग लिया, जिसमें अधिकांशतः मध्यम व गरीबवर्गीय लोग थे। इन सबके ठहरने तथा खाने-पीने का उचित प्रबन्ध राजा की ओर से था, जो पचहत्तर दिन तक लगातार चलता रहा। ह्वेनसांग भी इस सभा में आमंत्रित था। इसने अपनी यात्रा-वृत्तान्त में इस भोज व दान का विस्तृत वर्णन किया है।

सभा के पहले दिन महात्मा बुद्ध, दूसरे दिन सूर्य (आदित्य) की, और तीसरे दिन शिव (ईश्वर देव) की पूजा की जाती थी। इसके पश्चात् बौद्ध भिक्षुओं, ब्राह्मणों तथा राज्य के गरीब वर्गों को विपुल धनराशि दान में दे दी जाती थी। बाणभट्ट के हर्षचरित से ज्ञात होता है कि हर्ष पिछले पाँच वर्षों से एकत्र किया गया सारा धन गरीबों व अनाथों को दान में दे देता था। इस सभा में तो हर्ष ने अपने निजी सम्पत्ति, आभूषण तथा वस्त्र भी गरीबों को दान कर अपनी बहन राज्यश्री के पुराने वस्त्र धारण किये।[87] यह सर्वमान्य है कि छठी शताब्दी ई. में सम्भवतः कोई ऐसा सम्राट नहीं हुआ, जो दानशीलता में हर्ष को पीछे छोड़ दे।

संदर्भ

1. बहिस्तून के शिलालेख में 'दारा' का नाम दारुक्ष्यार्ष और उसके बेटे जकरसीज का नाम 'क्षयार्ष' मिलता है।
2. राजगृह के 'वेपुणन, तथा वैशाली' में बुद्ध के निवास को 'आराम' कहा गया है।
3. उपाध्याय, वासुदेवशरण - *प्राचीन भारतीय स्तूप, गुहा एवं मंदिर*, बिहार हिन्दी ग्रंथ अकादमी, पटना, 1972, पृ. 97-98
4. अली, रहमान एवं सोलंकी - *सम आस्पेक्ट्स ऑफ इण्डियन हिस्ट्री*, उज्जैन, 2003, पृ. 89-93
5. मिश्र, भास्कर नाथ - *साँची*, मध्य प्रदेश हिन्दी ग्रंथ अकादमी, भोपाल, 1982, पृ. 18-20
6. मिश्र, रमानाथ - *भरहुत*, मध्य प्रदेश हिन्दी ग्रंथ अकादमी, भोपाल, 1971, पृ. 9-11
7. कुमारस्वामी, आनन्द-*यक्षस*, भाग-1 स्मिथ सोनियन इन्सटिडिसन, 1929 एवं *यक्षस*, भाग-2, 1931 दोनों भागों में कुल 87 फलकों में प्रदर्शन है। जिनमें भारतीय कला के आधार पर यक्ष देवताओं से सम्बन्धित चित्र दिए गए हैं।

8. अग्रवाल, वासुदेवशरण - *प्राचीन भारतीय लोकधर्म*, वाराणसी, 1964, पृ.127
9. शास्त्री, राम प्रताप - *हिन्दुओं के व्रत, पर्व एवं त्यौहार*, इलाहाबाद, 1997, पृ. 94-95
10. 'कल्याण', शक्ति अंक, कल्याण कार्यालय, गीता प्रेस, गोरखपुर, संवत् 2055, आठवाँ संस्करण, पृ. 243
11. राय, मन्थन - *प्राचीन भरतीय मनोरंजन*, इलाहाबाद, 1956, पृ. 50-53
12. *कामशास्त्र*-3/435
13. *वही*, 35/61-62
14. *अर्थशास्त्र*, अध्याय-27
15. *वही*, 6/5/25
16. *चुल्लवग्ग*-5/29/4
17. मोती चन्द्र-*प्राचीन भारतीय वेशभूषा*, प्रयाग, पृ. 38
18. पतंजलि कृत *महाभाष्य*-4/2/2
19. *सौन्दरानन्द*-4/26; जातीकुसुमवासितः प्रावारकः।-*मृच्छकटिकम्*, प्रथम अंक, पृ. 37
20. महाकवि हाल कृत गाथासत्तसई, शोध प्रबन्ध, पृ. 182-185
21. *आचारांगसूत्र*, 2/15/20
22. तारुण्य कान्तयुपचितऽपि सुवर्णहार।
    ताम्बूल-पुष्प विधिना समलङ्कृतोऽपि।
    नारीजनः प्रियमुपैति न तावदग्रयां
    यावन्न पट्टमयवस्त्रयुगानि धत्ते।। दशपुर प्रशस्ति (श्लोक 20)
23. आचार्य, भावना- *प्राचीन भारत में रूप श्रृंगार*, जयपुर, 1995, पृ. 88-90
24. जैन, कैलाश चन्द्र - *उपरोक्त*, पृ. 80
25. *शतपथ ब्राह्मण*, 5/5/1/10
26. जैन, कैलाशचन्द्र - *उपरोक्त*, पृ. 82
27. पाण्डेय, जयनारायण - *प्राचीन भारत का राजनीतिक एवं सांस्कृतिक इतिहास*, (600 ई. पू. से 319 ई. पू. तक) पृ. 23-25
28. पाण्डेय, जयनारायण - *उपरोक्त*, पृ. 28-29
29. जब एक उच्च वर्ण, जाति, उपजाति, कुल एवं गोत्र के लड़के का विवाह ऐसी लड़की से किया जाये, जिसका वर्ण, जाति, उपजाति, कुल लड़के से नीचा हो तो ऐसे विवाह को अनुलोम विवाह की संज्ञा दी जाती है।
30. पाण्डेय, विमलचन्द्र - *उपरोक्त*, पृ. 169
31. सिंह, रामवृक्ष - *प्राचीन भारतीय इतिहास एवं संस्कृति*, इलाहाबाद, 1982, पृ. 03
32. पाण्डेय, जयनारायण - *उपरोक्त*, पृ. 29-30
33. *स्वप्नवासवदत्ता* (सं.), गणपति शास्त्री, पृ. 140; *प्रतिज्ञा*, पृ. 61-121
34. राय, चौधरी, हेमचन्द्र - *उपरोक्त*, पृ. 120
35. *जनरल ऑफ द एशियाटिक सोसायटी ऑफ बंगाल*, 1914, पृ. 321
36. सिंह, राम वृक्ष - *उपरोक्त*, पृ. 7-8

37. कपिलवस्तु की पहचान नेपाल में स्थित आधुनिक 'तिलौराकोटा' से की जाती है। कुछ विद्वान इसकी पहचान पूर्वी उत्तर प्रदेश में स्थित बस्ती जिले के 'पिपरहवा' नामक स्थान से करते हैं, जहाँ से बौद्ध स्तूप तथा उसकी धातुगर्म-मंजूषा के अवशेष प्राप्त किये गये हैं।
-श्रीवास्तव, के.सी. - *उपरोक्त*, पृ. 104
38. पाण्डेय, जयनारायण - *उपरोक्त*, पृ. 23-24
39. *वही*, पृ. 25
40. *वही*, पृ. 25-26
41. राय, चौधरी, हेमचन्द्र, - *उपरोक्त*, पृ. 237-238
42. *महावंश*, टर्नर, *पालि बुद्धिष्ट एनल्स*, 1938, पृ. 130 'वेदिसा-महादेवी-साक्याकुमारी'।
43. श्रीवास्तव, के.सी. - *उपरोक्त*, पृ. 235
44. सिंह, रामवृक्ष - *उपरोक्त*, पृ. 95
45. शुंग राजा अग्निमित्र की 'रानी' का वीरसेन नामक हीनकुलजभाई (अत्थि देवी वण्णावरो भादा वीरसेनो नाम) नर्मदा तट पर स्थित दुर्ग का अन्तपाल था।
46. सिंह, रामवृक्ष - *उपरोक्त*, पृ. 155
47. श्रीवास्तव, के.सी. - *उपरोक्त*, पृ. 401-402
48. श्रीवास्तव, ए.एल. - *'ए सिल्वर क्वाइन्स ऑफ चन्द्रगुप्त कुमारदेवी टाइप।' -जर्नल आफ द न्यूमिसमेटिक सोसायटी ऑफ इंडिया*, खण्ड-37, 1975, पृ. 83-84
49. श्रीवास्तव, के.सी. .- *उपरोक्त*, पृ. 404
50. श्रीवास्तव, ए.एल. - *उपरोक्त*, पृ. 83-84
51. स्मिथ, बी.ए. - द *अर्ली हिस्ट्री ऑफ इंडिया*, आक्सफोर्ड, 1924, पृ. 279
52. *कैटलॉग ऑफ द क्वाइन्स ऑफ द गुप्त डायनेस्टीज*, पृ. 19
53. फ्लीट, जान फेयफुल - *भारतीय अभिलेख संग्रह* (प्रारम्भिक गुप्त शासकों के अभिलेख), खण्ड-3, जयपुर, 1974, पृ. 22-26
54. खरे, महेश्वरी दयाल - विदिशा, मध्य प्रदेश हिन्दी ग्रंथ अकादमी, भोपाल, प्रथम संस्करण, 1985, पृ. 55 एवं गाई, जी.एस. - थ्रीइंस्क्रिप्शन्स ऑफ रामगुप्त, *जर्नल ऑफ द ओरियेंटल इंस्टीट्यूट*, ग्रंथ 18, मं. 3 मार्च 1963, पृ. 247-250
55. श्रीवास्तव, के.सी. - *उपरोक्त*, पृ. 419
56. यह नाटक अपने मूल रूप में तो प्राप्त नहीं होता, किन्तु इसके कुछ अंश उद्धरण के रूप में 'नाट्य-दर्पण' मे मिलते हैं, जिसकी रचना रामचन्द्र एवं गुणचन्द्र ने की थी।
57. A marriage alliance with them might have been of great use to Chandra Gupta in consolidating the newly established imperial position of Guptas. - अल्तेकर, ए.एस. एवं मजूमदार, आर.सी. - *वाकाटक गुप्त एज*, दिल्ली, 1968, पृ. 169
58. राय, चौधरी, हेमचन्द्र, - *उपरोक्त*, पृ. 497
59. It was during the regency of Prabhavati Gupta that the Gupta conquest of Gujarat and Kathiawar was accomplished and the do wagar queen of afforded all

possible assistance to her illustrious father. अल्तेकर, ए.एस. एवं मजूमदार आर.सी. - *उपरोक्त*, पृ. 112

60. गुप्तादिपार्थिव - कुलाम्बुरुहस्थलानि,
स्नेहादर-प्रणय सम्भ्रम केसराणि।
श्रीमनत्यनेक-नृपषट्पदसेवितानि,
योऽबोधयद्दुहित्-दीधितिभिर्नृपार्क्कः।। - तालगुण्ड अभिलेख
61. श्रीवास्तव, के.सी. - *उपरोक्त*, पृ. 426
62. प्रसाद, कामेश्वर - *उपरोक्त*, पटना, 2000, पृ. 305-306
63. *वही*, पृ. 303-307
64. *वही*, पृ. 314
65. श्रीवास्तव के.सी. - *उपरोक्त*, पृ. 449-450
(मौर्य सम्राट चन्द्रगुप्त द्वारा निर्मित 'सुदर्शन झील' का बाँध प्रथम बार शक महाछत्रप रूद्रदामन (130-115 ई.) के समय टूट जाने पर उसने अतुल धन व्यय करके 'जनकल्याण' के लिए अपने राज्यपाल सविशाख के निर्देशन में इसकी मरम्मत करायी। इस झील के बाँध पर एक विष्णु मंदिर के निर्माण का भी प्रमाण मिलता है, जिसका निर्माण गिरनार के प्रशासक 'चक्रपालित' ने करवाया था, जो पर्णदत्त का पुत्र था।) विस्तार हेतु देखिए -नागोरी, एस.एल. - *प्राचीन भारत*, जयपुर, पृ. 299
66. राय, चौधरी, हेमचन्द्र, - *उपरोक्त*, पृ. 306-307
67. ओझा, रामप्रकाश - *अशोक*, लखनऊ, पृ. 134
68. त्रिपाठी, रमाशंकर - *प्राचीन भारत का इतिहास*, 1985, पृ. 121
69. *वही*, पृ. 122
70. कर्तव्यमते हि मे सर्वलोकहितं। नास्ति हि कंमतरं सर्वलोकहितत्पा। य च किं च पराक्रमाभि अह किंति भूतान आनणं गछेय। इधचनानि सुखापयामि परत्रा च स्वगं आराधंयतु च।
-षष्ठम शिलालेख,
71. *अर्थशास्त्र* - 11.1
72. संयुक्त निकाय, 1/1/7
73. नागोरी, एस.एल - *उपरोक्त*, पृ. 196 (अशोक द्वारा निर्मित स्तूपों, यथा-सारनाथ श्रावस्ती, प्रयाग, कौशाम्बी, मथुरा, वाराणसी, कपिलवस्तु, कन्नौज, थानेश्वर, वैशाली, गया, तक्षशिला तथा श्रीनगर आदि को सातवीं शताब्दी ई. का चीनी यात्री ह्वेनसांग ने देखा था, जिसका विस्तृत वर्णन उसके यात्रा वृत्तान्त में लिपिबद्ध है)।
74. भगवत, *महावंश* - पृ. 85, 13/6-11 पंक्ति तक।
75. मिश्र, भास्कर नाथ-*उपरोक्त*, पृ. 3
76. *वही*, पृ. 4
77. लॉ., बी.सी., *हिस्टारिकल ज्याग्राफी*, पृ. 338, फुटनोट 9 (दीपवंश, 6/15, 12/14, 35, समन्त+पासादिका, 1/70-71, महावंशटीका, पृ. 321)
78. *वही*, पृ. 338, (*महाबोधिवंश* 4119, *थूपवंश*, पृ. 43)

79. नागोरी एस. एल.- *उपरोक्त*, जयपुर, 1986, पृ. 264
80. मार्शल फूशे-*दी मॉन्यूमेन्टस ऑफ साँची*, भाग-1, पृ. 277 तथा 342 अभिलेख 398 - 'राजो सिरि सातकर्णिस आवेसनिस वासिठी। पुत्रस आनंदस दान।' कुछ विद्वान इस अभिलेख को इस बात का प्रमाण नहीं मानते कि सातवाहन राजाओं का अधिपत्य मालवा पर था। (विस्तार हेतु देखिए, मजुमदार, आर. सी. एवं पुसलकर, ए.डी. - *दि एज ऑफ इम्पीरियल युनिटी*, द्वितीय संस्करण, बम्बई, 1953, पृ. 198)
81. फ्लीट, जान फेथफुल - *उपरोक्त*, खण्ड-3, पृ. 43-44
(चन्द्रगुप्त द्वितीय के उदयगिरी गुहाभिलेख में इस शैलोत्कीर्ण गुहा उत्कीर्णन की चर्चा की गयी है। अभिलेख की चौथी पंक्ति में चन्द्रगुप्त द्वितीय को ''लोककल्याणकारी' बताया गया है।)
82. अथ क्रमेणाम्बुद काल आगते, निदाधकालं प्रविदार्य तोयदैः।
ववर्श तोयं बहुसंतत चिर, सुदर्शन येन बिभेद चात्वरात्
विषाद्यमानाः खलुसर्वता जनाःकथं कथं कार्याभिति प्रवादिनः। - जूनागढ़ अभिलेख।
83. तस्मिनृपे शासति नैव कश्चिद्,
धर्मादपेतो मनुजः प्रजासु।
आर्त्तो दरिद्रो व्यसनी कदय्यौ,
दण्ड्यौ न वा यो भृश पीडिताः स्यात्।। - जूनागढ़ अभिलेख
84. सरस्वती, एस. के. - *दी क्लासिकल एज* (अनुवाद डॉ. आर.सी. मजूमदार), पृ. 199
85. नागोरी, एस.एल. - *उपरोक्त*, पृ. 327
86. श्रीवास्तव, के.सी. - *उपरोक्त*, पृ. 473
87. नागोरी, एस.एल. - *उपरोक्त*, पृ. 331-351

अध्याय पंचम

कला एवं स्थापत्य

भौगोलिक स्थिति की दृष्टि से पूर्वी उत्तर प्रदेश में छठी शताब्दी ई.पू. के महत्त्वपूर्ण गणराज्यों एवं षोडश महाजनपदों का विस्तार क्षेत्र था। फलतः इनके सम्पर्क के निकटस्थ क्षेत्रों के राजनैतिक और सांस्कृतिक सम्बन्ध अनवरत स्वाभाविक रूप से स्थापित होते रहे। पूर्वी उत्तर प्रदेश एवं मध्य प्रदेश के पुरातात्त्विक उत्खनन एवं सर्वेक्षणों से स्पष्ट होता है कि प्राग् मौर्यकाल में, कला एवं स्थापत्य के क्षेत्र में मौलिक विकास का अभाव था, परन्तु मौर्ययुगीन मृण्मूर्तिकला के प्रमाण दोनों ही क्षेत्रों से उपलब्ध होते हैं। पूर्वी उत्तर प्रदेश तत्कालीन समय से भौतिक रूप से समृद्ध था। अतः यहाँ प्रारम्भिक मृण्मूर्तिकला के विकास के प्रमाण मिलते हैं, जिसका विकसित स्वरूप कालान्तर में शुंगकाल में दिखाई देता है, यथा- साँची (मध्य प्रदेश) के स्तूप में प्रदर्शित अर्द्ध शिल्पांकन। अनुमान है कि पूर्वी उत्तर प्रदेश के कला का जो विकास गंगा घाटी अर्थात् सारनाथ (वाराणसी), कौशाम्बी (इलाहाबाद) में हुआ, वहीं तदन्तर इसका विस्तार पूर्वी मध्य प्रदेश के अधिकांश क्षेत्रों में भी हुआ। शुंग, सातवाहन काल में बेसनगर (विदिशा एवं साँची के निकटस्थ क्षेत्र) तथा कौशाम्बी एवं राजघाट (वाराणसी) के क्षेत्र मृण्मय मूर्तिकला से प्रभावित हुए, जिसकी पुष्टि यहाँ से उपलब्ध यक्ष एवं यक्षिणियों तथा अन्य देवी-देवताओं की मृण्मय मूर्तियों से होती हैं। सातवाहन काल में तो दोनों ही क्षेत्र मूर्तिकला के क्षेत्र में समान रूप से विकसित हुए, परन्तु पूर्वी मध्य प्रदेश में यह कला पाषाण शिलापट्टों पर उत्कीर्ण की गई, जो वर्तमान में भी सुरक्षित हैं, जिसमें साँची एवं भरहुत स्तूपों के तोरणद्वारों का उल्लेख किया जा सकता है।

कुषाणकाल से प्रारम्भ होकर लगभग गुप्तकाल तक मूर्तिशिल्प के क्षेत्र में सर्वप्रथम पूर्वी उत्तर प्रदेश में मौलिक प्रयास शुरू हुआ और अनेक कला केन्द्र स्थापित हुए, जहाँ कुषाण एवं गुप्तकालीन मूर्तियाँ राजकीय संग्रहालय, लखनऊ, बौद्ध संग्रहालय रामगढ़ताल (जिला-गोरखपुर) पुरातात्त्विक संग्रहालय, कुशीनगर एवं श्रावस्ती (गोण्डा), कौशाम्बी (इलाहाबाद) तथा सारनाथ (वाराणसी) आदि संग्रहालयों में संग्रहित हैं। इनमें मौर्येत्तर कालीन सर्वाधिक प्रतिमाओं का संकलन कौशाम्बी के संग्रहालय में है, जहाँ पर मध्य प्रदेश के भरहुत व साँची के तोरणद्वारों के समान उत्कीर्णित

अर्द्धशिल्पांकनों की परम्परा का विकास कला का प्रथम चरण माना जा सकता है। इनमें बुद्ध के जीवन से सम्बन्धित घटनाओं और जन्म के दृश्य से लेकर निर्वाण तक की घटनायें विशेष उल्लेखनीय हैं, उदाहरणार्थ - कौशाम्बी से प्राप्त एक शिलाफलक पर बुद्ध के जन्म का दृश्य विशिष्ट रूप से अंकित है। यहाँ 'माया' वृक्ष की शाखा पकड़े तिरछे खड़ी है। इनके दोनों तरफ परिचर अंजलि हस्त मुद्रा में खड़ी दिखायी गयी हैं। इसी फलक के ऊपर माँ और शिशु का भी अंकन महत्त्वपूर्ण है। कला की दृष्टि से यह दूसरी शताब्दी ई.पू. की अनुमानित कृति है। इसी प्रकार एक अन्य शिलापट्ट पर 'माया' कमल फलक पर खड़ी दिखाई गयी हैं और एक फलक पर ''जातक कथा'' का सुन्दर शिल्पांकन किया गया है, जो 'शुंगकालीन' है।[1]

इसके अतिरिक्त कुशीनगर उवं रामगढ़ताल (जिला-गोरखपुर) के संग्रहालयों में संग्रहित शिला फलकों पर बुद्ध के महापरिनिर्वाण व ध्यानस्थ बुद्ध आदि के दृश्य अंकित हैं। जो कुषाणकालीन है। इसमें तपस्या के समय 'मार का आक्रमण' ध्यानस्थ बुद्ध और 'धर्मचक्र प्रवर्तन' जो गान्धार शैली से प्रभावित है, विशेष उल्लेखनीय है।[1]

इसी कला-परम्परा में उक्त दृश्य को कालान्तर में पूर्वी मध्य प्रदेश के साँची के तोरणद्वार में दिखाया गया है। यहाँ 'माया' कमल पीठ पर खड़ी हैं जिनका गजाभिषेक हो रहा है। यह दृश्य पूर्वी मध्य प्रदेश में लगभग शताब्दियों बाद दृष्टिगोचर होता है। स्पष्ट है कि कौशाम्बी के कलाकारों की कला-परम्परा का प्रभाव इस क्षेत्र में पड़ा। ऐसी अनेक जातक कथाओं की परिकल्पना शीघ्र ही पूर्वी मध्य प्रदेश में हुयी, जिनका मूल प्रेरणा स्रोत पूर्वी उत्तर प्रदेश है। कालान्तर में समस्त भारत में बौद्ध जातक कथाओं एवं गौतम बुद्ध के जीवन से सम्बन्धित घटनाओं का अर्द्धशिल्पांकन लोकप्रिय हो गया है।

(क) बौद्ध कला

1. मूर्तिशिल्प (बुद्ध की मूर्तियाँ)

प्रारम्भिक चरण में हीनयान सम्प्रदाय के कट्टर बौद्ध मतावलम्बियों ने बुद्ध की उपासना, प्रतीक के रूप में स्वीकार की। ये प्रतीक चक्र, बोधि अभयदान के रूप में हाथ का पंजा इत्यादि लगभग तीसरी शताब्दी ई.पू. से लेकर प्रथम शताब्दी ई.पू. तक प्रचलित रहे। परवर्ती युग में 'महायान सम्प्रदाय' के समर्थकों ने बुद्ध के मानव रूप की उपासना को स्वीकार किया तथा मथुरा और गान्धार कला में बुद्ध को सामान्य रूप से प्रदर्शित किया गया, धीरे-धीरे मूर्तिशिल्प का निर्माण कार्य लगभग दूसरी शताब्दी ई. में शिल्पशास्त्रों के निर्देशित नियमों के माध्यम से निर्मित होने लगा और क्रमश: इनके विशिष्ट स्वरूप प्रकाश में आये।

कालान्तर में निर्दिष्ट क्षेत्रों में इन कला परम्पराओं से प्रभावित बुद्ध की मूर्तियाँ निर्मित होने लगीं, जिनमें कतिपय महत्त्वपूर्ण मूर्तियों का विश्लेषण निम्नानुसार है :-

बुद्ध की स्थानक मूर्तियाँ

राजकीय बौद्ध संग्रहालय, कुशीनगर में संग्रहित बुद्ध की 'स्थानक मूर्ति' अत्यंत महत्त्वपूर्ण है।

यहाँ बुद्ध को गान्धार कला शैली से प्रभावित प्रदर्शित किया गया है। बुद्ध के दोनों कन्धे संघाती से ढके हुए हैं, दाहिना हाथ खण्डित है और बायाँ हाथ सामने की ओर नाभि के पास दिखाया गया है। बुद्ध के केश संवारे हुए हैं और दोहरा उष्णीष दिखाया गया है। कानों में कुण्डल व सादी प्रभावली का मोहक अंकन है। कला की दृष्टि से यह मूर्ति प्रथम शताब्दी ई.पू. की अनुमानित कृति है।[2]

बुद्ध की पद्मासन में पाषाण से निर्मित मूर्तियाँ भी दोनों ही क्षेत्रों से सूचित है। इसके अन्तर्गत मध्य प्रदेश के साँची संग्रहालय में संग्रहित (मूर्ति क्रमांक-2715) बोधिसत्त्व की पद्मासन मूर्ति उल्लेखनीय है। यह मूर्ति मथुरा के पाषाण में उत्कीर्ण है और ध्यानावस्थित मुद्रा में प्रदर्शित है।[3] मार्शल फूशे के मतानुसार कुषाण नरेश 'वासिष्क' के 28वें राज्य वर्ष में 'मधुरिका' द्वारा यह मूर्ति धर्मदेव विहार में स्थापित की गयी थी, जो वर्तमान में यथास्थान शोभनीय है।[4]

पूर्वी उत्तर प्रदेश में कुषाणकालीन पद्मपाणि की मूर्ति कुशीनगर संग्रहालय में संग्रहित है। यहाँ पद्मपाणि स्थानक मुद्रा में कमल-पीठ पर खड़े हैं। वे एक हाथ से उत्तरीय सम्भाल रहे हैं और दूसरे में कमल। चेहरे का भाव स्पष्ट नहीं हैं पर शरीर का अंकन सजीव है। कला की दृष्टि से यह मूर्ति मथुरा कला शैली से प्रभावित है।[5]

कुषाणकालीन बोधिसत्त्व की एक अन्य स्थानक मूर्ति राजकीय बौद्ध संग्रहालय, रामगढ़ ताल (जिला गोरखपुर) में सुरक्षित है। यहाँ बोधिसत्त्व को बहु-अलंकृत स्थानक मुद्रा में दिखाया गया है। इनके बायें कंधे पर संघाती है, जो दाहिनी हथेली पर अवस्थित है। दायें हाथ में सनाल कमल और बायें हाथ में एक अस्पष्ट वस्तु लिए हुए हैं। जटा बहुअलंकृत तथा कानों में पुष्प, गले में हार और कटिवस्त्र धारण किये हुए हैं। मथुरा कला शैली से प्रभावित यह मूर्ति पहली शताब्दी ई. की कृति है।[6]

कतिपय अन्य बोधिसत्त्व मूर्तियों में सारनाथ (वाराणसी) से प्राप्त मूर्ति उल्लेखनीय है। इस प्रतिमा पर उत्कीर्ण अभिलेख से स्पष्ट होता है कि इसकी स्थापना 'कनिष्क' राज्यकाल के तीसरे वर्ष मथुरा के "त्रिपिटकाचार्य भिक्षु वल" द्वारा की गयी थी। इस मूर्ति के विकास में स्पष्ट रूप से सारनाथ के कलाकारों ने 'यक्ष मूर्ति' को उदाहरणस्वरूप अपनाया। पूर्वी उत्तर प्रदेश में यह प्रथम प्रयास है कि मथुरा कला शैली में अभयस्थ कलाकारों ने कुषाण कला शैली की परम्पराओं का निर्वाह करते हुए बोधिसत्त्व मूर्तियों का निर्माण किया।[7]

इसी प्रकार बोधिसत्त्व की एक दूसरी मूर्ति कौशाम्बी से प्राप्त हुयी है, जो कनिष्क राज्यकाल के दूसरे वर्ष की है और मथुरा कला शैली से प्रभावित है। इसी परम्परा में निर्मित बोधिसत्त्व की एक दुर्लभ मूर्ति कनिंघम को श्रावस्ती से प्राप्त हुयी है, जो अभिलेख के अनुसार 'त्रिपिटकाचार्य वल' द्वारा स्थापित की गई थी।[8] उल्लेखनीय है कि इसी शैली की दृष्टि से सारनाथ, कोसम और श्रावस्ती की मूर्तियाँ लगभग एक ही साँचे में ढली हैं। जिससे स्पष्ट होता है कि जब कनिष्क सिंहासन पर बैठा, तो मथुरा के शिल्पी बोधिसत्त्व की महाप्राण मूर्तियाँ बनाने लगे। तिथियुक्त उपरोक्त दो मूर्तियों का अतिरिक्त कनिष्क के संवत् में अंकित अनेक मूर्तियाँ पूर्वी उत्तर प्रदेश से मिलती हैं।

इसी परम्परा का निर्वाह कालान्तर में वासिष्क, हुविष्क और वासुदेव के शासनकाल में मूर्ति निर्माण में किया गया और मथुरा की शिल्प शालाओं में तीव्र गति से वृद्धि हुयी, जिसका प्रभाव

सुदूर-पूर्व एवं भारत के दूरस्थ क्षेत्रों में भी पड़ा। पूर्वी मध्य प्रदेश में इसका प्रभाव यक्ष-मूर्तियों में देखा जा सकता है, जो बेसनगर से उपलब्ध हुयी है।

प्रारम्भिक गुप्तकाल में भी बुद्ध के मूर्तियों का निर्माण अनवरत जारी रहा। ये पाषाण के अतिरिक्त 'गचकारी-शिल्प' (Stucco) में भी निर्मित हुयी। Stucco में ही निर्मित एक सुन्दर बुद्ध की पद्मासन मूर्ति राजकीय बौद्ध संग्रहालय, कुशीनगर में संग्रहित है। यहाँ बुद्ध ध्यानस्थ मुद्रा में दिखाये गये हैं और उनके दोनों ही स्कन्ध उत्तरीय से ढके हुए हैं। सिर पर लघु उष्णीष तथा इनके लम्ब कर्ण, अर्धोन्मीलित नेत्र, छोटी ढुड्डी एवं आकर्षक मुखाकृति पर अन्तर्द्वन्द्व की मुस्कान प्रशंसनीय है। यह मूर्ति गान्धार कला शैली में निर्मित है और गुप्तकालीन है, जो कला के विकास के प्राथमिक चरण का संकेत करती है।[9]

कालान्तर में इसी कला शैली से प्रभावित बुद्ध की मूर्ति साँची (मध्य प्रदेश) में निर्मित हुई, उदाहरणार्थ-साँची संग्रहालय में प्रदर्शित (मूर्ति क्रं-2701) लाल बलूआ, धूसर प्रस्तर पर उत्कीर्णित ध्यानावस्थित मुद्रा में बुद्ध की द्विभुजी प्रतिमा सुरक्षित है। यहाँ बुद्ध के दोनों कर परस्पर आबद्ध हैं तथा दोनों स्कन्ध संघाती द्वारा ढ़के हुए हैं। संघाती घुटनों के पास दबी हुई प्रदर्शित है तथा इनके उष्णीष का अंकन अस्पष्ट है। चुन्नटदार संघाती गुप्तकालीन कला शैली से प्रभावित है। कुंचित केश, लम्बकर्ण, मोटे ओष्ठ, धनुषाकार अलकें तथा उर्ष्णा का अंकन विशिष्ट है। यहाँ प्रभामण्डल का उत्कीर्णन नहीं किया गया है। कटिवस्त्र स्पष्ट है। मूर्ति को मुखमण्डल पर असीम शान्ति रखे प्रसन्नता का सामंजस्य प्रदर्शित करने में शिल्पी को अभूतपूर्व सफलता प्राप्त हुयी है। शरीर के अंगों के अंकन से बुद्ध के आन्तरिक शक्ति का प्रदर्शन होता है।[10]

उपर्युक्त मूर्तियों के समकालीन स्तूप क्रमांक-1 के चतुर्दिक चारों प्रवेशद्वारों के समक्ष मेघी के नीव में लगी चार बुद्ध प्रतिमायें 'प्रदक्षिणापथ' में स्थापित है। ये मूर्तियाँ बुद्ध की प्रतिमाओं के प्रारम्भिक चरण को दर्शाती है, जिनमें मथुरा और सारनाथ की तत्कालीन समुन्नत शैली का अभाव है। कुछ विद्वानों का मत है कि पूर्वी मध्य प्रदेश में बुद्ध की प्रतिमा निर्माण हेतु मौलिक शैली का प्रयोग हुआ, परन्तु सूक्ष्म अध्ययन से स्पष्ट होता है कि इस पर 'कौशाम्बी' (इलाहाबाद) के कला का प्रभाव है।

इन मूर्तियों का प्रभामण्डल वेदिकाओं के कमल का विकसित रूप है। शिल्पी ने इनके मुख पर योगाभ्यास की झलक लाने का प्रयास किया है। इन्हें ध्यानीबुद्ध भी कहा गया है।[11] चारों मूर्तियाँ ध्यान मुद्रा में आसनस्थ हैं। इनके दायें और बायें क्रमशः चामरधारी और बोधिसत्त्व खड़े दिखाये गये हैं। पूर्वी मूर्ति के निकट वाले बोधिसत्त्व का एक हाथ कटिहस्त मुद्रा में तथा पूर्वी चामरधारी के बायें हाथ में वज्र दिखाई देता है। यहाँ तक कि दक्षिणी मूर्ति के बायीं ओर इन्द्र के समान मुकुट धारण किये प्रतिमा दिखाई गई है, और प्रभामण्डल के दोनों ओर आकाशवारी विद्याधर है, परन्तु इनके अलंकरण में भिन्नता है। इसी प्रकार इनके शारीरिक प्रदर्शन में भी भिन्नता है। यहाँ बुद्ध की मूर्ति के वक्ष और गले पर गहरी सतहों द्वारा 'चीवर' का आभास दिलाया गया है। मूर्ति की कलाइयों पर चूड़ीदार धारियाँ हैं, तथा पूर्वी मूर्ति के पैरों के नीचे चीवर की सल्वटें दिखाई गई हैं जब कि ये

लक्षण अन्य मूर्तियों में नहीं है। चारों ही मूर्तियाँ शिलापट्टों पर उत्कीर्णित हैं। उत्तरी मूर्ति की चौकी पर उपासकों की तीन मूर्तियाँ भी प्रदर्शित हैं। पाँचवीं सदी के ''सूरकुल' के अभिलेख में जालान्गुल से बुद्ध मूर्ति का उल्लेख मिलता है।[12]

उल्लेखनीय है कि गुप्तकालीन एक अभिलेख से ज्ञात होता है कि 'सूरकुल' के 'आलज' ने जालान्गुल से युक्त बुद्धमूर्ति की प्रतिष्ठा मध्य प्रदेश के साँची में की थी (अभिलेख क्रमांक-832)। इसी प्रकार बुद्धमूर्ति संख्या-2771 ध्यानीबुद्ध से युक्त बुद्ध अवलोकितेश्वर का सिर (संख्या-831) की प्रतिष्ठा साँची में की गई थी।

साँची में बोधिसत्त्व अवलोकितेश्वर की मूर्तियाँ अन्य कालों की अपेक्षा लगभग गुप्तकाल में अधिकांशत: निर्मित की गयीं। ये विशालकाय मूर्तियाँ त्रिभंग मुद्रा में प्रदर्शित हैं। इनके हाथों में कमल पुष्प होने के कारण इन्हें ''पद्मपाणि'' कहा गया है।

यह तथ्य सर्वविदित है कि कुषाण काल में वज्रपाणि मूर्तियों का अविर्भाव हुआ और यक्ष वज्रपाणि को बोधिसत्त्व की संज्ञा दी गयी। साँची के संग्रहालय में प्रदर्शित बोधिसत्त्व वज्रपाणि की मूर्तियाँ लगभग सभी गुप्तकालीन हैं। गुप्तकाल में वज्रयान के प्रादुर्भाव का यह प्रथम चरण है।

ऐसे ही अवलोकितेश्वर का एक सिर (क्रमांक-831) यहाँ से उपलब्ध है, जो कुषाण और गुप्तकाल के बीच संक्रमणशील स्थिति का द्योत्तक है। इस पर ध्यानीबुद्ध अमिताभ वज्रावलि के बीच में बैठे प्रदर्शित हैं। इस प्रकार का आलेखन वज्रयान के प्रभाव का दूसरा प्रमाण है।

पूर्वी उत्तर प्रदेश में इनका अभाव है। परन्तु गुप्तकालीन बुद्ध की प्रतिमाओं में सर्वश्रेष्ठ बुद्ध की पद्मासन में प्रदर्शित ध्यानचक्र एवं व्याख्यान मुद्रा में प्रदर्शित 'सारनाथ' से प्राप्त मूर्ति गुप्त कलाशैली का प्रतिनिधित्व करती है। इस मूर्ति की ऊँचाई लगभग 1.55 मीटर और चौड़ाई 0.80 मीटर है। सम्भवत: इसे बुद्ध की ''धर्मचक्र प्रवर्तन'' की घटना से जोड़ा जाता है जो सारनाथ में घटित हुआ था। यहाँ बुद्ध ऊँची चौकी पर विद्यमान हैं। इनके दोनों ही हाथ वक्षस्थल के समक्ष व्याख्यान मुद्रा में दिखाये गये हैं। इनके दोनों ही स्कन्ध उत्तरीय से ढके हुए हैं। पारदर्शी वस्त्र किनारों एवं सिल्वटों से संकेतित है। शास्त्रों के अनुसार इनको दक्षिणावर्ती संवारा गया है और उष्णीष अर्द्धवृत्ताकार, परन्तु छोटा है। कानों की लोर लम्बी है जो स्तम्भों को स्पर्श कर रही है। चौकी के मध्य 'चक्र' उत्कीर्णित है, जिसके दोनों तरफ 'उकड़ू' बैठे दिखाये गये हैं। यह चक्र, ''बौद्ध चक्रप्रवर्तन'' का संकेत देता है। यहाँ चित्रित पशु मृगदाउ-वन का संकेत करते हैं, जहाँ बुद्ध ने प्रथम उपदेश दिया था। शेष रिक्त स्तम्भ पर कतिपय पुरुष आकृतियाँ अंजलि हस्तमुद्रा में वस्त्र पहने झुके हुए दिखाये गये हैं जिनमें पाँच के सिर मुड़े हुए हैं। यही पाँच 'पंचभद्र वर्गीय भिक्षु' हैं, जिन्होंने भगवान बुद्ध का साथ 'गया' में छोड़ दिया था। परन्तु ये सर्वप्रथम बौद्ध उपदेश को स्वीकार किये। शेष दो महिलाओं का शिल्पांकन है, जो झुकी हुई घुटनों के बल खड़ी हैं। इनके पीछे एक व्यक्ति माला लिए खड़ा है, सम्भवत: यह बुद्ध मूर्ति का दानकर्ता है। मूर्ति के पीछे बुद्ध के कंधों तक लता पत्तों से सजाया गया है। इन फूल-पत्तियों के मध्य से दो मकर निकलते हुए दिखाये गये हैं, जिनको झपकते हुए व्याल आकृतियाँ अपने लहराती पूँछ से समर्थन दिये हैं। श्री 'फोगल' ने इस व्याल आकृति के अलंकरण

को मध्य प्रदेश के साँची तथा अन्य स्थलों पर भी बताया है जो धीरे-धीरे विकसित होकर वर्तमान में अलंकरण मात्र रह गयी है। फोगल ने सिंहासन की आकृति को देखकर इसे गान्धार शैली में स्वीकार किया है। बुद्ध के पृष्ठ भाग में बहु-अलंकृत आभावली है, जिसकी परिधि लगभग 0.81 मीटर है, जो अर्द्धवृत्तों से अलंकृत है। इस वृत्त के दोनों तरफ गान्धर्व की आकृति है जो हाथ में पुष्प माला लिए हैं। दाहिने हाथ की आकृति सम्भवतः चवर लिए है।

हैवेल के मतानुसार इन लक्षणों से युक्त प्रदर्शन के कारण बुद्ध को मानवेतर, महान आध्यात्मिक व्यक्तित्व की पृष्ठभूमि में प्रदर्शित किया गया है, जिन सिद्धांतों का अनुपालन कर कलाकार द्वारा इस मूर्ति का निर्माण किया गया। मूर्ति चुनार के बलुआ पत्थर पर निर्मित है जिसमें काले रंग की चित्तियाँ विद्यमान हैं, जो दूर से गुलाबी रंग की दिखाई देती हैं।[13]

उपरोक्त बुद्धमूर्ति के समान ही एक अन्य सुन्दर मूर्ति भी सारनाथ के संग्रहालय में सुरक्षित है, जिसका पंजीयन क्रमांक, बी-182 है। यहाँ भी बुद्ध 'धर्मचक्र मुद्रा' में ऊँची चौकी पर विराजमान है और हाथ वितर्क मुद्रा में है। चौकी के मध्य चक्र और मृग चिह्न अंकित है, जो धूमिल पड़ चुके हैं। मूर्ति के दोनों किनारे दो झुके हुए स्त्री और पुरुष की आकृतियाँ हैं, जो सम्भवतः दानकर्ता और उसकी पत्नी की है। इस मूर्ति में पाँच अन्य भिक्षु नहीं दिखाये गये हैं। मूर्ति की आभावली अण्डाकार व अलंकरण विहीन हैं। मूर्ति चूनार पत्थर में निर्मित है जो कला की दृष्टि से गुप्तकालीन मोहक कृति है। यह मूर्ति 1904-05 के उत्खनन में चौखण्डी स्तूप में प्राप्त हुयी थी।[14]

इसी प्रकार कई बौद्ध-मूर्तियाँ एवं खण्डित सिर संग्रहालय की शोभा बढ़ा रहे हैं, जो पूर्वी मध्य प्रदेश के मूर्तियों से साम्य रखती है।

2. स्तूप एवं विहार

स्तूप

बौद्ध-स्थापत्य में स्तूप निर्माण विशेष महत्त्वपूर्ण है। स्तूप शब्द की व्युत्पति पालि के 'थूप' शब्द से मानी जाती है जिसका शाब्दिक अर्थ ''मिट्टी का ढेर'' अथवा 'थूप' है। बौद्ध साहित्य में इसके पर्याय 'चैत्य' और 'महाचैत्य' भी मिलते हैं। स्तूपावदान एवं जातकों में भी 'स्तूप' शब्द का प्रयोग मिलता है। पालि साहित्य से ज्ञात होता है कि जब बुद्ध कुशीनारा में महानिर्वाण प्राप्त करने जा रहे थे, तो आनन्द में महापरिनिर्वाण के बाद उनके शरीर धातुओं की पूजा-अर्चना करने का निश्चय किया। बुद्ध ने उनके निश्चयता का दृढ़ता से खण्डन किया[15] और समझाया कि तथागत का पार्थिव शरीर अनित्य और नाशवान है[16], केवल 'धम्म' ही चिरंतन सत्य है। कुछ विद्वानों का मत है कि कुशीनारा में बुद्ध पहले ही बता चुके थे कि उनके समान 'चक्कवति' अर्थात् 'चक्रवर्ती पुरुष' के लिए किस प्रकार से शरीर अवशेषों पर स्तूप निर्माण किया जाये।[17]

कालान्तर में स्तूप निर्माण की परम्परा अन्ततः स्वीकार कर ली गयी, तथा स्थापत्य की दृष्टि से इसके विभिन्न अंगों, यथा-शारीरिक, उद्देशिक, परिभौमिक तथा वृत्तानुष्ठित का विश्लेषण भी

निश्चित कर लिया गया। वासुदेव शरण अग्रवाल आदि कतिपय विद्वानों का मत है कि इसका निर्माण 'वैदिक काल' से ही शरीर अवशेषों को एकत्रित कर 'ढेर' लगाने की प्रक्रिया से आरम्भ होकर 'महाकाव्य काल' तक प्रयोग हुआ।[18]

छठी शताब्दी ई.पू. में बुद्ध के शरीर धातुओं के सत्कार[19] ने भविष्य के लिए परिपाटी स्थापित की। बौद्धस्तूप का निर्माण सर्वप्रथम राजगृह, वैशाली, कपिलवस्तु, रामग्राम, पावा, कुशीनारा, गंधारपुर तथा कलिंग आदि महत्त्वपूर्ण स्थानों पर निर्मित हुए।[20] इनमें से अधिकांश स्थल पूर्वी उत्तर प्रदेश के हैं, अर्थात् स्तूप निर्माण की परम्परा मौर्यकाल तक आते-आते चरमोत्कर्ष पर पहुँच गयी, जिसकी पुष्टि बौद्धग्रंथ के दीघनिकाय में वर्णित वैशाली स्तूप से होती है।[21] इसमें शाक्यमुनि द्वारा लिच्छवि वज्जिसंघ के संदर्भ में स्तूप उपासना का संकेत भी दिया गया है।[22]

गौतम बुद्ध के महापरिनिर्वाणोपरान्त उनके शरीर अवशेषों को क्रमशः दस भागों में विभाजित कर गणराज्यों के मध्य विभक्त किया गया। इनमें मगध के राजा अजातशत्रु वैशाली के लिच्छवि, कपिलवस्तु के शाक्य, अल्लकप्प के बुली, रामग्राम के कोलिय, वेद्धदीपक के ब्राह्मण, पेवय्यक के मल्ल, कुशीनारा के मल्ल, ब्राह्मण द्रोण तथा पिप्पलिवन के मोरियों आदि को क्रम से दिये गये।[23] जिसमें अधिकांशतः पूर्वी उत्तर प्रदेश के शासक थे। इन लोगों ने शाक्यमुनि के शरीर अवशेषों पर स्तूप का निर्माण किया, कहा जाता है कि मौर्य सम्राट अशोक ने तो वैशाली के एक स्तूप से प्राप्त भस्मावशेषों को विभक्त कर 84 हजार स्तूपों का निर्माण करवाया। कालान्तर में स्तूप निर्माण की प्रक्रिया विस्तृत हुई और 'महावंश' में इसके विभिन्न संरचनात्मक तकनीकी, शब्दावली एवं तलविन्यास व ऊर्ध्वविन्यास से सम्बन्धित नियमों का उल्लेख मिलता है। इनका प्रयोग शुंग, गुप्त और गुप्तोत्तर काल तक होता रहा एवं विभिन्न वर्गों के स्तूप निर्मित होते रहे जिनका विस्तार पूर्वी उत्तर प्रदेश से प्रारम्भ होकर समग्र उत्तर भारत व मध्य भारत में हुआ।

यद्यपि कि विभिन्न क्षेत्रों में स्थापत्य विशेषताएँ परिलक्षित होती हैं। प्रस्तुत संदर्भ में कुछ महत्त्वपूर्ण स्तूपों का विश्लेषण निम्नानुसार है :-

बौद्धकालीन इतिहास में कुशीनगर का महत्त्वपूर्ण स्थान है। यह गोरखपुर से लगभग 52 कि.मी. पूरब, राष्ट्रीय राजमार्ग-28 पर स्थित है। प्राचीन भारत में कुशीनगर 'मल्लों' की राजधानी थी। यहाँ पर मुख्य रूप से दो स्तूप पाये जाते हैं, जो पूर्वी उत्तर प्रदेश के लगभग सबसे प्राचीन है।

रमाभार स्तूप, कुशीनगर

कुशीनगर स्थित 'माथाकुंवर' से लगभग 1.6 कि.मी. की दूरी पर रमाभार स्तूप निर्मित है। इसके निकट एक छोटी सी झील भी है। इतिहास में दोनों ही स्थलों को 'रमाभार' के नाम से जाना जाता है। बौद्ध परम्परा में यह 'मकुटबन्धन चैत्य' से प्रसिद्ध है। यह सम्भवतः वह स्थल है जहाँ बुद्ध के महापरिनिर्वाण के पश्चात् 'दाह-संस्कार' (Cremation Stupa) किया गया था। यह परम्परा कहाँ तक सत्य है निश्चित रूप से नहीं कहा जा सकता। परन्तु ऐसी परम्परा जीवित है कि वहाँ से बुद्ध

के 'शरीर अवशेष' कुशीनगर लाये गये तथा उसको विभाजित किया गया, और प्राप्तकर्ता अपने-अपने क्षेत्रों में शरीर अवशेष पर स्तूप का निर्माण करवाये।

उपरोक्त स्थल की सूचना सर्वप्रथम किसी शासकीय अधिकारी को हुयी, जिसने सर्वेक्षण कर उत्खनन कार्य करवाया। इसके बाद कनिंघम ने उत्खनन कार्य करवाया। तत्पश्चात् 1910 ई. में हीरालाल शास्त्री ने भी उत्खनन कार्य किया। उत्खनन से प्राप्त अवशेषों से स्थापत्य का स्पष्ट ज्ञान नहीं होता। लेकिन इतना अवश्य कहा जा सकता है कि यह एक विशिष्ट प्रकार का स्तूप था जिसका अण्ड 34.14 मी. की वृत्त में बनाया गया था, जिसकी वृत्ताकार नींव ईंट से निर्मित थी। इसकी परिधि वर्तमान में लगभग 47.24 मी. है। अनुमान है कि यह स्तूप मुख्य स्तूप से दुगुने आकार में था। उत्खनन में अनेक मुहरें प्राप्त हुई हैं जिस पर बौद्धमंत्र लिखा हुआ है। विभिन्न प्रकार के ईंटों और निर्माण कार्य से अनुमान लगाया जा सकता है कि यह स्तूप कई बार निर्मित हुआ और पुनर्संवर्धन भी किया गया। तत्पश्चात् 1956 ई. में इसका अंतिम उत्खनन हुआ और सम्पूर्ण स्तूप का अधिष्ठान सामने आया। पुरातत्त्वविदों का अनुमान है कि यह एक विशिष्ट स्तूप है जिसके आस-पास अनेक छोटे-छोटे स्तूपों का निर्माण किया गया है, जो वर्तमान में भी यथावत् विद्यमान हैं। इनके निर्माण में अनेक क्षेत्रीय तथा विदेशी तीर्थयात्रियों ने भी अपने सहयोग दिये।[24]

यह स्तूप स्थापत्य की दृष्टि से प्राचीनतम है उत्खनन से स्पष्ट है कि कई बार पुनर्निमित हुआ। इसके सूक्ष्म अवलोकन से कहा जा सकता है कि स्तूप निर्माण परम्परा के नियमों में अभी स्थायित्व नहीं आया था।

मुख्य स्तूप कुशीनगर

यह स्तूप 1876 ई. में श्री कार्लायल द्वारा पुरातात्त्विक उत्खनन से प्रकाश में आया। उत्खनन से यह अनुमान लगाया गया है कि इसका निर्माण लगभग 45.72 मी. की ऊँचाई में हुआ होगा। स्तूप के साथ एक अन्य मंदिर भी लगभग 2.74 मी. की ऊँची जगती पर निर्मित है। इसके अण्डाकार भाग की ऊँचाई 5.47 मी. है। इस पर वर्तमान में सुरक्षित छोटे-छोटे उड़सम्बिकायें चारों तरफ से निर्मित होने का संकेत करती हैं। जमीन से स्तूप की ऊँचाई सामान्यत: 19.81 मी. है जो मिट्टी के ईंटों से निर्मित है।

पुरातात्त्विक रिपोर्ट से स्पष्ट होता है कि 1910 ई. में स्तूप का पुन: निरीक्षण किया गया जिसके अन्तर्गत कुछ अलंकृत इष्टिकाओं से निर्मित स्तम्भ एवं गुप्तकालीन नरेश 'जयगुप्त' की ताम्र मुद्रायें प्राप्त हुईं। इसी के साथ एक ताम्रघट के ऊपर 'ताम्रपत्र' भी मिला था, जिस पर 'निदानसूत्र' लिखा था। निदानसूत्र के अंतिम पंक्ति के सूक्ष्म अवलोकन से ज्ञात होता है कि इस स्तूप का निर्माण 'हरीवल' नामक व्यक्ति ने किया था।[25] इसके अतिरिक्त स्तूप के आसपास के सर्वेक्षण में कुमारगुप्त की चाँदी की मुद्रायें भी प्राप्त हुयी हैं। यहीं से कुछ मृण्मूर्तियाँ भी मिली हैं जो कला की दृष्टि से पहली शताब्दी ई. की अनुमानित है।

सन् 1927 ई. में 'वर्मा' के दानकर्ताओं के सौजन्य से स्तूप का पुनः जीर्णोद्धार किया गया और यहाँ से प्राप्त पुरातात्त्विक सामाग्रियों, यथा-स्वर्ण, रजत तथा ताम्रमुद्राओं को पुनः यथावत् सुरक्षित किया गया। तभी से यह स्तूप 'भारतीय पुरातत्त्व सर्वेक्षण विभाग', लखनऊ के संरक्षण में है।[26]

इसके अतिरिक्त कुशीनगर के पूर्व लगभग 1.5 कि.मी. की दूरी पर स्थित 'कसया' नामक स्थान पर 'निर्वाण मंदिर' के पीछे कई छोटे-छोटे स्तूपों की प्राप्ति हुई है जो रमाभार स्तूप से तुलनीय है। यहाँ पर एक ताम्रपत्र भी प्राप्त हुआ है जिस पर 'परिनिर्वाणचैत्येताम् पट्ट इति' उत्कीर्ण है।[27]

सन् 1910-11 ई. में श्रावस्ती के उत्खनन से श्री जॉन मार्शल को बहुतायत खण्डित स्तूपों की प्राप्ति हुई हैं जो वर्तमान में जीर्ण-शीर्ण अवस्था में विद्यमान है।[28] उल्लेखनीय है कि पूर्वी उत्तर प्रदेश के सारनाथ (वाराणसी) एवं कौशाम्बी (इलाहाबाद) से भी स्तूपों के अवशेष प्राप्त हुए हैं जिसमें धर्मराजिका व धमेक स्तूप महत्त्वपूर्ण हैं।

धर्मराजिका स्तूप

सारनाथ स्थित इस स्तूप का निर्माण मौर्य नरेश अशोक ने करवाया था। सन् 1794 ई. में काशी राजा के मंत्री 'जगतसिंह' के श्रमिकों ने इस स्तूप को ध्वस्त कर दिया। स्तूप के अन्तर्गत 8.25 मी. की गहराई में 'पाषाण-मंजूषा' रखी गयी थी।[29] स्तूप के नीचे एक पाषाण चौकी प्राप्त हुई थी, जिस पर 'महिपाल' (1026 ई.) का लेख अंकित था। यह लेख जगतसिंह के घर से प्राप्त हुआ था। सम्भवतः इसे स्तूप से उठाकर लाया गया होगा।

स्तूप के उत्खनन से इसके आकार और निर्माण के चरणों का आसानी से अनुमान लगाया जा सकता है। अशोक ने मूलतः 13.94 मी. के व्यास में स्तूप का निर्माण करवाया था। कुषाणकाल में इसके आकार में ईंटों की वृद्धि हुई। पाँचवीं, छठीं शताब्दी मे इसके प्रदक्षिणापथ को बढ़ाया गया जो 4.88 मी. चतुर्दिक एवं 1.35 मी. की ऊँची दीवाल से घेरा गया और क्रमशः चार दरवाजे चारों दिशाओं में बनाये गये। तीसरी बार सातवीं शताब्दी ई. गें प्रदक्षिणा बढ़ाया गया तथा स्तूप पर चढ़ने के लिए चतुर्दिक सोपान निर्मित किये गये। क्रमशः नवीं शताब्दी ई. से लेकर ग्यारहवीं शताब्दी ई. तक दो बार पुनः आकार बढ़ाये गये और अंतिम बार लगभग 12वीं शताब्दी ई. में 'मठ' का निर्माण किया गया। दो भारी भरकम मूर्तियाँ जो क्रमशः बोधिसत्त्व की और दूसरी कनिष्क के तीसरे वर्ष की हैं, यहाँ स्थापित की गयी। दूसरी मूर्ति बुद्ध की पद्मासन में बैठी वितर्क मुद्रा में हैं, जो स्तूप के पास प्राप्त हुयी थी, उसको भी सम्भवतः स्थापित की गयी होगी।[30]

मुख्य स्तूप 18.29 मी. के धर्मराजिका स्तूप के उत्तर में एक 'चतुष्कोणिय मंदिर' का भी निर्माण हुआ है जिसे 'मूलगन्ध कूटी' के नाम से जाना जाता है। जिसका विस्तृत विवरण 'ह्वेनसांग' के यात्रा-वृत्तान्त में निहित है।[31] इसके अतिरिक्त अनेक पाषाण सूचिकायें भी यहाँ से प्राप्त हुई है जिस पर मौर्य, कुषाण एवं गुप्तकालीन अभिलेख लिपिबद्ध हैं।

धमेख स्तूप

धमेख स्तूप ही धर्म का असांस्कृतिक रूप है। किस मंतव्य से इसे बनाया गया, निश्चित रूप से नहीं कहा जा सकता। सम्भवत: इसी स्थान से बुद्ध ने भविष्यवाणी की थी, कि 'मैत्रेयबुद्ध' का जन्म वहीं होगा।[32] यह बेलनाकार, ऊँचा स्तूप है जिसकी परिधि 28.5 मी. और ऊँचाई 33.53 मी. है। मूल धरातल से लेकर सम्पूर्ण ऊँचाई 42.06 मी. है, जो सीधा सामान्य धरातल पर निर्भर है। प्रत्येक स्तरों पर लोहे की छड़ों से पत्थरों को बाँधा गया है। ऊपर ईंटों का स्तूप निर्मित है, जिनमें सम्भवत: मूर्तियाँ निर्मित की गई होंगी। इसके नीचे लतापुष्य तथा ज्यामितिक अलंकरणों से स्तूप को सजाया गया है। इसमें बीच-बीच में मानव एवं पक्षियों का सुन्दर चित्रण किया गया है। उत्कीर्णन में कपड़े की भाँति का अलंकरण है, जिसे 'देवदुव्या' कहा जाता है। यह अलंकरण गुप्तकालीन शिल्पियों की देन हैं।

कनिंघम ने स्तूप के मध्य ऊर्ध्वाकार उत्खनन की थीं जिसमें 91.4 से.मी. के पत्थर का एक टुकड़ा प्राप्त हुआ था, जिस पर छठी, सातवीं शताब्दी ई. के लिपि में 'बौद्धमंत्र' लिखा हुआ है। सम्भवत: यह लेख स्तूप के अन्दर कालान्तर में ढ़ाला गया होगा। 53.53 मी. गहराई में खुदाई करने से ज्ञात हुआ है कि इसके प्रारम्भ में पाषाण कृति के बाद सम्भवत: ईंटों का प्रयोग किया गया होगा। यह स्पष्ट नहीं है कि स्तूप निर्माण का क्या प्रयोजन था, सम्भवत: इसका सम्बन्ध गौतमबुद्ध के धर्म उपदेश के समारोह के समय निर्मित किया गया होगा। स्तूप पर उच्चकोटि की कलाकारी से स्पष्ट होता है कि सारनाथ के अन्य इमारतों में यह पवित्रतम रहा होगा।[33] इसके अतिरिक्त यहाँ पर अष्टकोणीय 'चौखंडी स्तूप' भी निर्मित है जो कला की दृष्टि से उच्चकोटि का है।

कौशाम्बी स्तूप

प्रयाग से लगभग 57 कि.मी. की दूरी पर स्थित यह नगर (कोसम) यमुना नदी के किनारे स्थित है। बुद्ध ने प्रचारार्थ कौशाम्बी में कई वर्षावास व्यतीत किया। जिसका प्रमाण ''घोषिताराम'' के भग्नावशेषों से मिलता है। बौद्ध ग्रंथों के अनुसार बुद्ध ने कौशाम्बी में ''कोशवीयसुत्त'' का उपदेश दिया था। कौशाम्बी के पवित्रता के कारण अशोक ने यहाँ स्तम्भ स्थापित कर लेख खुदवाया और स्तूप का निर्माण किया। वर्तमान में संघाराम के दक्षिण-पूर्व स्तूप के अवशेष आज भी देखे जा सकते हैं। जिसकी ऊँचाई लगभग 57.20 मी. है। यह स्तूप बुद्ध के 'केश' एवं 'नख' के ऊपर निर्मित हुआ था। इसे 'परिभौगिक स्तूप' के नाम से भी जाना जाता है। पाटलिपुत्र से उज्जैन जाते समय कौशाम्बी मुख्य मार्ग पर स्थित था जिससे तत्कालीन समय में इसकी महत्ता और भी बढ़ गई थी। फाह्ययान तथा ह्वेनसांग ने तो अपने ग्रंथों में इसका विस्तृत वर्णन किया है।[34]

स्तूप निर्माण की यह प्रसिद्ध परम्परा पूर्वी उत्तर प्रदेश ही नहीं बल्कि देश के विभिन्न भागों में अनवरत जारी रही, लेकिन निकटस्थ क्षेत्र पूर्वी मध्य प्रदेश में शीघ्रता से प्रभाव पड़ा। तत्पश्चात् अशोक के बौद्ध धर्म स्वीकार करने के पश्चात् लगभग मौर्यकाल से ही साँची एवं भरहुत में अनेकों पाषाण निर्मित स्तूपों का निर्माण हुआ जो पूर्वी उत्तर प्रदेश से प्राप्त स्तूपों के समकालीन हैं।

भरहुत के स्तूप

कनिंघम के अनुसार भरहुत नामक ग्राम, प्रयाग से लगभग 180 कि.मी. दक्षिण-पश्चिम दिशा में 'मेहर नदी' की घाटी के उत्तरी सिरे में स्थापित था। जहाँ पर उज्जैन, विदिशा से पूर्वी उत्तर प्रदेश के निकटवर्ती क्षेत्र पाटलिपुत्र की ओर मार्ग मुड़ता था और कौशाम्बी तथा श्रावस्ती की ओर निकल जाता था। सम्भवतः इसकी स्थानीय स्थिति के महत्त्व को समझकर स्तूप का निर्माण किया गया, जिससे लोगों ने श्रद्धा और यात्रीगण का ध्यान आकृष्ट हो सके।

सन् 1873 ई. में कनिंघम के सर्वेक्षणानुसार स्तूप का सम्पूर्ण आकार समाप्त सा हो गया था। तत्कालीन निरीक्षण से वेदिका का व्यास लगभग 25.30 मी. व चबूतरे का व्यास 19.40 मी. मापा गया। कनिंघम के मतानुसार स्तूप की ईंटें 12×12×3½ इंच क्षेत्रफल में थीं। भरहुत स्तूप की चारों दिशाओं में चार तोरण थे तथा अस्तीवेदिका स्तम्भों से घिरा था। भरहुत वेदिका गोलाकार है तथा कुछ भाग प्रवेश द्वार को ढके हैं। स्तूप के तोरण चौकोर प्रस्तर के बने हैं, जिनके ऊपरी शीर्ष में घंटीनुमा बनावट तथा चौकी भी दिखाई पड़ती है। इस चौकी पर दो 'यक्षयुक्त सिंह' अथवा 'वृषभ' की आकृतियाँ उत्कीर्णित हैं। तोरण के बंडेरियों के छोर पर पूँछ सहित मुख खोले 'मकर' की आकृतियाँ उत्कीर्ण हैं। बंडेरी के मध्य भाग में 'धर्मचक्र' बना है। वेदिका के खुले प्रस्तर भी, उस भूमि पर यत्र-तत्र अभी पाये जा सकते हैं।

कनिंघम ने भरहुत वेदिका सम्बन्धी अंकित लेखों के वर्णमाला के आधार पर यह निष्कर्ष निकाला है कि वेदिका का निर्माण उत्तर भारत के कलाकारों ने किया था, क्योंकि इस प्रकार की वेदिकायें सामान्यतया पूर्वी उत्तर प्रदेश के स्तूपों व मंदिरों में देखी जा सकती है। भरहुत तोरण की ऊँचाई लगभग 2.90 मी. के बराबर है। इसका वेदिका स्तम्भ एक ही प्रस्तर से निर्मित है, जिसमें प्राकृति भाषा में 'दानलेख' खुदा प्राप्त हुआ है, जिस पर पुष्प, जानवर एवं यक्ष-यक्षिणियों की आकृतियाँ उत्कीर्ण है। भरहुत में मनुष्य के आकार के चित्रों को देखने से स्पष्ट होता है कि तत्कालीन कलाकार मानव-आकृति का वास्तविक ज्ञान रखता था, उदाहरणार्थ, उत्तरी प्रवेश-मार्ग पर 'चुलकोकां' देवता की आकृति तथा अन्य पर जातक प्रदर्शित है। मार्ग पर इनकी स्थिति दर्शकों या बौद्ध उपासकों के लिए उत्साहवर्धक है। उस मार्ग पर 'अजातशत्रु' की यात्रा खुदी है, जहाँ राजा हाथी पर सवार होकर 'बुद्ध' की पूजा के निमित्त जा रहा है।[35] इस प्रकार की आकृतियाँ पूर्वी उत्तर प्रदेश के कुशीनगर में भी उत्कीर्णित है।

अतः कहा जा सकता है कि वेदिका स्तम्भों पर उत्कीर्णन की प्रक्रिया प्रारम्भिक काल में पूर्वी उत्तर प्रदेश में विकसित हुयी, जो कालान्तर में भिक्षुओं के आवागमन एवं तत्कालीन शासकों के शासन-विस्तार के माध्यम से समस्त भारत में फैल गयी, जिसका अधिकांशतः प्रभाव अपने निकटवर्ती क्षेत्र पूर्वी मध्य प्रदेश पर पड़ा, जिसका अलंकरण वर्तमान में यथा स्थान सुरक्षित है।

साँची के स्तूप

साँची की भौगालिक स्थिति 23^0, 22′ उत्तर अक्षांश और 99^0, 47′ पूर्व देशान्तर है। साँची मध्य

प्रदेश के जिला रायसेन के बीना और भोपाल जंक्शनों के बीच स्थित विदिशा नगर से 9 कि.मी. दक्षिण-पश्चिम में स्थित है, जो अद्वितीय बौद्ध स्मारकों तथा पुरातत्त्व सामग्री के कारण विश्वविख्यात है।

सर्वप्रथम 1818 ई. में 'जनरल टेलर' ने यहाँ के बौद्ध स्मारकों की खोज की थी। उसे स्तूप क्रमांक-2, 12 सम्पूर्ण स्थिति मे मिले थे। इसके पश्चात् यहाँ शोध कार्य हुए और 1851 ई. में कनिंघम एवं श्री ए.सी. मैत्री ने यहाँ स्तूप क्रमांक 2 और 3 का उत्खनन कर 'धातु-मंजूषाएँ' प्राप्त कीं। सन् 1912 से 1917 ई. तक सर जॉन मार्शल ने यहाँ विस्तृत उत्खनन एवं सफाई का कार्य कराया तथा प्राप्त अवशेषों को वर्तमान स्वरूप प्रदान किया। प्राचीन काल में वैशाली से कौशाम्बी और विदिशा होकर जाने वाले महामार्ग पर, साँची की पहाड़ी पर (विदिशा से 10 कि.मी. दूर) 90 मी. की ऊँचाई पर ये स्तूप स्थित हैं। तत्कालीन 'अस्मक' देश की नदी गोदावरी से लेकर मगध देश की वैशाली नगरी तक के मार्ग के प्रमुख नगर, जैसे-प्रतिष्ठान, महिष्मती, उज्जयिनी, गोनार्ध, विदिशा, तुमेन आदि इसी मार्ग से जुड़े हुए थे।[36]

प्रस्तुत सन्दर्भ में साँची स्थित स्तूपों के ऐतिहासिक परिप्रेक्ष्य में उपलब्ध भग्नावशेषों के कला एवं स्थापत्य की विवेचना निम्नानुसार है :–

स्तूप क्रमांक-1 (साँची)

वर्तमान में यह स्तूप 'महास्तूप' के रूप में प्रमाणित है। इनके निर्माण में शास्त्रोक्त सभी अंग सुरक्षित हैं, यथा-गोलाकार अण्ड जो पहाड़ की चोटी पर चिपका है, हर्मिका (चतुष्कोणीय वेदिका) जिसके मध्य त्रिगुण छत्रावलि है। स्तूप के चतुर्दिक प्रदक्षिणापथ युक्त ऊँची मेघी जहाँ पहुँचने हेतु दक्षिण की ओर से दो सोपान शृंखलाएँ निर्मित हैं, तथा स्तूप के चतुर्दिक धरातल पर भू-वेदिकाओं से घिरा हुआ प्रदक्षिणापथ, जिनमें प्रवेश हेतु चारों दिशाओं में एक-एक अंलकृत तोरणद्वार है। स्तूप का व्यास 36.60 मी. व वेदिका तथा छत्रावलि को छोड़कर इसकी ऊँचाई 14.46 मी. है।

वर्तमान स्तूप के अन्दर विस्तार में इसके आधार स्वरूप एक प्राचीन स्तूप छिपा है, जो पकाई हुई ईंटों एवं गारों से निर्मित है। यह स्तूप सम्भवत: अशोक ने निर्मित करवाया था। शुंगकाल में इसे अनगढ़ पत्थरों से आच्छादित किया गया। इसमें किसी संयोजक (मसाले) का प्रयोग नहीं किया गया है। वर्तमान में इसका आकार लगभग 36×16.2 मी. है। इसका शीर्ष भाग सपाट है, जहाँ हर्मिका स्थित है। इसके नीचे परम्परानुसार धातु-मंजूषा रखी जाती है। इसकी वेदिका की भुजाएँ 27.5 मी. वार्गाकार है। त्रिछत्र-हर्मिका केन्द्र में खड़ी हैं, जो वेदिका स्तूप के सौन्दर्य, गरिमा और प्रभुता का द्योतक है। चतुर्दिक फर्श पर पत्थर चुने गये हैं, जिसके परिसर में महावेदिका या स्तूप की प्रथम मेघि निर्मित है। यह तोरणद्वार के पास आगे बढ़कर मुड़ती हैं, फलस्वरूप स्वास्तिक का आकार ग्रहण करती है।

3.13 मी. ऊँची वेदिका के प्रमुख अंग हैं-स्तम्भ, सूची उष्णीष पट्ट और आलंबन-पिण्डिका। इसको चूल और गाठ के माध्यम से जोड़ा गया है। भूमिगत, मध्यगत और शीर्षगत तीन वेदिकायें

निर्मित है, जो आकार में सिमटती गयी हैं। इस स्तूप के निर्माण के लिए भारत के विभिन्न भागों के दानदाताओं के नाम वेदिका पर उत्कीर्ण है, जिनमें पूर्वी उत्तर प्रदेश के कुछ धनाढ्य व्यक्तियों, बौद्ध भिक्षु-भिक्षुणिओं एवं सिंह समाज के लोगों का नाम लिपिबद्ध है,[37] जो बौद्ध धर्म का प्रचार-प्रसार करने हेतु अपने निकटवर्ती क्षेत्र पूर्वी-मध्य प्रदेश में आते-जाते रहते थे, जिनके नामों का उत्कीर्णन सामान्यतः अलंकरण विहीन है।

वेदिका के अन्दर स्तूप के चारों ओर परिक्रमा हेतु प्रदक्षिणापथ की व्यवस्था है। इस प्रकार भूमिगत और मध्यगत वेदिका के अन्तर्गत दो प्रदक्षिणापथ हैं। मध्यगत प्रदक्षिणापथ तक जाने के लिए स्तूप के दक्षिण में दो सोपान निर्मित हैं। दक्षिण-पूर्व से एवं दक्षिण-पश्चिम से दोनों जाकर ऊपर की ओर मिलते हैं। प्रत्येक सोपान में 25 सीढ़ियाँ हैं।

भूमिगत वेदिका की चार दिशाओं में चार तोरणद्वार हैं। निर्माण और कला की दृष्टि से क्रमशः दक्षिण तोरण, पूर्वी तोरण और अंत में पश्चिमी तोरणद्वार है। सभी तोरणद्वार बहुअलंकृत हैं। इनमें जातक कथायें, गौतम बुद्ध के जीवन दृश्य तथा अनेक अन्य दृश्यों एवं अलंकरणों का शिल्पांकन किया गया है। इसका निर्माण प्रथम शताब्दी ई.पू. शुंग, सातवाहन काल में धनाढ्य व्यक्ति, श्रेष्ठ संगठन, सातकर्णी तथा अन्य सामान्य व्यक्तियों के दान से हुआ जिनके नाम तोरणद्वारों एवं सूचिकाओं पर उत्कीर्णित है।

तोरणद्वारों के अलंकरण के बाद पाँच शताब्दियों तक कार्य की गति धीमी रही, पर पुनः लगभग पाँचवीं शदी में गुप्त नरेशों ने स्तूप का अंतिम संवर्द्धन किया। सन् 450 ई. से कुछ समय पहले तोरणद्वारों के पीछे स्तूप की दीवार में निर्मित स्तम्भों वाली छतरी के नीचे बुद्ध की आसनस्थ मूर्तियों की स्थापना की गई। इनका प्रभामण्डल बहुअलंकृत है।[38]

उल्लेखनीय है कि स्तूप क्रमांक-1 के निर्माण के समकालीन साँची में अन्य स्तूपों का निर्माण कार्य चलता रहा, जिसमें कुछ प्रतिनिधित्व करने वाले गुप्तकालीन स्तूपों का वास्तुगत विश्लेषण अत्यधिक महत्त्वपूर्ण है।

स्तूप क्रमांक-5

लगभग छठी शताब्दी ई. में निर्मित यह स्तूप मंदिर क्रमांक-31 के पश्चिम में स्थित है। इसके वृत्ताकार अधिष्ठान का व्यास 9.70 मी. है। स्तूप के दक्षिण भाग में लगभग छठी शताब्दी ई. की बुद्ध मूर्ति मिली है, जो वर्तमान में संग्रहालय में सुरक्षित है। ऐसी मूर्तियाँ राजकीय संग्रहालय, कुशीनगर में भी देखने को मिलती हैं।

स्तूप क्रमांक-7

यह स्तूप क्रमांक-5 के समकालीन है और दक्षिण-पश्चिम किनारे पर स्थित है। इसकी ऊँचाई लगभग 2 मी. है। पहले इसका आकार 9.45 मी. था, बाद में दीवार जुड़ जाने से 12.60 मी. हो गया। इस दीवार से लगा हुआ 'चक्रम' है, जिसके पश्चिम छोर पर दो छोटे-छोटे लघु स्तूप निर्मित

है। स्तूप क्रमांक-12, 13, 14, 15 एवं 16 मंदिर क्रमांक-19 के उत्तर-पूर्व में दो श्रेणियों में स्थित है। अनुमान है कि ये लगभग 'बौद्धकालीन' है।

स्तूप क्रमांक- 12

इस स्तूप से मथुरा के लाल चित्तिदार पाषाण वाली कुषाणकालीन चौकी की मूर्ति प्राप्त हुयी है। इसके अभिलेख में 'विषकुल' की पुत्री द्वारा बोधिसत्त्व मैत्रेय की मूर्ति के दान का उल्लेख है। सम्भवत: चौकी पर खड़ी हुयी मूर्ति बोधिसत्त्व मैत्रेय की मूर्ति है, जो लगभग 24 से.मी. चौड़ी है।[39]

स्तूप क्रमांक- 24

इस स्तूप के भीतर ध्यानमुद्रा में आसनस्थ, मथुरा पाषाण में निर्मित बुद्ध मूर्ति मिली है, जो लगभग पूर्व गुप्तकाल की है। अनुमान है कि यह गुप्तकालीन मंदिर से स्थानान्तरित की गई हैं। यहाँ यह उल्लेखनीय है कि बौद्ध स्तूपों के भीतर मूर्तियाँ रखने की प्रथा न केवल मध्य प्रदेश के साँची में थी, अपितु पूर्वी उत्तर प्रदेश के सारनाथ, श्रावस्ती आदि अन्य प्राचीन स्थलों में भी मिली है। अत: कहा जा सकता है कि यह प्रथा तत्कालीन समय में दोनों क्षेत्रों मे विद्यमान थी।

स्तूप क्रमांक- 28

पाषाण निर्मित यह स्तूप मंदिर क्रमांक-31 के पश्चिम में स्थित है और गुप्तकालीन है।

स्तूप क्रमांक- 29

यह महत्त्वपूर्ण स्तूप, मंदिर क्रमांक-31 के पूर्व में स्थित है। यह भी गुप्तकालीन है और आकार में स्तूप क्रमांक-28 के समान है। दोनों के ऊँचे चौकोर द्वार, सोपान की तरह हैं तथा निर्मित अधिष्ठान गुप्तकालीन है। स्तूप क्रमांक-29 की अधिष्ठान 2.60 वर्ग मी. है। इसके भीतर बड़े आकार वाली ईंटें भरी हैं जो किसी दूसरे स्मारक से लायी गयी होंगी। इसके बीच की भूमि से 1 मी. ऊपर स्थित, अस्थि स्थान में मिट्टी की 'अस्थि-मंजूषा' मिली थी। इसमें अस्थि अवशेष और मिट्टी के कलश व मौर्य अथवा शुंगकालीन एक चमकदार टुकड़ा मिला था। अनुमान है कि ये अस्थियाँ किसी दूसरे स्थान से लाकर पूर्व गुप्तकाल में इस्तूप में रख दी गयी। इस स्तूप में मथुरा पाषाण की एक बौद्ध मूर्ति कुषाण राजा 'बुस' के रखे राज्ये वर्ष में विद्यामति द्वारा भगवत् शाक्यमुनि की प्रतिष्ठा में स्थापित की गई थी[40] (संवत् 2785)।

विहार

बौद्ध स्थापत्य में स्तूप के बाद विहार का प्रमुख स्थान है। बौद्ध विहारों का आरम्भ हीनयान युग से माना जाता है। मौर्यकाल के पश्चात् ब्राह्मण धर्मावलम्बी शासकों की असहिष्णुता के कारण बौद्ध भिक्षुओं को सामान्य बस्ती से दूर हटाकर पर्वत-गुफाओं में स्थान दिया गया। कालान्तर में यहाँ उनका

निवास अनिवार्य घोषित कर दिया गया। अतः पर्वतों को काटकर विशिष्ट रूप एवं विन्यास को ध्यान में रखकर विहार तैयार किये गये।[41] प्रारम्भ में तो उनके निर्वाण में भिन्नता नहीं थी, लेकिन कालान्तर में इनका निर्माण शैलोत्कीर्ण एवं स्वतंत्र दोनों ही तरह से होने लगा। चैत्यों में 'स्तूप' पूजा हेतु निर्मित होता था, जबकि विहार में केवल भिक्षु निवास करते थे। निर्माण योजना में विहार साधारणतया एक बड़ा मण्डप चतु:शाल के आंगन की भाँति होता था। इनमें तीन या चार गर्भशालाएँ या छोटे कक्ष होते थे। एक भिक्षु के निवास हेतु मात्र एक कक्ष या गर्भ पर्याप्त था। इसी प्रकार दो भिक्षुओं के लिए द्विगर्भ और तीन के लिए त्रिगर्भशालाएँ बनायी जाती थीं, जहाँ बहुत से भिक्षुओं का संघ निवास करता था, उस बड़े विहार को कालान्तर में 'संघाराम' की संज्ञा दी गयी।

आरम्भ में विहार छोटी गर्भशालाओं के लिए प्रयुक्त हुआ, किन्तु बाद में भिक्षुओं के बड़े आकार के आवास स्थान भी विहार कहलाये। विशेषतः गुप्तयुग के भिक्षुओं के विहार या संघाराम काफी विस्तृत होते थे, जिनमें निवास करने वाले भिक्षुओं की संख्या सैकड़ों तक पहुँचती थी। विहारों के सम्पूर्ण निर्माण के साक्ष्य अधिकतम शैल गुफाओं में देखे जा सकते हैं, क्योंकि उस समय पूर्ववर्ती काष्ठ निर्मित विहार लगभग समाप्त से हो गये हैं। आरम्भिक चैत्यगृहों के समकालीन विहारों का वास्तु विन्यास सादा था। कालान्तर में लगभग दूसरी शताब्दी के बाद 'महायान' धर्म के प्रभाव में विहार विशाल एवं वास्तु विन्यास की दृष्टि से महत्त्वपूर्ण होने लगे। युवाङ्-च्वांग ने तो बड़े-बड़े संघारामों का वर्णन किया है जो कहीं-कहीं पंचखण्डे महलों की तरह थे और उनमें एक के ऊपर एक मंजिल मेरू की भाँति निर्मित थीं। इनमें भूमितल की मंजिल में लगभग 'पाँच सौ कोठे' तक होते थे और फिर हर एक तल में सौ-गर्भशालाएँ क्रमशः कम होती जाती थीं। हीनयान युग में भी भिक्षुओं के आवास के लिए ईंटों के विहार निर्मित किए जाते रहे, जिसके प्रारम्भिक प्रमाण पूर्वी उत्तर प्रदेश के कुशीनगर, श्रावस्ती, सारनाथ, कौशाम्बी आदि पुरातात्त्विक स्थानों पर देखे जा सकते हैं, जो वर्तमान में जीर्ण-शीर्ण हो गये हैं। कुछ प्रतिनिधित्व करने वाले विहारों का वर्णन निम्नलिखित है :

पूर्वी उत्तर प्रदेश में कुशीनगर से इस्टिका निर्मित मौर्य एवं शुंग-कालीन कुछ ऐसे विहारों की सूचना मिलती है जो अपने प्रारम्भिक अवस्था को छोड़कर वर्तमान में बिखरे ईंटों के रूप में अवशेष मात्र रह गये हैं। अध्ययन की दृष्टि से ये निम्न कोटि के है। लेकिन वही 'भारतीय पुरातत्त्व सर्वेक्षण विभाग' के उत्खनन से प्राप्त कतिपय गुप्तकालीन विहार प्रकाश में आये हैं जिनका वर्णन समीचीन होगा।

गुप्तकालीन विहार, कुशीनगर

कुशीनगर के उत्खनन से प्राप्त गुप्तकालीन विहार (संख्या L और M) विशेष उल्लेखनीय है। सीमित उत्खनन एवं भग्नावशेषों के आधार पर इस विहारों के समस्त विशेषताओं की विवेचना संभव नहीं है। परन्तु प्राप्त अवशेषों के आधार पर कहा जा सकता है कि दोनों चतु:शाला योजना पर निर्मित मूल संरचना है। ये दोनों विहार सम्भवतः आग के कारण भग्नावस्था में हैं। भग्न वास्तु अवशिष्ट के आधार से इन दोनों विहारों की संरचनाओं पर जो प्रकाश पड़ता है, वे निम्नलिखित हैं :-

विहार L के बीच चौपहल प्रांगण और इसके चारों तरफ आयताकार की पंक्तियाँ निर्मित हैं। विहार का मुख्य प्रवेशद्वार समीप में स्थित मंदिर के सीढ़ियों को ठीक विपरीत दिशा में है। मुख्य प्रवेशद्वार से जिस कमरे में प्रवेश करते हैं, वह काफी विस्तृत है, जिसका मापन लगभग 5.70 मी. एवं 2.60 मी. है। इसके साथ का कमरा नम्बर 11 अन्य कमरों के काफी छोटा है। अनुमान है कि इस कक्ष में अकेले एक ही भिक्षु निवास करता था।[42]

विहार L के साथ जुड़ा पश्चिम की तरफ एक अन्य वर्गाकार विहार की संरचना प्रकाश में आयी है, जिसके मध्य में लगभग 9.60 मी. × 11.2 मी. के माप का सुन्दर प्रांगण निर्मित है। प्रांगण में एक आयताकार तालाब निर्मित है। तालाब के उत्तर एवं पश्चिम दिशा में पाँच विशाल कमरे भी निर्मित हैं, जिनकी विशालता को देखते हुए यह अनुमान किया जा सकता है कि यह अधिकांश भिक्षुओं के आवास के लिए उपयोग किया जाता होगा।

प्रांगण के उत्तरी दिशा में तीन कमरे बने हुए हैं, जो 0.80 मी. से 0.85 मी. के चौड़े दरवाजे से प्रांगण में खुलते हैं। ये कमरे एवं साथ वाले विहार नं. L का कमरा नं. 4 और विहार L के उत्तरी-पश्चिमी कोने को पृथक करने वाली दीवारें 14″×9″ 2½″ की भारी पक्के छोटी-छोटी ईंटों से निर्मित आसन्दिकाएँ बनी हैं, जिस पर लगभग एक इंच गहरी नक्काशी की गयी है, जो कला की दृष्टि से उच्च कोटि की है। अनुमान है कि सभापर्व पर बौद्ध भिक्षु इन आसन्दिकाओं का प्रयोग करते थे।

विहार L और M के अतिरिक्त इनके अन्य दिशाओं में, विहार नं. D, M^3 एवं N के अवशेष भी प्राप्त हुए हैं, जो कला की दृष्टि से उच्च कोटि के नहीं है।[43]

इसके अतिरिक्त पूर्वी उत्तर प्रदेश में विहारों का अभाव सा है। कुशीनगर के अतिरिक्त श्रावस्ती, सारनाथ एवं कौशाम्बी से कुछ विहार प्रकाश में आये हैं, चूँकि ये ईंटों से निर्मित थे, जिससे इनकी प्रारम्भिक अवस्था विनष्ट सी हो गयी है और ये यथास्थान जीर्ण-शीर्ण अवस्था में बिखरे पड़े हैं, जिससे उनका वर्णन नहीं किया जा सकता। कालान्तर में बौद्ध भिक्षुओं के आवागमन से विहारों के निर्माण मे वृद्धि हुई, जिससे यह परम्परा पूर्वी उत्तर प्रदेश ही नहीं, अपितु सम्पूर्ण भारत वर्ष में फैल गयी, जिसका प्रभाव निकटवर्ती क्षेत्र पूर्वी मध्य प्रदेश पर भी पड़ा, जिसके प्रमाण साँची एवं भरहुत में देखे जा सकते हैं। चूँकि यहाँ पहाड़ियों को काटकर पाषाण निर्मित विहार बनाये गये, जिससे वे आज भी यथास्थान सुरक्षित है।

पूर्वी मध्य प्रदेश में सर्वेक्षण के दौरान कतिपय विहारों के अवशेष प्राप्त हुए हैं। इनमें से कुछ शुंग और गुप्तकालीन है, यथा - सोनारी, भोजपुर, आन्धेर, सतधारा, इत्यादि के विहार (लगभग 250 ई.पू. से 200 ई.) के मध्य निर्मित हुए । इनका वास्तु विन्यास तो स्पष्ट नहीं है लेकिन निर्माण योजना में ये वृत्ताकार, अर्द्धवृत्ताकार या आयताकार हैं। साँची, सतधारा, सोनारी, आन्धेर व भोजपुर से प्राप्त विहारों की निर्माण योजना व संरचना में मूलत: भिन्नता है। इस क्षेत्र में सर्वाधिक प्राचीन विहार साँची के हैं। यही एकमात्र ऐसा बौद्ध स्थल था, जहाँ तीसरी शताब्दी ई. से लेकर छठी

शताब्दी ई. के अंतिम चरण तक अनवरत विहारों का निर्माण होता रहा।[44] शेष स्थलों जैसे-सोनारी, सतधारा, भोजपुर और आन्धेर में लगभग दूसरी सदी ई. से ही विहार निर्माण का कार्य लगभग स्थगित हो गया। इनकी निर्माण योजना वर्गाकार या आयताकार है। दीवारें लगभग 1 मी. से 1.50 मी. चौड़ी है। सोनारी, सतधारा व भोजपुर के विहार में भग्नावशेषों की ऊँचाई 3 मी. से 5 मी. के लगभग प्राप्त हैं। निर्माण में स्थानीय पहाड़ियों से प्राप्त सूखे प्रस्तर-खण्डों को प्रस्तुत किया गया है, जिन्हें छैनी व हथौड़ी से तराशकर जोड़ा गया है और लघु प्रस्तर खण्डों को प्रयुक्त कर समतल किया गया है। सोनारी, सतधारा व भोजपुर के विहार द्वितल होने के संकेत देते हैं। कारण इनमें भूमितल से प्रथम तल तक पहुँचने के लिए सोपान निर्मित हैं। इनकी छत सम्भवत: सपाट या अर्द्धवृत्ताकार काष्ठ से निर्मित थी। साँची भवन क्रमांक-8 के अधिष्ठान की सतह से 3.66 मी. की ऊँचाई पर है, जिसकी पूर्व दिशा में सम्भवत: सोपान निर्मित किया गया है। यह शुंगकालीन है।[45]

इसी प्रकार साँची में भवन क्रमांक-42, 44, 49 और 43 है, जिनके अधिष्ठानों के मात्र अवशेष प्राप्त हैं। इनका निर्माण एवं जीर्णोद्धार विभिन्न कालों में होता रहा, परन्तु स्पष्ट रूप से इनका वास्तु-विन्यास करना सम्भव नहीं है।

मौर्यकालीन विहार

साँची स्थित विहार क्रमांक-51 पाषाण से निर्मित सबसे विस्तृत विहार है। इसकी दीवारें 109-42″ और 30.70 मी. के लगभग है।[46] आँगन बरामदे तथा दीवारों पर 16″×10″×3″ की मौर्यकालीन ईंटें लगी हैं, जो अन्य किसी विहार में देखने को नहीं मिलती। खुले हुए आँगन के दक्षिण-पश्चिम कोने में बरसाती पानी निकलते के लिए नालियाँ बनाई गयी हैं। आंगन के चारों ओर बरामदे हैं। बरामदों की छत सम्भालने वाले स्तम्भ आँगन के प्रकार की पाषाण की चौकियों पर खड़े हैं। बरामदों के पीछे कक्ष है। आँगन बरामदे के नीचे है। अत: इस पर पहुँचने के लिए कई जगहों पर सोपान है। प्रवेशद्वार के उपकक्ष और उसके सामने वाले पश्चिम कक्ष को छोड़कर लगभग 22 कक्ष, विहार में स्थापित है। प्रवेशद्वार के दोनों ओर के कक्षों में प्रवेश करने का कोई साधन नहीं है। अनुमानत: विहार का पश्चिमी प्रवेशद्वार बाद में जोड़ा गया है।[47] देखने से विहार काफी विस्तृत क्षेत्र में फैला है, जो वर्तमान में भी अपने यथा स्थानों पर कंकालित अवस्था में उपलब्ध है।

डॉ. भास्कर नाथ मिश्र ने इस विहार का सम्बन्ध अशोक की विदिशा की रानी, 'शाक्य कुमारीदेवी' से जोड़ा है, क्योंकि यहाँ की ईंटों का आकार-प्रकार अशोक के स्तूप की ईंटों से मिलता-जुलता है। इसके अतिरिक्त इसी स्थल से एक पाषाणकालीन मुद्रा भी मिली है, जिस पर दूसरी शताब्दी ई.पू. की लिपि में 'वैशाली' उत्कीर्णित है, जो मौर्यकालीन है।[48] इसके अतिरिक्त ग्राम 'बुधनी' (जिला होशंगाबाद) के निकटवर्ती क्षेत्रों से भी विहारों के अवशेष सूचित हैं जो वर्तमान में जीर्ण-शीर्ण हो गये हैं। यहीं से अशोक के अभिलेख भी सूचित है।

गुप्तकालीन विहार

साँची में ही निर्मित विहार क्रमांक-36, 37 और 38 के निर्माण क्रमश: छठी-सातवीं शताब्दी ई. के मध्य हुए। ये निर्माण योजना में वर्गाकार हैं और इनके अंतर्गत चतुर्दिक लघु प्रकोष्ठ निर्मित हैं। विहार क्रमांक-36 के वास्तु-विन्यास में 'स्वास्तिक' आकृति संश्लिष्ट प्रतीत होती है, जो आन्तरिक आलिन्द स्तम्भों को आधार प्रदान करते रहे होंगे। आन्तरिक जल-निकास हेतु भूमिगत नालियाँ निर्मित हैं। विहार वास्तु विन्यास में निर्मित सोपान इसके द्वितल होने का प्रमाण है। सम्भवत: भूमितल प्रस्तर खण्डों से निर्मित था। विहार क्रमांक-36 की दक्षिण-पश्चिम दिशा में प्रकोष्ठों की दो पंक्तियों का निर्माण प्रयोजन, वास्तु विन्यास की दृष्टि से असम्भव दृष्टिगोचर होता है।[49]

(ख) जैनकला

1. मूर्तिशिल्प-तीर्थंकरों की मूर्तियाँ

भारतीय मूर्तिशिल्प में जैन तीर्थंकरों की प्राचीनता विवादास्पद है। परन्तु बौद्ध धर्म की तुलना में इनके प्राचीन होने के संकेत अवश्य मिलते हैं। जैन पुराणों और चरितों के अनुसार प्रथम 22 तीर्थंकर ईसा से हजारों वर्ष पूर्व अस्तित्व में आ गये थे। यहाँ तक कि मोहन जोदड़ो के उत्खनन से प्राप्त पाँच मुहरों पर कायोत्सर्ग-मुद्रा के समान ही सीधी खड़ी पुरुष आकृतियाँ[50] और हड़प्पा से प्राप्त एक पुरुष आकृति[51] सिन्धु सभ्यता के ऐसे अवशेष हैं, जो अपनी नग्नता और मुद्रा (कायोत्सर्ग के समान) के संदर्भ में परवर्ती जैनमूर्तियों का स्मरण दिलाती है,[52] जिससे इस मत की पुष्टि होती है कि पूर्व वैदिककालीन सिन्धु सभ्यता में जैन तीर्थंकरों की पूजा का प्रचलन था।[53] परन्तु यह मत सर्वमान्य नहीं है। ऐसा अनुमान है कि प्रारम्भ में जैन धर्म 'नास्तिक' था और बौद्ध धर्म की भाँति जैन धर्मावलम्बी ईश्वर के अस्तित्व के संबंध में मौन थे। कालान्तर में जब इन्होंने मूर्तिपूजा प्रारम्भ की, तो अपने तीर्थंकर को 'ईश्वर' के रूप में पूजने लगे तथा धीरे-धीरे 24 तीर्थंकरों के अस्तित्व पर आस्था परिष्कृत हुयी। चौबीस तीर्थंकरों में ऋषभनाथ सर्वप्रथम हैं और अंतिम दो तीर्थंकर पार्श्वनाथ एवं महावीर ऐतिहासिक पुरुष है।

जैन प्रतिष्ठा ग्रंथ, बृहत् संहिता, मानसार, समरांगणसूत्रधार, प्रतिष्ठासारोद्धार, अपराजितपृच्छा, देवता मूर्तिप्रकरण इत्यादि शिल्पशास्त्रों में जैन तीर्थंकरों की मूर्तियाँ तथा उनके पार्श्व देवी-देवताओं के मूर्ति निर्माण के निर्देशन भी उपलब्ध हैं। प्रथम तीर्थंकर ऋषभनाथ का उल्लेख भागवत और विष्णु पुराणों में उपलब्ध है। सर्वप्रथम ब्राह्मण साहित्य में एक ऐसे सम्प्रदाय का उल्लेख मिलता है, जो वेदों की व्याख्या तो करता है, किन्तु यज्ञ में पशु-बलि का प्रबल विरोधी था। यजुर्वेद में ऋषभ, अजीत, अरिष्टनेमि आदि जैन तीर्थंकरों का उल्लेख है।[54] जैन साहित्य में 22वें तीर्थंकर नेमिनाथ को श्रीकृष्ण का समकालीन बताया गया है। वास्तव में जैन धर्म का उत्कर्ष 23वें तीर्थंकर पार्श्वनाथ के काल में हुआ, जिनकी तिथि छठी शताब्दी ई. पू. के बाद आती है।

कालान्तर में जैनकला एवं मूर्तिशिल्प का विकास अनवरत होता रहा और इसके विकास एवं विस्तार की भूमि मूलतः उत्तर भारत रही, जिसमें पूर्वी उत्तर प्रदेश का समग्र क्षेत्र सम्मिलित था। इसका विस्तार पूर्व में उड़ीसा तक सामान्यतया माना जाता है। समय-समय पर जैनकला में परिवर्तन और परिवर्द्धन भी होते रहे। चूँकि इन्हीं समस्त क्षेत्र में चौबीस 'जिन' (तीर्थंकर) उत्पन्न हुए और निर्वाण को प्राप्त हुए, इसलिए जैन ग्रंथों की रचना और कलात्मक अभिव्यक्ति भी इसी क्षेत्र में होना स्वाभाविक है। पूर्वी उत्तर प्रदेश से प्राप्त कुछ विशिष्ट जैन मूर्तियों का उल्लेख निम्नलिखित है :-

पूर्वी उत्तर प्रदेश के निकटवर्ती क्षेत्र ग्राम लोहानीपुर (पटना, बिहार) से प्राप्त लगभग सबसे प्राचीनतम 'मौर्यकालीन' जैन मूर्ति कला की दृष्टि से उच्च कोटि की है।[55] नग्नता और कायोत्सर्ग मुद्रा[56] में प्रदर्शित होने के कारण इनको जैन मूर्ति की श्रेणी में रख सकते हैं। मूर्ति के सिर, भुजा और जांघ के नीचे का भाग खण्डित अवस्था में है। मूर्ति पर मौर्ययुगीन चमकदार आलेप है। लोहानीपुर से शुंगकाल या कुछ बाद की एक अन्य जैन मूर्ति मिली है जिसमें नीचे लटकती दोनों भुजायें सुरक्षित हैं।[57]

अन्य तीर्थंकरों की प्राचीनतम मूर्तियाँ मथुरा के कंकाली टीला से प्राप्त हुयी है, जिनकी चौकी पर इनके नाम अंकित हैं।[58] कालान्तर में कुषाणकाल में इन मूर्तियों पर तीर्थंकरों के लांक्षन के रूप में पशु का अंकन होने लगा, जिससे इनकी पहचान बढ़ गयी और धीरे-धीरे जैन तीर्थंकरों के साथ पार्श्व देवताओं का अंकन भी प्रारम्भ हो गया। पुनः विभिन्न यक्ष-यक्षिणियों की स्वतंत्र मूर्तियाँ भी निर्मित कीं, जिसकी विस्तृत सूची जैन साहित्य में लिपिबद्ध है।

पूर्वी उत्तर प्रदेश के राजकीय बौद्ध संग्रहालय, रामगढ़ताल (जिला गोरखपुर) से प्राप्त कुषाणकालीन जैन मूर्ति उल्लेखनीय है। यह मूर्ति पद्मासन में एक चौकी पर प्रदर्शित है। पादपीठ पर वज्र एवं पूजक 'अंजलि हस्तमुद्रा' में दिखाये गये हैं। तीर्थंकर के विशाल वक्षस्थल पर 'श्री-वत्स' का चिह्न अंकित है। केश विन्यास क्षैतिजाकार तीन लहरों के बीच सजाया गया है। इनके लम्बकर्ण और ऊपर चढ़ी भौंहें अन्तर्द्वन्द्व भाव को प्रदर्शित कर रही हैं। पीछे प्रभामण्डल कमल पंखुड़ियों से सजाया गया है, परन्तु यह उनके सिर के नीचे दिखाया गया है, जिसका प्रदर्शन कला में 'मानवेत्तर व्यक्तित्व' का संकेत करता है। दाहिनी ओर यक्ष चांवर लिए खड़ा है। शरीर का बाह्य रेखांकन और मुखाकृति का प्रदर्शन स्वाभाविक है। कला की दृष्टि से यह कुषाणकालीन कृत है।[59] इसी के समकालीन कुशीनगर एवं श्रावस्ती से भी जैन प्रतिमाएँ प्राप्त हैं, जो कला की दृष्टि से उच्च कोटि की नहीं है।

इस प्रकार जैन तीर्थंकरों के मूर्तियों के विकास का प्राथमिक चरण इस क्षेत्र से परिलक्षित होता है।

सन् 1904-05 ई. में सारनाथ (वाराणसी) क्षेत्र से कतिपय जैन मूर्तियाँ प्राप्त हुयी हैं, जो विशाल शिलापट्टों पर उत्कीर्ण है। संग्रहालय में सुरक्षित एक जैन मूर्ति का मापन लगभग 9.5 इंच और 8.5 इंच है। तीर्थंकर खड्गासन में दिखाये गये हैं और दाहिना हाथ खण्डित अवस्था में है, यह हाथ सम्भवतः अभयदान मुद्रा में दिखाये गये हैं जबकि बायें हाथ से कंधे पर उत्तरीय रखे हुए सम्भाल

रहे हैं। सिर पर कुंचित केश दिखाये गये हैं[60] और ऊपर छत्र प्रदर्शित है। मूर्ति के पाँव के नीचे का भाग खण्डित है, अतः प्रमाणित करना कठिन है।

इसी प्रकार एक अन्य मूर्ति भी सारनाथ के संग्रहालय में सुरक्षित है, जिसका पंजीयन क्रमांक-B(G_1) एवं मापन 6.5×6.5 इंच के लगभग है। यह जैन तीर्थंकर की मुखाकृति है जो सम्भवतः ध्यानस्थ मुद्रा में बनायी गयी है, सिर के ऊपर छत्रावली और दोनों कोने पर स्तूप बनाये गये हैं।[61]

गुप्तकाल में जैन मूर्तियों की प्राप्ति का क्षेत्र कुछ विस्तृत हो गया। मौर्य एवं कुषाणकालीन अवशेष जहाँ बिहार, मथुरा, एवं चौसा से ही विस्तृत पैमाने पर सूचित है वहीं गुप्तकालीन जैन मूर्तियाँ बिहार, मथुरा एवं चौसा के अतिरिक्त पूर्वी उत्तर प्रदेश के कुशीनगर, गोरखपुर, देवरिया (कहौम), श्रावस्ती, सारनाथ एवं लखनऊ तथा निकटवर्ती क्षेत्र मध्य प्रदेश के साँची, विदिशा तथा उदयगिरि आदि से भी सूचित है।

पूर्वी उत्तर प्रदेश से प्राप्त कुछ प्रतिनिधित्व करने वाली गुप्तकालीन मूर्तियाँ प्राप्त हुयी हैं, जिनमें 'कहौम' (देवरिया) के 461 ई. के एक स्तम्भ लेख में पाँच जैन मूर्तियों के स्थापित किये जाने का उल्लेख प्राप्त होता है।[62] स्तम्भ की पाँच कायोत्सर्ग एवं दिगम्बर जैन मूर्तियों की पहचान क्रमशः ऋषभनाथ, शान्तिनाथ, नेमिनाथ, पार्श्वनाथ एवं महावीर से की गयी है।[63] सीतापुर (उत्तर प्रदेश) से भी एक जैन मूर्ति मिली है, जो गुप्तकालीन है।[64] वाराणसी क्षेत्र से प्राप्त लगभग छठी शताब्दी ई. की एक ध्यानस्थ महावीर मूर्ति 'भारत कला भवन', वाराणसी (क्रमांक-161) संग्रहित है।[65]

राजगीर की नेमिनाथ मूर्ति के समान ही इसमें भी धर्मचक्र के दोनों ओर महावीर के सिंह लांक्षन उत्कीर्ण हैं। वाराणसी से प्राप्त और राज्य संग्रहालय, लखनऊ में संग्रहित (क्रमांक-49-191) छठीं-सातवीं शताब्दी ई. की एक अजितनाथ की मूर्ति में भी पीठिका पर गज लांक्षन की दो आकृतियाँ उत्कीर्ण हैं।[66]

लगभग सातवीं शताब्दी ई. की एक अन्य मूर्ति राजघाट (वाराणसी) से प्राप्त हुयी है और सम्प्रति 'भारत कला भवन', वाराणसी (क्रमांक-212) में सुरक्षित है।[67] इसमें नेमिनाथ ध्यानमुद्रा में सिंहासन पर विराजमान हैं। लांछन नहीं उत्कीर्ण है, किन्तु यक्षी अम्बिका की मूर्ति के आधार पर मूर्ति की नेमिनाथ से पहचान सम्भव है। मूर्ति दो भागों मे विभक्त है। ऊपरी भाग में मूलनायक की मूर्ति, चामरधर, सिंहासन, भामण्डल, त्रिछत्र, द्वन्दु भिवादक और उड्डीयमान मालाधार तथा निचले भाग में त्रिभंग में खड़ी द्विभुज यक्ष-यक्षी मूर्तियाँ निरुपति हैं। सिंहासन के छोरों के स्थान पर सिंहासन के नीचे यक्ष-यक्षिणी का चित्रण मूर्ति की दुर्लभ विशेषता है। दक्षिण-पार्श्व के यक्ष के हाथों में पुष्प और घट (निधि पात्र) है। वाम-पार्श्व की यक्षी के दाहिने हाथ में पुष्प[68] और बायें में बालक 'पियंकर और शुभंकर' है। अम्बिका का दूसरा पुत्र उसके दक्षिण पार्श्व में खड़ा है।

पाषाण निर्मित मूर्तियों के अतिरिक्त धातु निर्मित प्रतिमाएँ भी अति प्राचीनकाल से प्रकाश में आयी हैं, जिसमें 'चौसा' (आरा, बिहार) से प्राप्त मूर्ति अत्यन्त महत्त्वपूर्ण है। मूर्ति पटना संग्रहालय में स्थित खड्गासन में विराजमान है, जो रूपरेखा में 'पार्श्वनाथ' से साम्य रखती है। अंगों की आकृति, केश विन्यास एवं प्रभावली के आधार पर गुप्तकालीन अनुमानित है।[69]

जैन मूर्तिशिल्प की यह परम्परा कालान्तर में पूर्वी मध्य प्रदेश में पहुँची और विदिशा के निकट ''दुर्जनपुर'' नामक ग्राम से प्राप्त तीर्थंकरों की तीन मूर्तियाँ कला एवं ऐतिहासिक दृष्टि से महत्त्वपूर्ण है। ये मूर्तियाँ वर्तमान में जिला पुरातत्त्व संग्रहालय में सुरक्षित हैं। इनकी पादपीठ पर उत्कीर्ण लेख[70] के अनुसार आठवें तीर्थंकर 'चन्द्रप्रभा' की मूर्ति महत्त्वपूर्ण है। अभिलेख के अनुसार इनका निर्माण चेलुक्षमण, पौत्र गोलक्यान्त्या के आग्रह पर 'महाराजाधिराज रामगुप्त' द्वारा कराया गया तथा इसकी प्रतिष्ठा की गई। रामगुप्त की प्रामाणिकता 'चन्द्रगुप्त द्वितीय विक्रमादित्य' के अग्रज के रूप में की गयी। गुप्तवंशीय यह शासक अब तक केवल उसके द्वारा जारी ताम्र मुद्राओं के माध्यम से ही इतिहास में ज्ञात था, पर अब अभिलेख से भी इसके ऐतिहासिकता की पुष्टि होती है।

उपर्युक्त तीनों ही मूर्तियाँ पद्मासन में प्रदर्शित ध्यानमुद्रा में विराजमान हैं। पादपीठ पर दोनों ही किनारे सपक्ष सिंह और मध्य में 'धर्मचक्र' है। पार्श्व में चंवरधारी पुरुष प्रदर्शित है। तीर्थंकरों के वक्ष स्थल पर 'श्रीवत्स' चिह्न स्पष्ट दृष्टिगोचर होता है, पर पादपीठ पर लांक्षन नहीं है। श्री विलियम्स ने इन्हें 370 ई. की कृतियाँ स्वीकार की हैं।[71] शिल्पांकन में बाह्य रेखांकन, वक्षस्थल का आकार व जटा का गोलाकार संवारना आदि कुछ नवीन प्रयोग भी क्षेत्रीय कलाकारों द्वारा किये गये, जिसके प्रारम्भिक प्रमाण पूर्वी-उत्तर के श्रावस्ती एवं सारनाथ की मूर्तियों में देखे जा सकते हैं। ये पूर्वी मध्य प्रदेश में गुप्तकालीन मूर्तिशिल्प में जितनी भी प्राचीनतम जैन मूर्तियाँ हैं, वे मूर्ति निर्माण का प्राचीनतम स्वरूप प्रदर्शित करती हैं।

इसी प्रकार उदयगिरि की गुफा क्रमांक-20 में गुप्त नरेश कुमारगुप्त के शासनकाल का एक शिलालेख प्राप्त हुआ है, जिसमें पार्श्वनाथ के मूर्ति निर्माण का उल्लेख है।[72] इसी स्थल के निकटस्थ बेसनगर से प्राप्त 'कायोत्सर्ग मुद्रा' में एक तीर्थंकर मूर्ति केन्द्रीय पुरातत्त्व संग्रहालय, ग्वालियर में सुरक्षित है, जो लगभग छठी शताब्दी ई. की अनुमानित है।

गुप्तोत्तरकालीन देवालयों में जैन तीर्थंकरों की कायोत्सर्ग मुद्रा में एवं अन्य यक्ष-यक्षिणियों का शिल्पांकन हुआ। इनमें तीर्थंकर मूर्तियों की प्रधानता रही। मालादेवी मंदिर, ग्यारसपुर (विदिशा) के द्वार के उत्तरंग भाग में अलंकृत कोष्ठकों की पंक्ति में तीर्थंकर मूर्तियाँ प्रदर्शित हैं। इसी प्रकार बड़ोह-पठारी स्थित जैन मंदिर समूह में तीर्थंकरों की भव्य मूर्तियाँ कायोत्सर्ग मुद्रा में प्रदर्शित हैं।

इस क्षेत्र से उपर्युक्त स्थलों के अतिरिक्त अन्य स्थलों, यथा-विदिशा, भोपाल, रायसेन, साँची और तुमेन आदि से अनेक जैन तीर्थंकर मूर्तियाँ सूचित हैं। इनके साथ ही यक्ष-यक्षिणियों की स्वतंत्र मूर्तियाँ एवं शिल्पांकित मूर्तियाँ भी प्रकाश में आयी हैं। इन मूर्तियों में कतिपय प्रतिनिधित्व करने वाली मूर्तियों का वर्णन निम्नलिखित हैं :-

आदिनाथ

प्रथम तीर्थंकर आदिनाथ की एक मूर्ति ग्राम कसरावद (जिला रायसेन) से प्राप्त हुयी है, जो वर्तमान में जिला संग्रहालय, विदिशा में प्रदर्शित है। तीर्थंकर पद्मासन व ध्यानमुद्रा में प्रदर्शित हैं। शीर्ष

भाग खण्डित है, परन्तु चौकी पर इनके यक्ष व यक्षी प्रस्तुत हैं। वस्त्रविहीन तीर्थंकर की मूर्तिकला की दृष्टि से उच्च कोटि की नहीं है। इसका बाह्य रेखांकन भी सजीव नहीं है। सम्भवतः गुप्तकालीन यह प्राचीन मूर्ति है।[73]

धर्मनाथ

पन्द्रहवें तीर्थंकर धर्मनाथ की एक मूर्ति मालादेवी मंदिर, ग्राम ग्यारसपुर में स्थापित है। यहाँ तीर्थंकर पद्मासन मुद्रा में प्रदर्शित हैं तथा उनके मुख-पटल पर अपूर्व शान्ति के भाव स्पष्ट दृष्टव्य हैं।

अंतिम तीर्थंकर महावीर की एक अन्य मूर्ति (B.dh.J-3) बड़ोह-पठारी जैन मंदिर समूह से प्राप्त हुयी है। पद्मासन में विराजमान मूर्ति के परिकर में छत्रत्रयी तथा मालाधर युग्म का प्रदर्शन है। पार्श्व में यक्ष मातंग तथा यक्षी सिद्धायिका का मनोरम अंकन है। महावीर की एक अन्य मूर्ति श्री हेमचन्द्र गोयल के कन्नौज संग्रहालय में सुरक्षित है।[74] यहाँ तीर्थंकर पद्मासन में विराजमान हैं। उनके मस्तक पर कुंचित केश तथा वक्षस्थल पर श्रीवत्स चिह्न अंकित है। उभय पार्श्व में यक्ष-यक्षिणी का अंकन है। पादपीठ में दो सिंहों तथा अन्य अस्पष्ट आकृतियों का प्रदर्शन है। पूर्ण विकसित कमल पुष्प द्वारा प्रभावलि का निर्माण किया गया है। इसके ऊपर उभय पार्श्व में मालाधार युगलों का प्रदर्शन है। महावीर की एक मूर्ति भी यहाँ सुरक्षित है। परन्तु इसका परिकर एवं प्रभामण्डल नष्ट हो गया है।[75]

यक्ष-यक्षिणियों की मूर्तियाँ

'यक्ष' शब्द ऋग्वेद, अथर्ववेद, ब्राह्मण, उपनिषद् तथा बौद्ध एवं जैन आदि ग्रंथों में अनेक स्थानों पर प्रयुक्त हुआ है।[76]

महाकाव्य काल में यक्ष अत्यधिक लोकप्रिय थे। इस काल में यक्षों को देवताओं से निम्न श्रेणी, परन्तु राक्षसों तथा मनुष्यों से उच्चतर माना जाता था। जहाँ यक्ष आत्मशक्ति के बल पर मनोवांछित आकार ग्रहण करने की क्षमता रखने वाले माने जाते थे, वहीं यक्षिणियाँ कल्पनातीत सौन्दर्य की धनी तथा संरक्षण प्रदान करने वाली मानी जाती थीं।

जैन ग्रंथों में यक्ष एवं यक्षिणियों का उल्लेख जैनों के शासक और उपासक देवों के रूप में हुआ है।[77] प्रत्येक जैन के यक्ष-यक्षिणी युगल उनके चतुर्विध संघ के शासक एवं रक्षक देव है।[78] जैन ग्रंथों के अनुसार समवसरण में जैनों के धर्मोपदेश के बाद इन्द्र ने प्रत्येक जैनों के साथ सेवक के रूप में एक यक्ष और एक यक्षिणी को नियुक्त किया गया।[79] शासन देवताओं के बाद सर्वाधिक प्रतिष्ठा मिली।[80] हरिवंशपुराण में उल्लेखित है कि जिन शासन के भक्तदेवों (शासन देवताओं) के प्रभाव से हित (शुभ) कार्यों की विध्वंसकारी शक्तियाँ (ग्रह, नाग, भूत, पिशाच और राक्षस) शान्त हो जाती हैं।[81]

जैन परम्परा के अनुसार यक्ष एवं यक्षिणी जैन मूर्तियों के सिंहासन या सामान्य पीठिका के क्रमशः दाहिने एवं बांयें छोरों पर अंकित होने चाहिए। सामान्यतः ये ललितमुद्रा में निरूपित होते हैं, पर कभी-कभी इन्हें ध्यान मुद्रा में आसीन या स्थानकमुद्रा में दिखाया जाता है। लगभग छठीं शताब्दी ई. में जैन मूर्तियों के रूप में यक्ष-यक्षिणियों का भव्य उत्कीर्णन प्रारम्भ हो गया।

मौर्यकाल के प्रस्तर शिल्प की प्रमुख विशेषता उसकी ओपदार चमक है, तथा चारों ओर से कोर करके बनाये गये हैं पूर्वी उत्तर प्रदेश के निकटवर्ती क्षेत्र पटना (बिहार) के दीदारगंज से प्राप्त और पटना संग्रहालय में सुरक्षित 'चामरधारिणी-यक्षी' मूर्ति रूप की अभिव्यक्ति, आकृति की पूर्णता और कला की सूक्ष्मता का अभिनव संगम है। मूर्ति की बायीं भुजा खण्डित है तथा दाहिने में 'चामर' उठाये हैं। सौन्दर्य के उपमान रूप में निःसंदेह नारी सौन्दर्य का यह आदर्श रूप है, कला की दृष्टि से यह मूर्ति 'मौर्यकालीन' दुर्लभ कृति है।[82]

कुशीनगर से प्राप्त यक्ष मूर्ति कला की दृष्टि से अत्यंत रोचक है। यह मूर्ति आद्यतन राजकीय बौद्ध संग्रहालय, कुशीनगर में प्रदर्शित है। भारी, बेडोल आकार का यह यक्ष, प्राचीन प्रतिमा निर्माण की 'कुषाणकालीन' कला का प्रतिनिधित्व करता है। यक्ष के गले में कंठा व कमर में कटिसूत्र सुशोभित है। मूर्ति के एक हाथ में कड़ा और दूसरा हाथ खण्डित अवस्था में है, जो उससे पेट पर अवस्थित है। दूसरे हाथ में कोई अस्पष्ट वस्तु लिए है। यक्ष के दोनों पाँव मुड़े हुए हैं और कटिसूत्र के बाद में नग्न दिखाया गया है। उन्नत्तोदर यक्ष खड़ी अवस्था में मुस्करा रहा है। कला की दृष्टि से यह मूर्ति कुषाणकालीन मोहक कृति है।[83]

उपरोक्त मूर्ति के समकालीन एक अन्य मूर्ति, राजकीय बौद्ध संग्रहालय, रामगढ़ताल, जिला गोरखपुर में संरक्षित है। यहाँ 'यक्ष' उत्कटिक आसन में प्रदर्शित है। इसके केश 'मयूरपंखी' आकृति में अंकित हैं। कानों में कुण्डल लटक रहे हैं, और गले में तवक है। मूर्ति के एक हाथ में वलय तथा दूसरे हाथ में 'चषक' लिए हुए है। कला की दृष्टि से यह मूर्ति 'उत्तर कुषाणकालीन' अनुमानित है।

रामगढ़ संग्रहालय में ही 'यक्ष' की एक अन्य मूर्ति विशेष उल्लेखनीय है। यह मूर्ति ग्राम बनरसियाँ (जिला बस्ती) के उत्खनन मे प्राप्त हुयी है। यहाँ यक्ष सपंख दिखाया गया है। इसकी केश सज्जा विशिष्ट है, जिसमें सामने की ओर उष्णीष है और कानों में चक्र, कुण्डल, कटिवस्त्र और कटिमेखला से सुशोभित है। बायाँ हाथ 'कटिहस्तमुद्रा' में और दाहिनें हाथ से लम्बा उत्तरीय सम्हाले हुए है, जो पीछे से होकर बायें हाथ पर लटक रहा है। मूर्ति द्विभंग मुद्रा में प्रदर्शित है। यक्ष का दाहिना पाँव मुड़ा हुआ सामने की ओर है। भुजाएँ, पाँव एवं मुखाकृति का अंकन उच्च कोटि का नहीं है। कला की दृष्टि से यह मूर्ति कुषाणकालीन कला से प्रभावित है।[84]

कालान्तर में जैन कला में यक्षों को द्वारपाल (संरक्षक) के स्थान पर स्थापित किया गया। स्थानक मुद्रा में द्विभुजी यक्ष प्रतिमा निर्माण में दाहिना हाथ ऊपर उठा हुआ और बायाँ हाथ कट्यावलम्बित मुद्रा में होता है। दाहिने हाथ में सामान्यतया पुरुष चंवर या आयुध और बाँये हाथ में पात्र का अंकन मिलता है। लगभग द्वितीय शताब्दी ई. के बाद चतुर्भुजी या बहुभुजी मूर्तियाँ भी उत्कीर्ण होने लगी।[85] इस प्रकार के यक्ष-यक्षिणियों के मूर्तियों का पूर्वी उत्तर प्रदेश से अभाव सा है। कुछ मूर्तियाँ सारनाथ, श्रावस्ती एवं कुशीनगर में संग्रहित हैं, जो कला की दृष्टि से उच्च कोटि की नहीं हैं। लेकिन इसी के समान प्रतिमायें पूर्वी मध्य प्रदेश के साँची एवं भरहुत के तोरणद्वारों व संग्रहालयों में देखी जा सकती हैं, जो वर्तमान में यथा स्थान सुरक्षित है।

साँची स्तूप के उत्तरी तोरणद्वार के एक स्तम्भ के निम्न भाग में यक्ष की मूर्ति द्वारपाल (संरक्षक) के रूप में उत्कीर्ण की गयी है। प्रथम शताब्दी ई. के पूर्वार्द्ध में निर्मित इस 'द्विभुजी प्रतिमा' का दाहिना हाथ ऊपर उठा हुआ है। पद्मयुक्त तथा बायाँ कट्यावलंबित, पात्र युक्त प्रदर्शित है। सिर पर सुसज्जित पगड़ी, गले में अनेक रश्मियुक्त हार, हाथ में कड़ा तथा कानों में कुण्डल सुशोभित है। कटिभाग में धोती बँधी हुई पारदर्शी निरुपित की गयी है।[86] मुख-मण्डल से आत्मविश्वास व शक्ति का प्रस्फुटन हो रहा है। सम्पूर्ण शरीर का भार बायें पैर पर अवलम्बित है। संघाती का प्रदर्शन मोहक है। पार्श्वभाग पत्र व पुष्प अलंकरण से अलंकृत है।

उत्तरी तोरण के बड़ेरियों के मध्य बोधिवृक्ष के पार्श्वद्वय यक्षों को उत्कीर्ण किया गया है। इनके ऊपरी हाथ में विकसित पद्म अंकित किया गया है तथा परम्परागत वस्त्र-भूषणों से सुसज्जित है।[87]

पश्चिमी तोरणद्वार स्तम्भों पर चार-चार यक्षों (गुह्य) को भारवाहक के रूप में निरुपित किया गया है। स्तूप क्र.-2 के एक मात्र तोरणद्वार स्तम्भों के मध्य भाग में भी समान अंकन मिलता है।[88] यहाँ यक्षों की वेशभूषा परम्परागत होते हुए भी आकार वामन स्वरूप परिलक्षित होता है।[89]

साँची के उत्तरी तोरणद्वार के पूर्वी स्तम्भ के भीतरी भाग की निचली भव्य मूर्ति द्वारपाल यक्ष-कुबेर की है। वे कटि पर बायाँ हाथ टिकाये और दायें हाथ में कमल लिये, बायें पैर पर खड़े हैं। उनकी ऊँची पगड़ी, बहुत से कंकण, उत्तरीय व धोती से सुशोभित हैं। ऐसे ही पूर्वी तोरणद्वार के उत्तरी स्तम्भ के द्वारपाल यक्ष धृतराष्ट्र के दायें हाथ का कमल और कटि पर लटकती धोती अति शोभायमान है। इसी द्वार के दक्षिणी स्तम्भ पर भी यक्ष की प्रतिमा है।

पश्चिमी तोरणद्वार के दक्षिणी स्तम्भ पर यक्ष 'विरूपाक्ष' की मूर्ति अंकित है जो वेशभूषा में यवन सैनिक लगते हैं। इनके बाल नुकीली लटों के समान हैं। गले में लड़ियों और पत्तियों का चौड़ा हार है। बायें हाथ में रूमाल बँधा माला है और दाहिना हाथ कटि पर टिका है। कटि से लटकती हुई तलवार छोटी किन्तु चौड़ी और चमड़े की बद्धियों से बँधी है। कला की दृष्टि से यह प्रतिमा कुषाणकालीन की रोचक कृति है।[90]

दक्षिणी तोरणद्वार के सम्मुख भाग में निचले सिरदल पर कुम्भाण्डों के मुख या नाभियों से कमल की डण्डियाँ, पत्तियों का सुनहरा अंकन है। इसी प्रकार उत्तरी तोरणद्वार के पृष्ठ भाग के पिछले सिरदल पर 'मार सेना' के प्रमुख अंकन बने हुए हैं। जो नृत्य, गायन-वादन में लीन है। पश्चिमी तोरणद्वार के चार-चार यक्ष ऊपर का भार वहन कर रहे हैं।[91] इनमें से कुछ के मुख पर गम्भीरता व कुछ मुस्कुराहट मुद्रा में हैं। पश्चिमी तोरणद्वार के निचले सिरदल पर मार सेना के गण भी इन्हीं यक्षों जैसे हैं।

यक्षिणियों की मूर्तियाँ

साँची स्तूप के पूर्वी तोरणद्वार में उत्तर की ओर निचले सिरदल के नीचे 'यक्षी' प्रतिमा का सुन्दर चित्रण है। प्रतिमा का दायाँ पैर भूमि पर टिका है और बायाँ पैर बड़े कलात्मक ढंग से पंजे पर उठा दिखाया गया है। दायाँ हाथ आम की दो शाखाओं के बीच डाले और बायें हाथ से शाखा पकड़ते

झूलती हुई मुद्रा में वह खड़ी है। इन यक्षिणी प्रतिमाओं का साँची स्तूप तोरणद्वारों में मुख्य आकर्षण है। एक तरफ इनका उपयोग स्थापत्य के रूप में किया गया, तो दूसरी ओर इनमें उत्कृष्ट शिल्प का अविर्भाव भी हुआ है। इनकी केश सज्जा का अंकन शिल्प के उन्मुक्त प्रवाह का द्योतक हैं। अलंकरण में कुण्डल, कटिमेखला और वलय का अंकन है। विस्तृत नेत्र, उन्नतपयोधर, क्षीण कटिका का वृहत् उरू भाग तथा आकर्षक मुखमुद्रा समकालीन शिल्प की पराकाष्ठा है।[92] ऐसा प्रतीत होता है कि यह किसी कवि की कल्पना नायिका रूप धारण कर साँची तोरणद्वार पर अवतरित हुई है। पूर्णत: नग्न यक्षिणियों की यह मूर्तियाँ वरवस अपनी ओर आकर्षित कर रही हैं।

साँची (रायसेन) के अतिरिक्त मध्य प्रदेश के अन्य भागों, यथा-उदयगिरि, विदिशा, गुना तथा भरहुत से भी यक्ष-यक्षिणियों के प्रतिमाओं के मिलने के संकेत प्राप्त होते हैं। यक्ष 'कुबेर', 'सुपवसु' व 'यक्ष कुणिक' की समकालीन वेसनगर से प्राप्त यक्षी की प्रतिमा अत्यंत मोहक है। जो वर्तमान में भारतीय पुरातत्त्व संग्रहालय, कलकत्ता व एक यक्ष (कुबेर) तथा यक्षिणी की विशाल प्रतिमा विदिशा संग्रहालय (मध्य प्रदेश) की शोभा बढ़ा रही है।[93] इसके अतिरिक्त कुछ यक्षों की मूर्तियाँ 1963-65 में विदिशा के निकटवर्ती क्षेत्रों से एकत्र किये गये हैं।[94] चोपेरा की यक्ष मूर्ति के पृष्ठ भाग पर भी वैसी ही यक्षी बनी हुई है।[95] वर्तमान में 'शीतला माता' के रूप में पूजी जाने वाली विदिशा की प्रसिद्ध यक्षिणी के पृष्ठ भाग पर एक यक्ष आकृति है जो लगभग द्वितीय शताब्दी ई.पू. की अनुमानित है।[96]

स्तूप एवं मंदिर

पूर्वी उत्तर प्रदेश व मध्य प्रदेश दोनों ही क्षेत्रों से लगभग प्राचीन कालीन जैन धर्म से सम्बन्धित स्तूप सूचित नहीं है। जैन मंदिरों की सूची भी अधिकांशत: गुप्तकाल से ही उपलब्ध होती है। पावा (पड़रौना), जिला कुशीनगर में जैन धर्म से सम्बन्धित कुछ पुरावशेष प्रकाश में आये हैं, जिनकी तिथि निर्धारित करना कठिन है। प्राचीन जैन मंदिर के प्रमाण 'लोहानीपुर' (पटना, बिहार) से प्राप्त होता है, जहाँ पर कमराहर और बुलंदीवाग की मौर्यकालीन कलाकृतियों की परम्परा के प्रमाण मिले हैं। यही पर एक भव्य जैन मंदिर की नींव मिली है जो लगभग 2.35 मी. वर्गाकार क्षेत्र में फैला हुआ था, जो वर्तमान में जीर्ण-शीर्ण अवस्था में है। मंदिर की ईंटों को 'मौर्यकालीन' प्रमाणित किया गया है।[97]

इसके अतिरिक्त पूर्वी उत्तर प्रदेश के अधिकांश भागों में जैन मंदिर के प्रमाण नहीं उपलब्ध होते हैं। जो भी हो देवरिया जनपद के 'कहौम' नामक स्थान पर श्री बुकानन महोदय को दो जैन मंदिर मिले हैं जिसके निकट ध्वज स्तम्भ भी था। ये मंदिर वर्तमान में पूर्णतया ध्वस्त अवस्था में हैं। इतिहासकार ने इस मंदिर को एक के ऊपर एक कोठरी के रूप में पाया था, जिसकी निर्माण शैली भीतर गाँव और बोधगया के मंदिरों के सदृश्य थी। सम्भवत: उन्हीं के तरह ये शिखरयुक्त रहे होंगे। कनिंघम ने सर्वेक्षण के दौरान जब उस स्थान को देखा, तो उसे एक मंदिर का निर्माण योजना मात्र ही मिला, जिससे अनुमान लगाया गया कि गर्भगृह लगभग 2.60 मी. एवं उसकी दीवार 0.45 मी. मोटी थी। इस प्रकार 3.45 मी. से 3.75 मी. वर्गाकार में बना था।

स्कन्दगुप्त के शासनकाल में एक 'भद्र' नामक व्यक्ति द्वारा यहाँ आदिकर्ता तीर्थंकार की मूर्ति के साथ एक स्तम्भ निर्माण का भी उल्लेख मिलता है। ध्वज स्तम्भ से इस मंदिर का क्या सम्बन्ध था, यह निश्चित रूप से ही नहीं कहा जा सकता, परन्तु स्कन्दगुप्त का अभिलेख मिलने से यह स्पष्ट होता है कि यह 'गुप्तकालीन' मंदिर था।[98]

कालान्तर में जैनधर्म का प्रभाव पूर्वी मध्य प्रदेश के अधिकांश क्षेत्रों पर पड़ा, जिसकी पुष्टि यहाँ से प्राप्त जैन तीर्थंकरों की तीन मूर्तियाँ और उनकी पादपीठ पर उत्कीर्णित अभिलेख से होती है। ये मूर्तियाँ विदिशा के निकट स्थित दुर्जनपुर नामक ग्राम से प्राप्त हुयी है। इन तीर्थंकर के मूर्तियों की पादपीठ पर 'महाराजाधिराज रामगुप्त' का उल्लेख है।

श्री गाई महोदय के वाचन के अनुसार दुर्जनपुर (विदिशा) से प्राप्त तीन जैन प्रतिमाओं पर उत्कीर्णित रामगुप्त के अभिलेखों में क्रमश: मूर्ति (अ) पर महाराजाधिराजरामगुप्त द्वारा चन्द्रप्रभा की (ब) में पुष्पदंत की मूर्ति निर्माण का उल्लेख है तथा (स) में भी चन्द्रप्रभा ही लिखा प्रतीत होता है। साँची स्तूप से चन्द्रगुप्त द्वितीय तथा एरण से समुद्रगुप्त के लेखों के अक्षरों से साम्यता होने के कारण इन्हें चतुर्थ शताब्दी ई. का माना गया है।[99]

पूर्वी मध्य प्रदेश से सूचित मूर्तियाँ एवं स्थापत्य के अध्ययन से इस क्षेत्र में जैनकला के विकास का ज्ञान होता है। वैज्ञानिक अध्ययन हेतु इन प्राचीन भग्नावशेषों को दो वर्गों में विभाजित किया जा सकता है -

(क) शैलोत्कीर्ण गुहा मंदिर

(ख) मंदिर

(क) शैलोत्कीर्ण गुहा मंदिर

विदिशा के निकट उदयगिरि पहाड़ी में उत्कीर्णित गुहा क्रमांक-20 में जैन तीर्थंकर की मूर्ति स्थापित है। गुप्त संवत् 106 के उपलब्ध अभिलेख से ज्ञात होता है कि आचार्य 'गोशर्मन' के शिष्य 'शंकर' ने पार्श्वनाथ की मूर्ति को समर्पित किया।

(ख) मंदिर

1. जैन मंदिर समूह 'देवगढ़'

मध्य प्रदेश के पूर्वी भाग में स्थित देवगढ़ वर्तमान ललितपुर से 28.5 कि.मी. व जालौन स्टेशन से 14 कि.मी. दूर बेतवा नदी के तट पर स्थित है। यहाँ की पहाड़ी काफी विस्तृत क्षेत्र में फैली हुई है, जिस पर जैन एवं हिन्दू सम्प्रदायों से सम्बद्ध खण्डहर मिलने प्रारम्भ हो जाते हैं। गठ की प्रारम्भिक पाषाण कारीगरी अत्यंत रोचक है, जिसके भीतर अनेक मंदिर जीर्ण अवस्था में दिखाई देते हैं। कुछ मंदिर हिन्दू व अधिकांशत: जैन मंदिर हैं, जिनकी संख्या लगभग 31 है। इनमें मूर्तियाँ, स्तम्भों, दीवालों व शिलाओं आदि पर शिलालेख भी पाये जाते हैं, जो कला की दृष्टि से महत्त्वपूर्ण हैं। इनमें सबसे विस्तृत 12वें नम्बर का शांतिनाथ मंदिर है, जिसके गर्भगृह 3.45 मी. ऊँची खड्गासन

मूर्ति विराजमान है। गर्भगृह के सम्मुख लगभग 12 मी. का चौकोर मण्डल है, जिसमे छह-छह स्तम्भों की छह कतारें हैं। मण्डप के मध्य में भी वेदी पर एक मूर्ति विराजमान है। मण्डप के सम्मुख कुछ दूरी पर एक और छोटा सा चार स्तम्भों का मण्डल है, जिनमें से एक स्तम्भ पर लगभग (8वीं सदी) गुप्तोत्तर काल का लेख उत्कीर्णित है। बड़े मण्डप में बाहुबली की एक मूर्ति है, जो कंकालित अवस्था में आज भी विद्यमान है। यथार्थत: यही मंदिर यहाँ का मुख्य देवालय है और इसी के आसपास अन्य व अपेक्षाकृत इससे छोटे मंदिर निर्मित हैं। प्राय: सभी मंदिरों का गर्भगृह, मुख मण्डप व स्तम्भों की रचना विशेष दर्शनीय है। इनमें नीचे-ऊपर चारों दिशाओं में चार-चार मूर्तियाँ उत्कीर्ण हैं। यत्र-तत्र भित्तियों पर भी नाना प्रकार की मूर्तियाँ उत्कीर्ण हैं। कुछ मंदिरों के तोरणद्वार भी कलापूर्ण हैं। कहीं-कहीं मंदिर के सम्मुख मान स्तम्भ भी दिखाई देता है।

प्रथम मंदिर प्राय: बारहवें मंदिर के सदृश, किन्तु उससे छोटा है। पाँचवाँ मंदिर सहस्रकूट चैत्रालय है, जो बहुत कुछ अक्षत है और उसके कूटों पर लगभग 1008 जिन-मूर्तियाँ उत्कीर्ण हैं। भारतीय पुरातत्त्व सर्वेक्षण विभाग, नई दिल्ली की सन् 1918 की वार्षिक रिपोर्ट के अनुसार देवगढ़ से लगभग 200 शिलालेख प्राप्त हुए हैं, जो लिपि विकास व भाषा की दृष्टि से अत्यंत महत्त्वपूर्ण है।[100]

डॉ. हीरालाल जैन के अनुसार इस क्षेत्र की विख्याति प्राचीन काल से ही बनी रही और क्रमश: समय-समय पर अधिकाधिक मंदिर निर्माण होते रहे व उनमें मूर्तियाँ प्रतिष्ठित होती रहीं, जिनसे ये स्थान कालान्तर में देवनगर बन गये, जो वर्तमान में जैन तीर्थस्थली घोषित कर दी गयी है जहाँ पर अनवरत जैन अनुयायियों का आवागमन बना रहता है। यहाँ के मंदिर कला व स्थापत्य की दृष्टि से अत्यंत रोचक व सौहार्द्रपूर्ण है।

2. जैन मंदिर समूह (पन्ना)

देवालय नगर पन्ना पूर्वी मध्य प्रदेश (प्राचीन डाहल मण्डल) के आधुनिक पन्ना से 41 कि.मी. उत्तर व महोबा से 51 कि.मी. दक्षिण की ओर स्थित है। यहाँ जैन धर्म के लगभग तीन मंदिर, यथा–पार्श्वनाथ, आदिनाथ एवं शांतिनाथ विशेष उल्लेखनीय हैं, जिनमें पार्श्वनाथ का मंदिर सबसे बड़ा है। इसकी लम्बाई 19.45 मी. तथा चौड़ाई 9.75 मी. है। वर्तमान में मुख्यालय ध्वस्त हो गया है व महामण्डप, अन्तराज व गर्भगृह सुरक्षित है, जो एक ही प्रदक्षिणा मार्ग से घिरे हुए हैं। गर्भगृह से सटकर पीछे की ओर एक पृथक् देवालय बना हुआ है, जो इस मंदिर की एक प्रमुख विशेषता है। प्रदक्षिणा पथ की दीवार में आभ्यन्तर की ओर स्तम्भ है, जो छत को आधार देते हैं। दीवार में प्रकाश के लिए जालीदार वातायन है। मण्डप की छत का उत्कीर्णन उत्कृष्ट शैली का है। छत के मध्य में वितान व आकाशचारी मानवाकृतियों से अलंकृत अलंकरण अत्यंत रोचक है। प्रवेशद्वार पर गरुड़वाहिनी दशभुज (सरस्वती) मूर्ति भी मोहक है। गर्भगृह की बाह्य भित्तियों पर अप्सराओं की मूर्तियाँ भी अत्यंत सराहनीय हैं, जो मण्डप की शोभा बढ़ा रही हैं। इसके अतिरिक्त उत्तर की ओर बच्चे को दूध पिलाती हुई मातृ-शिशु की मूर्ति, पैरों से काँटा निकालती हुई, एवं शृंगार करती हुई

अप्सरा आदि का प्रदर्शन सजीव है। बाह्य भित्तियों पर निचले भाग में कलापूर्ण उत्कीर्णन व ऊपर की अनेक पट्टियों में तीर्थंकरों एवं हिन्दू देवी-देवताओं की बड़ी सुन्दर आकृतियाँ प्रदर्शित हैं।

अत: कहा जा सकता है कि मंदिर में धार्मिक व लौकिक जीवन का अद्भुत समन्वय है। मंदिर के गर्भगृह में वेदी व वृषभ की आकृति उत्कीर्ण हैं, जो अत्यंत रोचक हैं। इससे प्रतीत होता है कि आदित: इस मंदिर के मूलनायक ऋषभनाथ तीर्थंकर रहे होंगे, क्योंकि वृषभ उन्हीं का चिह्न है। यहाँ वर्तमान में पार्श्वनाथ की मूर्ति स्थापित कर दी गई है।[101]

इसके अतिरिक्त विदिशा से लगभग 210 कि.मी. दक्षिण-पश्चिम की ओर ग्यारसपुर में भी एक भग्न जैन मंदिर का मण्डप विद्यमान है, जो विन्यास व स्तम्भों की रचना आदि में खजुराहों के घटाई मण्डप के समान है, जिसका निर्माण काल लगभग छठी शताब्दी ई. है। 'श्री फर्गुसन' महोदय ने भी इसी तिथि को स्वीकार किया है।

संदर्भ

1. शर्मा, जी.आर - *हिस्ट्री टू प्री हिस्ट्री* (कैटलाग, इलाहाबाद संग्रहालय, इलाहाबाद), 1980, पृ. 29-31
2. फलक क्र. 2, चित्र क्र. 1
3. मार्शल, जॉन एवं फूशे, ए - *दी मॉन्यूमेन्ट्स ऑफ साँची*, भाग-3
4. *वही*, पृ. 385-86 (अभिलेख संख्या-828)
5. फलक क्र. 2, चित्र क्र. 2
6. फलक क्र. 3, चित्र क्र. 1
7. उपाध्याय, वासुदेव - *भारतीय कला*, वाराणसी, 1965, पृ. 244-45
8. *वही*, पृ. 245
9. राजकीय बौद्ध संग्रहालय, कुशीनगर (परिचय पुस्तिका), 2003, (फलक क्र. 3, चित्र क्र. 2)
10. मिश्र, भास्कर नाथ - *उपरोक्त*, पृ. 56-57 (फलक क्र. 4, चित्र क्र. 2)
11. मार्शल जॉन एवं फूशे, ए - *उपरोक्त*, भाग-1, पृ. 38
12. मार्शन, जॉन - *ए गाइड टू साँची*, भाग-1, दिल्ली, 1955, पृ. 387
13. साहनी, दयाराम - *कैटलाग ऑफ द म्यूजियम ऑफ आर्क्योलॉजी एट सारनाथ*, वाराणसी, 1972, पृ. 70-71, (फलक क्र. 4, चित्र क्र. 1)
14. *वही*, पृ. 71-87, सारनाथ के संग्रहालय में संग्रहित बुद्ध मूर्तियों का विस्तृत वर्णन निहित है।
15. काश्यप, *दीघनिकाय* (2), पृ. 109, 3/23/77 - 'अव्यावटा तुम्हे आनन्द, होय तथागतस्य शरीर पूजाय।'
16. *वही*, पृ. 111, 3/23/80 - 'यं तं जाता भूत संरवतं पलोकधर्मं तं वत तथागतस्य पि शरीरमापुलुज्जिति नेत ठानं विज्जति।'
17. मिश्र, भास्कर नाथ-*उपरोक्त*, पृ. 80
18. सरस्वती, एस.के. — द *एज ऑफ इम्पीरियल यूनिटी*, भाग-2 (सम्पादक-पुसालकर, ए.डी. एवं मजूमदार, आर.सी.), बम्बई, 1953, पृ. 488

19. काश्यप - *दीघनिकाय* (2), पृ. 128, 2/26/115 - ''भगवतो शरीरनानि थूपं च महं च अकंसु।''
20. *वही*, पृ. 128-29, 3/26/115-16
21. *दीघनिकाय*, 2/142
22. *महापरिनिब्बानसुत्त*, पृ. 830
23. मिश्र, भास्कर नाथ- *उपरोक्त*, पृ. 80
24. कुशीनगर, (भारतीय पुरातत्त्व सर्वेक्षण विभाग, नई दिल्ली) संस्करण, 1981, पृ. 31-32 (फलक क्र. 5, चित्र क्र. 1)
25. *वही*, पृ. 16-18
26. *वही*, पृ. 19-20
27. भारतीय पुरातत्त्व सर्वेक्षण विभाग, नई दिल्ली, *वार्षिक रिपोर्ट*, 1911-12
28. हमारी विरासत श्रावस्ती, भारतीय पुरातत्त्व सर्वेक्षण, उत्खनन शाखा-III, पटना शिविर, श्रावस्ती, पृ. 04
29. वासुदेव उपाध्याय के मतानुसार, स्तूप को ध्वस्त करते समय काशीराज के सैनिकों को एक प्रस्तर की डिबिया मिली, जिसमें हरे संगमरमर के पात्र में भस्म रखी थी। सम्भवत: वह भगवान बुद्ध का अवशेष था। कालान्तर में उस भस्मपात्र को गंगा नदी में प्रवाहित कर दिया गया। विस्तार हेतु देखिए - *प्राचीन भारतीय स्तूप, गुहा एवं मंदिर*, बिहार हिन्दी ग्रंथ अकादमी, पटना, 1972
30. अग्रवाल, वी.एस. - *उपरोक्त*, पृ. 17-18
31. *वही*, पृ. 83-84
32. उपाध्याय, वासुदेव, - *उपरोक्त*, पृ. 83
33. अग्रवाल, वी.सी. - *सारनाथ*, (भारतीय पुरातत्त्व सर्वेक्षण विभाग, नई दिल्ली) चतुर्थ संस्करण, 1992, पृ. 23-24 (फलक क्र. 5, चित्र क्र. 2)
34. उपाध्याय, वासुदेव - *उपरोक्त*, पृ. 85
35. उपाध्याय, वासुदेव - *उपरोक्त*, पटना, 1972, पृ. 56-58
36. मिश्र, भास्कर नाथ - *उपरोक्त*, पृ. 1-5
37. *वही*, पृ. 196-207
38. अली वजीहा - पूर्वी मालवा के मूर्तिशिल्प एवं स्थापत्य का समीक्षात्मक अध्ययन (अप्रकाशित शोध-प्रबन्ध), 2000, पृ. 73, (फलक क्र. 6, चित्र क्र. 1)
39. मार्शल, जॉन एवं फूशे, ए - *उपरोक्त*, भाग-1, पृ. 387, देखिए मिश्र, वी.ए. - *साँची*, भोपाल 1982, पृ. 22, लेखक ने स्तूप क्रमांक- 12, 13, 14, 15 एवं 16 का निर्माण गुप्तकाल स्वीकार किया है।
40. *वही*, भाग-1, पृ. 386 (1) ''राओ वस्कुषाणस्य 202 व 2 दि. 10 भगवतो शक्यमुने: प्रतिमा प्रतिष्ठापिता विद्यमतिये पृ............1.'' (2) 'माता-पितृणांम सर्व-सत्वनां च हित-सु'।
41. उपाध्याय, वासुदेव - *उपरोक्त*, पृ. 139-139
42. वोगेल - *'एक्स एट कसया'* (भारतीय पुरातत्त्व सर्वेक्षण विभाग, नई दिल्ली, वार्षिक रिपोर्ट, 1905-6) पृ. 66-71
43. सिंह, शान्ति देवी - *उत्तर भारत की संस्कृति का एक अध्ययन* (विशेषकर पुरातात्त्विक सामग्री के आधार पर) कला प्रकाशन, वाराणसी, 1991, पृ. 50-53

44. ब्राऊन, पी - *इण्डियन आर्किटेक्चर* (बुद्धिस्ट एण्ड हिन्दू पीरियड), 1955, पृ. 96
45. मार्शल, जॉन एवं फूशे, ए - *उपरोक्त*, दिल्ली, 1940, पृ. 64-68
46. *एनुअल रिपोर्ट* - 1936-37, पृ. 85
47. मिश्र, भास्कर नाथ - *उपरोक्त*, पृ. 28
48. *एनुअल रिपोर्ट* - 1936-37, पृ. 86-87 (यहाँ उल्लेखनीय है कि जिस नदी के किनारे सतधारा के स्तूप समूह स्थित है, उसका नाम भी वैशाली है।)
49. अली, वजीहा- *उपरोक्त*, पृ. 73
50. मार्शल, जॉन - *मोहनजोदड़ो एण्ड दि इट्स सिविलाइजेशन*, खण्ड-1, लन्दन, 1931
51. *वही*, पृ. 45
52. चन्द्र, आर. पी. - *सिन्ध फाइव थाऊजेण्ड इयर्स एगो, ए माडर्न रिव्यू*, खण्ड-52, अंक-2, पृ. 151-60, रामचन्द्रन, टी.एन. ''*हड़प्पा एण्ड जैनिज्म*'' (हिन्दी अनुवाद), अनेकान्त, वर्ष 14 जनवरी, 1957, पृ. 57-61
53. *ए माडर्न रिव्यू*, कलकत्ता, 1932, पृ. 152
54. गुप्ता, आर.एस. - *आइक्नोग्राफी ऑफ द हिन्दूज, बुद्धिस्ट एण्ड जैन*, बम्बई, 1980, पृ. 174
55. जायसवाल, के.पी. - *जैन इमेज ऑफ मौर्य पीरियड, जर्नल ऑफ दि बिहार, उड़ीसा रिसर्च सोसायटी*, खण्ड- 26, भाग-2, पृ. 120-124; बनर्जी-शास्त्री, ए. - *मौर्यन स्कल्पचर्स फ्राम लोहानीपुर*, पटना (बिहार)।
56. कार्योत्सर्ग मुद्रा में जैन समभंग में सीधे खड़े होते हैं और उनकी दोनो भुजाएँ लम्बवत घुटनों तक प्रसारित होती हैं। यह मुद्रा केवल जैनों के मूर्त अंकन में ही प्रयुक्त हुयी है।
57. जायसवाल, के.पी.-*उपरोक्त*, पृ. 131
58. कनिंघम के मतानुसार मथुरा के कंकाली टीले से एक विशाल जैन स्तूप के अवशेष एवं विपुल शिल्प साम्रगी मिली है जो लगभग कुषाणकाल से ग्यारहवीं शताब्दी ई. के मध्य की है, तिवारी, मारूती नन्दन- *जैन प्रतिमा विज्ञान*, पार्श्वनाथ विद्याश्रम शोध- संस्थान, वाराणसी, 1981, पृ. 46-47
59. फलक क्र. 7, चित्र क्र. 1
60. साहनी, दयाराम-*उपरोक्त*, पृ. 164
61. *वही*, पृ. 164-65
62. मिराशी, बी.वी. - *कापर्स इन्स्क्रीप्सनम् इडिकरम*, खण्ड-3, पृ. 65-68
63. शाह, सी.जे. - *जैनिज्म इन नार्थ इण्डिया*, लन्दन, 1932, पृ. 209
64. निगम, एम.एल. - *ग्लिम्पसेस ऑफ जैनिजम थ्रू आर्क्योलॉजी इन उत्तर प्रदेश एवं महावीर जैन विद्यालय, गोल्डेन जुबली*, वाल्यूम-2, बम्बई (भाग-1, सं. ए. एन. उपाध्ये आदि।)
65. शाह, यू.पी. - *ए फ्यू जेन इमेजेज इन दि भारत*, कला भवन, वाराणसी, पृ. 234, एम.एन. पी - *एन अनपब्लिश्ड जिन इमेज इन दि भारत कला भवन, वाराणसी, विश्वेश्वरानन्द* इण्डोलाजिकल *जर्नल*, होशियारपुर, खण्ड-13, अंक-1-2, पृ. 373-75
66. शर्मा, आर.सी. - *जैन स्कल्पचर्स ऑफ दि गुप्त एज इन दि स्टेट म्यूजियम*, लखनऊ, महावीर जैन विद्यालय गोल्डेन जुबली वाल्यूम, बम्बई, 1967, पृ. 155

67. तिवारी, एम.एन.पी. - *ए नोट आन दि आइडेन्टिफिकेशन ऑफ ए तीर्थंकर इमेज ऐट*, भारत कला भवन, वाराणसी, *जैन जर्नल*, खण्ड-6, अंक-1, पृ. 41-43
68. अम्बिका की एक भुजा में आम्रलुम्बि के स्थान पर पुष्प का प्रदर्शन मथुरा की सातवीं, आठवीं शताब्दी ई. की कुछ अन्य मूर्तियों मे भी देखा जा सकता है।
69. जैन, हीरालाल - *भारतीय संस्कृति में जैनधर्म का योगदान*, मध्य प्रदेश शासन साहित्य परिषद, भोपाल, 1975, पृ. 351
70. श्री जी.एस. गाई के अनुसार दुर्जनपुर (विदिशा) से प्राप्त तीनों जैन प्रतिमाओं पर उत्कीर्णित लेख निम्नांकित है–

    (क) 1. भसगवतो रहतः (ा) चंद्रप्रभस्य प्रतिमे = यम्कारिता
    2. महाराजाधिराज श्री रामगुप्तेन उपदेशात् = पानिपाम
    3. त्रिक-चन्द्रक्षमाचार्य-क्षमण-श्रमण-प्रशिष्य-आचार्य
    4. सर्पसेन-क्षपण-शिष्यस्य गोलक्यान्त्य-सत्पुत्रस्य चेलुक्षमणस्य = एति।

    (ख) 1. भगवतो रहतः (ा) पुष्पदन्तस्य प्रतिमे = यमृकारिताम्
    2. महाराजाधिराज श्री रामगुप्तेन उपदेशात् = पानिपात्रिक
    3. चन्द्रक्षम (णाचां) र्य (क्षमण) - श्रमण-प्रशि(ष्य)
    4. ....ति।

    (ग) 1. भगव (तो)=रह(तः) (चंद्र) प्रभस्य प्रतिमे=यम् (का) रिता महा (राजा)धिराज(ज)-
    2. श्री (रामगुप्ते) नं 3 (पदेशांत्=पा) णि - (पात्रि)
    3. ....
    4. ....

    शाब्दिक व्याख्या के लिए विस्तार से देखिए, खरे, महेश्वरी दयाल - *उपरोक्त*, पृ. 131-32
71. विलियम, जे.जी. - द *आर्ट ऑफ गुप्ता इंडिया*, इम्पायर एण्ड प्रोविन्स, नई दिल्ली, 1983, पृ. 28-29
72. लेख के अनुसार 'शंकर' नामक व्यक्ति जो आचार्य गोशर्मन का पुत्र था, ने पार्श्वनाथ की मूर्ति समर्पित की, जिस पर गुप्त संवत् 107 अंकित है। विलियम्स ने इन्हें दीवाल पर शेष अर्द्धशिल्पांकनों से प्रमाणित किया है।
73. फलक क्र. 7, चित्र क्र. 2
74. विस्तार हेतु देखिये-सक्सेना, गिरिजा, गुना जिले का पुरातत्त्व एक समालोचनात्मक अध्ययन (पीएच.डी. शोध प्रबन्ध, बरकतुल्लाह विश्वविद्यालय, भोपाल, 1983), पृ. 194-198
75. त्रिवेदी, एस.के. - *मध्य भारत की प्रतिहारकालीन कला एवं स्थापत्य*, जयपुर, 1994, पृ. 122
76. खरे, महेश्वरी दयाल - *उपरोक्त*, पृ. 213
77. *हरिवंशपुराण* - 66, 43-44 एवं भट्टाचार्य, बी.सी. - *दि जैन आइक्नोग्राफी*, लाहौर, 1931, पृ. 92
78. ॐ नमोः गोमुखयक्षास श्री युगांगे जिन शासन रक्षाकारकाय - आचार्य दिनकर एवं भट्टाचार्य, वी.सी. - *उपरोक्त*, पृ. 92-93
79. भट्टाचार्य, वी.सी. - *उपरोक्त*, पृ. 93
80. *हरिवंशपुराण* - 66, 43, 44; *तिलोयपण्णत्ति*, 4, 934, 39

81. *वही*, 66, 45
82. पटना संग्रहालय की कला-निधि (प्रस्तर शिल्प), संग्रहालय निदेशालय पटना, बिहार, 1995, पृ. 2
83. फलक क्र. 8, चित्र क्र. 1
84. फलक क्र. 8, चित्र क्र. 2
85. कुमार स्वामी, ए.के. - *उपरोक्त*, पृ. 29
86. वस्त्रों की पारदर्शिता गुप्तकालीन शिल्प की विशेषता है। प्रस्तुत शिल्प के शीर्ष भाग में वेदिका, वृक्ष पूजा का प्रदर्शन किया गया है।
87. कतिपय विद्वान इसे बोधिसत्त्व 'पद्मपाणि' का प्रारम्भिक रूप भी मानते हैं।
88. अन्य तोरणद्वारों पर इसके साथ पर सिंह व गज का समान शैली में अंकन किया गया है।
89. गुप्तोत्तरकालीन मंदिरों के स्तम्भ शीर्ष पर भी कुछ भिन्नता के साथ समान अंकन मिलता है।
90. मिश्र, भास्कर नाथ-*वही*, पृ. 46 (डी.आर. साहनी ने *कैटलाग ऑफ दि म्यूजियम ऑफ आर्क्योलॉजी एट सारनाथ*, कलकत्ता, 1964 के चित्रण में इस प्रतिमा को कनिष्ककालीन स्वीकार किया है।)
91. शिवराम मूर्ति - *ए गाइट टु दि आर्क्योलॉजिकल ऑफ दि इंडियन म्यूजियम*, कलकत्ता, 1954, पृ. 3 एवं मार्शल, जॉन एवं फूशे, ए. - *उपरोक्त*, भाग-1, पृ. 232 एवं मिश्र, भास्कर नाथ-*उपरोक्त*, पृ. 46
92. मार्शल एवं फूशे - *उपरोक्त*, भाग-1 एवं मिश्र, भास्कर नाथ, उपरोक्त, पृ. 47
93. खरे, महेश्वरी दयाल - *उपरोक्त*, पृ. 154 (फलक क्र. 9, चित्र क्र. 1, 2)
94. *इण्डियन आर्क्योलॉजी*, 1963-65, *ए रिव्यू*, पृ. 4 में विस्तृत चर्चा की गई है।
95. जर्नल ऑफ द मध्य प्रदेश इतिहास परिषद, अंक-2, 1960, पृ. 19
96. द्विवेदी, एच.एन. - *विक्रम स्मृति ग्रंथ*, पृ. 691 एवं खरे, महेश्वरी दयाल - *उपरोक्त*, पृ. 154
97. जैन, हीरालाल - *उपरोक्त*, भोपाल, 1975, पृ. 320
98. सिंह, शान्ति देवी- *उपरोक्त*, वाराणसी, 1991, पृ. 47
99. *जर्नल ऑफ ओरियेन्टल इंस्टीट्यूट*, भाग-18, अंक-3, पृ. 247-52
100. जैन, हीरालाल-*उपरोक्त*, भोपाल, 1962, पृ. 327-328
101. *वही*, पृ. 328-329

अध्याय षष्ठम

हिन्दू स्थापत्य

(क) मंदिर

भारतीय मंदिरों का निर्माण मूलरूप में धर्म और दर्शन की देन है, अर्थात् मंदिर मनुष्य की ऐसी शान्तिमय कल्पना है, जहाँ वह अपने आराध्यदेव की आराधना तो करता ही है, अपितु उसके सान्निध्य व एकात्म होने का आनन्द भी प्राप्त करता है। वास्तव में मंदिर निर्माण का धर्म से सम्बन्ध तो है ही, अपितु मानव के उपास्यदेव की उपासना का स्थल भी है।[1] मंदिर निर्माण का प्रमाण भारत में अति प्राचीन है, इसकी पुष्टि पुरातत्त्व एवं साहित्य दोनों ही स्रोतों से होती है। उत्तर भारत में इसके प्रमाण पहली शताब्दी ई.पू. में निर्मित बडली (राजस्थान) और वेसनगर (जिला विदिशा, मध्य प्रदेश) के उत्खननों से सूचित है, जहाँ ईसा पूर्व के 'वासुदेव मंदिर' के निर्माण के प्रमाण उपलब्ध हुए हैं।[2] मंदिर के समक्ष स्थापित ''गरुड़ स्तम्भ'' पर उत्कीर्ण अभिलेख से इसकी पुष्टि होती है।

पूर्वी उत्तर प्रदेश से इसके समकालीन प्रमाण आद्यतन दुर्लभ हैं। सम्भवत: इसके अभाव की पृष्ठभूमि यहाँ मिट्टी के इष्टिका निर्मित और घास-फूस के आच्छादित मंदिर होगा, जो समय के साथ नष्ट हो गये। उल्लेखनीय है कि पूर्वी मध्य प्रदेश में भी प्रारम्भिक स्वरूप यही था, परन्तु कालान्तर में निर्माणक सामग्री में परिवर्तन आया और गुप्तकाल के आगमन तक इनका भरपूर उपयोग होने लगा।

पूर्वी उत्तर प्रदेश से प्राग् गुप्तकालीन मंदिरों के निर्माण के प्रमाण सामान्यतया सूचित नहीं है, फिर भी गुप्तकालीन मंदिरों के प्रमाण उपलब्ध हैं। इनमें कुछ मंदिरों का उल्लेख करना समीचीन होगा।

1. अहिछत्रा का शिव मंदिर

यह मंदिर उत्तर प्रदेश के अहिछत्रा (जिला-बरेली) में 1940-44 के मध्य उत्खनन से प्रकाश में आया। यह एक शिव मंदिर था, जिसकी जगती एवं पीठ के अवशेष ही प्रकाश में आये हैं।[3] विवरण से स्पष्ट होता है कि मंदिर का निर्माण अनेक बंधनों की पीठिका पर हुआ था, जिसका

प्रत्येक तल ऊपर से चौकोर था, जिस पर चारों तरफ प्रदक्षिणा किया जा सकता था। ऊपर के चौकोर धरातल पर छोटी-छोटी कोठरियाँ मिट्टी भरकर बनायी गयी थीं, जिसके ऊपर सम्भवत: 'शिवलिंग' स्थापित था। यह भी अनुमान किया जा सकता है कि इसका निर्माण बौद्ध स्तूपों के अनुकरण में किया गया था। ऊपरी तल मिट्टी के उच्चित्रित फलकों से चारों तरफ से अलंकृत था और ऊपर जाने के लिए सोपान निर्मित थे, उसके दोनों तरफ गंगा व यमुना की मूर्तियाँ थीं। सम्भवत: इसका निर्माण किसी कुषाणकालीन स्थापत्य निर्माण के ऊपर हुआ होगा। मृण् फलकों के चित्रण के आधार पर इसका काल लगभग 450 ई. के आसपास माना गया है।[4]

2. कुशीनगर का निर्वाण मंदिर

कुशीनगर का 'निर्वाण मंदिर' भी ईंटों का बना था। इसके भीतर बुद्ध की एक विशाल 'महापरिनिर्वाण' मूर्ति प्रतिष्ठित थी। इस मूर्ति पर गुप्तकालीन अभिलेख मिला है, जिससे इसका निर्माणकाल गुप्तकालीन माना जाता है। उत्खनन से केवल मंदिर का भू-विन्यास ही प्राप्त है, जो ईंटों से निर्मित है, तदनुसार मंदिर 13.75 मी. लम्बा और 9.20 मी. चौड़ा था। गर्भगृह की लम्बाई 10 मी. व चौड़ाई 4.30 मी. थी। इसकी दीवार 2.90 मी. मोटी थी। इस मंदिर की जगती पीठ भीतरीगांव (कानपुर) के मंदिर की भाँति अलंकृत मृण् फलकों से सजा हुआ था।[5]

3. चीरेनाथ मंदिर (श्रावस्ती)

पूर्वी उत्तर प्रदेश के पुरातात्त्विक स्थल 'श्रावस्ती' के स्वर्णिम अतीत को प्रकाश में लाने का श्रेय कनिंघम को माना जाता है। जिन्होंने 1862-63 में सहेत-महेत नामक टीलों का अन्वेषण, सर्वेक्षण एवं उत्खनन कर इसकी पहचान क्रमश: जेतवन तथा कौशल नरेश राजा प्रसेनजित की राजधानी श्रावस्ती से की।

सन् 1997-98 एवं 1998-99 में भारतीय पुरातत्त्व सर्वेक्षेण, उत्खनन शाखा तृतीय (पटना, बिहार) तथा पुरातत्त्व शोध संस्थान, कासाई विश्वविद्यालय, ओसाका (जापान) द्वारा किये गये उत्खनन में एक गुप्तकालीन "चीरेनाथ मंदिर" को प्रकाश में लाया गया। इस विशिष्ट भू-विन्यास (वृत्ताकार) में ईंटों से निर्मित मंदिर भारत के अन्य स्थलों से दुर्लभ हैं।

श्रावस्ती का चीरेनाथ मंदिर एक छोटे से टीले पर निर्मित है, जो कि 'मेहत' की रक्षा प्राचीर के बाहर कानभारी गाँव के पश्चिम में तथा कानभारी द्वार के दक्षिण-पश्चिम में लगभग 150 मी. की दूरी पर स्थित है। मंदिर का निर्माण पकी ईंटों से किया गया है, जो साँचे में ढली हुयी अलंकृत है। ऐसा प्रतीत होता है कि ये ईंटें पूर्ववर्ती किसी ईमारत की हैं तथा इन्हें चीरेनाथ मंदिर के निर्माण में उपयोग किया गया है। यह बाहर से देखने पर जंघा के भाग तक वृत्ताकार दिखाई देता है। मंदिर में शिखर का अस्तित्व नहीं है। ऐसा लगता है कि मंदिर में शिखर का निर्माण ही नहीं किया गया है। मंदिर की परिधि 14.70 मी. है, जिसमें तीन आले के अवशेष उपलब्ध हैं, ये तीनों दिशाओं में मिलते हैं। चीरेनाथ मंदिर का मुख्य प्रवेशद्वार पश्चिम दिशा की ओर है। मंदिर का गर्भगृह वर्गाकार

है, जिसका मापन 2.10×2.10 मी. है। गर्भगृह में स्थापित शिवलिंग लाल बलुए पत्थर से निर्मित है, जिसकी ऊँचाई 1.70 मी. है। इस शिवलिंग के दोनों भागों को समान रूप से काटा (चीरा) गया है। सम्भवत: इसी चीर के कारण इस मंदिर का नाम 'चीरेनाथ' मंदिर पड़ा होगा।

मंदिर की मुख्य दीवार के निकट 6 अन्य छोटे-छोटे गर्भगृह के मंदिर अवशेष भी प्राप्त हुए हैं। इनमें से तीन निकट की दीवार से जुड़े हैं और शेष तीन पश्चिम की तरफ है। पूर्व दिशा की ओर जो तीन छोटे मंदिर हैं, उनमें से एक दीवार के मध्य में तथा दो कोनों पर स्थित हैं। मध्य और पूर्व में स्थित छोटे मंदिर (उप पूजास्थल) का भू-विन्यास भी अर्द्धवृत्ताकार है। इन तीनों मंदिरों के गर्भगृह का आकार भिन्न-भिन्न है। इनका मापन उत्तर से दक्षिण क्रमश: 2.35×1.20 मी. एवं 1.20×1.15 मी. तथा 1.20×1.35 मी. है।

पश्चिम दिशा में स्थित छोटे-छोटे मंदिर भी प्रकाश में आये हैं जिनके गर्भगृह का मापन उत्तर से दक्षिण 1.15×1.20 मी. 72× 92 से.मी. और 1.25×1.75 मी. है। यहीं पर एक जीर्णावस्था में योनिपीठ तथा शिवलिंग स्थापित है, जो बलुए पत्थर से निर्मित है। इसी स्थान से पाँच चबूतरों के अवशेष भी मिले हैं जो ईंटों से निर्मित हैं। यह चबूतरे किस उद्देश्य के लिए बनाये गये थे, इसका अध्ययन अपेक्षित है। मंदिर के आसपास के उत्खनन से पुराविदों को विष्णु एवं उमा-महेश्वर की मूर्तियाँ भी प्राप्त हुई हैं।

4. भीतरगाँव मंदिर (कानपुर)

यह मंदिर उत्तर प्रदेश के कानपुर से लगभग 30 कि.मी. की दूरी पर स्थित है। सन् 1875-76 ई. में कनिंघम महोदय ने इसका अन्वेषण कर इसे गुप्तकालीन मंदिर स्वीकार किया। श्री पर्सी ब्राउन ने इसे उत्तर गुप्तकालीन श्रेणी में रखा है। सौन्दराजन के अनुसार इसका निर्माणकाल लगभग 500 से 550 ई. के बीच अनुमानित है।

गुप्तकालीन मंदिरों में इसका महत्त्वपूर्ण स्थान है, क्योंकि ईंट का बना यह प्राचीनतम मंदिर शिखर से सुशोभित है। बोधगया मंदिर से इसकी अतीव समता है।

भीतरगाँव मंदिर की निर्माण-पद्धति सुनियोजित है। यह कई तलों से निर्मित 10.30 मी. वर्गाकार चबूतरे पर स्थित है। इसके तीन ओर की बाह्य दीवारें बीच में आगे की ओर निकली हुई हैं। मंदिर का प्रवेश द्वार पूर्वाभिमुख है, जिसमें ऊपर जाने के लिए सीढ़ियाँ बनी हैं। द्वार के भीतर 2.05 मी. का एक छोटा सा कक्ष अथवा मंडप है तथा उसके आगे गर्भगृह लगभग 2 मी. वर्गाकार क्षेत्र में फैला हुआ है। इसका भीतरी भाग सादा है। गर्भगृह का प्रवेशद्वार तथा मंदिर का मुख्यद्वार दोनों का सिरदल अथवा ऊपरी भाग अर्द्धवृत्तानुमा (ढोलाकार) है। दोनों कक्ष की छतें छज्जे की तरह दोनों ओर से कोणाकार हैं। गर्भगृह के ऊपर एक कक्ष की योजना है, जो आकार में गर्भगृह के आधे से कम है। शिखर का शीर्ष शाल शिखरकार है।

यद्यपि मंदिर का बाह्य भाग नष्ट प्राय: हो रहा है, तथापि जितना अंश वर्तमान में शेष है, उससे इसकी विशालता का अनुमान लगाया जा सकता है। अनेक स्थानों पर कार्निस बने हैं तथा मूर्तियों

के लिए रथिकाएँ हैं। देवगढ़ मंदिर के सदृश्य ये रथिकाएँ मृण् मूर्तियों से अलंकृत हैं। मंदिर के सूक्ष्म अवलोकन से विदित होता है कि यह मात्र प्रतिमा स्थापित करने हेतु व्यवस्था थी, क्योंकि धार्मिक सभा तथा उत्सव का आयोजन करने के लिए इसमें उपयुक्त स्थान नहीं दिखाई देता। इसमें प्रयुक्त ईंटों की लम्बाई 17½ इंच, चौड़ाई 10 इंच एवं मोटाई लगभग 3 इंच है। प्रत्येक ईंट विविध मूर्तियों से अलंकृत है। स्थापत्य कला की दृष्टि से यह मंदिर भव्य एवं योजनाकूल है।

इस शैली के कतिपय अन्य मंदिर भीतरगाँव के निकटवर्ती स्थानों पर देखे जा सकते हैं। जिनका निर्माण सम्भवत: छठी शताब्दी ई. के बाद का है। इन मंदिरों की बाह्य दीवारें मृण् मूर्तियों से अलंकृत है। निर्माण काल के आधार पर कतिपय कलाविद् इन मूर्तियों को गुप्तकालीन मानते हैं। परन्तु श्री राखलदास बनर्जी के अनुसार ये मूर्तियाँ देवगढ़ की मूर्तियों के बाद की निर्मित है।[6]

इसके अतिरिक्त पूर्वी उत्तर प्रदेश के निकटवर्ती बिहार के सीमावर्ती क्षेत्र से भी कुछ हिन्दू मंदिर सूचित हैं, यथा–बोधगया मंदिर, नालन्दा मंदिर, महादेव मंदिर (राजगृह) एवं अपसढ़ मंदिर आदि प्रमुख है, जो लगभग पूर्व गुप्त एवं गुप्तकाल का प्रतिनिधित्व करते हैं।

पूर्वी उत्तर प्रदेश में सामान्यतय इष्टिका निर्मित मंदिरों के ही प्रमाण उपलब्ध हैं, परन्तु ब्राह्मण धर्म की व्यापकता यहाँ निश्चित रूप से मौर्योत्तर काल में रही। शुंग शासकों ने अपना प्रभुत्व स्थापित करने के बाद ब्राह्मण धर्म को प्रोत्साहित किया और कालान्तर में इष्टिका निर्मित मंदिरों का निर्माण हुआ। निकटवर्ती क्षेत्र बिहार में तो अद्यतन शिखरयुक्त मंदिर विद्यमान हैं, परन्तु पूर्वी उत्तर प्रदेश में ऐसे मंदिरों का अभाव है। कालान्तर में गुप्तकाल में तो अधिकांशत: कुषाणकालीन जीर्ण-शीर्ण मंदिरों के ऊपर दूसरे मंदिर निर्मित हुए, जिनके प्रमाण उपलब्ध हैं, जैसे–चीरेनाथ का मंदिर इत्यादि।

तत्पश्चात् सम्पूर्ण उत्तर भारत व पूर्वी मध्य प्रदेश में ब्राह्मण धर्म की गतिविधियाँ समानान्तर जारी रहीं और बहुतायात में मंदिरों का निर्माण हुआ।

पूर्वी मध्य प्रदेश में साँची के दो स्तम्भयुक्त कमरे गुप्तकालीन मंदिर के प्रथम चरण के माने जाते हैं। चूँकि कक्ष में प्रतिमा की स्थापना की जाती थी। अत: उसे गर्भगृह की संज्ञा दी गयी। इस युग में उसी विचार से प्रभावित होकर उदयगिरि पर्वत पर उत्कीर्ण कर मंदिरों का निर्माण किया गया। इनमें कुछ गुफाओं का आकार बौद्ध गुहा से समानान्तर है। किन्तु चौकोर कमरा तथा समतल छत वाले आकार को मंदिर की संज्ञा दी गयी। विद्वानों के अनुसार लगभग इसी काल से दोनों ही क्षेत्रों में मंदिरों के अवशेष मिलने प्रारम्भ हो जाते हैं।[7]

(क) शैलोत्कीर्ण गुहा-मंदिर

उदयगिरि का गुहा मंदिर

आधुनिक विदिशा नगर के पश्चिम में 5 कि.मी. की दूरी पर 23^0 29′ उत्तर व $77^0$47′ पूर्व में उदयगिरि की पहाड़ी स्थित है। वर्तमान में यहाँ 20 शैलोत्कीर्ण गुफाएँ हैं। उदयगिरि की पृष्ठभूमि में बेस नदी प्रवाहित है। प्राचीन काल में उदयगिरि पहाड़ी का नाम सम्भवत: "निच्चै" था।[8] प्राचीन

बेसनगर आधुनिक विदिशा से उत्तर-पश्चिम में तथा उदयगिरि से उत्तर दिशा में बसा हुआ था। प्राचीन काल से ही विदिशा नगर, उत्तर भारत से दक्षिण भारत की ओर जाने वाले महत्त्वपूर्ण व्यापारिक मार्गों के चौराहे पर स्थापित था। पश्चिम में सौबीर से लेकर पूर्व में मगध का मार्ग और उत्तर में श्रावस्ती (पूर्वी उत्तर प्रदेश) से लेकर दक्षिण से प्रतिष्ठान तक का मार्ग, यही कारण है कि यह नगर सांस्कृतिक गतिविधियों का महत्त्वपूर्ण केन्द्र बना रहा और दूरस्थ क्षेत्रों के शिल्पियों को समुचित प्रश्रय मिला। मंदिर स्थापत्य की दृष्टि से यहाँ पर शैलोत्कीर्ण गुफाओं के निर्माण की परम्परा, योजना एवं कलागत विशेषताओं के क्रमिक विकास के चरण का भी पता चलता है।

उदयगिरि की शैलोत्कीर्ण गुफाएँ साधारण वर्गाकार या आयताकार गर्भगृह युक्त है। अन्तर्विन्यास में धरातल समतल है। इनके द्वार आयताकार है एवं गुफा के मध्य में निर्मित मुख चतुष्कीयुक्त हैं। ये द्वार-शाखाएँ विभिन्न गुफाओं से भिन्न-भिन्न हैं, यथा कुछ आयताकार हैं, जिनमें द्वार-शाखाएँ सिरपट्टी युक्त हैं, जबकि कुछ में विशिष्ट 'टी' (T) प्रकार की हैं। गुफा क्रमांक-4 और 6 में दोनां तरफ देवकुलिकाएँ निर्मित हैं जबकि गुफा क्रमांक- 20 पहाड़ी के बढ़े हुए भाग में उत्कीर्ण है।

साधारणतया गर्भगृह में चट्टान पर, लघु जगती पृष्ठ भाग की दीवार में उत्कीर्ण की गई है, जिस पर एक देवता की मूर्ति उत्कीर्ण हैं। कुछ गुफाओं में पानी बाहर निकालने के लिए प्रणाली की व्यवस्था भी की गई है। उदयगिरि की इन गुफाओं से स्थापत्य की शैलीगत परम्पराओं में प्रारम्भिक चरण से उत्कर्ष के अनवरत क्रम का अध्ययन किया जा सकता है, पर यह स्वरूप दो या तीन पीढ़ियों में दृष्टव्य है।

(ख) अर्द्ध-शैलोत्कीर्ण गुहा मंदिर

इस वर्ग के अन्तर्गत उदयगिरि में उत्कीर्ण गुफा क्रमांक-1, गुफा क्रमांक-3, 4, 5, 16, 17 और 19 रखे जा सकते हैं। इन गुफाओं में गर्भगृह के समक्ष एक मण्डप का निर्माण स्वतंत्र रूप से किया गया था, जबकि उपर्युक्त वर्णित गुफाओं मे ऐसा नहीं था, और उनके गर्भगृह भी छोटे थे। बृहदाकार गुफाओं के सामने की ओर सम्भवत: खुला मण्डप रहा होगा। इस श्रेणी में गुफा क्रमांक-1 विशिष्ट उदाहरण है।

निर्माण योजना में शिल्पी ने चट्टान के बढ़े हुए भाग का लाभ उठाया है और इसके नीचे थोड़ा भाग उत्कीर्ण करके जगती का स्वरूप पिछली दीवार में दे दिया है। यह दीवार से घिरा हुआ है और सामने की ओर से द्वार है। मण्डप में अधिष्ठान, कुड्य स्तम्भ और चार स्तम्भ हैं।

उल्लेखनीय है कि यही प्रक्रिया कालान्तर में स्वतंत्र निर्मित प्रारम्भिक गुप्तकालीन मंदिरों के चार स्तंभों युक्त मण्डपों में अपनाई गई।

उदयगिरि के अन्य गुहा मंदिर सम्भवत: स्वतंत्र मण्डपयुक्त थे, जिनकी निर्माणक सामग्री प्रस्तर या काष्ठ स्तम्भ थी, जो वर्तमान में नष्ट हो गई हैं, परन्तु लकड़ी या काष्ठ के कुड्य स्तम्भ पत्थरों से जुड़े हुए मुख्यद्वार के दोनों तरफ अवशेष के रूप में विद्यमान हैं, जिससे उक्त प्रक्रिया की पुष्टि होती है। गुफा क्रमांक-1 के मण्डप में सुरक्षित स्तम्भ इसके ठोस प्रमाण हैं।

प्रस्तर से स्वतंत्र रूप से निर्मित लगभग गुप्तकालीन मंदिरों की प्रेरणा सम्भवत: उदयगिरि गुफा क्रमांक-1 से प्राप्त हुयी होगी। यह मंदिर अर्द्ध-शैलोत्कीर्ण एवं शेष स्वतंत्र रूप से निर्मित हैं। सम्भवत: पूर्वी मध्य प्रदेश के शिल्पियों को सर्वप्रथम स्वतंत्र मंदिरों के निर्माण की कला का ज्ञान यहीं से हुआ। गुप्तकाल में प्रारम्भिक स्वतंत्र मंदिरों की निर्माण योजना भी यहीं से प्रेरित है, जिनमें मण्डप में चार स्तम्भ, दो स्वतंत्र और दो कुड्य स्तम्भों की व्यवस्था उदयगिरि के मंदिर क्रमांक-1 के आधार पर की गई है।

गुप्तकालीन मंदिर

डॉ. के.सी. श्रीवास्तव के अनुसार वस्तुत: शैलीगत मंदिर निर्माण के प्रमाण लगभग तीसरी शताब्दी ई. से मिलते हैं। उस समय मंदिरों का निर्माण सामान्यत: एक ऊँचे चबूतरे पर होता था, जिस पर चढ़ने के लिए चारों ओर से सीढ़ियाँ बनायी जाती थीं। प्रारम्भिक मंदिरों की छतें चपटी होती थीं। किन्तु आगे चलकर शिखर भी बनाये जाने लगे। मंदिर के भीतर एक चौकोर अथवा वर्गाकार कक्ष बनाया जाता था, जिसमें उपासना हेतु मूर्ति स्थापित होती थी। यह मंदिर का सबसे महत्त्वपूर्ण भाग होता है, जिसे 'गर्भगृह' कहा जाता है। यह तीन ओर से दीवालों से घिरा होता है, जबकि एक ओर प्रवेश द्वार बना रहता है। पहले गर्भगृह की दीवारें सादी होती थीं, किन्तु बाद में चलकर उन्हें मूर्तियों तथा अन्य अलंकरणों से सजाया जाने लगा। गर्भगृह के चारों ओर ऊपर से आच्छादित प्रदक्षिणा-मार्ग बना होता था। गर्भगृह के प्रवेशद्वार पर बने उदुम्बर पर ''मकरवाहिनी गंगा'' और 'कूर्मवाहिनी यमुना' की आकृतियाँ प्रदर्शित होती हैं, जो गुप्तकाल की अपनी विशेषता है। इसके अतिरिक्त हंस, मिथुन, स्वास्तिक, श्रीवक्ष, मंगल-कलश, शंख, पद्म आदि पवित्र मांगलिक चिह्नों एवं प्रतीकों का भी अंकन किया गया है। पहले गर्भगृह के सामने एक स्तम्भयुक्त मण्डप बनाया जाता था, किन्तु कालान्तर में इसे गर्भगृह के चारों ओर बनाया जाने लगा।[9] इस काल के कुछ प्रमुख मंदिर इस प्रकार हैं :-

1. मंदिर क्रमांक-1 (साँची, जिला रायसेन)

यह मंदिर साँची के स्तूप क्रमांक-1 के दक्षिणी द्वार के निकट उत्तर-पूर्व कोण में साधारण जगती पर निर्मित है। निर्माण योजना के अन्तर्गत इसमें वर्गाकार गर्भगृह और स्तम्भयुक्त अर्द्धमण्डप है। सोपान के माध्यम से मण्डप में प्रवेश की व्यवस्था है। अर्द्धमण्डप के स्तम्भों एवं दो स्तम्भों में दण्ड के नीचे चौपहल तथा मध्य भाग अष्टकोणीय है। कोष्ठक में घण्टाकार कमल, लहरियादार ग्रीवा और चौकोर फलक पर चौपहल सिंह शीर्षक है। द्वार शाखा अलंकृत है, जिसमें पुष्प लताओं का अलंकरण है। स्तम्भों के अलंकरण में मिथुन युग्म, विद्याधर तथा सिरपट्टी के मध्य में प्रतीक स्वरूप देवता का प्रदर्शन महत्त्वपूर्ण है। गर्भगृह में कोई देवता स्थापित नहीं है। मंदिर की दीवारें अलंकरणविहीन हैं। छत सपाट है, जिस पर साधारण शिलापट्ट रखे हुए हैं। कनिंघम के अनुसार यह मंदिर शैलोत्कीर्ण गुफा मंदिरों के बाद स्वतंत्र निर्माण परम्परा के आद्य स्वरूप का प्रतिनिधित्व करता है। इस प्रकार यह छोटा मंदिर शास्त्रीय देवालयों के निर्माण के प्रयास हेतु सुन्दर एवं भव्य उदाहरण है।

मंदिर में द्वार के माध्यम से प्रकाश पहुँचता है। शिखर-विकास हेतु इसमें गर्भगृह का प्रयोग नियंत्रित करता है। 'कृष्णदेव' ने इस देवालय को लगभग पाँचवीं सदी ई. की कृति स्वीकार किया है।[10]

2. मंदिर क्रमांक-18

स्तूप क्रमांक-1 के दक्षिण में स्थित यह मंदिर कार्ले, भाजा आदि के पर्वतीय मंदिरों से मिलता-जुलता है। इसका पिछला भाग अर्द्धवृत्ताकार है। बाहरी भाग में तीन ओर लगभग 0.60 मी. ऊँची दीवार है। इसके स्तम्भ और अर्द्धस्तम्भ नागौरी पाषाण के बने हैं। प्रत्येक स्तम्भ लगभग 4.90 मी. ऊँचा और एकाश्म (एक पाषाणखण्ड) है। ऊपर की ओर ये स्तम्भ क्रमशः संकरे होते गये हैं। इसके नीचे पाषाण की पीठ हैं। इसकी नक्काशी लगभग सातवीं शताब्दी ई. की अनुमानित है तथा एलोरा, वाघ और ऐहोल के स्तम्भों के समानान्तर है, अनुमानतः मंदिर के अन्दर स्तूप था, जिसमें सर्वेक्षण के दौरान चिकने पाषाण का एक खण्डित पात्र एवं सातवीं सदी की मृण् मुद्राएँ मिली हैं। इन पर भूस्पर्श मुद्रा में बैठी हुई बुद्धमूर्ति, छोटे-छोटे स्तूप और बौद्धमंत्र दृष्टिगत हैं। मंदिर के नीचे प्राचीन मंदिरों की फर्श हैं। इनमें सबसे ऊपर चूना-कंक्रीट की छठी शती वाली फर्श दोहरी है। पूर्व, दक्षिण और पश्चिम की बाहरी दीवारें भी नीचे के फर्श के समय की होंगी। दक्षिणी दीवार के नीचे मौर्यकालीन पाषण की फर्श है। डॉ. मिश्र के अनुसार नीचे का स्मारक भी मंदिर ही था, जो शुंग कालीन में बना होगा।[11]

3. मण्डप मंदिर 40

इस मंदिर का अधिष्ठान लगभग 24.60 मी. लम्बा और 13.20 मी. चौड़ा है। मंदिर में पहुँचने के लिए पूर्व और पश्चिम दिशाओं में सोपान निर्मित है। अनुमानतः मण्डप का ऊपरी भाग लकड़ी का था, जो नष्ट हो गया। जली हुई लकड़ी मण्डप के फर्श पर मिली है। इसी फर्श पर पाँच श्रेणियों में 50 या अधिक स्तम्भों वाला मण्डप बना था। इन स्तम्भों पर ई.पू. दूसरी शताब्दी के ब्राह्मी अक्षर उत्कीर्ण हैं। इससे ज्ञात होता है कि मण्डप के नीचे का अर्द्धवृत्ताकार अधिष्ठान मौर्यकाल में बना होगा। नीचे वाले स्मारक के मलबे को मोटी दीवार से घेर लिया गया था। खाली जगहों में पुराने स्मारक में बड़े-बड़े पत्थर भर दिये गये थे। इससे अधिष्ठान 39.20 मी. लम्बा तथा 26 मी. चौड़ा हो गया, और नीचे वाली फर्श 0.04 मी. ऊँची हो गयी । इन परिवर्तनों के कारण पुराने दोनों सोपान ढक गये और उनकी जगह उत्तरी चार दीवारी से लगाकर दो नये सोपान बन गये। मलबे से अन्य कई स्तम्भों के निचले भाग मिले हैं। इनमें कुछ बड़े और कुछ छोटे हैं। छोटे स्तम्भों मे से कुछ पर अभिलेख हैं। इनका प्रयोग मण्डप के बरामदे या पास में स्थित एक छोटे स्मारक के निर्माण के लिए हुआ होगा। लगभग सातवीं शती ई. में मण्डप के अधिष्ठान के पूर्वी ओर अर्द्धमण्डप समेत एक मंदिर बना। सम्भवतः छोटे स्तम्भ इसी मंदिर में प्रयोग कर लिए गये होंगें । अर्द्धमण्डप भीतर से 6.90 मी. (उत्तर-दक्षिण) और 2.60 मी. (पूर्व-पश्चिम) है। नीचे के स्मारक और स्तम्भ मण्डप के बीच पाषाण का एक शुंगकालीन हाथी मिलने का वर्णन प्राप्त होता है।[12] विद्वानों के मतानुसार इन अवशेषों में तीन युगों के स्मारक हैं:-

1. समचतुरस्त्र अधिष्ठान पर मौर्यकालीन अर्द्धवृत्त मंदिर खड़ा था, जिसमें प्रदक्षिणापथ था और पूर्व तथा पश्चिम में सोपान थे। इस अधिष्ठान के अवशेष पश्चिम में आज भी यथावत् हैं।
2. शुंगकाल में यह अधिष्ठान बहुत बढ़ गया, मंदिर मण्डप में बदल गया और उत्तर में सोपान निर्मित हो गये। तत्पश्चात् सातवीं सदी ई. में मण्डप के पूर्वी भाग में मंदिर बनाया गया, जो कई सदियों तक परिवर्द्धित होता रहा।[13]

4. भूमरा का शिव मंदिर

पूर्वी मध्य प्रदेश के सतना जिले में भूमरा नामक स्थान से पाषाण निर्मित इस मंदिर का गर्भगृह प्राप्त हुआ है। इसके प्रवेशद्वार के पार्श्वों पर गंगा-यमुना की आकृतियाँ बनी हुयी हैं। इसके द्वार की चौखट को अलंकरणों से सजाया गया है। मंदिर की छत चपटी है। गर्भगृह के भीतर एकमुखी शिवलिंग स्थापित किया गया है। उसके सामने स्तम्भयुक्त मण्डप तथा चारों ओर प्रदक्षिणापथ मिलता है।

सतना जिले में ही उचेहरा के पास पिपरियाँ नामक स्थान से 1968 ई. में डॉ. के.डी. वाजपेयी ने एक विष्णु मंदिर तथा मूर्ति की खोज की थी। यहाँ गर्भगृह का अलंकृत द्वार मिला है। द्वार स्तम्भों तथा सिरदल पर पूर्णघट, पत्रावली, नगरमुख, व्याघ्रमुख आदि अलंकरण मिलते हैं। वराह अवतार, नवग्रह आदि भी द्वार पर अंकित हैं। विष्णु की मूर्ति मंदिर के पास ही मिली है।[14] इसके अतिरिक्त सतना के खोह, ऊचेहरा और नागौद आदि स्थानों से भी गुप्तकालीन मंदिरों के अवशेष प्राप्त होते हैं।

5. 'नचना कुठार' का पार्वती मंदिर

पन्ना जिले में आजमगढ़ के समीप 'नचना कुठार' नामक स्थान से यह मंदिर सूचित है। इसका निर्माण लगभग 10 मी. के वर्गाकार चबूतरे पर किया गया है। गर्भ की चौड़ाई लगभग 2.45 मी. है, जिसके चारों ओर ढका हुआ बरामदा है। यह प्रदक्षिणापथ था। गर्भगृह के सामने स्तम्भयुक्त मण्डप है। मंदिर पर चढ़ने के लिए चबूतरे से चारों ओर सोपान बनाये गये हैं। मंदिर की छत सपाट है। गर्भगृह की दीवारों को अलंकरणों से सुसज्जित किया गया है।

6. ऐरण का विष्णु मंदिर

मध्य प्रदेश के एरण नामक स्थान पर यह मंदिर विराजमान था, जो वर्तमान में ध्वस्त हो चुका है। मंदिर के गर्भगृह का द्वार तथा इसके सामने खड़े दो स्तम्भ मात्र अवशिष्ट हैं। स्तम्भ शीर्ष, गज, सिंह, नारीमुख आदि अभिप्रायों में अलंकृत हैं।

7. देवगढ़ का दशावतार मंदिर

देवगढ़ (ललितपुर) का दशावतार मंदिर अन्य सभी हिन्दू मंदिरों में सर्वाधिक सुन्दर व उत्कृष्ट

है, जिसमें गुप्त मंदिरों की सभी विशेषताएँ प्राप्त होती हैं। इसका ऊपरी भाग नष्ट हो गया है। मंदिर का निर्माण एक ऊँचे एवं चौड़े चबूतरे पर किया गया है। मंदिर के गर्भगृह का प्रवेशद्वार आकर्षक तथा कलापूर्ण है। उसे द्वारपालों तथा नंदी-देवताओं आदि की मूर्तियों से सजाया गया है। मंदिरों की दीवारों पर शेषशायिन प्रदर्शित विष्णु, नरनारायण व गजेन्द्रमोक्ष आदि के सुन्दर दृश्य प्रदर्शित हैं। रामायण तथा महाभारत के कई मनोहारी दृश्यों का अंकन भी इसमें किया गया है। गर्भगृह के ऊपर पिरामिडाकार ऊँचा तिहरा शिखर मिलता है। इसके चारों दिशाओं में चैत्याकार कीर्तिमुख (गवाक्ष) तथा इसके ऊपर बीच में खरबुजिया आकार का विशाल आमलक बना था। इस प्रकार जहाँ अन्य मंदिरों की छतें सपाट हैं वहाँ यह मंदिर 'शिखर मंदिर' का पहला उदाहरण है।[15] इसे गुप्तकाल के उत्कृष्ट वास्तु का नमूना भी माना जा सकता है। इसके अनेक तत्त्वों को बाद के मंदिरों में ग्रहण कर लिया गया।

शैलोत्कीर्ण गुहाएँ (तुमेन, जिला गुना)

ग्राम तुमेन (तुम्बबन) उदयगिरी से 75 कि.मी. उत्तर में गुना जिले की सीमा में स्थित है। 1971-72 ई. में डॉ. के.डी. वाजपेयी के निर्देशन में यहाँ पुरातात्त्विक उत्खनन भी सम्पन्न हुआ था, जिससे यहाँ के पाँचवीं सदी ई.पू. से लगभग मध्यकाल तक के सांस्कृतिक कालक्रमों के प्रमाण प्रकाश में आये हैं।[16] यहाँ पर मौर्ययुगीन स्तूपों के अतिरिक्त तीन शैलोत्कीर्ण गुफाएँ भी सूचित हैं। ये गुफाएँ ग्राम तुमेन के निकट आग्नेय प्रस्तर की पहाड़ी में उत्कीर्ण हैं, जिनकी अनुमानित तिथि लगभग पाँचवीं-छठी शताब्दी ई. है। ये अलंकरणविहीन हैं, जो सम्भवत: संन्यासियों के निवास हेतु निर्मित की गई थी। इनका शिल्पगत विश्लेषण निम्नानुसार है -

गुफा क्रमांक-1

ग्राम तुमेन के दक्षिण-पश्चिम में स्थित आग्नेय प्रस्तर की पहाड़ी में उत्कीर्ण इस गुफा का वर्तमान में जीर्णोद्धार किया गया है। इसका मापन लगभग 2.80 × 2 ×1.80 मी. है। ग्रामीण इसे ''सिरसी टोरिया' कहते हैं।

शैलोत्कीर्ण आसन

उपर्युक्त गुफा के निकटस्थ लगभग 1/2 कि.मी. की दूरी पर एक शैलोत्कीर्ण 'सिंहासन'' (चौकी) है, जो गुफा के समकालीन स्वीकार की गई है। ग्रामीण इसे ''सिंहासन वाली टोरिया'' के नाम से पुकारते हैं।

यहाँ उल्लेखनीय है कि ये सभी शैलोत्कीर्ण कृतियाँ ''उर्र नदी'' के तट पर स्थित पहाड़ी में सम्पन्न की गई हैं। इनके निकटस्थ दो अन्य शैलोत्कीर्ण, दो कक्षों युक्त गुफाएँ भी सुरक्षित हैं। इस दो कक्षयुक्त गुफा में एक कक्ष के पीछे दूसरा कक्ष निर्मित है। प्रथम कक्ष 2.70×2.4 मी. का है। इसका प्रवेश द्वार 1.25 मी. चौड़ा है, जो अत्यंत सामान्य रूप में निर्मित है। दूसरा कक्ष 2×2 मी.

का है। इस कक्ष के सामने की दीवाल तथा दाहिनी ओर की दीवाल में आले निर्मित हैं। सम्भवत: आग्नेय प्रस्तर के कारण किसी प्रकार का अलंकरण सम्भव नहीं हुआ होगा।

गुफा क्रमांक 2

यह गुफा उपर्युक्त गुफा से लगभग एक मीटर की दूरी पर निर्मित है। यह दो कक्षों वाली गुफा है। प्रथम कक्ष 2.60×1.40 मी. तथा द्वार एक मीटर चौड़ा है। द्वितीय कक्ष 2×2 मी. का है तथा दोनों ही कक्ष अलंकरणविहीन हैं। यहाँ यह उल्लेख करना समीचीन होगा कि इस क्षेत्र में शैलोत्कीर्ण गुहा निर्माण प्रयोग अनवरत प्रगति पर रहा, जिसकी पुष्टि गुना के 15 कि.मी. दूर ग्राम गुहालपुर की आग्नेय चट्टान में उत्कीर्ण की गई 35 गुफाएँ हैं। इनकी अनुमानित तिथि लगभग सातवीं सदी के मध्य प्रतीत होता है।[17]

इन गुफओं में से एक शिव को समर्पित है, जिसमें शिवलिंग स्थापित है। गुहा मंदिर के अन्य भाग में एक बरामदा है, जो इसका परिवर्तित स्वरूप है। ऐसे ही द्वार व अन्दर के कुछ भागों का जीर्णोद्धार किया गया है। इसके निकटस्थ ही एक सिंहासन बना है, जहाँ से आश्रम तक पहुँचने हेतु सोपान निर्मित है।

उपर्युक्त गुफाओं के अतिरिक्त ग्राम तुमेन से गुप्तकालीन स्वतंत्र मंदिर के अवशेष भी प्राप्त हुए हैं। एक अभिलेख जिसकी तिथि 436-37 ई. है, के अनुसार यहाँ एक मंदिर पर्वत शिखर के समान ऊँचा निर्मित था, जो चन्द्रमा के समान चमक रहा था।[18] उपलब्ध भग्नावशेषों में मंदिर की द्वारशाखाएँ यथावत् विद्यमान हैं, जिससे स्पष्ट ज्ञात होता है कि इसकी सिरपट्टी और मंदिर की दीवार किस प्रकार एक-दूसरे से जुड़े हुए थे। उल्लेखनीय है कि इसी प्रकार के अलंकरण और निर्माण शैली 'कुण्डा', 'तिगवा' और 'साँची' के मंदिरों में अपनायी गयी।[19]

गुप्तोत्तरकालीन मंदिर

मंदिर समूह (बडोह पठारी, जिला विदिशा)

ग्राम बडोह पठारी के उत्तर-पश्चिम दिशा में लगभग 3 कि.मी. दूर 'रामगढ़' नामक स्थान पर दो छोटे-छोटे मंदिर स्थिति हैं। इन मंदिरों की संख्या पूर्व में सात रही होगी, परन्तु वर्तमान में मात्र दो शेष रह गये हैं, और अन्य भग्नावस्था में हैं। इनमें मंदिर क्रमांक-3 महत्त्वपूर्ण है, जिसे कलागत आधार पर गुप्तोत्तरकालीन निर्माण स्वीकार किया गया है। मंदिरों के वेदिबन्ध में क्रमश: खुर, कुम्भ तथा कलश बन्धन सुरक्षित हैं। जंघा सादे हैं तथा प्रत्येक दिशा में चैत्य अलंकरण से आच्छादित एक-एक देवकोष्ठ है। इनमें गणेश, कार्तिकेय व महिषासुरमर्दिनी आदि की मूर्तियाँ प्रदर्शित हैं। जंघा के ऊपर दो सादे बन्धनों द्वारा देवालय के समतल वितान को आधार प्रदान किया गया है। देवालय का वर्गाकार गर्भगृह (1.20 मी.×1.20 मी.) पूर्णत: अलंकरणविहीन है। दोनों ही देवालयों के द्वार

नष्ट हो गये हैं। समीप में बिखरे इनके अवशेषों से आभास होता है कि द्वार में सम्भवत: तीन शाखाएँ रही होंगी तथा अन्तरंग चैत्य अलंकरणों से अलंकृत रहा होगा।

देवालय में देवकोष्ठों तथा द्वार में उत्कीर्ण गंगा-यमुना की मूर्तियों के सूक्ष्म अध्ययन से प्रतीत होता है कि यह सम्भवत: सातवीं शताब्दी में निर्मित की गई होगी। अत: ये मंदिर भी इसी काल मे रखे जा सकते हैं।

मानसरोवर देवालय (ग्यारसपुर)

ग्यारसपुर, जिला विदिशा के निकटस्थ मानसरोवर तालाब के किनारे मंदिरों के भग्नावशेषों का अध्ययन हिन्दू स्थापत्य की दृष्टि से महत्त्वपूर्ण है। इनमें एक भग्न देवालय का केवल द्वार शेष है। ऊँचे अधिष्ठान पर निर्मित इस देवालय में अन्तराल और गर्भगृह रहा होगा। द्वार में लता, रत्न और स्तम्भ शाखाएँ हैं। ललाटबिम्ब के पुरुष विग्रह में आकाशचारी गरुड़ उत्कीर्ण है। नीचे उभय पार्श्व में गंगा-यमुना अपने वाहनों सहित प्रदर्शित है। उतरंग में चैत्य अलंकरणों के मध्य शिवलिंग अंकित है। इसके ऊपर के बन्धन के मध्य में एक विद्याधर आकृति है, जिसके हाथों में सधी हुई लता-बल्लरियाँ दिखाई गयी हैं। समस्त अलंकरण उच्च कोटि का है। गुप्तकाल के प्रभावयुक्त इस देवालय की द्वारशाखा में उदुम्बर का अभाव है, तथा खण्डित शिखर द्वितल एवं सपाट वितान का संकेत करता है।

इस देवालय के समीप लगभग एक मीटर ऊँचे अधिष्ठान पर एक अन्य देवालय स्थित है। देवालय का द्वार नष्ट हो गया है। उत्तराभिमुख देवालय का वेदिबन्ध, खुर, तुलापीठयुक्त कुम्भ तथा कलश बन्धनों द्वारा समाविष्ट है। 1.10 मी. ऊँचा जंघा भाग सादा है। सम्भवत: इसकी तीन दिशाओं में एक-एक देवकोष्ठ रहे होंगे, परन्तु वर्तमान में मात्र पूर्व दिशा का देव कोष्ठ ही सुरक्षित है। कुड्य स्तम्भिकायुक्त देवकोष्ठों के ऊपर शिखराकार चैत्य अलंकरणों का प्रदर्शन है। देवालय का वर्गाकार गर्भगृह (2.60 मी. × 2.60 मी.) पूर्णत: सादा है। इसमें 6 स्तम्भ शेष हैं। दो स्तम्भ बाह्य दिशा में अलंकृत हैं। खुरछद्य के ऊपर देवालय का समस्त वितान है। यह अन्धकोष्ठों द्वारा दो भागों में विभक्त होने का भ्रम उत्पन्न करता है।

इस मंदिर का अलंकरण मंदिर क्रमांक-1 की अपेक्षा न्यून है। स्तम्भों मे उत्कीर्ण घटपल्लव देवकोष्ठों पर आच्छादित चैत्य अलंकरण आदि कलात्मक दृष्टि से उच्च कोटि के नहीं कहे जा सकते हैं। द्वार नष्ट हो जाने के कारण इसका मौलिक स्वरूप ज्ञात करना कठिन साध्य है।

अत: कहा जा सकता है कि सन्दर्भित देवालयों के वैज्ञानिक अध्ययन से हिन्दू मंदिर स्थापत्य का एक क्रमिक विकास और निर्दिष्ट क्षेत्रों के मंदिर वास्तुकला के इतिहास में क्षेत्रीय योगदान का स्पष्ट प्रमाण मिलता है।

(ख) मठ

'मठ' हिन्दू संन्यासियों के लिए जिनका कोई निवास न हो, निवास स्थल है। इनका निर्माण प्राचीनकाल में निर्मित बौद्ध विहारों से प्रेरित है। सामान्यत: ये शैव मंदिरों के निकट निर्मित किये

जाते थे और यहाँ उक्त धर्म से सम्बन्धित विभिन्न प्रकार के यौगिक प्रशिक्षण और शिक्षण कार्य सम्पन्न होते थे। कालान्तर में इनमें संन्यासियों के निवास हेतु आवश्यक सुविधायें भी प्रदान की गयीं। सामान्य रूप से इसमें शिक्षण-प्रशिक्षण, गुरु-शिष्य परम्परा से होता था, अर्थात् मठ का श्रेष्ठ 'गुरु' अन्य संन्यासियों को प्रवचन, दीक्षा तथा योग साधना का अभ्यास कराता था। इनके सामूहिक प्रवचनों में आसपास के जनसामान्य के लोग भी सम्मिलित होते थे। धीरे-धीरे इनमें ब्राह्मण धर्म के विकास के साथ-साथ अनेक धार्मिक दर्शनों पर भी चर्चायें होने लगीं। मठों की आवश्यकताओं को देखते हुए राजा एवं सामान्य जन दोनों मिलकर इनका भरण-पोषण करते थे। तत्कालीन ग्रंथों में भू-दान व अन्न-दान जैसे विभिन्न प्रकार के दानों का उल्लेख मिलता है, जो धनी वर्ग के द्वारा 'मठ' के नाम अर्पित कर दिया जाता था।

गुप्तकाल तक आते-आते इनकी अन्य गतिविधियों का विस्तृत वर्णन अभिलेखों से ज्ञात होता है। पूर्व मध्यकाल में निर्दिष्ट क्षेत्रों में मठों की अधिकता थी। पूर्वी उत्तर प्रदेश के कुशीनगर तथा सारनाथ से प्राचीन हिन्दू मठ सूचित हैं, जो वर्तमान में जीर्ण-शीर्ण अवस्था में विराजमान हैं। मध्य प्रदेश में तो इनकी लम्बी सूची मिलती है, यथा — गुर्गी का मठ जो विश्वविख्यात था, जिसकी बृहद् गुरु परम्परा वर्तमान में उसका स्मरण कराती है। इसके अतिरिक्त कदवाहा, चौंसठ योगिनी व भेड़ाघाट के मठ भी प्रसिद्ध थे, जिनका विस्तृत स्वरूप पूर्व मध्यकाल में ही देखने को मिलता है। इन मठों की प्रशासनिक व्यवस्था भी थी और दूरस्थ क्षेत्रों के छात्र भी अध्ययन हेतु आने लगे थे। इनसे कालान्तर में सांस्कृतिक सम्बन्धों को बढ़ावा मिला। निर्दिष्ट क्षेत्रों में बहुतायात ऐसे मठ स्थापित थे, जहाँ के संन्यासी एक स्थान से दूसरे स्थान पर भ्रमण करते रहते थे, जिससे सांस्कृतिक गतिविधियों में वृद्धि हुई।

संदर्भ

1. खरे, महेश्वरी दयाल - *उपरोक्त*, भोपाल, 1985, पृ. 190
2. *वही*, पृ. 193
3. घोष एवं पाणिग्रही - *'पॉटरी ऑफ अहिछत्रा' एन्शियट इंडिया*, अंक 1, नई दिल्ली, 1948 पृ. 38
4. सिंह, शान्ति देवी - *उपरोक्त*, वाराणसी, 1991, पृ. 46-47
5. गुप्त, परमेश्वरी लाल - *गुप्त साम्राज्य*, प्रथम संस्करण, वाराणसी, 1970, पृ. 610-611
6. सहाय, सच्चिदानन्द - *मंदिर स्थापत्य का इतिहास*, हिन्दी ग्रंथ अकादमी, पटना, 1989, पृ. 25-56
7. उपाध्याय, वासुदेव - *उपरोक्त*, पटना 1989, पृ. 24
8. मिराशी, व्ही., व्ही., - *स्टडीज इन इण्डोलॉजी*, नागपुर, 1960, पृ. 13
9. श्रीवास्तव, के.सी. - *उपरोक्त*, पृ. 472। इस मत से 'कनिंघम' महोदय भी सहमत हैं। उन्होंने *आर्क्योलॉजिकल सर्वे ऑफ इण्डिया रिपोर्ट*, अंक 10 में गुप्तकालीन मंदिरों की विशेषाताओं पर विस्तृत चर्चा की है।
10. कृष्णदेव - *टेम्पुल्स ऑफ नार्दर्न इण्डिया*, नई दिल्ली, 1969, पृ. 9

11. मिश्र, भास्कर नाथ - उपरोक्त, पृ. 23
12. मार्शल, जॉन एवं फूशे, ए. - उपरोक्त, भाग-1, पृ. 68 (भाग-3 में हाथी को मौर्यकालीन बताया गया है।)
13. मिश्र भास्कर नाथ - उपरोक्त, पृ. 24
14. *भारतीय वास्तुकला का इतिहास*, पृ. 108
15. श्रीवास्तव, के.सी. - उपरोक्त, पृ. 472-473
16. वाजपेयी, के.डी. - *तुमेन : एक ऐतिहासिक नगर*, सागर, 1974, पृ. 6-7
17. सक्सेना, गिरिजा - उपरोक्त, पृ. 53-56
18. *एपियाग्राफिया इण्डिका*, भाग-XXVI, पृ. 15-18
19. विलियम्स, जे.सी. - द *आर्ट ऑफ गुप्ता*, इण्डियन एम्पायर एण्ड प्रोविन्स, नई दिल्ली, 1983, पृ. 89

अध्याय सप्तम

मूर्तिशिल्प

(क) 1. शिव की मूर्तियाँ

ब्राह्मण त्रिदेव में शिव का महत्त्वपूर्ण स्थान है। सम्भवतः शिव की आराधना सिन्धु सभ्यता से ही लोकप्रिय थी। लोग शिव को विविध रूपों, यथा-लिंग, पशुपति, परमपुरुष आदि रूप में पूजा करते थे। साहित्य में भी शिव उपासना के प्राचीनतम प्रमाण मिलते हैं। पुरातत्त्व से भी इसकी प्राचीनता पर प्रकाश पड़ता है। वैदिक काल में शिव का वर्णन 'रूद्र' रूप में मिलता है। इन्हें 'संहार' का देवता भी कहा गया है।[1] अथर्ववेद में तो भव, शर्व, पशुपति, उग्र, महादेव तथा ईशान इन सात नामों का उल्लेख मिलता है। पाणिनि ने रूद्र के भव, शर्व, मूठ आदि नामों का उल्लेख अपने सूत्रों में किया है।[2] महाभाष्यकार-पातंजलि ने भी शैव पाशुपतों का विस्तृत उल्लेख किया है। उन्होंने रूद्र तथा शिव आदि रूपों को 'पशुना रूद्र यजेत्'[3] या 'शिवा रूद्रस्य भिषजी'[4] कहकर अत्यंत महत्त्वपूर्ण बताया है। महाभारत में शिव के सहस्त्र नामों का उल्लेख मिलता है।[5]

मूलतः शैवोपासना का प्राचीनतम स्वरूप 'लिंग' है। लिंगोपासना के शास्त्रीय विधान मे लिंग के विभिन्न भागों, जैसे- ब्रह्मा, विष्णु तथा रूद्र भागों की विवेचना गोपीनाथ राव ने अपने ग्रंथ में की है।[6] शैवोपासकों ने 'लिंग' से 'सहस्त्र-लिंगों' की भी परिकल्पना एवं स्थापना की है और शीघ्र ही कालान्तर में 'मुख लिंगों' की कल्पना भी हुई। कतिपय विद्वानों का मत है कि - लिंगोपासना के प्राचीनतम प्रमाण तीसरी सहस्राब्दि के पूर्व से ही प्राप्त होते हैं, जो अनवरत चलते रहे।[7]

मुखलिंग

सर्वप्रथम कुषाण-काल में मुख लिंग की कल्पना ने मूर्त रूप लिया और तीसरी शताब्दी ई. के अंतिम चरण तक एक से पंचमुख व सप्तमुख-लिंगों का निर्माण किया गया। 'आगम' और 'तन्त्र-साहित्य' में इसका विस्तृत विश्लेषण किया गया है। स्पष्ट रूप से मुखलिंग को पूजा भाग में ही निर्मित करने का विधान है। इस पर उत्कीर्ण एक से लेकर पाँच मुख तक शिव के पाँच स्वरूपों, यथा - वामदेव, तत्पुरुष, अघोर, सद्योजात और ईशान का प्रतिनिधित्व करते हैं।

पूर्वी उत्तर प्रदेश से सूचित प्राचीनतम मुखलिंग 'भीटा' (जिला-देवरिया) से उपलब्ध है, जो

वर्तमान में राजकीय संग्रहालय, लखनऊ में सुरक्षित है। यह शिवलिंग, शिव के मुख की पाँच आकृतियों वाला है और इसकी अनुमानित तिथि प्रथम शताब्दी ई.पू. स्वीकार की गयी है। श्री जे.एन. बनर्जी ने इसका प्रतिमा शास्त्रीय विवेचन किया है।

इसी संग्रहालय में संग्रहित ग्राम-करमदड़ा (जिला-फैजाबाद) से प्राप्त कुमारगुप्त प्रथम के मंत्री, पृथ्वीषेण द्वारा स्थापित शिवलिंग प्रदर्शित है जो 'विष्णुधर्मोत्तर पुराण' में वर्णित प्रतिमा लक्षणों से युक्त है।[8]

कालान्तर में शिव के एकमुखी, द्विमुखी, चतुर्मुखी एवं अष्टमुखी शिवलिंग निर्मित हुए और मानवाकृति प्रतिमाओं में भी परिमार्जन हुआ। सारनाथ (वाराणसी) से प्राप्त एक मुख लिंग 'भारतीय संग्रहालय, कलकत्ता' में संग्रहीत है जो प्रारम्भिक गुप्तकालीन प्रतिमा है। इसमें लिंग के तीन भाग किये गये हैं। जिसमें निचला भाग चौकोर, मध्य भाग अष्टकोणीय और ऊपरी भाग गोल है, जिस पर शिव की मुखाकृति उत्कीर्ण है। शिव की जटायें कंधों तक लटक रही हैं। इनके गले में मणियों युक्त हार स्पष्ट दिखाई दे रहा है। मुखाकृति क्षतिग्रस्त होने पर भी ध्यानमुद्रा का प्रदर्शन स्पष्ट है। ऐसी ही एक 'चतुर्मुखी शिवलिंग' भारतीय कला भवन, वाराणसी में भी संग्रहीत है।[9]

उपरोक्त परम्परा में मुखलिंगों के निर्माण का प्रारम्भ पूर्वी मध्य प्रदेश से सूचित, उदयगिरि की गुफा नं. 4 में निर्मित 'मुखलिंग' महत्त्वपूर्ण है। इसकी तिथि लगभग 400 ई. स्वीकार की गयी है।[10] अनुमान है कि चन्द्रगुप्त द्वितीय 'विक्रमादित्य' (375-415 ई.) के इस क्षेत्र पर प्रभाव के कारण पूर्वी उत्तर प्रदेश की परम्परा 'दशार्ण-देश' के विदिशा क्षेत्र पर पड़ी, और वैष्णव धर्म से सम्बन्धित शैलोत्कीर्ण मंदिरों के साथ ही संरचनात्मक मंदिर भी निर्मित हुए। इस सम्बन्ध में उसका अभिलेख भी उदयगिरि की गुफाओ में सुरक्षित है। पूर्वी मध्य प्रदेश में इस प्रकार के मुखलिंग[11] दुर्लभ है, परन्तु गुप्तोत्तर काल में 'खोह' (जिला सतना) से प्राप्त मुखलिंग भी कला के इसी परम्परा में निर्मित हैं। यह मूर्ति गुप्तकालीन मुखलिंगों में उच्च कोटि की है। इससे शिव के मानव प्रतिमाओं का प्रचार-प्रसार समस्त उत्तर भारत में हुआ।

लिङ्गोद्भव मूर्ति

पौराणिक परम्पराओं पर आधारित शैव सम्प्रदाय के समर्थकों ने कालान्तर में शिव को विभिन्न रूपों में प्रदिर्शत किया, यथा - मुखलिंगों की परम्परा में शिव की लिङ्गोद्भव मूर्ति आती है। पूर्वी मध्य प्रदेश से सूचित दुर्लभ लिङ्गोद्भव मूर्ति, ग्राम - वडोह पठारी (विदिशा) से प्राप्त हुयी है। इसमें लिंग के ब्रह्म भाग में चतुर्दिक क्रमशः ब्रह्मा, सूर्यनारायण, विष्णु व पार्वती समभंग स्थानक मुद्रा में प्रदर्शित हैं। त्रिमुखी ब्रह्मा के दोनों हाथों के आयुध भग्न है, जबकि बांयें ऊपरी हाथ में कमण्डलु तथा निचला हाथ जंघे पर अवस्थित है। वह बहु अलंकृत है। सूर्यनारायण भी स्थानक मुद्रा में प्रदर्शित हैं। निश्चित रूप से यह परिकल्पना पूर्वी मध्य प्रदेश में धार्मिक सहिष्णुता की प्रतीक है, परन्तु इन सबमें शिव को श्रेष्ठ बताने का प्रयास किया गया है। यह लिङ्गोद्भव मूर्ति पूर्वी मध्य प्रदेश की दुर्लभ कृति है, क्योंकि यहाँ शैव, वैष्णव व शाक्त सम्प्रदायों के मध्य अद्भुत सामंजस्य स्थापित करने

का सफल प्रयास किया गया। कला की दृष्टि से यह लगभग गुप्तोत्तरकालीन कला का प्रतिनिधित्व करती है।

शिव की स्थानक मूर्ति

पूर्वी उत्तर प्रदेश के राजकीय संग्रहालय, लखनऊ में संग्रहीत शिव की स्थानक द्विभुजी मूर्ति (क्रमांक-56, 331) "लखनेश्वर-डीह" (जिला-बलिया) से प्राप्त है। इसमें शिव के बांयें हाथ में त्रिशूल एवं दाहिना हाथ वरदमुद्रा में दिखाया गया है । शिव के गले में माला, कमर में कटिबन्ध पहने हैं एवं नीचे घुटनों में पाँच फेरों में बन्धन है। यहाँ शिव के सिर पर जटा-जूट न दिखाकर घुँघराले बालों को फहराते हुए दिखाया गया है, जिसकी लटें कन्धों तक लटक रही हैं। शरीर का अंग संगठित है, पर पीछे के भाग पूर्ण रूप से स्पष्ट नहीं हैं। कला की दृष्टि से इस प्रतिमा का काल लगभग पाँचवीं शताब्दी ई. स्वीकार किया गया है।[12]

शिव के पाषाण निर्मित स्थानक मूर्तियों के अतिरिक्त पूर्वी उत्तर प्रदेश के 'अहिच्छत्रा' से दुर्लभ मृण्मयी शिव मस्तक प्राप्त हुआ है, जिसमें शिव की मुखाकृति पर प्रसन्नता और हल्की मुस्कान की आभा है। वे कुण्डल धारण किये हुए हैं तथा इनके जूड़ों के ऊपर गोलाकार बनाया गया है, जिसकी लहरियादार लटें नीचे दो भागों में विभक्त हैं, जो अत्यंत सुन्दर है। कला की दृष्टि से मूर्ति गुप्तकालीन मोहक कृति है।[13]

यहीं से एक अन्य शिव मस्तक प्राप्त है। यहाँ शिव की मुखाकृति ध्यान मुद्रा में है। इनके जटा-जूट को फीते से बँधा दिखाया गया है, और नीचे फलों की कतारें हैं जो विशेष उल्लेखनीय हैं। शिव मस्तक के मध्य ललाट पर तीसरा नेत्र बना हुआ है। कटावदार भौंहों के नीचे पलकें खुली हैं और कपोलों तथा ओष्ठों से प्रसन्नता का भाव मुखर हो रहा है।[14]

ऐसे ही 'राजघाट' (बनारस) से प्राप्त शिव की स्थानक मूर्ति में ललाट पर तीसरा नेत्र अंकित है, जो अपने ललित-मुख के कारण वर्तमान में लोकप्रिय हो गया है। शिव की सम्पूर्ण मुखाकृति में सौम्यता दर्शायी गयी है। इनके बांयें तरफ चन्द्रहार तथा सिर पर जटा-जूट व पीछे की तरफ लहराती हुई लटें अति सुन्दर रूप से प्रदर्शित हैं। वर्तमान में यह मुखाकृति 'भारतीय कला भवन, वाराणसी' (संख्या-1605) में संग्रहीत है।[15]

पूर्वी उत्तर प्रदेश के अधिकांश क्षेत्रों से 'लकुलीश'[16] की मूर्तियाँ प्राप्त हुयी हैं। इनका सम्बन्ध महाभारत में वर्णित 'पाशुपत-सम्प्रदाय' से जोड़ा गया है। लकुलीश का शाब्दिक अर्थ-लकुट, लगुड़ या लकुट को धारण करने वाला होता है।[17] शिव के इसी लकुलीश की कल्पना कर उन्हें कला में स्थान दिया गया। कुषाण काल के बाद गुप्तकाल में तो शिव का लकुलीश रूप जनमानस में लोकप्रिय हो गया और मथुरा तथा कौशाम्बी के कलाकारों ने अधिकांश प्रतिमाओं का निर्माण किया।

लकुलीश की मोहक प्रतिमा 'राजकीय संग्रहालय', लखनऊ (क्र. जे. 550) में संग्रहीत है जो एक पाषाण खण्ड पर निर्मित है। पाषाण खण्ड के दाहिने लकुलीश पैर पर पैर चढ़ाये हुए उर्द्धरेत अवस्था में विराजमान हैं। उनका सिर घुंघराले बालों से सजा हुआ है। तीसरा नेत्र खड़ा बनाया गया

है। वे कानों में कुण्डल तथा यज्ञोपवीत धारण किये हुए हैं। लकुलीश अपने दोनों हाथों को जोड़े ध्यान मुद्रा में हैं और दाहिने हाथ में अक्षमाला है।[18]

इसी शैली में निर्मित लकुलीश की एक स्थानक मूर्ति 'शंकरगढ़ की पहाड़ी' (मध्य प्रदेश) में एक स्वतंत्र देवकुलिका में उत्कीर्ण है। द्विभंग मुद्रा में शिव का दाहिना पैर थोड़ा घुटने से ऊपर मुड़ा हुआ है। दाहिना हाथ अभय मुद्रा में तथा बायाँ हाथ शरीर के समानान्तर लटक रहा है जिसमें कमण्डलु प्रदर्शित है। शिव के जटा-मुकुट के ऊपर 'चन्द्र' प्रदर्शित है तथा वे कुण्डल, मणियुक्त हार, यज्ञोपवीत, केयूर, अंगूठी एवं कटिवस्त्र से अलंकृत हैं। पादपीठ पर उत्कीर्णित अभिलेख के आधार पर मूर्ति की तिथि 520 ई. शदी निर्धारित की गयी हैं।[19]

लगभग छठी शताब्दी ई. से अनवरत पूर्वी मध्य प्रदेश में शिव की मूर्तियों में विभिन्न रूपों का प्रदर्शन किया गया है। इस सन्दर्भ में लगभग सातवीं शदी ई. की शिव की स्थानक मुद्रा में प्रदर्शित एक दुर्लभ मूर्ति ग्राम-तुमेन (गुना) से प्राप्त है। यहाँ शिव जटा मुकुट, कुण्डल, गैवेयक, यज्ञोपवीत व मुण्डमाला से अलंकृत है। उनका तीसरा नेत्र भी दृष्टव्य है। मूर्ति मनोहारी है।

शिव की आसन मूर्तियाँ

पूर्वी उत्तर प्रदेश से शिव की आसनस्थ मूर्तियाँ पर्याप्त मात्रा में सूचित हैं। ये मूर्तियाँ कभी योग मुद्रा में तो कभी पार्वती के साथ आलिंगन मुद्रा में दर्शायी गई हैं, जिन्हें 'उमा-महेश्वर' की संज्ञा दी जाती है। 'विष्णुधर्मोत्तर पुराण'[20] व 'बृहत् संहिता' में इनका विस्तृत उल्लेख मिलता है।

तदनुसार उमा महेश्वर की इस रूप में शिव को पार्वती के साथ प्रदर्शित किया जाता है। इसमें शिव के आठ सिर होते हैं, जो जटा-जूट से शोभित रहते हैं -

***''युग्मं स्त्रीपुरुषं कार्यमुमेशौ दिव्यरूपिणौ।
अष्टवक्त्रं तु देवेशं जटा चन्द्रार्धभूषितम्।।''***[21]

शिव की भुजाएँ दो ही रहती हैं। बायाँ हाथ के स्कन्ध पर टिका रहता है और दाहिने हाथ में उत्पल रहता है-

***''वामपाणि तु देवस्य देवस्कन्धे नियोजयेत्।
दक्षिणं तु कर शम्भोरूत्पलेन विभूषिताम्।।''***[22]

समीप में देवी पार्वती रहती हैं, उनका दाहिना हाथ शिव के स्कन्ध पर रहता है और बांयें में दर्पण रहता है। देवी की कटि क्षीण तथा शरीर सुन्दर होता है।[23]

श्रीमद्भागवत में भी उल्लेख मिलता है कि शिव पार्वती के साथ कैलाश पर विराजमान रहते हैं।[24] सिद्धचारण, ऋषि-मुनि सब उनकी सेवा किया करते हैं। विद्याधर चित्रकेतु जिस समय सिद्ध चरणों की सभा में बैठे, शिव और पार्वती के दर्शन किये, यथा समय शंकर जी उन्हें अपनी गोद में बिठाये थे और अपना एक हाथ उनकी पीठ पर रखे हुए थे-

"गिरिशं ददृशे गच्छन् परीतं सिद्धचारणैः।
आलिंग यांगीकृतां देवी बाहुना मुनि संसादि॥"[25]

कौशाम्बी (जिला-इलाहाबाद) से प्राप्त 'उमा महेश्वर' की मृण्मयी मूर्ति, कला की दृष्टि से अत्यन्त सुन्दर है इसमें शिव पार्वती के दाहिने खड़े हैं। उनका दाहिना हाथ अभयमुद्रा में और बांयें हाथ में जलपात्र है। धोती के छोर स्पर्श कर रहे हैं। इनके सिर पर जटा-जूट विशेष रूप से उल्लेखनीय है। गले में एकावलि, हाथों में बलय व कटिमेखला आदि से सुशोभित हैं। मुखाकृति पर चिरन्तर शान्त भाव व्याप्त हैं। बांयें पार्वती खड़ी है जिनके हाथ में दर्पण है। उनकी केश विन्यास, आभूषण, साड़ी और पैर में नीचे नूपुर आदि अति सुन्दर हैं। यह मूर्ति लेखयुक्त, यथा-'कुमारगुप्त प्रथम' (415-455 ई.) के काल की है।[26]

उमा महेश्वर की कुछ पाषाण निर्मित गुप्तकालीन मूर्तियाँ भी प्रकाश में आयी हैं जो कला की दृष्टि से उच्च कोटि की नहीं हैं। कालान्तर में इसी क्षेत्र से उमा महेश्वर के प्रतिमाओं का निर्माण प्रारम्भ हुआ, जिसका प्रभाव उत्तर भारत के अधिकांश कला-केन्द्रों पर पड़ा। मथुरा के शिल्पियों ने तो बहुतायात मात्रा में उमा महेश्वर के स्थानक व आसनस्थ मूर्तियों का निर्माण किया, और ये लगभग सम्पूर्ण भारतवर्ष में पूज्यनीय हो गये, जिसका प्रभाव निकटवर्ती क्षेत्र पूर्वी मध्य प्रदेश पर भी पड़ा और इसी शैली की मूतियाँ निर्मित हुईं।

पूर्वी मध्य प्रदेश के 'तुमेन' से प्राप्त एक भग्न मूर्ति सूचित है। पादपीठ पर केवल उमा की मूर्ति सुरक्षित है, यही स्थूलकाय नन्दी व गणेश प्रस्तुत हैं और नन्दी के पार्श्व में मयूरासीन कार्तिकेय दिखाये गये हैं। कला की दृष्टि से यह छठी शताब्दी ई. की अनुमानित कृति है।[27]

तुमेन से ही उमा महेश्वर की एक वृषभारूढ़ मूर्ति भी सूचित है जो अलंकरण की दृष्टि से उच्च कोटि की है। यहाँ उमा के अलंकरण और केश-विन्यास में दक्षिण भारतीय राष्ट्रकूट शैली का प्रभाव स्पष्ट है। यह मूर्ति गुप्तोत्तरकालीन कला का प्रतिनिधित्व करती है।[28]

गुना जिले से एक दुर्लभ उमा महेश्वर की प्रतिमा, सफेद बलुआ प्रस्तर से निर्मित प्राप्त हुयी है। इसमें शिव ललितासन में दिखाये गये हैं और 'उमा' बायीं जंघा पर आलिंगन मुद्रा में शिल्पांकित है। इनके मुख से प्रसन्नता का भाव प्रदर्शित हो रहा है।

चतुर्भुजी शिव के दाहिने एंक हाथ में त्रिशूल तथा निचला हाथ जंघा पर अवस्थित है, तीसरा हाथ आलिंगन मुद्रा में है और चौथे बायें हाथ से सर्प कुछ दूरी पर लिये हैं। उमा का दाहिना हाथ भी आलिंगन मुद्रा में दर्शाया गया है। शिव हरावली, केयूर, वलय, कटिमेखला एवं कटिवस्त्रों से अलंकृत है। चरण चौकी पर दायीं ओर शिव का वाहन नन्दी, मध्य में भृंगी तथा गणेश नृत्य करते हुए प्रदर्शित किये गये हैं। बायीं ओर पार्श्व में कार्तिकेय भी हैं।

मुखाकृति कलात्मक दृष्टि से बहुत अच्छी नहीं है। कला की दृष्टि से यह गुप्तोत्तर काल की प्रतिनिधित्व करती है।[29]

इसके अतिरिक्त उमा महेश्वर की मूर्तियाँ भोपाल, विदिशा, रायसेन, थुबोन, चन्देरी तथा मालाखेड़ी आदि स्थानों से भी सूचित हैं जो लगभग सातवीं शताब्दी ई. के बाद की है।

कालान्तर में गुप्तकालीन शान्त भाव प्रदर्शित करने वाली मूर्तियों का भी आविर्भाव हुआ, जिसे दक्षिणा मूर्ति या नृत्य मूर्ति कहा जाता है। ये ठीक उसी प्रकार प्रदर्शित हैं जैसे ज्ञान और व्याख्यान मूर्तियाँ। शैवागमों में शान्त भाव प्रदर्शित करने वाली मूर्तियों को विभिन्न वर्गों में विभाजित किया गया है। शिव का यह भाव कला और विज्ञान के विद्यार्थी हेतु सर्वदा प्रेरणा स्रोत रहा है।

दक्षिणा मूर्तियाँ

पूर्वी मध्य प्रदेश से एक आसनस्थ दक्षिणा मूर्ति शिव देवालय क्रमांक 6 बी, गाम-थुवोन (जिला-गुना) के गर्भगृह के प्रवेश द्वार के उत्तरंग में ललितासन में प्रदर्शित है। शिव जटा मुकुट तथा माला से अलंकृत है। उनके तीन हाथों में क्रमशः त्रिशूल, डमरू, खट्वांग आयुध है और चौथा हाथ वरद मुद्रा में है। निकटस्थ ही वाहन नन्दी है।

शिव की ऐसी अन्य मूर्तियाँ तुमेन, चन्देरी, बूढ़ी चन्देरी, कदवाहा एवं भोपाल आदि अनेक स्थलों के देवालयों में भी प्रदर्शित है। साधारणतया इनको मंदिर के अन्तरंग में सिरपट्टी के मध्य निर्मित कोष्ठकों में देखा जा सकता है।

ग्राम जामगढ़ भगदेई (रायसेन) में स्थित शिव मंदिर में, शिव की योग-दक्षिणा मूर्ति प्रदर्शित की गई है, जो कला की दृष्टि से गुप्तोत्तर काल की अनुमानित कृति है।[30]

शिव की नृत्य मूर्तियाँ

नटराज

हिन्दू धार्मिक गाथाओं में शिव नृत्य कला के महान् शिक्षक माने गये हैं। इसके अतिरिक्त वे गायन और वादन में भी अति निपुण हैं। भारत मुनि के 'नाट्यशास्त्र' और शैवागमों में यह उल्लेख है कि शिव 108 प्रकार के नृत्यों के ज्ञाता हैं। यही जिज्ञासा पूर्ण तथ्य है कि शिव के 108 प्रकार के नृत्यों का शिल्पांकन दक्षिण-भारत के शिव-मंदिर चिदम्बरम के गोपुर में संस्कृत अभिलेखों के साथ प्रदर्शित है।[31]

श्री मद्भागवत में उल्लेख मिलता है कि एक बार ताण्डव नृत्य करते हुए शिव को बाणासुर ने अपनी हजार भुजाओं से वाद्य बजाकर प्रसन्न किया था।[32] 'विष्णुपुराण' में शिव के लिए नटराज, 'नटराजेन राजितम्'[33] विश्लेषण का प्रयोग मिलता है। 'मत्स्यपुराण' में नटराज के मूर्ति की बनावट का विस्तृत वर्णन मिलता है।[34]

हैवल का विश्वास है कि - ''नृत्य हिन्दू दर्शन के भौतिक विचारों का मूर्त रूप है।''
रोनाल्ड के अनुसार - ''नृत्य सार्वभौम शक्ति की गति और विध्वंस का मार्मिक रूप है।''
स्ट्रैला क्रैमरिश का विश्वास है कि - ''यह ब्राह्मण्ड की शक्ति की ओर संकेत करता है।''

पूर्वी उत्तर प्रदेश के सीमावर्ती राज्य बिहार के 'मनियारमठ, राजगीर से नटराज की छः मुखी क्षतिग्रस्त मूर्ति प्रकाश में आयी है, जिसके कटिवस्त्र जटा-जूट कन्धों तक लहरा रहे हैं। वे गले में एकावलि, भुजदण्ड व कटिवस्त्र पहने हैं। सामने की दोनों भुजायें थिरकते हुए जंघों पर अवस्थित ताल में लीन है। प्रतिमा मोहक है। नटराज की यह मूर्ति क्षतिग्रस्त होते हुए भी शारीरिक सुड़ौलता की दृष्टि से गुप्तकालीन अनुमानित है।[35]

पूर्वी उत्तर प्रदेश के अन्य क्षेत्रों में इन मूर्तियों का अभाव है। क्षेत्रीय संग्रहालयों में नटराज की कुछ मूर्तियाँ प्रदर्शित हैं जो गुप्तोत्तरकालीन है। गुप्तकालीन नटराज मूर्तियों के सामानान्तर दुर्लभ मूर्ति 'नचना कुठार' (पन्ना, मध्य प्रदेश) से प्राप्त हुयी है। अनुमानतः यह मूर्ति आकार में भव्य रही होगी पर वर्तमान में क्षतिग्रस्त है, मात्र भुजाओं व वक्ष शेष रह गये हैं। फिर भी इसके सूक्ष्म अवलोकन से नटराज के सम्पूर्ण स्वरूप की कल्पना सहज हैं। इनके मुखाकृति का भावाभिव्यंजना नृत्य में तल्लीनता के साथ उत्कीर्ण किया गया है। सिर पर मणियों युक्त जटा-जूट है जिसकी लटे कन्धों तक लटक रही हैं। प्रतिमा के सूक्ष्म अवलोकन से यह गुप्तकालीन अनुमानित कृति स्वीकृत है।[36]

नटराज की एक अन्य षड्भुजी प्रतिमा 'मेहरा' से सूचित है जो वर्तमान के 'कलहादेवी' मंदिर (जिला-पन्ना) में स्थित है।[37] भूमरा से भी नटराज की एक अष्टभुजी प्रतिमा दृष्टव्य है। इनके सामने की दोनों भुजाएँ ज्ञान मुद्रा में हैं और शेष खण्डित है। शिव जटा-जूट सहित ताण्डव नृत्य में तल्लीन हैं।[38]

कूटकेश्वर मंदिर, बड़ोह-पठारी (विदिशा) से नटराज शिव का अंकन ललाट बिम्ब में किया गया है। यहाँ अष्टभुजी शिव के हाथों में क्रमशः हलाहल पात्र, त्रिशूल विभिन्न मुद्राओं में तथा शेष खण्डित है वे जटा मुकुट, कुण्डल, हार, यज्ञोपवीत, कटिमेखला तथा वैजयन्ती अधोवस्त्र धारण किये हैं। पृष्ठ पर नीचे वादक गणों का सुन्दर अंकन है। इसी क्षेत्र में स्थित अन्य शिव देवालयों व सातमढ़ी देवालय के ललाट बिम्ब में भी नटराज शिव का मोहक आलेखन किया गया है। ये सभी आलेखन गुप्तोत्तरकालीन शैली की प्रभावित कृतियाँ हैं।[39] कुछ में नटराज ऊर्ध्वकरों में नाग तथा अन्य में त्रिशूल धारण किये हैं। नीचे पैरों के मध्य एक गण का अंकन है जो ताल दे रहा है। वाम पार्श्व में अन्य गण वाद्य बजाते हुए नृत्य देख रहे हैं। नन्दी का अंकन भी ध्यानपूर्वक देखते हुए किया गया है।

भैरव

शिव को भैरव के रूप में अनेक आगमों और पौराणिक गाथाओं में उल्लेख किया गया है और भैरव को शिव ही माना गया है। 'शिव पुराण' के अनुसार भैरव 'काशी' नगरी के स्वामी हैं। वराह, कूर्म, विष्णु धर्मोत्तर, अग्नि और 'मत्स्य पुराणों' व अन्य ग्रंथों में भैरव का विस्तृत वर्णन मिलता है। साथ ही आठ भैरव का समूह और नेतृत्व करने वाले भैरवों तथा उनके समूह के चौंसठ भैरवों का भी विवरण मिलता है।

पूर्वी उत्तर प्रदेश के सम्पूर्ण क्षेत्र से शिव के भैरव मूर्तियों का अभाव सा है। परन्तु भैरव की सुन्दर चतुर्भुजी-मृण्मूर्ति अहिछत्रा से प्राप्त हुयी है। मूर्ति के दाहिने हाथ में त्रिशूल है। पिछले दाहिने

हाथ में कंधे पर लिए वृषभ के शरीर को जोर से पकड़े हुए हैं। सामने के बायें हाथ में खट्वांग अथवा गदा लिए हुए हैं, जिसका ऊपरी भाग दीप्तिमान है जो खांचा युक्त है। पीछे के बांयें हाथ से वृषभ के पोजों को पकड़े हुए है। इस प्रतिमा में शिव के भव्य रूप का अंकन है। इसमें भस्मधारी दाँत व आँखें भयानक रूप से बाहर निकाले हुए हैं। ऐठनदार मूँछ, सिर पर छोटा जटा-जूट तथा तीसरा नेत्र खड़ा है। इनकी सम्पूर्ण आकृति रौद्र है। भैरव के वक्ष पर पुष्प-हार है हाथों में कंगन, पावों मे पायल आदि आभूषणों सहित भैरव व्याघ्राम्बर धारण किये हैं। शरीर सर्प व यज्ञोपवीत से सुशोभित है, सर्प फण फैलाये हुए बायीं तरफ लिपटा हुआ है। कला की दृष्टि से यह मूर्ति प्रारम्भिक गुप्तकालीन अनुमानित कृति है।[40]

इसके साथ ही शिव के उग्र रूप का दर्शन विष्णु के शिवरूपी प्रतिमाओं में निहित है। इस रूप से रूद्र की बड़ी-बड़ी भयानक आँखें तथा मुखाकृति भव्य रूप में दिखाई जाती हैं। इस तरह की मूर्तियाँ राजकीय संग्रहालय, लखनऊ एवं मथुरा संग्रहालय (क्रमांक 543837) में संग्रहीत हैं।[41]

कालान्तर में शिव भैरव का प्रदर्शन मंदिरों के विभिन्न भागों में होने लगा, और बहुतायत मात्रा में इनकी मूर्तियों का निर्माण हुआ। पूर्वी उत्तर प्रदेश के अन्य क्षेत्रों की अपेक्षा गुप्तकाल में 'काशी' के मंदिरों में इनको निर्मित किया गया, और सर्वदेवताओं से ऊपर 'काशी-नरेश' के रूप में पूज्यनीय हो गये।

पूर्वी उत्तर प्रदेश से प्राप्त प्रारम्भिक गुप्तकालीन मृण्मूर्तियों के अवलोकन से अनुमान लगाया जा सकता है कि तत्कालीन भैरव की मूर्तियाँ उत्तर प्रदेश के कला केन्द्रों में निर्मित हुई और इनकी लोकप्रियता बढ़ती गयी जिसका प्रभाव निकटवर्ती क्षेत्र पूर्वी मध्य प्रदेश पर पड़ा और कालान्तर में यहाँ भी पाषाण युक्त भैरव मूर्तियों का निर्माण हुआ। जो सामान्यतया उत्तर प्रदेश के कला शैली से प्रभावित हैं।

इसी शैली में निर्मित एक भैरव की मूर्ति पूर्वी मध्य प्रदेश के 'जामगढ़ भगदेई' (जिला रायसेन) मंदिर के देव कोष्ठ में प्रदर्शित है। यहाँ भैरव को 'रौद्र रूप' में दिखाया गया है। मूर्ति चतुर्भुजी है जिसके एक हाथ में डमरू तथा दूसरे हाथ में खड्ग है। बांयें एक हाथ में मानव-शीर्ष धारण किये हुए हैं तथा दूसरे हाथ में खप्पर से रक्तदान करते हुए दिखाया गया है। भैरव को जटा मुकुट, गले में सर्पमाला, लम्बामुण्ड माला, कमर में सर्प तथा कटिमेखला से अलंकृत किया गया है। इनके एक हाथ में कंगन और दूसरे हाथ में कमण्डलु हैं। पैरों के नीचे अपस्मार पुरुष का अंकन है। दाहिनी ओर शिवगण व वाहन, 'श्वान' ऊपर सिर उठाये हुए प्रदर्शित है। देव प्रकोष्ठ का अलंकरण सामान्य है। भैरव के शिल्पांकन में रौद्र-पक्ष को उकेरने में शिल्पी को सफलता मिली है, लेकिन पैरों तथा शरीर का बाह्य रेखांकन निम्न स्तरीय है। यह मूर्तिकला की दृष्टि से गुप्तोत्तरकालीन अनुमानित है।

इसी प्रकार भैरव की एक मूर्ति ग्राम-रिछावर (रायसेन) स्थित मंदिर के भग्नावशेषों से प्राप्त हुयी है। यह मूर्ति समभंग-मुद्रा में प्रदर्शित है। द्विभुजी मूर्ति के दोनों हाथ सामने कमर के पास जुड़े हैं, जिसमें शिवलिंग का अंकन है। भैरव की मूँछें और दाढ़ी भी दिखाई गयी हैं, साथ ही जटा-मुकुट का अंकन रोचक है।[42]

अर्द्धनारीश्वर

शिव का अर्द्धनारीश्वर रूप शैव तथा शाक्त धर्म में एकता स्थापित करता है। 'विष्णु पुराण' में ऐसा प्रसंग प्राप्त होता है कि जब ब्रह्म की टेढ़ी भृकुटी और क्रोध संतप्त ललाट से रूद्र की उत्पत्ति हुई तो उसका आधा शरीर पुरुष व आधा स्त्री की भाँति था।[43] श्री मद्‌भागवत में वर्णन मिलता है कि शिव ने प्रीतिवश अपना आधा शरीर पार्वती को समर्पित कर दिया।

"प्रेम्णाऽऽमनो योऽधर्मदात्सतां प्रियः।"[44]

'विष्णु-धर्मोत्तर' में वर्णित गौरीशंकर रूप ही शिव अर्द्धनारीश्वर रूप है। इस रूप में शिव चार भुजाओं वाले रहते हैं और उनके आधे बांयें शरीर में पार्वती का प्रदर्शन होता है।

"वामार्धे पार्वती कार्या शिवः कार्यश्चतुर्भुजः।"[45]

शरीर का आधा दाहिना भाग पुरुष का तथा बायाँ आधा भाग स्त्री का होता है। अपनी दोनों दाहिनी भुजाओं में वे अक्षमाला तथा त्रिशूल धारण करते हैं, किन्तु दोनों बायीं भुजाओं में इन्दीवर (नील कमल) तथा दर्पण रहता है। उनका एक मुख रहता है जिसमें आधा मुख शिव की भाँति जटा, चन्द्रकला तथा कुण्डल आदि से विभूषित होता है। आधा मुख जो स्त्री के समान होता है, वह स्त्री योचित सभी प्रकार के वस्त्राभूषणों से सुसज्जित रहता है। देव के दो नेत्र होते हैं।[46] यह प्रकृति और पुरुष का अभिन्न रूप है जो अर्द्धनारीश्वर रूप में प्रदर्शित किया जाता है। इसे 'गौरीशर्व' एवं 'गौरीश्वर' रूप भी कहते हैं।[47]

शिल्परत्न और आगम-ग्रंथों में तो शिव के इस स्वरूपों का विस्तृत वर्णन मिलता है[48] -

"वामार्ध पार्वती रूपं दक्षिणार्ध महेश्वरम्।
अभयं परशुं दक्ष हस्ते वाम गतं भुजम्॥
वृजस्य मूर्दिन विन्यस्त कर्पूर चारू सुन्दमरम्।
पुष्प घृक्कटक त्वन्यं चतुर्भुजमिर्दि स्मृतम्।" - (शिल्परत्न)

पूर्वी उत्तर प्रदेश के अधिकांश क्षेत्रों से अर्द्धनारीश्वर की मूर्तियाँ प्राप्त होती हैं। इनकी प्राचीनता कुषाण-काल से मानी जाती है।[49] डॉ. परमेश्वरी लाल गुप्त ने सारनाथ संग्रहालय में संग्रहीत अर्द्धनारीश्वर प्रतिमा का उल्लेख किया है।[50] इनकी प्रारम्भिक मूर्तियाँ मृण्रूप में प्राप्त होती हैं।

पाँचवीं सदी ई. में निर्मित दुर्लभ मृण्य मूर्ति राजघाट (वाराणसी) से प्राप्त हुई है जो भारतीय कला भवन, वाराणसी में संग्रहित है। इस मूर्ति के गर्दन के ऊपर का ही भाग शेष है, पर यह अर्द्धनारीश्वर के सम्पूर्ण प्रतिमा होने का प्रमाण प्रस्तुत करता है। दाहिनी तरफ शिव का जटा-जूट है जो ऊपर बँधा हुआ दिखाया गया है। बायें तरफ पार्वती के घुँघराले बाल बहुत ही सुन्दर ढंग से सवारे गये हैं। जो नीचे कान एवं गले को स्पर्श कर रहे हैं। इनके कानों में भारी-भरकम कुण्डल है एवं सम्पूर्ण मुखाकृति पर प्रसन्नता की अद्‌भुत आभा है।[51]

गुप्तकाल में अर्द्धनारीश्वर का रूप कला में अधिक निखरा उनकी लक्षण युक्त मूर्तियाँ निर्मित की गईं। वस्त्राभूषण, सुन्दर केश विन्यास कलात्मक ढंग से बनाये गये जो तत्कालीन कला की तकनीकी प्रौढ़ता का प्रमाण है।

उत्तर प्रदेश के राजघाट से ही प्राप्त अर्द्धनारीश्वर मृण्यमूर्ति के समानान्तर लगभग पाँचवीं शदी ई. की पाषाणयुक्त मूर्ति डॉ. के.डी. वाजपेयी को सागर (मध्य प्रदेश) से प्राप्त हुई है, जो वर्तमान में सागर विश्वविद्यालय के पुरातत्त्व संग्रहालय में संग्रहीत है। यह प्रतिमा पूर्ण रूप से राजघाट मृण्यमूर्ति कला से प्रभावित है। इसमें अर्द्धनारीश्वर अर्द्धपर्यक मुद्रा में विराजमान है। शिव की जटाओं के बाल उनके कंधों पर लहरा रहे हैं वे सभी आभूषणों से सुसज्जित हैं। बायीं ओर पार्वती की मूर्ति हैं। वे सुन्दर केश विन्यास, कुण्डल, केयूर, मेखल आदि धारण किये हुए हैं। देवी का स्तन भी प्रदर्शित था जो वर्तमान में पूर्ण रूप से खण्डित है। दाहिने शिव ऊर्ध्वरेत मुद्रा में हैं। मुखाकृति पर शान्त भाव की आभा है।[52]

इसी प्रकार आशापुरी (रायसेन) से प्राप्त गुप्तोत्तरकालीन अर्द्धनारीश्वर मूर्ति बिड़ला संग्रहालय (भोपाल) में संग्रहीत है। प्रतिमा तीन उपशिल्प खण्डों में अलंकृत है। इसके सम्मुख मध्य भाग में अर्द्धनारीश्वर, दाहिने अर्द्धभाग में शिव और बायें अर्द्धभाग में पार्वती का अंकन है। शिव के ऊपरी भाग में त्रिशूल और निचला हाथ वरद मुद्रा में है। वामार्द्ध में पार्वती दर्शायी गयी है। उनके ऊपरी व बायें हाथ में दर्पण है और निचले बायें हाथ में कमण्डलु। देवी कुण्डल, हार, एकावली, केयूर, कटिमेखला और लम्बी वैजन्ती माला से अलंकृत है।

शिव का जटा-मुकुट है और पार्वती मुकुट धारण किये हुए हैं। इनकी साधारण प्रभावली भी दिखाई गई है। पादपीठ पर दोनों तरफ त्रिभंग मुद्रा में सेवक खड़े दिखाये गये हैं। सम्पूर्ण दृश्य का कुड्य-स्तम्भिकाओं के मध्य दर्शाया गया है। उनके बाह्य आकृतियों को गज-व्याल आकृतियों से सजाया गया है।

दोनों तरफ शेष भाग में एक-एक देवी सामने की ओर देखती हुई द्विभंग मुद्रा में प्रदर्शित हैं। दोनों ही देवियाँ द्विभुजी हैं और सनाल, कमल लिये हुए हैं तथा दूसरे हाथ से उत्तरीय संभाल रही हैं।[53]

2. गणेश

> ***"दन्तं च परशुं पदमे मोद्‌कांश्च गजाननः।***
> ***गणेशो मूषकारूढो विभ्राणस्सर्वकादमः॥"* -रूपमण्डने**

'गणपति' शब्द का प्रथम उल्लेख ऋग्वेद में हुआ है।[54] सम्भवतः गणेश वैदिक काल में 'गणों के स्वामी' अथवा 'प्रतिनिधि' के रूप में विख्यात थे। भारत में गणेश मूलतः अनार्यों के उपास्य थे जो कालान्तर में आर्य देवों में परिगणित कर लिये गये।[55] 'उपनिषद्', साहित्य और महाभारत में 'विनायक' का उल्लेख मिलता है, जो वर्तमान में गणेश का पर्याय स्वीकार किया जाता है। 'मानव

गृह्यसूत्र' एवं 'याज्ञवल्क्य स्मृति' में 'विनायक-शान्ति' का विधान वर्णित है।[56] 'बृहत् संहिता' के प्रतिमा लक्षण अध्याय में हाथी के समान मुख वाले, उन्नतोदर, कुठार धारण करने वाले तथा एकदन्त आदि की विशेषता युक्त गणेश की मूर्ति बनाने के निर्देश हैं।[57]

उल्लेखनीय है कि गणेश का चित्रण दूसरी शताब्दी ई.पू. की हिन्द-शासनी मुद्राओं पर हुआ है। इतना ही नहीं भारतीय मुद्राओं पर भी गणेश का चित्रण मिलता है। आहत मुद्राओं पर उत्कीर्णित 'हाथी' (गजानन) के चिह्न को 'गणपति' से जोड़ा जाता है। इससे स्पष्ट है कि गणेश का मानव स्वरूप गुप्तकाल से पूर्व ही स्वीकार कर लिया गया था।[58]

उत्तर प्रदेश से प्राप्त कुषाण-कालीन एक शिलापट्ट पर छः पुष्पमाला लिये उपासकों की मूर्तियाँ उपलब्ध हैं, जिसमें नीचे गजमस्तक उक्त आकृतियों वाले पाँच 'गजानन' का अंकन हुआ है, जो वर्तमान में मथुरा संग्रहालय (संख्या-2335) में दर्शनीय है।[59] इससे स्पष्ट है कि कुषाण काल तक भारत में इनकी प्रतिमा स्वतंत्र रूप से नहीं बनायी जाती थी। कुमारस्वामी इनका प्रारम्भिक रूप अमरावती से प्राप्त एक वेदिका से मानते हैं।[60] अधिकांश विद्वानों का मत है कि 'गणपति' की मूर्ति पूजा गुप्तकाल के बाद प्रारम्भ हुयी। इनके प्रबल समर्थक श्री आर.जी. भण्डारकर है।[61] उनके विचार का प्रमुख आधार गुप्तकालीन अभिलेख है। जिसमें कहीं भी गणेश प्रतिभा का उल्लेख नहीं है।

अनुमान है कि गणपति सम्प्रदाय का विस्तार सर्वप्रथम उत्तर-भारत में हुआ और कालान्तर में इनकी मूर्तियाँ जनमानस में लोकप्रिय हो गयीं। पूर्वी उत्तर प्रदेश से प्राग् गुप्तकालीन स्वतंत्र प्रतिमाओं का अभाव है परन्तु पूर्वी मध्य प्रदेश के उदयगिरि (विदिशा) के गुफा क्रमांक-5 और 17 में गणेश का प्रदर्शन किया गया है। ये द्विभुजी दिखाये गये हैं और ऊँचे मसूरक पर अर्द्धपर्यंकासन में प्रदर्शित हैं। इनके वाम हस्त में 'मोदक-पात्र' है और ये अलंकरण विहीन है। कला की दृष्टि से भी इनका स्वरूप निम्न कोटि का है।[62] धीरे-धीरे इनके प्रतिमा शिल्प में विकास हुआ और कालान्तर में शास्त्रोक्त निर्देशों के अनुसार शिल्पांकन होने लगा। पूर्वी उत्तर प्रदेश के सीमावर्ती क्षेत्र 'बसाढ़' (बिहार) से लाल-बलुए प्रस्तर पर गणेश की पदमासन मूर्ति प्राप्त हुयी है जो कला की दृष्टि से उच्च कोटि की हैं। इनके बायें हाथ में मोदक पात्र है जिस पर इनका सूंड़ अवस्थित है। ये लम्बोदर, सर्पयज्ञोपवीतधारी दिखाये गये हैं। वर्तमान में यह प्रतिमा पटना संग्रहालय (क्र. 4449) में सुरक्षित है। यह कला की दृष्टि से गुप्तकाल का प्रतिनिधित्व करती है।[63] ऐसा आभास होता है कि लोक-देवताओं में यक्ष-यक्षिणियों के प्रतिमाओं से प्रभावित इनकी मूर्तियाँ मध्य भारत में परिष्कृत हुई तथा कालान्तर में समस्त भारत में प्रचलित हो गयी। गणेश प्रतिमायें स्थानक, आसनस्थ एवं नृत्य रूपों में भी मिलती हैं।

पूर्वी मध्य प्रदेश से नृत्य गणेश की गुप्तकालीन मूर्तियाँ तुमेन (जिला गुना) एवं आशापुरी (रायसेन) से प्राप्त है जो कला की दृष्टि से उच्च कोटि की है।

कार्तिकेय

भारत में प्राचीन काल से ही कार्तिकेय युद्ध देवता के रूप में पूजित हैं। उज्जयिनी एवं यौधेयों की मुद्राओं पर इनका अंकन इनकी प्राचीनता का द्योतक है। अनेक प्राचीन ग्रंथों में कार्तिकेय एवं

गणेश का अभिन्न सम्बन्ध वर्णित है। कार्तिकेय के पूजितों का कोई स्वतंत्र सम्प्रदाय नहीं था, परन्तु इनका प्रादुर्भाव हिन्दू धर्म में गणेश से पहले हुआ। उपनिषदों, महाकाव्यों, धर्मसूत्रों और भगवतगीता आदि ग्रंथों में कार्तिकेय की प्रारम्भिक व्याख्या की गयी है। पाणिनी ने भी अपने समय में निर्मित होने वाली मूर्तियों में शिव, स्कन्द आदि मूर्तियों का उल्लेख किया है। महाभाष्यकार 'पातंजलि' तथा कालिदास ने भी 'मेघदूत' में स्कन्द के मंदिर का उल्लेख किया है, परन्तु उनके अवशेष उपलब्ध नहीं हैं।

कुषाणकाल में कार्तिकेय की अर्चना अत्यंत लोकप्रिय हो गयी। ओदुम्बर गण ने भी अपने मुद्राओं पर इनका चित्रण किये। कालान्तर में गुप्तकाल में इनकी लोकप्रियता अत्यधिक बढ़ गयी और इन्हें राजकीय सम्मान दिया गया।[64] इसके अतिरिक्त गुप्त अभिलेखों में इन्हें 'स्कन्द' नाम से सम्बोधित किया गया है।

पूर्वी उत्तर प्रदेश में कुषाणकालीन प्रतिमाओं का अभाव है, परन्तु कुछ दुर्लभ मूर्तियाँ, यथा-मूर्ति क्रमांक 921 एवं 57:458 इत्यादि राजकीय संग्रहालय, लखनऊ में संग्रहीत हैं, किन्तु कला की दृष्टि से उच्च कोटि की नहीं है।[65]

गुप्तकाल में स्कन्द-कार्तिकेय को सर्वाधिक प्रतिष्ठा मिली, जिसकी पुष्टि कुमारगुप्त (415-455 ई.) के मुद्राओं पर उत्कीर्णित स्कन्द कार्तिकेय व इनके वाहन 'मयूर' से होती है।[66] श्री जे.एन. बनर्जिया के मतानुसार कुमारगुप्त ने हूणों और पुष्यमित्रों के आक्रमण को असफल कर, युद्ध के देवता 'कुमार' के सम्मान में अपने पुत्र का नाम 'स्कन्दगुप्त' रखा।[67] स्कन्दगुप्त (455-467 ई.) के संघर्षपूर्ण शासनकाल में भी स्कन्द-कार्तिकेय का काफी प्रचार-प्रसार हुआ और ये जनमानस में लोकप्रिय हो गये। वासुदेव शरण अग्रवाल के अनुसार गुप्तकाल में स्कन्द-कार्तिकेय राष्ट्रीय देव के रूप में प्रतिष्ठित हो चुके थे।[68] इनकी अनेक प्रतिमायें पूर्वी उत्तर प्रदेश से प्राप्त हुयी हैं। जो उनकी लोकप्रियता का परिचायक हैं।

स्कन्द-कार्तिकेय की एक महत्त्वपूर्ण मूर्ति (क्र. 49-45) लखनऊ संग्रहालय में सुरक्षित हैं। इसमें कार्तिकेय अपने वाहन 'मयूर' पर सवार हैं। इनके दाहिने हाथ में शक्ति (?) और बांयें हाथ में फल है जिसको मयूर खाने की चेष्टा कर रहा है। कार्तिकेय कुण्डल, हार, भुजबन्ध, कंगन, मेखल तथा नुपूर आदि आभूषणों से विभूषित हैं। प्रतिमा की विशेषता यह है कि यहाँ कार्तिकेय यज्ञोपवीत पहने है, जिसके ऊपर भारी उत्तरीय धारण किये हुए हैं कुछ विद्वानों का मत है कि यह प्रतिमा पूर्णरूपेण गान्धार शैली से प्रभावित है। मूर्ति कला की दृष्टि से उच्च कोटि की है जिसे गुप्तकालीन स्वीकार किया गया है।[69]

इसी के समकालीन एक अन्य प्रतिमा कला भवन, वाराणसी में संग्रहीत है। यहाँ कलाकार ने कार्तिकेय के पूर्ण व्यक्तित्व को निरूपित करते हुए ललितासन में मयूरारूढ़ दिखाया गया है। इनके बांयें हाथ में शक्ति तथा दांयें हाथ में फल है। आकर्षक रूप से सुसज्जित कार्तिकेय की मुखाकृति कुमारोचित एवं शान्तिमय प्रसन्नचित हैं। श्री एस.के. सरस्वती ने तो इस मूर्ति को भारतीय मूर्तिकला का श्रेष्ठतम उदाहरण स्वीकार किया है।[70]

ऐसे ही मूर्ति पूर्वी मध्य प्रदेश के तुमेन (जिला गुना) से प्राप्त है जो अत्यंत अलंकृत है।[71] पूर्वी मध्य प्रदेश के उदयगिरि (गुफा नं. 1) में कार्तिकेय का शिल्पांकन चट्टान पर किया गया है। यहाँ कार्तिकेय समपाद स्थानक मुद्रा में प्रदर्शित हैं। उनके दाहिने हाथ में आयुध शक्ति तथा बांयें हाथ में कुक्कुट (?) है। यहाँ कार्तिकेय की मुखाकृति गुफा नं. 4 के मुखलिंग से समानान्तर है। इतना ही नहीं यहाँ से प्राप्त विष्णु प्रतिमा के शरीर रेखांकन से भी मिलता-जुलता शरीर दिखाई देता है, अतः इसे समकालीन कृति कहा जा सकता है। विलियम्स का मत है कि गुफा क्रमांक-3 में सुरक्षित कार्तिकेय के मूर्ति की अनुमानित तिथि चौथी सदी ई. है।[72]

इस प्रकार यह अनुमान किया जा सकता है कि कार्तिकेय की प्रतिमाओं के निर्माण परम्परा की लोकप्रियता समकालिक है और ये आपस में एक-दूसरे को पूर्णरूपेण प्रभावित करती रही हैं। यह सम्भवतः उस समय सम्भावित होगा जब चन्द्रगुप्त द्वितीय ने इस क्षेत्र पर अधिकार किया और उदयगिरि की गुफाओं में सांस्कृतिक गतिविधियों का कार्य प्रारम्भ हुआ।

(ख) 1. विष्णु की मूर्तियाँ

ब्राह्मण-धर्म में वैष्णव सम्प्रदाय का महत्त्वपूर्ण स्थान है। विष्णु की उपासना वैदिक-काल में एक साधारण देवता के रूप में प्रारम्भ हुयी। ऋग्वेद में अनेक स्थलों पर उन्हें 'आदित्य' मात्र कहा गया है।[73] ऐसा अनुमान है कि उत्तर वैदिक काल में विष्णु का महत्त्व बढ़ा, क्योंकि 'शतपथ-ब्राह्मण' और 'तैत्तिरीय आरण्यक' में विष्णु का विस्तृत वर्णन मिलने लगता है।[74] कालान्तर में महाकाव्यों एवं पौराणिक काल में विष्णु देवत्रयी-ब्रह्मा, विष्णु, महेश, क्रमशः सृजन, रक्षक और संहार के सर्वाधिक महत्त्वपूर्ण देवता हो गये, किन्तु वर्तमान में विष्णु तीनों देवों के समन्वय के परिणाम हैं।[75] ई.पू. के अनेक अभिलेखों, यथा-मोरा, घुसण्डी, वेसनगर, गरुड़ स्तम्भ[76] आदि के विष्णु के देवालय के निर्माण का संकेत मिलता है, परन्तु आद्यतन इस काल की कोई मूर्ति उपलब्ध नहीं है। 'बृहत्-संहिता'[77], 'विष्णु धर्मोत्तर पुराण'[78], 'अग्नि' तथा 'मत्स्य' आदि पुराणों में विष्णु मूर्ति निर्माण के स्पष्ट निर्देश प्राप्त होने लगते हैं।

सम्भवतः विष्णु का शिल्पांकन भारतीय कला में शुंगकाल में प्रारम्भ हुआ। इस काल की वैष्णव मूर्तियाँ समकालीन यक्ष तथा यक्षिणियों की भाँति बनायी जाती थीं। मूर्ति की गोलाकार कटाई इस काल की प्रमुख विशेषता थी।[79] इसके अतिरिक्त कुछ विद्वानों ने इसका प्रारम्भिक चरण कुषाण काल मानते हैं।[80]

कुषाणकालीन विभिन्न मुद्राओं पर 'विष्णु' का अंकन मिलता है, यथा - हुविष्क की ताम्र मुद्रा पर इनका रोचक उत्कीर्णन किया गया है।[81] कालान्तर में इनकी लोकप्रियता बढ़ती गयी और ये जनमानस में पूज्यनीय हो गये।

मथुरा से प्राप्त कुषाणकालीन विष्णु की अधिकांश मूर्तियाँ चतुर्भुजी हैं। इन मूर्तियों का आकार बहुत बड़ा नहीं है और इनके वक्ष स्थल पर 'श्रीवत्स' का चिह्न अंकित है, परन्तु प्रभामण्डल का अभाव है।[82] सामान्यतया चतुर्भुजी मूर्तियों के अतिरिक्त कला केन्द्र से विष्णु की विशिष्ट मूर्तियाँ

(यथा, अष्टभुजी) प्राप्त हुयी हैं जिनमें से एक मोहक प्रतिमा (क्र. 49:247) राज्य संग्रहालय लखनऊ में संग्रहीत है जो कला की दृष्टि से उच्च कोटि की है।[83]

कुषाणकालीन मूर्तियों में विष्णु की अवतार मूर्तियाँ भी उपलब्ध हुयी हैं जो मथुरा संग्रहालय में संग्रहीत हैं।

लखनऊ संग्रहालय में सुरक्षित कुषाणकालीन 'वामन-अवतार' की एक चतुर्भुजी मूर्ति दर्शनीय हैं, जो कला की दृष्टि से उच्च कोटि की है। यह मूर्ति अन्य कुषाणकालीन मूर्तियों से भिन्न है। यहाँ वामन 'वरद-मुद्रा' में दिखाये गये हैं। इनके समक्ष घुटने के बल बैठे मानव शरीर का अंकन किया गया है, जो सम्भवतः विष्णु के फैलाये हुए हाथों में कुछ देना चाहता है। मूर्ति की सबसे बड़ी विशेषता यह है कि इसमें विष्णु के सिर पर मुकुट न दिखाकर केवल घुँघराले बाल ही दिखाये गये हैं जो कन्धों तक लटक रहे हैं। डॉ. जोशी ने इन्हें बटुकधारी वामन का द्योतक बताया है।[84]

गुप्तकालीन विष्णु की मूर्तियाँ

गुप्तकालीन नरेश 'परम भागवत', 'परम वैष्णव' थे। उनकी भागवत धर्म के प्रति विशेष रुचि थी। फलतः उनके संरक्षण में जो भी मूर्तियाँ निर्मित हुईं, उनमें शिल्पगत नवीनता के साथ-साथ सौन्दर्य भाव का समावेश अधिक हुआ। फलस्वरूप इनके अनेक स्थानक, आसन और शयन मूर्तियों के अतिरिक्त विभिन्न अवतारों, जैसे - वराह, नृसिंह, वामन अथवा त्रिविक्रम आदि की मूर्तियाँ उत्तर भारत के प्रमुख कला केन्द्रों पर निर्मित हुईं और दूरस्थ क्षेत्रों तक इनका प्रसार-प्रचार हुआ।

स्थानक मूर्तियाँ

पूर्वी उत्तर प्रदेश के ग्राम गढ़वा (इलाहाबाद) से प्राप्त पाषाण खण्ड में उत्कीर्णित विष्णु की स्थानक मूर्ति, कला की दृष्टि से अत्यंत सुन्दर है। जिसको कनिंघम ने ब्राह्मण धर्म से सम्बन्धित स्वीकार किया है।[85] वर्तमान में यह मूर्ति राज्य संग्रहालय, लखनऊ में संग्रहीत है। विष्णु के दाहिने तरफ सिंह एवं बायीं तरफ वराह की मुखाकृति स्पष्ट रूप से दृष्टिगोचर होती है। बीच में वे स्वाभाविक मुखाकृति में हैं। यह मूर्ति षट्भुजी है। ऊपर का दाहिना हाथ टूटा है और बीच का हाथ आयुध पुरुष के सिर पर है। सामने का बायाँ हाथ कमर पर व दायाँ हाथ क्षतिग्रस्त अवस्था में है। ऊपर के हाथ में कोई अस्पष्ट बहुत लिए हैं। विष्णु के सिर के ऊपर मानव धड़ पर एक अश्वमुखी मूर्ति है जो अपनी भुजाओं को ऊपर उठाये हुए हैं जो सम्भवतः 'हयग्रीक' की मूर्ति है।

इसी प्रकार काशी हिन्दू विश्वविद्यालय, वाराणसी के संग्रहालय में प्रदर्शित विष्णु की स्थानक मूर्ति, वनमाला सहित सभी आभूषणों से सुसज्जित है। मुखाकृति के बांयें तरफ वराह और दाहिने तरफ नरसिंह की मुखाकृति को दिखाया गया है। ऊपरी प्रभामण्डल में अनेक मूर्तियों का चित्रण किया गया है। किरीट के सामने सम्भवतः तीन प्रतिमायें रही होंगी, जिसमें दो स्पष्ट रूप से दिखाई देती हैं। मुखाकृति और किरीट के भाग खण्डित हो जाने से तीसरी मूर्ति के बारे में वर्णन करना कठिन है। विष्णु को यहाँ चतुर्भुज दर्शाया गया है। भुजायें क्षतिग्रस्त अवस्था में हैं, केवल बांयें तरफ की

भुजा आयुध पुरुष के सिर पर रखे सुरक्षित है। प्रतिमा अत्यधिक क्षतिग्रस्त होते हुए भी अपने भव्य रूप को प्रकट कर रही हैं। नीचे अनेक स्त्री-मूर्तियों का भी शिल्पांकन किया गया है। विद्वानों ने इसे छठी शताब्दी ई. की दुर्लभ मूर्ति बताया है।[86]

पूर्वी मध्य प्रदेश में स्थित चन्द्रगुप्त द्वितीय के समय की बेसनगर के समीप उदयगिरि की गुफा क्रमांक-6 के बांयीं तरफ विष्णु की एक समपाद स्थानक मुद्रा में प्रदर्शित मूर्ति अत्यंत महत्त्वपूर्ण है। यह मूर्ति चतुर्भुजी है तथा चारों भुजाओं में अवस्थित आयुध नष्ट हो गये हैं। अनुमानतः निचले वामहस्त में शंख था और इसी क्रम में दांयें हाथ में पद्म होना चाहिए, परन्तु 'हार्ले' महोदय का मत है कि दाहिना हाथ गदादेवी पर अवस्थित था और निचला वाम हस्त चक्र-पुरुष पर अवस्थित है। ये दोनों ही आयुध पुरुष है।[87] विष्णु अलंकृत किरीट, मुकुट, वनमाला व तवक धारण किये हुए हैं। 'श्रीवत्स' चिह्न वक्षस्थल पर दृष्टव्य है। सिर के पीछे मुकुट से लटकते हुए वस्त्र स्कन्धों तक आश्रित हैं। विष्णु की भव्य काया आकर्षक है और ओठों पर मन्द मुस्कान ले रहे हैं। चक्र पुरुष की काया हृष्ट-पुष्ट तथा गदादेवी छरहरी शरीर वाली व कोमल दिखाई गई हैं। कला की दृष्टि से यह गुप्तकालीन मूर्ति है।

गुप्तकालीन विष्णु की स्थानक मूर्तियाँ इस क्षेत्र में पूर्णरूपेण विकसित परिलक्षित होती हैं। इनमें विष्णु के विभिन्न रूपों को दर्शाया गया है। इस काल की एक चतुर्भुजी मूर्ति विदिशा संग्रहालय में प्रदर्शित है। इनके दक्षिणाधः क्रम से एक हाथ वरदमुद्रा में तथा ऊपरी हाथ में चक्र है। विष्णु बहु-अलंकृत हैं। कला की दृष्टि से इसे सातवीं शताब्दी ई. में रखा जा सकता है।[88]

आसन मूर्तियाँ

उभयनिष्ठ दोनों ही क्षेत्रों में आसन मूर्तियों का अभाव सा है। इससे संकेत मिलता है कि अन्य प्रकार की मूर्तियों की तुलना में इनका निर्माण कम हुआ। पूर्वी मध्य प्रदेश से इनकी सूचना मिलती है, लेकिन ये गुप्तोत्तर काल का प्रतिनिधित्व करती हैं।

विष्णु की शयन मूर्तियाँ

विष्णु की योग, भोग, वीर और अभिचारिक शयन मूर्तियों का विस्तृत वर्णन ''वैखानस आगम'' में मिलता है। विष्णु की इस प्रकार की मूर्तियों का सम्बन्ध महाप्रलय की घटना से है।[89] 'विष्णुधर्मोत्तर पुराण' में शेषशायी विष्णु पद्मनाभ नाम से वर्णित हैं। कालान्तर में शेषशायी विष्णु का विवरण सर्वप्रथम 'रघुवंश' में मिलता है।[90] इसी विवरण के अनुसार कालान्तर में विष्णु की अनेक मूर्तियाँ निर्मित की गयीं।

पूर्वी उत्तर प्रदेश के भीतरगांव (कानपुर) से विष्णु की एक मृण्मूर्ति कनिंघम को प्राप्त हुयी थी, जिसमें विष्णु शेषनाग की अर्द्धशय्या पर शयन कर रहे हैं। मूर्ति में विष्णु के दो हाथ दर्शाये गये हैं, जिसमें दाहिना हाथ शरीर के साथ सटा हुआ है व बांयें हाथ को मोड़कर घुटने पर रखे हुए हैं। विष्णु का सम्पूर्ण शरीर वस्त्रविहीन है। उनका शरीर शेष फणों से आच्छादित है। हथेली कमर के

सामने शेषनाग की कुण्डली पर रखे हुए हैं। मूर्ति के सामने सम्भवतः जल से निकल रहे कमल के ऊपर ब्रह्मा को दिखाया गया है। यहाँ लक्ष्मी की कोई स्थिति नहीं है। पैर के सामने आयुध पुरुष खड़े हैं, जिनके बांयें हाथों में गदा है। विष्णु की मुखाकृति में अद्भुत शान्ति एवं उल्लास झलक रहा हैं। कला की दृष्टि से यह लगभग पाँचवीं शताब्दी की उत्तम कृति है।[91]

इसी शैली में निर्मित पूर्वी मध्य प्रदेश की उदयगिरि गुफा क्र. 13 (जिला-विदिशा) से प्रारम्भिक गुप्तकालीन विष्णु की प्रतिमा शयन मुद्रा में दर्शायी गयी है। इनके आयुध गदा, शरीर के समानान्तर नीचे रखे हुए हैं और एक हाथ से सिर को आलम्बन दे रहे हैं। विष्णु का दूसरा हाथ शरीर के समानान्तर है। पाँव के नीचे लक्ष्मी एक मसूरक पर विराजमान हैं। ऊपर ब्रह्मा भी दर्शाये गये हैं। वर्तमान में मूर्ति धूमिल हो गयी है, फलतः शेष शिल्पांकित आकृतियों का विश्लेषण कठिन है।[92]

इसके अतिरिक्त गुप्तोत्तरकालीन मूर्तियाँ भी पूर्वी उत्तर प्रदेश व मध्य प्रदेश दोनों ही क्षेत्रों से सूचित हैं।

विष्णु के दशावतार

विष्णु के दशावतारों की व्याख्या अनेक शास्त्रों में की गयी है। इन अवतारों में विश्व का रहस्य छिपा प्रतीत होता है। अवतारवाद का सर्वप्रथम उल्लेख 'पाँचरात्र संहिता' में किया गया है। 'शतपथ ब्राह्मण' में अवतारवाद के क्रम में प्रजापति द्वारा मत्स्य, कूर्म और वराह के रूप धारण करने का उल्लेख किया गया है। भगवद्गीता से सर्वप्रथम अवतारवाद की कल्पना की पुष्टि होती है। महाभारत में विष्णु के अवतारों की एक सूची प्रस्तुत की गई है।

भागवतपुराण में बाईस अवतारों की सूची दी गई है। विष्णु के प्रथम चार अवतारों में सम्भवतः सृष्टि निर्माण का संकेत है। प्रारम्भ में केवल जल ही जल था। अतः जगत निर्माण में 'मत्स्य' का महत्त्वपूर्ण योगदान है। मत्स्यावतार सृष्टि के विकास का प्रतीक है। जल के पश्चात् पर्वतों का उदय हुआ, जिसका प्रतीक 'कूर्म' है। सृष्टि के विकास का तृतीय सोपान 'वराह अवतार' है। इसी प्रकार नृसिंह अवतार में मानव-पशु के विकास की कहानी अभिहित है।[93]

कालान्तर में विभिन्न स्रोतों की समीक्षा के फलस्वरूप वैष्णव धर्म में दशावतारों को मान्यता प्रदान की गयी है। ये दशावतार निम्नलिखित हैं-मत्स्य, कूर्म, वराह, नृसिंह, वामन, परशुराम, राम, कृष्ण, बुद्ध और कल्कि इत्यादि। वराह एवं अग्निपुराण में भी अवतारों का यह सर्वमान्य सूची दी गयी है, किन्तु मत्स्यपुराण मात्र 6 अवतारों का ही उल्लेख करता है।

भारतीय कला में दशावतारों का चित्रण लगभग कुषाणकाल से प्रारम्भ होता है। परन्तु गुप्तकाल आते-आते इसकी लोकप्रियता में वृद्धि हुयी और बहुविधि अवतार मूर्तियों का निर्माण हुआ। यद्यपि कि दशावतारों को बंगाल जैसे क्षेत्रों में विष्णुपट्ट के रूप में दिखाया गया है, परन्तु स्वतंत्र मूर्तियों ने वराह, नृसिंह और वामन मूर्तियाँ अधिक मिलती हैं और संकर्षण-बलराम की कुषाणकालीन मूर्तियाँ मथुरा क्षेत्र में भागवत सम्प्रदाय के पवित्र पंचवीरों के रूप में प्रदर्शित किया गया है।

वराह अवतार

इस अवतार में विष्णु के कई रूप दिखाये जाते हैं। वराह अवतार की मूर्तियों का निर्माण कुषाणकाल के प्रारम्भिक चरण से माना जाता है। इसमें विष्णु को वराह, नृवराह, आदिवराह या भूवराह (नर तथा वराह मिश्रित) दोनों रूपों में शिल्पांकन किया गया है। पौराणिक कथाओं से ज्ञात होता है कि विष्णु का यह अवतार पृथ्वी का उद्धार करने के लिए हुआ था। इस मूर्ति के हाथ, मुख के दुगुने अर्थात् आठ होते हैं और उनके हाथों में बाण, मूसल, चर्म, चीर, इन्द्रचाप आदि रहते हैं।[94] इस मूर्ति में सिंह और वराह के मुख विष्णु के नृसिंह एवं वराह अवतारों की ओर संकेत नहीं करते, अपितु 'बल' एवं 'ऐश्वर्य' के प्रतीक है।[95] इन मूर्तियों के निर्माण के लिए वैखानस, आगम, रूपमण्डन, शिल्परत्न और अग्निपुराण में विस्तृत विवरण मिलता है। इसमें वराह रूप में विष्णु को पशु रूप में दिखाया जाता है, परन्तु 'नृवराह' रूप में पशु-मानव मिश्रित रूप होता है।

वराह

पूर्वी उत्तर प्रदेश से प्राप्त 'वराह अवतार' की कुषाणकालीन चतुर्भुजी प्रतिमा (क्र. 65-51) मथुरा संग्रहालय में संग्रहीत है। इनके ऊपर के दोनों हाथों में चक्र है। सामने के दोनों हाथ कूल्हों पर रखे हुए हैं और कुहनियों को बाहर निकाले हुए हैं। गर्दन की ऊपरी भाग क्षतिग्रस्त है, पर पृथ्वी की स्पष्ट प्रतिमा दिखाई दे रही है, जो वराह के कंधों को छूती हुई नीचे को लटक रही है। पृथ्वी को वराह देव अपने बाह्य दाँतों से ऊपर उठाये हुए है। वक्ष पर श्रीवत्स का चिह्न अंकित है। प्रतिमा बहु-अलंकृत है। मूर्ति के दाहिने गन्धर्व एवं बांयें देवपुरुष अंजलि हस्तमुद्रा में खड़े हैं, जो दुःखी पृथ्वी को बचाने के लिए प्रार्थनारत हैं। कला की दृष्टि से यह कृति उच्च कोटि की है।[96]

प्रयाग संग्रहालय, वाराणसी में सुरक्षित, स्कन्दगुप्त के समय की 'भितरी' से प्राप्त, पाषाणखण्ड पर उत्कीर्णित 'वराह' की मोहक मूर्ति उल्लेखनीय है।[97] वराह का सिर पूर्णतया नष्ट हो चुका है। इनकी दाहिनी भुजा कटिहस्त मुद्रा में है। बायाँ हाथ पृथ्वीदेवी के कमर में रखे उन्हें ऊपर उठाये हुए हैं व उनकी दाहिनी भुजा को दाँतों में कसकर ऊपर उठा रहे हैं। वराह वनमाला, भुजबन्ध और एकावली से युक्त हैं। नागराज फणों से युक्त सोये हुए अंजलि मुद्रा में दिखाये गये हैं। उनके सिर पर वराह का बायाँ पैर अवस्थित है। कला की दृष्टि से यह प्रतिमा प्रारम्भिक गुप्तकाल का प्रतिनिधित्व करती है।

पूर्वी उत्तर प्रदेश से 'वराह' की पशु रूप मूर्तियाँ बहुतायात में उपलब्ध हैं, परन्तु 'नृवराहरूप' (पशु-मानव मिश्रित रूप) का अभाव सा है। नृवराह की कुछ मूर्तियाँ संग्रहालय में संग्रहीत हैं, जो गुप्तोत्तर काल के बाद का प्रतिनिधित्व करती हैं।

नृवराह

इसी शैली में निर्मित पूर्वी मध्य प्रदेश के उदयगिरि, गुफा नं.-5 में प्रदर्शित 'विष्णु का यह नृवराह रूप' विश्व प्रसिद्ध है और गुप्तकालीन कला की दुर्लभ कृति है। यहाँ नृवराह प्रत्यालीढ़ मुद्रा

में प्रदर्शित हैं। इनकी बांयीं भुजा पर पृथ्वी (स्त्री रूप में) बैठी है और भयभीत होकर इनके दाँत पकड़े हुई है। बांयीं ओर 'गंगा और यमुना' समुद्र की लहरों के मध्य दुल्हन स्वरूप में अपने वाहनों पर सवार होकर आगे की ओर गतिमान है। शेषनाग के पीछे एक वामनाकार पुरुष आकृति है, जो सम्भवत: (चन्द्रगुप्त द्वितीय) है। ऊपर एक पंक्ति में शिव अपने वाहन नन्दी एवं ब्रह्मा तथा अग्नि दिखाये गये हैं। वराह हृष्ट-पुष्ट शक्तिशाली रूप में प्रदर्शित हैं। नृवराह के दोनों तरफ संन्यासी एवं स्वर्गीय देवता का अंकन है। एक पुरुषाकृति हाथ में घट लिए समुद्र के मध्य दिखायी गयी है, जो सम्भवतः समुद्र का पुरुष विग्रह रूप है। गुफा के दोनों तरफ संगीतज्ञ संगीतरत प्रदर्शित हैं। यहीं दो महान नदियाँ 'गंगा-यमुना' समुद्र में विलीन होते दिखाई गयी हैं। कुछ विद्वान पुरुष आकृति को वरुण का प्रतीक स्वीकार करते हैं। पंक्ति के अन्य शिल्पांकन सम्भवतः नवग्रह, अष्टवसु, अष्टदिक्पाल, द्वादशादित्य आदि अंकित है।

वराह चट्टान पर एक पैर निश्चयपूर्वक स्थिर किये हैं। उनका एक हाथ कमर पर है। पृथ्वी या भू-देवी कमल पर खड़ी हैं। इसमें सर्वाधिक महत्त्व का तथ्य यह है कि विष्णु की गर्दन क्षतिग्रस्त है। अत: सिर का भाग गर्दन के मध्य डूबता दिखाई देता है, जो कुषाणकालीन विशेषता है। नृवराह के गले में भारी अलंकृत तवक है। वे दोहरा वलय पहने हैं। इसके अतिरिक्त लम्बी वैजयन्ती माला, धोती जो घुटनों के नीचे लटक रही है और फलकयुक्त कटिमेखला है, जिसके छोर किनारे पाँवों तक लटक रहे हैं। चार पंक्तियों में मानवाकृतियाँ ऋषियों एवं असुरों की हैं। शीर्ष में दो संगीतज्ञों की आकृतियाँ जो सम्भवतः बांसुरीयुक्त रहीं हैं। किनारे पर बासुरी वादकों का भी मोहक अंकन है।[98] यह प्रतिमा पूर्वी मध्य प्रदेश की एक दुर्लभ कृति है। अनुमान है कि शकों को परास्त कर चन्द्रगुप्त द्वितीय ने अपार प्रतिष्ठा प्राप्त की थी। अत: अपनी विजय के उपरान्त इस प्रतिमा का निर्माण किया होगा। कला की दृष्टि से इसे चौथी शताब्दी ई. के आसपास रखा जा सकता है।[99]

इसके अतिरिक्त इस क्षेत्र की गुप्तकालीन नृवराह की मूर्तियाँ मंदिरों के जंघा में भी प्रदर्शित की गयी हैं।

नृसिंह अवतार

नृसिंह अवतार विष्णु का चौथा अवतार माना जाता है। नृसिंह अवतार का विस्तृत उल्लेख पुराणों में मिलता है। परवर्ती ग्रंथों में परोक्ष या प्रत्यक्ष रूप से एक ही कथा अलग-अलग प्रकार से उल्लेखित है। वैखानस, आगम, शिल्परत्न, अग्निपुराण, विष्णुधर्मोत्तर पुराण और रूपमण्डन में नृसिंह प्रतिमा लक्षणों का विस्तृत विवरण थोड़ी भिन्नता के साथ प्राप्त होता है। नृसिंह मूर्तियों को चार श्रेणियों में विभक्त किया गया है, यथा-गिरिज नृसिंह (केवल नृसिंह), स्थाणु नृसिंह (सक्रिय), यातक नृसिंह और लक्ष्मी नृसिंह।

गुप्तकाल की अनेक नृसिंह प्रतिमायें प्रकाश में आयी हैं, जो मूल में पौराणिक कथा हिरण्यकश्यपु और उसके पुत्र प्रह्लाद से जुड़ी हुई है।[100]

पूर्वी उत्तर प्रदेश के कला भवन, वाराणसी में प्रदर्शित दो गुप्तकालीन स्तम्भों में नृसिंह के साथ कुछ अन्य देव स्वरूपों का भी अंकन है। स्तम्भ क्रमांक 29 पर बुद्धगुप्त का खण्डित अभिलेख है। यहाँ स्थानक नृसिंह का अद्‌भुत चित्रण किया गया है। मूर्ति के मुख से रौद्र भाग स्पष्ट है। उनके ऊर्ध्व केश, कान और आयालों में पूरी स्वतंत्रता स्वाभाविक है। चतुर्भुजी नृसिंह के ऊपरी दाहिने हाथ में बीजपूरक और बायें हाथ में शंख प्रदर्शित है। निचले हाथ में गदा और चक्र दर्शाया गया है, वे लम्बी वनमाला धारण किये हुए हैं। प्रतिमा स्तम्भ के ऊपरी गवाक्ष में उत्कीर्ण है।

इसी संग्रहालय में स्तम्भ क्रमांक-225 में ऊद्‌र्ध्वकेशित अवस्था में नृसिंह का मोहक उत्कीर्णन किया गया है। मूर्ति का मुख भाग क्षतिग्रस्त होते हुए भी चेहरे का तेज स्पष्ट रूप से जाहिर हो रहा है इनके ग्रीवा में एकावली, भुजबन्ध तथा वनमाला प्रदर्शित है तथा जंघा भाग को रेखांकनों द्वारा अभिव्यक्त किया गया है। दाहिने हाथ में गदा व चक्र प्रदर्शित है जो एक पीठिका पर आधारित है।[101]

इस प्रकार पूर्वी उत्तर प्रदेश से गुप्तकालीन स्वाभाविक प्रतिमायें गवाक्षों में दिखाई देती हैं, जो पौराणिक गाथाओं पर आधारित हैं।

कला की यह परम्परा पूर्वी मध्य प्रदेश में भी पहुँची। नृसिंह की एक चतुर्भुजी स्थानक मूर्ति उदयगिरि के गुफा क्रमांक-12 में दर्शनीय है। विष्णु के पीछे का दाहिना हाथ पीठिका पर बैठी गदादेवी के सिर पर अवस्थित है। सामने के दाहिने हाथ में कोई अस्पष्ट वस्तु (सम्भवतः फल) है। इसी तरह सामने के बांयें हाथ में कमल पुष्प और पीछे चक्र पुरुष के ऊपर रखे हुए हैं। यहाँ आयुध पुरुषों का अंकन गदा और चक्र सहित किया गया है। नृसिंह लम्बी वनमाला धारण किये हुए हैं, जो पाँव को स्पर्श कर रही है। इनकी मुखाकृति सिंह के रूप में है। सिर के बालों की लटें कन्धों तक लटकी हुई हैं और सम्पूर्ण प्रतिमा पानी पड़ने से कुछ विकृत सी हो गयी है। इसे कला की दृष्टि से गुप्तकाल में रखा जा सकता है।[102]

मध्य प्रदेश के नचना (पन्ना) के तेलिका मंदिर के उत्तरी किनारे पर नृसिंह की चतुर्भुजी प्रतिमा उत्कीर्ण है। ये हिरण्यकश्यपु के ऊपर आक्रमण कर रहे हैं। उल्लेखनीय है कि राक्षस के दाहिने हाथ में खड्ग है, जो सम्भवतः उसी के द्वारा आक्रमण के प्रतीक में दिखाया गया है। नृसिंह सामने के बांयें हाथ से राक्षस की गर्दन दबाये हुए हैं और उसको गिराकर वध करने के प्रयास में लगे हैं। कला की दृष्टि से नृसिंह का यह अंकन गुप्तकाल शैली का प्रतिनिधित्व करते हैं।[103]

इसी शैली में निर्मित बडोह-पठारी (जिला विदिशा) से एक स्थाणु नृसिंह मूर्ति (035×0.23) प्राप्त हुई हैं, इसमें भी नृसिंह हिरण्यकश्यपु का वध करते हुए प्रदर्शित हैं। वे कंकण, केयूर, हार तथा वैजयन्ती माला के अलंकृत हैं। उनके शीर्ष पर दीर्घ अयाल है। उभय अलंकरणों द्वारा हिरण्यकश्यपु का उदर फाड़ते हुए नृसिंह के मुख पर रौद्र भाव हैं। ऊपर के दोनों हाथ खण्डित हैं। पैरों के पास अपस्मार पुरुष का अंकन किया गया है। कला की दृष्टि से यह मूर्ति गुप्तोत्तरकाल की अनुमानित है।[104]

कृष्णावतार

कृष्णावतार विष्णु का आठवाँ अवतार माना जाता है। भागवतपुराण में कृष्ण जन्म से सम्बन्धित अनेक घटनाओं का वर्णन निहीत हैं। हरिवंशपुराण, विष्णुपुराण व महाभारत आदि ग्रंथों में कृष्ण को विष्णु का आठवाँ अवतार स्वीकार किया गया है।[105] कृष्ण के जीवन से सम्बन्धित अनेक घटनाओं का वर्णन साहित्यिक साक्ष्यों से उपलब्ध है। कला में कृष्ण का शिल्पांकन उनके जन्म से सम्बन्धित एक घटना के रूप में तीसरी शताब्दी ई. में हुआ। ऐसी ही एक खण्डित कुषाणकालीन शिलापट्ट उत्तर प्रदेश के मथुरा संग्रहालय में प्रदशित है (संख्या-1334)। इस प्रस्तर फलक में वासुदेव श्रीकृष्ण को एक टोकरी में रखकर यमुना क्रे मध्य जाते हुए दिखाया गया है। वासुदेव अपने दोनों हाथों से टोकरी सम्हाले हुए है और टोकरी के ऊपर नागराज उनके रक्षार्थ अपने सात फनों को फैलाये हुए हैं। यहाँ यमुना की धारा को तीव्र गति से बहते हुए दिखाया गया है। वासुदेव सम्भवत: धाराप्रवाह को देखकर घबरा रहे हैं, क्योंकि उनकी प्रतिमा कुछ पीछे झुकी हुई प्रतीत होती है।[106]

कालान्तर में कृष्ण के बाल-जीवन से सम्बन्धित घटनाओं का उत्कीर्णन गुप्तकाल में हुआ, और कृष्ण की अधिकाधिक मूर्तियाँ बननी प्रारम्भ हुयीं। विष्णुधर्मोत्तर पुराण में उनकी प्रतिमा निर्माण के निर्देश दिये गये हैं।

पूर्वी उत्तर प्रदेश के कला भवन, वाराणसी में संग्रहीत कृष्ण की बाल-लीलाओं का रोचक उत्कीर्णन किया गया है। इसमें कृष्ण मटके में दोनों हाथ डालकर माखन चुराते हुए, यशोदा की ओर देख रहे हैं कि माता यशोदा कहीं देख न लें। वे मंथन कार्य में लीन कुछ इस भाव को प्रदर्शित कर रही हैं कि मानों वे देख नहीं रही हैं।[107] ऐसी ही कृष्ण की एक गोवर्धनधारी प्रतिमा कटरा (इलाहाबाद) से प्राप्त हुयी है। इस प्रतिमा में वे बायें हथेली से पर्वत को ऊपर उठाये हुए हैं। इनका दाहिना हाथ केहुनी से टूट गया है। वे सभी अलंकरणों से सुसज्जित हैं। प्रतिमा के बांयें तरफ गायों का सुन्दर अंकन किया गया है, जो अपने मुख को ऊपर उठाये हुए कृष्ण का अभिनन्दन कर रही है।[108] कला की दृष्टि से इसे गुप्तकाल में रखा जा सकता है।

इसके अतिरिक्त कृष्ण गोवर्धन, व केशीवध की गुप्तकालीन मूर्तियाँ सारनाथ व लखनऊ से भी सूचित हैं, जो कला की दृष्टि से उच्च कोटि की नहीं हैं।

पूर्वी मध्य प्रदेश में भी कृष्ण के जन्म से सम्बन्धित घटनाओं को विस्तृत रूप में शिल्पांकित किया गया है, परन्तु गुप्तकाल में इसका अभाव सा है। आगे चलकर पूर्व मध्यकाल में कृष्ण का प्रदर्शन स्वतंत्र रूप में एवं विभिन्न घटनाओं के साथ प्रदर्शित किया गया है। भागवतपुराण में वर्णित अन्य अवतारों जैसे-मत्स्यावतार व कूर्मावतार का प्रदर्शन पूर्वी मध्य प्रदेश में अधिक लोकप्रिय रहा।

2. सूर्य एवं नवग्रह

सूर्य

भारतवर्ष में सूर्य उपासना की परम्परा आदिकाल से प्रचलित है। सूर्य-पूजा का प्रारम्भ नवपाषाण

काल से माना जाता है।[109] शैलचित्रों में भी उगते सूर्य का चित्रण पाया जाता है।[110] सिन्धु घाटी के उत्खनन में भी सूर्य-पूजा के प्रमाण प्राप्त होते हैं। वैदिक साहित्य में सूर्य के अनेक नाम, यथा-सवितृ, धाता, मित्र, अर्यमा, विष्णु, विवस्वत्, पूषन तथा भग आदि का उल्लेख किया गया है।[111]

'ग्रिस्वल्ड' महोदय का कथन है कि 'सम्पूर्ण चर और अचर वस्तुओं के स्वामी सूर्य, सवितृ तथा पूषन हैं।' जिसको मैकडॉनेल महोदय ने भी स्वीकार किया है।[112] इन्हें अग्निदेव का परम सहायक मानते हुए[113] वरुण तथा अग्नि के नेत्र नाम से सम्बोधित किया है।[114] वेदों में कुछ स्थानों पर सूर्य को 'सुनहरे पंखों वाले सुन्दर पक्षी', तो कहीं श्वेत चमकते हुए घोड़े के रूप में स्वीकार किया गया है, जो उषस् के द्वारा चलाये जाते हैं।[115]

वेदोत्तरकाल में सूर्य उपासना का महत्त्व बढ़ा। रामायण एवं महाभारत में भी सूर्य उपासना के अनेक प्रसंग उपलब्ध हैं। पुराणों में 'द्वादशादित्य' नाम से सूर्य का वर्णन किया गया है।[116]

भारतीय कला में सूर्य प्रदर्शन का प्रारम्भ चक्र, वर्तुल, स्वर्णपत्र तथा कमल पुष्प आदि प्रतीकों के माध्यम से माना जाता है।[117] पुरुष विग्रह में सम्भवतः सूर्य की उपासना ईरान से गंगोलों के साथ भारत आयी।[118] शिल्पशास्त्रों में सूर्य मूर्ति का प्राचीनतम वर्णन बृहत् संहिता में उपलब्ध है।[119]

विश्वकर्मा शिल्प में सूर्य मूर्ति के विस्तृत नियम वर्णित हैं।[120] इनके लिए ऐसा प्रसंग प्राप्त होता है कि वे चार अथवा सात अश्वों द्वारा खीचीं जाने वाली गाड़ी पर बैठकर चलते हैं।[121] सूर्य का प्रारम्भिक मानवीकृति स्वरूप मौर्यकाल से मिलना प्रारम्भ होता है। मौर्यकाल में पटना (बिहार) उत्खनन से मिट्टी की एक तस्तरी पर सूर्य की मूर्ति उत्कीर्ण प्राप्त हुयी है।[122] इस मूर्ति में सूर्य रथ पर खड़े हैं और चार घोड़े रथ को खींच रहे हैं। रथ को सारथी चला रहा है, जो अपने शरीर पर कवच धारण किये हुए हैं। सूर्य की यह आकृति अत्यंत सजीव है।[123]

मौर्यकाल के उपरान्त पुष्यमित्र शुंग के शासनकाल में हिन्दू धर्म को बढ़ावा मिला और वैदिक देवी-देवताओं को पुनः सम्मानीय स्थान दिया गया। वैदिक देवता इन्द्र, वरुण आदि की पुनः पूजा होने लगी। पतंजलि ने तो तत्कालीन समय में सूर्य व चन्द्र पूजा का विस्तृत उल्लेख किया है। इस समय के कलावशेषों से ऐसा प्रतीत होता है कि हिन्दू देवी-देवताओं की प्रतिमाओं का व्यापक रूप से निर्माण होने लगा। इस समय सूर्य की अनेक मूर्तियाँ उत्खनन एवं सर्वेक्षण से प्रकाश में आयीं।

सूर्य की ऐसी ही एक शुंगकालीन मूर्ति 'बौद्धगया मंदिर' की प्राचीन शिल्पवेदिका के ऊपरी भाग से उपलब्ध हुई है। यहाँ भी सूर्य चार अश्वों से युक्त रथ पर सवार हैं। रथ में गति है तथा घोड़ों को तेजी से दौड़ते हुए भंगिमा में प्रस्तुत किया गया है। रथ में एक ही पहिया दिखाया गया है। घोड़ों की बागडोर सूर्य के हाथ में है। ऊषा और प्रत्यूषा सूर्य के दोनों ओर से बाण प्रहार कर रही हैं, जो कि सूर्य की रश्मियों द्वारा अंधकार के विनाश का मानवीकृत स्वरूप है। अंधकार का मानवीकृत स्वरूप मानव धड़ के रूप में उकेरा गया है। कला की दृष्टि से यह प्राचीनतम शुंगकालीन मोहक कृति है।[124]

कालान्तर में कुषाणकाल में सूर्य के प्रतिमा निर्माण तथा वस्त्राभूषण में वृद्धि की गयी, जैसे-सूर्य उदीच्य वेश में पैर लटकाये बैठे हैं, वे बांयें हाथ में चौड़े फन की तलवार तथा दायें हाथ में कमल

के गुच्छे लिए हैं। पैरों मे जूता भी दिखाया गया है। इसी तरह की एक कुषाणकालीन मूर्ति उत्तर प्रदेश के मथुरा संग्रहालय में संग्रहीत है, जो कला की दृष्टि से उच्च कोटि की है।[125] डॉ. वासुदेव शरण अग्रवाल के मतानुसार यहाँ सूर्य का चित्रण शक प्रभाव में किया गया है।[126]

लगभग गुप्तकाल में इनके प्रतिमा लक्षणों का व्यापक निर्माण किया गया, तथा सूर्य के साथ दण्ड, पिंगल, उषा, प्रत्युषा व अरुण सारथी के अतिरिक्त इनकी पत्नियाँ- राज्ञी, निक्षुमा, छाया, देवी सुवर्चला भू-देवी, महाश्वेता और कही-कहीं अश्वनी देवताओं के चित्रण लोकप्रिय हुए और इनकी लोकप्रियता कालक्रम के परिप्रेक्ष्य में सम्पूर्ण भारतवर्ष में दृष्टिगोचर हो गयी।[127]

प्रतिमा लक्षणों के स्वरूप पूर्वी उत्तर प्रदेश से कुछ गुप्तकालीन सूर्य की मूर्तियाँ प्राप्त हुयी हैं, यथा-राज्य संग्रहालय, लखनऊ में संग्रहीत (मूर्ति क्र. 57-401) खैरागढ़ (बलिया) से प्राप्त सूर्य प्रतिमा कला की दृष्टि से अत्यंत सुंदर है। यहाँ सूर्य अपने दो पार्श्व दण्डी पर खड़े हैं। इनके सिर पर लम्बा किरीट है, जिसमें तीन कलात्मक रेखायें व लम्बे घुंघराले बाल बनाये गये हैं तथा इनकी लटें गले के दोनों ओर लटकी हुयी हैं। इसके अतिरिक्त कान में कुण्डल, गले में हार, भुजबन्ध और नीचे सुन्दर आठ पहल या कटिसूत्र धारण किये हुए हैं। उत्तरीय पतला व छोटा है, जो कंधों पर फैला हुआ है। नीचे का वस्त्र घुटने तक लटक रहा हैं। सूर्य के दोनों भुजाओं में नालयुक्त खिले हुए कमल हैं। वेश उत्तरी ढंग का है। इसके अतिरिक्त लम्बा जूता कुषाणकालीन शैली से प्रभावित है और सिर को शंखनुमा अलंकरण से सजाया गया है, जो प्रभामण्डल से आच्छादित है। बायें तरफ सिर रहित 'दंडी' की मूर्ति है, जो अपने दाहिने उठे हाथ में लम्बा खड्ग लिये हुए है। उसके बायें हाथ में कोई अस्पष्ट वस्तु है। दाहिने 'पिंगल' गोलाकार टोपी पहने व जूता धारण किये स्थित हैं। उसके बायें हाथ में दवात तथा दायें हाथ में कलम दिखाया गया है। यह विशेष उल्लेखनीय है कि यह मूर्ति मूलत: मौर्यकालीन स्तम्भ पाषाण खण्ड पर निर्मित है, जिसकी चमकयुक्त ओप कला की दृष्टि से उत्कृष्ट है। मूर्ति गुप्तकाल का प्रतिनिधित्व करती है।[128]

इसी संग्रहालय में संग्रहीत गढ़वाँ के पाषाण खण्ड पर निर्मित विश्वरूपी विष्णु के साथ सूर्य का अंकन किया गया है। (क्र. वी. 223ए) प्रतिमा में सूर्य रथ पर सवार हैं। पाद का भाग रथ के अग्रभाग से ढका हुआ है। मूर्ति के सूक्ष्म अवलोकन से अनुमान लगाया जा सकता है कि सूर्य को पूर्णरूपेण भारतीयकरण करने का प्रथम प्रयास किया गया है। सूर्य के दोनों ओर स्त्री मूर्तियाँ धनुष-बाण चला रही हैं, जो ऊषा एवं प्रत्युषा की मूर्तियाँ हैं। कला की दृष्टि से यह सूर्य की गुप्तकालीन कृति है।

पाषाण खण्डों के अतिरिक्त पूर्वी उत्तर प्रदेश से सूर्य की अनेक मूर्तियाँ 'मृण्रूप' में भी देखने को मिलती है, जिसके उदाहरण 'अहिछत्रा' से प्राप्त हैं। यहाँ के उत्खनन से सूर्य की कई खण्डित प्रतिमायें प्रकाश में आयी हैं, जो क्षेत्रीय सूर्य पूजा की लोकप्रियता को प्रकट करती हैं। यहाँ से प्राप्त सूर्य मूर्ति में उन्हें रथ पर सवार जूते हुए अश्वों की बाग पकड़े हुए रथ को हाँकते हुए प्रस्तुत किया गया है। इसमें भी ऊषा और प्रत्युषा अपने बाणों से अन्धकार को दूर कर रही हैं। एक जगह सूर्य सात घोड़ों से युक्त रथ पर सवार दिखाये गये हैं, जिसमें तीन-तीन किनारे की ओर तथा मुख्य अश्व

बीच में स्थित है। रथ में एक पहिये वाला चक्र भी बना है, जिसमे सूर्य अपने पार्श्व के साथ सवार हैं। इनको जूता पहने उदीच्य वेश में दिखाया गया है। पार्श्व में नाग अपना फण फैलाये प्रदर्शित है। यह इस प्रतिमा की विलक्षण मूर्ति विधानीय तन्त्र की परिचायक है। रथ में केवल ऊषा का ही प्रदर्शन किया गया है, जो एकावली एवं कुण्डल से सुशोभित हैं। यहाँ से नागयुक्त सूर्य की और भी मूर्तियाँ प्राप्त हुयीं हैं, जो कला की दृष्टि से उच्च कोटि की नहीं है।[129]

पूर्वी उत्तर प्रदेश से तीन एवं चार घोड़ों से युक्त सूर्य के रथ भी देखने को मिलते हैं, जिनके साथ उनके अनुचरों का भी उत्कीर्णन प्राप्त है। एक अन्य मृत्तिका मूर्ति में देवता के पाद भाग का अंश प्रदर्शित है, जिसमें उन्हें जूता पहनाया गया है। चार घोड़ों से युक्त एक पहिये का रथ भी प्राप्त होता है।[130] सबसे महत्त्वपूर्ण यही सूर्य मृत्तिका मूर्ति है, जो एक पहिये वाले रथ का अंकन करती है, जिसमें तीलियों के स्थान पर स्त्रियों का अंकन है। इन सभी स्त्रियों का दाहिना हाथ उभय मुद्रा में दिखाया गया है, जो सूर्य की सात रश्मियों को प्रकट कर रहा है, जिन्हें सात वाहनों के नाम से जाना जाता है।[131]

कालान्तर में इनके प्रचार-प्रसार में वृद्धि हुयी और उत्तर भारत के अतिरिक्त सम्पूर्ण भारतवर्ष में लोकप्रिय हो गये, जिसका अत्यधिक प्रभाव निकटवर्ती क्षेत्र पूर्वी मध्य प्रदेश पर भी पड़ा और यहाँ भी इनकी पूजा-परम्परा में वृद्धि हुयी व अधिकांश कला केन्द्रों पर सूर्य मूर्ति का निर्माण हुआ।

मध्य प्रदेश के 'भूमरा' से प्राप्त गुप्तकालीन सूर्य प्रतिमा कला की दृष्टि से उच्च कोटि की है। इसमे सूर्यदेव के बाल गोल लच्छेदार दिखाये गये हैं, जो उत्तर प्रदेश के मथुरा की सूर्य प्रतिमा से तुलनीय है। वे लम्बे कोट, गलाबन्द के साथ कमरबन्द तथा अन्य अलंकरणों से सुशोभित हैं।[132] हाथों में दो कमल पुष्प तथा साथ में दो पुरुष आकृतियों का सेवक के रूप में उत्कीर्ण किया गया है। प्रतिमा में रथ के घोड़ों को स्थान नहीं दिया गया है।[133] एस.के. सरस्वती का मत है कि ऐसा सम्भवत: स्थानाभाव के कारण हुआ होगा।[134] सूर्य प्रतिमा में प्रस्तुत दुपट्टा विशेष रूप से उल्लेखनीय है, जो कमर की गोलाई को घेरे हुए है। सूर्य की यह दुर्लभ प्रतिमा गुप्तकला शैली का प्रतिनिधित्व करती है।

सूर्य की कुछ प्रतिमायें तुमैन (मध्य प्रदेश) से भी सूचित हैं, जिसमें एक महत्त्वपूर्ण प्रतिमा में सूर्य किरीट, कुण्डल व हार आदि सभी आभूषणों से सुसज्जित हैं। इनके दोनों हाथ में नालयुक्त कमल दिखाया गया है।[135]

छठी शताब्दी ई. के अंत में सूर्य की अधिकांश प्रतिमायें परिमण्डल युक्त निर्मित हुई जिसमें इनको आसन में दिखाया गया है, लेकिन लगभग गुप्तकाल तक पूर्वी मध्य प्रदेश में इनका अभाव सा है। गुप्तकाल के बाद सूर्य मूर्तियों में गड़रमल मंदिर बडोह-पठारी में सूर्य की स्थानक मूर्ति प्रदर्शित है, जो कला की दृष्टि से उच्च कोटि की है।

नवग्रह

भारतवर्ष में ग्रहों की उपासना अत्यंत प्राचीन है। हिन्दू ज्योतिषशास्त्र में सूर्य, चन्द्र, मंगल, बुध,

बृहस्पति, शुक्र, शनि, राहु और केतु नवग्रह माने गये हैं।[136] इन ग्रहों की पूजा समृद्धि, शान्ति, वृष्टि, दीघार्यु, पुष्टि एवं अभिचार की कामना करने वाले व्यक्ति द्वारा ग्रह यज्ञ करने और उसमें विभिन्न धातुओं (स्वर्ण, रजत और ताम्र) से निर्मित एवं सुगंधित लेप द्वारा पट पर लिखित नवग्रह मूर्तियों के पूजन का विधान, ''याज्ञवल्क्य स्मृति'' में दिया गया है।[137] इसके अतिरिक्त अन्य शास्त्रों, जैसे-विष्णुधर्मोत्तरपुराण, अग्निपुराण, मत्स्यपुराण व अंशुमद्भेदागम आदि ग्रंथों में ग्रहों के प्रतिमा लक्षण पर प्रकाश डाला गया है।

शिल्पांकनों में ग्रह अधिकांशत स्थानक या कभी-कभी आसन मुद्रा में एक पंक्ति में दिखाये जाते हैं। इनके हाथों में विभिन्न आयुध एवं अक्षमाला होती है। ये मंदिरों के सिरपट्टी या उतरंग में उत्कीर्णित होते हैं। उपलब्ध प्रमाणों के आधार पर अनुमान किया जाता है कि इनका प्रदर्शन लगभग गुप्तकाल में हुआ, किन्तु गुप्तकाल में नवग्रहों की पृथक् मूर्तियाँ न बनकर शिलापट्टों पर इनको उत्कीर्णित किया गया है।

पूर्वी उत्तर प्रदेश के राजकीय संग्रहालय, लखनऊ में संग्रहीत लगभग सबसे प्राचीन एवं प्रारम्भिक नवग्रह पट्ट (क्र.-58:13) कला की दृष्टि से उच्च कोटि का है। यह मथुरा के लाल बलुए पत्थर पर निर्मित है। इस शिलापट्ट पर निर्मित नवग्रहों को सम्पूर्ण प्रतिमा प्राप्त नहीं है, अपितु इसके बायें खण्ड ही उपलब्ध हो सके हैं। इनमें सर्वप्रथम दो प्रतिमायें हैं, जो जटाजूट धारण किये हैं तथा सभी आभूषणों से सुसज्जित हैं। इन दोनों प्रतिमाओं के दाहिने हाथ वरद मुद्रा में तथा बांयें में कमण्डलु धारण किये हुए हैं। कला की दृष्टि से इनकी पहचान शुक्र और शनि के रूप में की गयी है। शुक्र मूर्ति के कमर का निचला भाग खण्डित है। ये अपने दाहिने पैर को मोड़कर खड़े बांयें पैर को पीछे किये हुए हैं।

तीसरी मूर्ति राहु की है, जो भयानक मुद्रा में है। इनके सिर पर जटाजूट है और केवल वक्ष स्थल तक का ही हिस्सा दिखाया गया है। ये गले में हार और कुण्डल धारण किये हैं। मुखाकृति भयंकर है। भुजायें तर्पण मुद्रा में हैं। राहु के केश खड़े हैं। यहाँ यह निर्दिष्ट है कि राहु का यह अंकन 'विष्णुधर्मोत्तर' में वर्णित ऊर्ध्वकेश के अनरूप है। राहु के बांयें स्थानक मुद्रा में एक स्त्री प्रतिमा का मोहक अंकन किया गया है, जिसके जटाजूट स्पष्ट रूप से दिखाई दे रहे हैं। प्रतिमा के दोनों हाथों में कोई वस्तु है, जो अस्पष्ट है। डॉ. जोशी के मतानुसार सम्भवतः यह मूर्ति केतु के लिए प्रदर्शित की गयी है, जो लगभग पाँचवीं शताब्दी ई. की अनुमानित है।[138] इस प्रतिमा का मूर्ति कला की दृष्टि से विशेष महत्त्व है, क्योंकि नवग्रहों की यह प्राचीनतम उपलब्ध प्रतिमा है, जिसमें सम्पूर्ण नवग्रहों का चित्रण किया गया है, किन्तु वर्तमान में इसके दाहिने भाग खण्डित हो चुके हैं, पर बचे नवग्रहों से उनकी सम्पूर्ण प्रतिमा की कल्पना की जा सकती है।[139]

इस शैली में निर्मित एक अन्य गुप्तकालीन प्रतिमा सारनाथ (वाराणसी) क्षेत्र से उपलब्ध हुयी है, जो वर्तमान में भारतीय संग्रहालय (क्रमांक-1536), कलकत्ता में दर्शनार्थ सुरक्षित है। यहाँ नवग्रहों को एक शिलापट्ट पर उत्कीर्ण किया गया है। यहीं से द्विभुजी बृहस्पति, शुक्र, शनि और राहु की सम्पूर्ण प्रतिमायें भी प्राप्त हैं। बृहस्पति, शुक्र और शनि का अंकन बड़े ही कलात्मक ढंग से किया

गया है। ये प्रतिमायें जटाजूट तथा सभी आभूषणों से सुसज्जित हैं। इन पर यज्ञोपवीत स्पष्ट रूप से दिखाई दे रहा है। तीनों प्रतिमाओं के दाहिने हाथ में अक्षमाला है, जो कंधों के सीध में ऊपर की ओर उठा हुआ है। बृहस्पति और शुक्र के बांयें हाथ में जलपात्र है। शनि का बायाँ हाथ खण्डित अवस्था में है, अनुमानतः इसमें भी जलपात्र रहा होगा। इनके कमर में धोती है, जिसके छोर नीचे तक लटक रहे हैं। इन तीनों प्रतिमाओं के सिर पर प्रभामण्डल दिखाया गया है, जो इनकी श्रेष्ठता का प्रतीक है। सबसे बांयें राहु की प्रतिमा अति भयानक रूप में उत्कीर्ण की गयी है, जो विष्णुधर्मोत्तर में वर्णित प्रतिमा लक्षण से साम्य रखती है। राहु के सिर पर जटाजूट है तथा केश खड़े बनाये गये हैं। मुख खुला हुआ भयंकर रूप में उत्कीर्ण है। इनका केवल वक्ष स्थल ही स्पष्ट है।

प्राप्त शिलापट्ट में केवल आठ ग्रहों को ही दिखाया गया है। यहाँ केतु की प्रतिमा नहीं बनायी गयी है, क्योंकि राहु प्रतिमा के बांयें किसी अन्य प्रतिमा के लक्षण नहीं दिखाई दे रहे हैं। इस शिलापट्ट में प्रथम बार ग्रहों का रूप चित्रण है, जो वर्तमान में क्षतिग्रस्त हो गया है। यहाँ सम्भवतः आठ ग्रहों का ही रूप अपेक्षाकृत प्राचीन है।[140]

निकटवर्ती पूर्वी मध्य प्रदेश से प्राप्त पाषाणखण्डों पर उत्कीर्णित नवग्रहों का चित्रण प्राप्त है, यथा – नचना कुठार से प्राप्त एक पाषाणखण्ड पर चित्रित एवं पूर्वी उत्तर प्रदेश के सारनाथ से प्राप्त[141] नवग्रहों से तुलनीय अष्टग्रहों का प्रमाण मिला है, जिसमें राहु की प्रतिमा को भयानक रूप में सबसे बांयीं ओर उत्कीर्णित किया गया है[142] और शेष ग्रहों का अंकन सामान्य है।

उपरोक्त दोनों ही क्षेत्रों से प्राप्त शिलापट्ट पर केतु के अंकन का कोई विश्वस्त प्रमाण न मिलने से यह निष्कर्ष निकाला जा सकता है कि गुप्तकालीन कलाकारों में सामान्यतया अष्टग्रहों की ही कल्पना थी, जिनमे सूर्य, चन्द्र, मंगल, बुद्ध, बृहस्पति, शुक्र, शनि और राहु की गणना होती थी।

पूर्वी मध्य प्रदेश के अधिकांश क्षेत्रों में गुप्तकालीन नवग्रह प्रतिमाओं का अभाव सा है, क्योंकि यहाँ भी गुप्तकाल के अंतिम चरणों में इनका अंकन प्रारम्भ हुआ। बडोह-पठारी (जिला विदिशा) में इनका चित्रण मिलता है, जो कला की दृष्टि से गुप्तकालीन है। इसके अतिरिक्त अन्य क्षेत्रों, जैसे-बरूआ सागर, मडखेरा व उमरी आदि के मंदिर द्वार के सिरपट्टी पर इनका प्रदर्शन किया गया है।

(ग) शाक्त मूर्तियाँ

महिषमर्दिनी

"दुर्गात्सत्रायते यस्मादेवी दुर्गेति कथ्यते॥" - देवी उपनिषद्

शक्ति के विभिन्न रूपों में असुर संहारिणी दुर्गा का स्थान महत्त्वपूर्ण है। इसे 'कात्यायनी' के नाम से भी जाना जाता है। मार्कण्डेयपुराण के देवी महात्म्य खण्ड[143] तथा कतिपय अन्य ग्रंथों में इनकी प्राचीनता, उत्पत्ति और महत्त्व पर विशेष प्रकाश डाला गया है। महिषमर्दिनी की मूर्तियाँ विभिन्न स्वरूपों में लगभग सम्पूर्ण भारत में पायी जाती हैं।

महाभारत, हरिवंश व मार्कण्डेय पुराणों में इस देवी को माँस, मदिरा और पशुप्रिय मानकर मुण्डमाला, वाघाम्बर और खट्वाँग जैसे आयुधों को धारण करने वाली देवी कहा गया है। इस आधार पर कुछ विद्वानों का मत है कि महिषमर्दिनी मूल रूप में 'अनार्यों' की देवी थीं, जिसे पाश्चात्यवर्ती काल में आर्यों द्वारा अपना लिया गया।

कालान्तर में अन्य देवियों की तरह महिषमर्दिनी का स्वरूप विशेष लोकप्रिय हुआ और महिषासुर का वध करती हुई मूर्ति रूप में प्रदर्शित की गयीं। विष्णुधर्मोत्तर पुराण में तो इनका विस्तृत वर्णन मिलता है, जिसमें इन्हें 'चामुण्डा' व 'चण्डिका' नाम से सम्बोधित किया गया है। इनको सिंह की सवारी करते हुए बीस भुजाओं से युक्त बताया गया है। ये दाहिनी भुजाओं में क्रमश: शूल, खड्ग, शंख, चक्र, बाण, शक्ति, बज्र तथा डमरू व बायीं भुजाओं में नागपाश, खेटक, परशु, अंकुश, धनुष, घंटा, ध्वजा, गदा, दर्पण तथा मुग्दर लिये रहती हैं। महिष का सिर कटा हुआ तथा मुख्य असुर देवी की गर्दन के बगल से निकलता प्रदर्शित किया जाता है। देवी का 'सिंह' भी असुर पर प्रहार मुद्रा में प्रदर्शित किया जाता है। देवी अपना त्रिशूल उसके गर्दन पर चुभोये हुए उत्कीर्णित की जाती हैं। राक्षस नागपास में बँधा रहता है, जिसके एक हाथ में ढ़ाल व दूसरे में तलवार होती है, जो ऊपर की ओर प्रहार के लिए उठी होती है।[144]

उत्तर प्रदेश के मथुरा (कंकाली टीला) से महिषमर्दिनी की प्रारम्भिक प्रतिमा प्राप्त हुयी है जो मथुरा संग्रहालय (डी-12) में सुरक्षित है। देवी षड्भुजी हैं, पर भुजाओं के आयुध स्पष्ट नहीं है। इनको सभी आभूषणों से सुसज्जित दिखाया गया है। इनके कमर में धोती व भुजाओं में पहने हुए सात वलय विशेष उल्लेखनीय हैं। वे अपने बांयें सामने की भुजा से महिष के पूँछ को पकड़ी हुयी ऊपर उठाये हुए हैं। सम्भवत: महिषासुर के सिर को भी अपने ऊपर उठाये हुए बांयें पैर से कुचल रही हैं। देवी के विभिन्न अंगों का उत्कीर्णन गहरे रूप में किया गया है। कला की दृष्टि से यह चौथी, पाँचवीं शताब्दी ई. की दुर्लभ कृति है। इसी परम्परा में भारत कला भवन (ए.सी.सी. न. 592), वाराणसी में चतुर्भुजी महिषमर्दिनी की प्रतिमा दृष्टव्य है।[145]

पाषाण खण्डों के अतिरिक्त मृण्रूप में भी इनका अंकन हुआ। 'अहिछत्रा' (उत्तर प्रदेश) से महिषमर्दिनी की पाँच चतुर्भुजी प्रतिमायें प्राप्त हुयी हैं, जो (120, 121, 123, 124 और 122 क्रम से) संरक्षित हैं। ये अपने हाथों में आयुध धारण किये हुए हैं, पर सभी लगभग खण्डित हैं।[146]

कालान्तर में महिषमर्दिनी की पूजा-परम्परा और मूर्ति निर्माण में वृद्धि हुयी, जिसका प्रभाव उत्तर भारत के अतिरिक्त मध्य प्रदेश पर भी पड़ा, और अधिक संख्या में मूर्तियाँ निर्मित हुयीं।

ऐसे ही पूर्वी मध्य प्रदेश में सर्वप्रथम महिषमर्दिनी का अंकन उदयगिरि (जिला विदिशा) के गुफा क्रमांक-6 से सूचित है। जहाँ यह एक संहारक रूप में प्रदर्शित हैं। विलियम्स ने इसे देवी महात्म्य से प्रभावित मूर्ति माना है। यहाँ देवी को विष्णु के समक्ष निकलते दिखाया गया है, जो महिषासुर के समक्ष खड़ी हैं। इनके दाहिने हाथों में कुछ आयुध स्पष्ट नहीं है, परन्तु कुछ हाथों में इस प्रकार के आयुध हैं, यथा - बाण, वज्र, तलवार, भाला, त्रिशूल तथा बांयें हाथ में माला, ढ़ाल व छत्र आदि। देवी अपने सामने के बांयें हाथ से राक्षस की टांग पकड़े हुए हैं और एक हाथ से

त्रिशूल उसकी पीठ में चुभों रही हैं। दाहिने पैर से महिष का सिर दबाये हुए हैं। हार्लो ने इसे आश्चर्यजनक अंकन कहा है।[147] जबकि विलियम्स ने इसे गुप्तकालीन शिल्पांकनों में सबसे प्रभावशाली अंकन बताया है।[148]

उदयगिरि गुफा नं. 17 में द्वादशभुजी विभिन्न आयुधों के लिए महिषमर्दिनी दिखाई गयी हैं जो गुप्तकालीन है।[149] यहाँ उल्लेखनीय है कि इसी क्षेत्र से महिषमर्दिनी की प्राचीनतम मूर्ति बेसनगर से प्राप्त हुयी है, जिसे गुप्तकाल की दुर्लभ कृति कहा जा सकता है। यहाँ के शिल्पी ने इस शिल्पांकन में पर्याप्त उदारता दिखाई है।[150] कलाकार को लास्य, ओज और लालित्य जैसे गुणों को मुखरित करने में पूर्ण सफलता मिली है।

महिषमर्दिनी की एक सम्पूर्ण चतुर्भुजी प्रतिमा भूमरा (मध्य प्रदेश) से प्राप्त एक चन्द्रशाला में उत्कीर्ण है।[151] देवी अपने दाहिने पैर से महिष के सिर को कुचल रही हैं व सामने बांयें हाथ से इसके एक पैर को पकड़कर पटकी हुयी हैं। देवी के पीछे का हाथ ऊपर उठा हुआ है और पीछे के बांयें हाथ में चवरी जैसी कोई वस्तु है। महिषमर्दिनी हार, कुण्डल आदि सभी आभूषणों से सुसज्जित हैं। इनके दाहिने तरफ घुँघराले बालों से युक्त पुरुष का अंकन है, जो हाथ में कमल लिए है। कला की दृष्टि से यह मूर्ति गुप्तकालीन मोहक कृति है। वर्तमान में यह प्रतिमा पूर्वी उत्तर प्रदेश के इलाहाबाद संग्रहालय में संग्रहीत है।[152]

ऐसे ही मध्य प्रदेश की अनेक प्रतिमायें एवं पूर्वी उत्तर प्रदेश से प्राप्त मूर्तियाँ मध्य प्रदेश को विभिन्न संग्रहालयों में सुरक्षित है। इससे अनुमान लगाया जा सकता है कि तत्कालीन समय में उपरोक्त दोनों ही क्षेत्रों की मूर्तिशिल्प व देवी की पूजा-परम्परा में काफी सामंजस्य था। कालान्तर में गुप्त नरेशों ने वैष्णव सम्प्रदाय के साथ-साथ शाक्त सम्प्रदाय को भी आश्रय दिया, जिससे शिव और वैष्णव के अतिरिक्त शक्ति सम्प्रदायों, यथा-महिषमर्दिनी की भी मूर्तियाँ इनमें एक-दूसरे क्षेत्र से आदान-प्रदान हुई और सांस्कृतिक सम्बन्धों में वृद्धि हुई।

पार्वती

पार्वती को प्राचीन साहित्य में अनेक नामों से पुकारा गया है। शिल्पशास्त्रों में देवी के अनेक रूप वर्णित हैं। मार्कण्डेय पुराण के देवी महात्म्य खण्ड में अन्य शक्तियों के साथ पार्वती के उद्‌भव का वर्णन इस प्रकार किया गया है :-

"शरीरकोसा दयत्तस्याह पार्वतीया निहस ऋतम्बिका।
कउशोकीति समस्तेषु ततो लोकेशु गीतये।" **- देवी महात्म्य, 87**

हिमालय की कन्या होने के कारण इनका नाम 'पार्वती' हुआ। विष्णुधर्मोत्तरपुराण तथा कुमार सम्भव में इनके नाम क्रमशः उमा, गौरी, पार्वती और अपर्णा मिलते हैं। श्री गोपीनाथ राव ने पार्वती मूर्ति का वर्णन करते हुए इन्हें 'चतुर्हस्ता' कहा है, जो हाथों में क्रमशः अक्षमाला, कमण्डलु, गणेश और शिव की मूर्तियों के लिए होती हैं, तथा इनके सामने हवन-कुण्ड रहता है। शिल्पशास्त्रों में उमा

और पार्वती की मूर्तियों में सूक्ष्म विभेद किया गया है। दोनों चतुर्भुजी होती है, दोनों के तीन हाथ अक्षमाला, कमल और कमण्डलुयुक्त होते हैं। उमा चौथे हाथ में दर्पण लिए रहती है, परन्तु गौरी का यह हाथ अभय मुद्रा में रहता है। अग्निपुराण, चतुवर्ण चिन्तामणि में गौरी के विभिन्न रूप बताये गये हैं।

पूर्वी उत्तर प्रदेश से पाषाण युक्त पार्वती की मूर्तियों का अभाव सा है। पर कुछ क्षेत्रों में देवी का अंकन मृण्रूप में देखने को मिलता है। ऐसे ही अहिछत्रा से प्राप्त पार्वती का मस्तक सर्व प्रसिद्ध है। देवी की खड़ी प्रतिमा त्रिनेत्री दिखाई गयी है। इनके सुन्दर केश विन्यास लहरियादार हैं। जूड़ों को कलात्मक ढंग से संवार कर ऊपर गोलाकार कर दिया गया है, जिसमें पुष्प अलंकृत है। गोलाकार कुण्डल में स्वस्तिक भी उत्कीर्ण किया गया है। पार्वती की मुखाकृति शान्त एवं प्रसन्नचित है। कला की दृष्टि से यह मूर्ति पूर्वी उत्तर प्रदेश की दुर्लभ कृति है, जो गुप्तकाल का प्रतिनिधित्व करती है।[153]

ऐसी ही पार्वती का एक और कलात्मक मृणमस्तक 'भारतीय कला भवन' वाराणसी में भी सुरक्षित है, जो कला की दृष्टि से उच्च कोटि का है।[154]

गुप्तकाल में देवी पार्वती की मूर्तियाँ कभी शिव के साथ तो कभी स्कन्द गणेश के साथ उत्कीर्णित की गयीं। ऐसी ही एक प्रतिमा मथुरा संग्रहालय (क्रमांक 35:25:35:2571) में संग्रहीत है। देवी की लगभग सम्पूर्ण मूर्ति क्षतिग्रस्त हो गयी है, परन्तु दाहिने पैर के जंघा का हिस्सा पूर्णरूपेण सुरक्षित है। जिसके पीछे स्कन्द को बाल रूप में प्रस्तुत किया गया है।[155]

सप्तमातृका

भारत में शक्ति उपासना का प्रचलन अत्यंत प्राचीन काल से है। 'मैके' महोदय ने तो यह प्रचलन सिन्धु सभ्यता से जोड़ा है। ऋग्वेद के अनेक सूक्तों में शक्ति की विभिन्न नामों से प्रशंसा की गयी है, यथा-अदिति, पृथ्वी, उषा, रात्रि, राक और श्री-बली आदि।

परवर्ती साहित्य, जैसे-सुप्रभेदागम व माकण्डेयपुराण आदि ग्रंथों में मातृकाओं की उत्पत्ति की अनेक कथायें वर्णित हैं। विभिन्न साहित्यों में इनकी संख्या अलग-अलग बतायी गयी है। कहीं-कहीं इनकी संख्या आठ है, तो कहीं इससे भी अधिक बताये गये हैं।[156] जो भी हो, सामान्यत: कुषाण युग के धार्मिक आचार्यों ने उस युग के प्रमुख सात देवताओं को लेकर सप्तमातृकाओं की कल्पना की, जैसे-ब्रह्मा की ब्राह्मणी, विष्णु की वैष्णवी, शिव की माहेश्वरी, इन्द्र की इन्द्राणी, कुमार की कौमारी, वराह की वराही, नृसिंह की नारसिंही और यम की चामुण्डा।[157]

मूलरूप में मातृकायें देवताओं की शक्तियाँ मानी जाती हैं। यही कारण है कि देवताओं के अनुरूप उनके वाहन तथा आयुध आदि धारण किये हुए दिखाये जाते हैं।

मातृकाओं की उपासना भारतीय बहुदेववाद शृंखला की प्राचीनतम कड़ी है। यह परम्परा सामान्यत: लगभग कुषाणों के शासनकाल से देखने को मिलती है। 'बृहत् संहिता' में तो मातृकाओं के मूर्ति निर्माण का बृहत् उल्लेख किया गया है।[158]

सप्तमातृकाओं का प्रारम्भिक प्रस्तुतीकरण कुषाणकालीन कला में देखा जा सकता है। ये सातों देवियाँ घाघरा पहने हुए आयुध और आभूषणरहित सामान्य वेश में दिखाई गई हैं। इनका चित्रण एक पाषाण खण्ड पर हुआ है।[159] इन मातृकाओं का निखरा हुआ रूप गुप्तकाल में स्पष्ट रूप से दृष्टिगोचर होता है।

इन्हीं सिद्धान्तों का पालन करते हुए पूर्वी उत्तर प्रदेश के राज्य संग्रहालय, लखनऊ में संग्रहीत सप्तमातृकापट्ट (क्रमांक 55:283) उल्लेखनीय है। यहाँ मातृकायें समूह में आसनस्थ प्रदर्शित हैं। इनके वाहन नहीं दिखाये गये हैं, परन्तु आयुधों एवं लक्षणों से इनकी पहचान की जा सकती है। इस पट्ट में ब्राह्मणी, माहेश्वरी, कौमारी, वैष्णवी व वराही प्रदर्शित हैं। इसके अतिरिक्त इन्द्राणी व चामुण्डा भी दिखाई गई हैं। कुल मिलाकर यह आठ प्रतिमायें हैं और गुप्तकाल की दुर्लभ कृति है।[160]

ऐसी ही एक आसनस्थ प्रतिमा वाराणसी के हरिश्चन्द्र घाट से सूचित है, जिनका वाहन सिंह दिखाया गया है। कला की दृष्टि से इसे श्री आनन्द कृष्ण ने चौथी शताब्दी के अंतिम समय की कृति स्वीकार किया है।[161]

इसी प्रतिमा के समकालिक पूर्वी मध्य प्रदेश के उदयगिरि (विदिशा) के गुफाओं में मातृकापट्ट सूचित है, जहाँ वे आसनस्थ प्रदर्शित है।[162] ऐसी ही पठारी (विदिशा) से भी सप्तमातृकापट्ट सूचित है, जो स्थानक मुद्रा में है। मातृकापट्ट में ब्राह्मणी के हाथ में सनाल कमल व वैष्णवी, हाथ में गदा लिए दिखाई गई हैं। इसके बाद क्रम से पाँचवीं, छठी, सातवीं देवियाँ धूमिल होने के कारण प्रमाणित नहीं की जा सकती। यहाँ चामुण्डा अंत में दिखाई गयी हैं, जिनका अस्थिपंजर युक्त शरीर दृष्टव्य है और पाँवों के बीच धरती पर एक प्याला रखा है। उल्लेखनीय है कि चामुण्डा का वाहन प्रेत नहीं दिखाया गया है और बीभत्स मुखाकृति भी स्पष्ट नहीं है। इस मातृकापट्ट में गणेश भी प्रदर्शित हैं। मूर्ति के निकट दस पंक्तियों का गुप्तकालीन अभिलेख जो चट्टान पर सुरक्षित है, से स्पष्ट होता है कि 'महाराजा जयंतसेन' ने स्वर्गीय माताओं को नमस्कार किया, यथा – 'भगवतो मातार:।'[163]

यहीं से एक अन्य मातृकापट्ट वडोह पठारी के निकट 'रामगढ़' से सूचित है जो प्रतिमा शास्त्रीय विशेषताओं के आधार पर उत्कीर्णित है और पाँचवीं शताब्दी ई. की अनुमानित कृति है। सामान्यतया पाँचवीं शताब्दी ई. के बाद मातृकाओं का आलेखन देवालयों के सिरपट्टी या उदुम्बर में गणेश और वीरभद्र सहित किया गया, जिसमें इनकी संख्या पाँच व सात बतायी गयी है। यह परम्परा गुप्तोत्तरकाल में जारी रही।

अनुमान है कि सप्तमातृकाओं का कला में आलेखन कुषाणकाल में पूर्वी उत्तर प्रदेश से प्रारम्भ होकर गुप्तकाल में पूर्वी मध्य प्रदेश में पहुँचा। कला का यह विकास निश्चित रूप से गुप्त साम्राज्य के विकास के साथ हुआ होगा।

पूर्वी उत्तर प्रदेश के कोपिया, बनरसियाँ व राजधानी (गोरखपुर क्षेत्र) व श्रावस्ती, सारनाथ (वाराणसी), और कौशाम्बी (इलाहाबाद) आदि के उत्खनन से प्राप्त प्रारम्भिक कुषाणकालीन अनेक मातृमृण् मूर्तियाँ प्राप्त हुयी हैं, जिनसे सिद्ध होता है कि मातृ पूजा परम्परा प्रारम्भ में पूर्वी उत्तर प्रदेश में प्रचलित हुयी, जिसका प्रभाव निकटवर्ती क्षेत्र मध्य प्रदेश पर पड़ा और कालान्तर में यह परम्परा दोनों क्षेत्रों के जनमानस में लोकप्रिय हो गयी।

संदर्भ

1. ऋग्वेद, 6/4/10, 4/12/16, 9/13/3
2. *अष्टाध्यायी* - 4/1/49
3. कीलहर्न, *महाभाष्य*, भाग-3, पृ. 331
4. *वही*, पृ. 403
5. मिश्र, इन्दुमति - *प्रतिमा विज्ञान*, मध्य प्रदेश हिन्दी ग्रंथ अकादमी, भोपाल, 1987, पृ. 261
6. राव, टी.ए.जी. - *एलीमेन्टस ऑफ हिन्दू आइक्नोग्राफी*, खण्ड-2, भाग-1, दिल्ली, 1968, पृ. 93-101
7. मार्शल, जे. - *मोहन जोदड़ो एण्ड इट्स सिविलाइजेशन*, जिल्द-1, दिल्ली, 1973, पृ. 59-69
8. सिंह, श्रीभगवान - *गुप्तकालीन हिन्दू देव प्रतिमाएँ* (द्वितीय-खण्ड) दिल्ली, 1987, पृ. 6-10
9. *वही*, पृ. 13-16 (इसके अतिरिक्त पूर्वी उत्तर प्रदेश से प्राप्त कई खण्डित शिवलिंगों की भी चर्चा समाहित है।)
10. मिश्र, एस.एन. - *गुप्त आर्ट एण्ड आर्किटेक्चर*, दिल्ली, 1992, पृ. 143
11. खोह से प्राप्त एकमुखी शिवलिंग वर्तमान में इलाहाबाद संग्रहालय में संग्रहीत है।
12. *बुलेटिन ऑफ म्यूजियम ऑफ आर्क्योलाजी इन उत्तर प्रदेश*, लखनऊ, पृ. 146
13. अग्रवाल - *एंशियेन्ट इण्डिया* नं. 4, टेराकोटा, पृ. 132
14. *वही*, (फलक 45, 113ए, 113बी) में मोहक चित्रांकन किया गया है।
15. भारतीय कला भवन एक परिचय (पत्रिका)
16. लकुलीश को 'लिंगपुराण' एवं 'वायुपुराण' में शिव का 28वाँ अवतार माना गया है।
17. सिंह, श्रीभगवान - उपरोक्त (द्वितीय खण्ड), पृ. 26 एवं भण्डारकर-*वैष्णव-शैव और धार्मिक मत*, अनुवादक-महेश्वरी प्रसाद, पृ. 133
18. सिंह, श्रीभगवना, *वही*, पृ. 27
19. विलियम्स, जे.सी- *उपरोक्त*, पृ. 117
20. *विष्णुधर्मोत्तर पुराण*, खण्ड 1-6
21. स्ट्रैला, क्रैमरिश-*ट्रडिशियन ऑफ विष्णु धर्मोत्तर*, पृ. 105/8-9
22. *वही*, पृ. 105/9-10
23. द्विपाणि द्विभुजां देवी सुमध्यां सुपयोधराम्।

    ....

    देवपास्तु दक्षिणं पार्णि स्कन्धे देवस्य कल्पयेत्।
    वामपाणौ तथा देव्य दर्पणं दापयेच्छुभम्। -*ट्रेडिशन ऑफ विष्णु धर्मोत्तर*, 105/61
24. *श्रीमद्‌भागवत पुराण*, 6/17/4
25. *श्रीमद्‌भागवत पुराण*, 6/17/5
26. सिंह, श्रीभगवान - उपरोक्त, (द्वितीय खण्ड), पृ. 30 (फलक क्र. 10, चित्र क्र. 1)
27. सक्सेना, गिरिजा - *गुना जिले का पुरातत्त्व - एक समालोचनात्मक अध्ययन* (अप्रकाशित शोध प्रबन्ध) भोपाल विश्वविद्यालय, भोपाल, 1983, पृ. 118
28. वर्तमान में यह मूर्ति गूजरी महल, संग्रहालय, ग्वालियर में संग्रहीत है। (फलक क्र. 10, चित्र क्र. 2)
29. सक्सेना, गिरीजा - *उपरोक्त*, पृ. 120-122
30. शिल्परत्न और आगम ग्रंथों में शिव की दक्षिणामूर्ति का विस्तृत उल्लेख किया गया है।
31. मिश्र, इन्दुमति - उपरोक्त, पृ. 283-84
32. सहस्त्र बाहुर्वाद्येन ताण्डवे तोष्यन्मृडम्। - *श्रीमद्‌भागवत पुराण* -10/62/4
33. *विष्णुपुराण* - 5/8/11

34. मिश्र, इन्दुमति - *उपरोक्त*, पृ. 284
35. सिंह, श्रीभगवान - *उपरोक्त* (द्वितीय खण्ड), पृ. 35
36. *वही* पृ. 34
37. प्रो. कृष्णदत्त वाजपेयी ने इस प्रतिमा की सूचना दी है जो कला की दृष्टि से गुप्तकालीन है।
38. सिंह, श्रीभगवान - *उपरोक्त*, (द्वितीय खण्ड), पृ. 35
39. अली, वजीहा - *उपरोक्त*, पृ. 140
40. सिंह श्रीभगवान - *उपरोक्त* (खण्ड-द्वितीय), पृ. 37
41. *वही*, पृ. 37
42. अली, वजीहा - *उपरोक्त*, पृ. 144-145
43. अर्द्धनाररवयुः पत्रचण्डोडतिशरीवान्।" - *विष्णु पुराण*, 1/7/13
44. *श्रीमद्भागवत पुराण*, 4/4/3
45. स्ट्रेला, क्रैमरिश - *उपरोक्त*, 55/18-19
46. अक्षमाला त्रिशूलंच तस्य दक्षिणहस्तयोंः।
    दर्पणेन्दीवरौ कार्यों वामयोर्यदुनन्दनः।।
    एकवस्त्रो भवेच्छाभुर्वामार्ध दयितातनुः।
    द्विनेत्रश्य महाभाग सर्वाभरणभूषितः।। - स्ट्रेला क्रैमरिश - *उपरोक्त*, पृ. 55/2-4
47. मिश्र, इन्दुमति - *उपरोक्त*, पृ. 276
48. सिंह, गौतम, आनंद प्रकाश - *रायसेन जिले के पुरातत्त्व* (अप्रकाशित शोध प्रबन्ध), भोपाल, विश्वविद्यालय, भोपाल, 1986, पृ. 70
49. सिंह, श्रीभगवान - *उपरोक्त* (खण्ड-द्वितीय), पृ. 40
50. हली, जे.सी. - *गुप्त स्कल्पचर*, ऑक्सफोर्ड, 1974, पृ. 571 एवं सिंह, श्रीभगवान - *उपरोक्त* (खण्ड द्वितीय), पृ. 40
51. अग्रवाल, व्ही. एस. - *शिव महादेव, दी ग्रेट गाड*, वाराणसी, 1966, पृ. 57
52. वाजपेयी, के.डी. - *मध्य प्रदेश स्कल्पचर थ्रू दी एजेज*, पृ. 30
53. वाजपेयी, के.डी. एवं राव, मंजु श्री - *उपरोक्त*, पृ. 10 (लेखक ने इस प्रतिमा की तिथि लगभग गुप्तोत्तर कालीन बतायी है।)
54. गणानां त्वा गणपति, (*ऋग्वेद*, 1/23/9)
55. सम्पूर्णानन्द - *हिन्दू देव परिवार का विकास*, वाराणसी, पृ. 147
56. *याज्ञवल्क्य स्मृति* - 1/271
57. "प्रमथधियां गजमुखः प्रलम्बजठरः कुठारधारी स्यात्।
    एकविषाणो विग्र मूलककन्दं सुनीलदलकन्दम् ।" - *बृहत् संहितायां*, 58:58
58. मित्रा, एच. - *विश्व भारती एनल्स वाल्यूम*, 8, 1957, पृ. 22
59. सिंह, श्रीभगवान - *उपरोक्त*, (द्वितीय -खण्ड), पृ. 58
60. कुमारस्वामी - यक्ष भाग-1, पृ. 42 (कुमारस्वामी ने प्रारम्भिक अवस्था में गणेश की शिल्पांकन 'यक्ष' के रूप में स्वीकार किया है।)
61. भण्डारकर, आर.जी. - *वैष्णव, शैव एवं अन्य गौण सम्प्रदाय*, पृ. 148-50
62. जोशी, एन.पी. - *प्राचीन भारतीय मूर्ति विज्ञान*, पटना 1977, पृ. 168
63. पाठक, हलधर - *कल्चरर हिस्ट्री ऑफ दी गुप्त पीरियड*, 1972, पृ. 396 एवं सिंह, श्रीभगवान, *उपरोक्त*, (खण्ड-द्वितीय), पृ. 60
64. सिंह, गौतम आनन्द प्रकाश - *उपरोक्त*, पृ. 116

65. जोशी, एन. पी. - *कैटलाग ऑफ द ब्राह्मनीकल स्कल्पचर इन स्टेट म्यूजियम*, लखनऊ भाग-1, 1972, पृ. 109
66. सिंह, श्रीभगवान - *उपरोक्त*, (द्वितीय-खण्ड), पृ. 50
67. बनर्जिया, जे.एन. - *डेवेलपमेंट ऑफ हिन्दू आइक्नोग्राफी*, मुंशीराम मनोहरलाल, दिल्ली, 1974, पृ. 144
68. अग्रवाल, वासुदेव शरण - *प्रोसीडिंग ऑफ दी फिफ्थ ओरियेन्टल कान्फ्रेंस*, भाग-2, पृ. 41-43
69. जोशी, एन.पी. - *उपरोक्त*, पृ. 110
70. सरस्वती, एस.के. - *ए सर्वे ऑफ इण्डियन स्कल्पचर*, कलकत्ता, 1957, पृ. 137 (फलक क्र. 11, चित्र क्र. 1)
71. विलियम्स, जे.जी. - *उपरोक्त*, पृ. 34
72. सिंह, गौतम आनन्द प्रकाश - *उपरोक्त*, पृ. 116 एवं विलियम्स, जे.जी.।
73. *ऋग्वेद* - 1, 155, 5, 7, 99, 2
74. सूर्यकान्त, *वैदिक वेदशास्त्र* (एम. ए. मेक्डानेल 'वैदिक मायथोलॉजी का स्वतंत्र हिन्दी रूपान्तर), दिल्ली, 1961, पृ. 94
75. अवस्थी, रामाश्रय - *खजुराहों की देव प्रतिमायें*, आगरा, 1961, पृ. 58
76. *एपि. इण्डिका*, भाग-xxii, पृ. 204 और भी आगे देखिये, चन्द्रा, आर.पी. - *आर्क्योलॉजी एण्ड वैष्णव ट्रेडिशन*, एम.ए. एस. आई. न. V मथुरा कला, पृ. 14
77. *बृहत् संहिता* (वराहमिहिर), कलकत्ता, 1980, पृ. 28, 31, 35
78. *विष्णु धर्मोत्तर* (तृतीय खण्ड), प्रियवालाशाह, बडौदा, 1958, अंग्रेजी अनुवाद, प्रियवालाशाह, बडौदा, 1961
79. श्रीवास्तव, सुलेखा - *विष्णु प्रतिमाओं का विकास* (शुंगकाल से गुप्तकाल तक), भोपाल विश्वविद्यालय, भोपाल, 1982, पृ. 6
80. अवस्थी, रामाश्रय - *पूर्वोक्त*, पृ. 62
81. सिंह, श्रीभगवान - *उपरोक्त* (प्रथम-खण्ड), पृ. 29 (हुविष्क के ताम्र मुद्राओं पर उत्कीर्णित चित्र को डॉ. दिनेश चन्द्र सरकार ने विष्णु स्वीकार किया है। इसके अतिरिक्त कई ऐसी मुद्रायें प्राप्त हुयी हैं जिस पर विष्णु का मोहक अंकन है।)
82. सिंह, श्रीभगवान - *वही*, पृ. 29
83. *वही*, पृ. 31
84. जोशी, एन.पी. - *कुषाणकालीन विष्णु प्रतिमायें*, वाराणसी, 1969, पृ. 21
85. कनिंघम - *आर्क्योलोजी सर्वे ऑफ इण्डिया, ए रिव्यू*, भाग-10, पृ. 13
86. सिंह, श्रीभगवान - *उपरोक्त*, (खण्ड-प्रथम), पृ. 46-47
87. हार्ले, जे.सी. - *गुप्त स्क्ल्पचर*, आक्सफोर्ड, 1974, पृ. 34 एवं मिश्र, इन्दुमति - *उपरोक्त*, पृ. 119
88. अली, वजीहा - *उपरोक्त*, पृ. 158
89. अली, आर. - *आर्ट एण्ड आर्किटेक्चर ऑफ द कलचुरिज*, दिल्ली, 1980, पृ. 135
90. *रघुवंश*, (कालिदास) - वासुदेव लक्ष्मण शास्त्री पाणिस्कर (सं.) बम्बई, 1971
91. सिंह, श्रीभगवान - *उपरोक्त*, (प्रथम खण्ड), पृ. 54
92. अली, वजीहा - *उपरोक्त*, पृ. 166
93. अवस्थी, रामाश्रय - *पूर्वोक्त*, पृ. 90-91
94. तस्य दक्षिणहस्तेषु वाणाक्षमुसलादय:।
    चर्मचीरं धनुश्चेन्द्र चापेषु वनमानिल: ।। -क्रैमरिश, स्ट्रैला - *उपरोक्त*, पृ. 44/13-14
95. मिश्र, इन्दुमति - *उपरोक्त*, पृ. 127
96. सिंह, श्रीभगवान - *उपरोक्त*, (प्रथम खण्ड), पृ. 60-61

97. प्रमोद, चन्द्र - *स्टोन स्कल्पचर्स ऑफ इलाहाबाद म्यूजियम*, पृ. 91 एवं सिंह, भगवान-*उपरोक्त*, (प्रथम खण्ड), पृ. 63
98. अली, वजीहा - *उपरोक्त*, पृ. 170
99. सिंह, श्रीभगवान - *उपरोक्त*, (प्रथम खण्ड), पृ. 61-62 (फलक क्र. 11, चित्र क्र. 2)
100. विष्णुपुराण, अध्याय 20 (प्रह्लाद सहृदय कोमल स्वभाव का भक्त था और हिरण्यकश्यपु दुष्ट प्रवृत्ति एवं अत्याचारी स्वभाव का आततायी था। अत: इसी आततायी का विनाश करने के लिए भगवान विष्णु ने नृसिंह का अवतार लिया।)
101. सिंह, श्रीभगवान - *उपरोक्त*, (प्रथम खण्ड), पृ. 66-67
102. *वही*, पृ. 67-68
103. *आर्क्योलॉजी सर्वे ऑफ इण्डिया*, टेम्पल, भोपाल, (निगेटिव नम्बर 3086)
104. त्रिवेदी, सुधीर कुमार - *उपरोक्त*, पृ. 100-101
105. सिंह, श्रीभगवान - *उपरोक्त* (प्रथम-खण्ड), पृ. 80
106. बनर्जिया , जे.एन. - *उपरोक्त*, पृ. 421-422 एवं सिंह, श्रीभगवान - *उपरोक्त*, (प्रथम-खण्ड), पृ. 80
107. सिंह, श्रीभगवान - *उपरोक्त* (प्रथम खण्ड), पृ. 83, (फलक क्र. 12, चित्र क्र. 1)
108. *वही*, पृ. 85
109. श्रीवास्तव, वी.सी. - *सन वर्शिप इन एंशियन्ट इण्डिया*, इण्डोलोजिकल पब्लिकेशन, इलाहाबाद, 1972, पृ. 341
110. पाण्डेय, एल.पी. - *सन वर्शिप इन एंशियन्ट इंडिया*, मोतीलाल बनारसीदास, दिल्ली, 1971, पृ. 4
111. बनर्जिया, जे.एन. *'सूर्य-आदित्य एवं नवग्रह'* जे. आई. एस. ओ. जिल्द-7 कलकत्ता, पृ. 4 एवं मिश्र, इन्दुमति - *उपरोक्त*, पृ. 293
112. मिश्र, इन्दुमति - *उपरोक्त*, पृ. 293
113. ऋग्वेद - 1/115/1
114. *वही* - 7/77/3, 6/51/1, 1/115/1
115. *वही* - 7/77/3
116. *वही*, पृ. 47-48
117. अवस्थी, रामाश्रय - *उपरोक्त*, पृ. 167
118. *वही*, पृ. 164
119. *बृहत् संहिता* - 58, 46, 48
120. अवस्थी, रामाश्रय - *उपरोक्त*, पृ. 116
121. ऋग्वेद - 1/115/3-4, 7/60/3, 7/63/2
122. *भारतीय कला को बिहार की देन*, पृ. 82
123. सिंह, श्रीभगवान - *उपरोक्त* (प्रथम-खण्ड) पृ. 97
124. बनर्जिया, जे.एन. - *जर्नल ऑफ इण्डियन सोसायटी ऑफ ओरियन्टल आर्ट*, बोधगया।
125. सिंह, श्रीभगवान - *उपरोक्त* (प्रथम-खण्ड), पृ. 98
126. अग्रवाल, वासुदेव शरण - *भारतीय कला*, वाराणसी, 1966, पृ. 316
127. मिश्र, इन्दुमति - *उपरोक्त*, पृ. 297
128. सिंह, श्रीभगवान - *उपरोक्त* (प्रथम-खण्ड), पृ. 105 एवं डॉ. जोशी-*उपरोक्त*, पृ. 96-97 (फलक क्र. 12, चित्र क्र. 2)
129. सिंह, श्रीभगवान - *वही*, पृ. 105-107

130. अग्रवाल, व्ही.एस. *एन्शियंट इंडिया*, खण्ड-4 1948, पृ. 129-30
131. *वही*, पृ. 30
132. भारतीय पुरातत्त्व सर्वेक्षण विभाग, नई दिल्ली (वार्षिक रिपोर्ट, 1920-21) पृ. 11
133. *वही*, अंक 16, पृ. 13
134. *क्लासिकल एज*, बम्बई, पृ. 443
135. इस प्रतिमा की सूचना प्रो. के.डी. वाजपेयी ने दी थी।
136. मिश्र, इन्दुमति - *उपरोक्त*, पृ. 302
137. *याज्ञवल्क्य स्मृति*, 1/295-58
138. जोशी, एन.पी. - *उपरोक्त*, पृ. 98-99
139. सिंह, श्रीभगवान - *उपरोक्त*, (प्रथम-खण्ड), पृ. 114
140. *वही*, पृ. 114-115
141. सारनाथ से प्राप्त नवग्रह शिलापट्ट (क्र. 1536) जो वर्तमान में भारतीय संग्रहालय, कलकत्ता में संग्रहीत है।
142. अमेरिकन ऐकेडमी ऑफ बनारस, निगेटिव नम्बर 56-8 एवं सिंह, श्रीभगवान - *उपरोक्त*, (प्रथम-खण्ड), पृ. 115
143. भट्टशाली, एन.के. - *आइक्नोग्राफी ऑफ बुद्धिष्ट एण्ड ब्राह्मनिकल स्कल्पचर्स इन ढाका म्यूजियम*, ढाका, 1929, पृ. 194 एवं बनर्जिया, जे.एन. - *पूर्वोक्त*, पृ. 497
144. *विष्णुधर्मोत्तर पुराण*, 117:18-25
145. सिंह, श्रीभगवान - *उपरोक्त*, (द्वितीय-खण्ड), पृ. 78
146. *एन्शियन्ट इंडिया*, पृ. 133-134
147. हार्ले, जे.सी. - *गुप्त स्कल्पचर*, कलेरेन्डन प्रेस, आक्सफोर्ड, 1974, पृ. 36
148. विलियम्स, जे.सी. - *उपरोक्त*, पृ. 43
149. विस्तार हेतु देखिए, *ग्वालियर की मूर्तिकला, विक्रम स्मृति ग्रंथ*।
150. सहाय, वी. - *उपरोक्त*, पृ. 184
151. बनर्जी, आर.डी. - द *शिव टेम्पल एट भूमरा* (एम. ए. एस. आई. नं. 16), पृ. 13
152. चन्द्र, प्रमोद - *स्टोन स्कल्पचर इन द इलाहाबाद म्यूजियम*, पूना, 1970, पृ. 76 (फलक क्र.13, चित्र क्र. 1)
153. सिंह, श्रीभगवान - *उपरोक्त* (द्वितीय-खण्ड), पृ. 75
154. *वही*, पृ. 75
155. *वही*, पृ. 74
156. अमरकोश, सुप्रभेदागम, निर्णय सिन्धु एवं श्री तत्त्व निधि में इनकी संख्या आठ और इससे अधिक बताई गयी है। विस्तार हेतु देखिये खरे, कल्पना - *मूर्ति विज्ञान*, पृ. 185-86 एवं सहाय, भगवन्त - *आईकोनोग्राफी ऑफ माइनर हिन्दू एण्ड बुद्धिष्ट स्टडीज*, दिल्ली, 1975, पृ. 260
157. अग्रवाल, वासुदेव शरण - *उपरोक्त*, पृ. 272-73 एवं अली, रहमान - *पूर्वोक्त*, पृ. 80-81
158. *बृहत् संहिता* - 58:56
159. अग्रवाल, वासुदेव शरण - *उपरोक्त*, पृ. 320 एवं सिंह, श्रीभगवान - *उपरोक्त*, (द्वितीय खण्ड), पृ. 81
160. जोशी, एन.पी - *उपरोक्त*, पृ. 131 (फलक क्र. 13, चित्र क्र. 2)
161. सिंह, श्रीभगवान - *उपरोक्त*, (खण्ड द्वितीय), पृ. 85
162. मिश्रा, ओ.पी. - *मदर गॉडस इन सेन्ट्रल इण्डिया*, दिल्ली, 1985, पृ. 112
163. अली, वजीहा - *उपरोक्त*, पृ. 205-206

अध्याय अष्ठम

उपसंहार

पिछले अध्यायों में पूर्वी उत्तर प्रदेश एवं मध्य प्रदेश की भौगोलिक पृष्ठभूति के संक्षिप्त परिप्रेक्ष्य में छठी शताब्दी ई. पू. के प्रसिद्ध बारह गणराज्यों में आठ गणराज्य सुम्सुमार गिरि के भग्ग, केसपुत्त के कालाम, रामग्राम के कोलिय, पावा के मल्ल, कुशीनारा के मल्ल, पिप्पलिवन के मोरिय तथा वैशाली के लिच्छवि एंव षोड़श महाजनपदों में प्रमुख काशी, कोसल, मल्ल, चेदि, वत्स तथा निकटवर्ती मगध के विस्तृत क्षेत्र समाहित थे। इनकी भौगोलिक सीमायें अनिश्चित थीं। यह अत्यंत उपजाऊ क्षेत्र है, जिसे अनेक नदियाँ अनवरत जल से सिंचित् करती रहती हैं। गंगा, यमुना जैसी बृहद नदियाँ इन्हें उर्वरा शक्ति प्रदान करती हैं। यहाँ की मिट्टी उपजाऊ, दोमट व कहीं-कहीं क्षारीय है।

इसी प्रकार पूर्वी मध्य प्रदेश जो सामान्यतया 24′ से 25¼′ उत्तरी अक्षांश एवं 79′ से 83′ देशान्तर के मध्य स्थित है, भौगोलिक दृष्टि से महत्त्वपूर्ण है। यह क्षेत्र प्राचीन अवन्ति जनपद का एक अभिन्न अंग था, जिसे अभिलेखों तथा साहित्यों में 'दशार्ण' के नाम से जाना जाता है। इसके उत्तर व पूर्व में गंगा, यमुना तथा दक्षिण में नर्मदा (रेवा) नदियाँ प्रवाहित हैं।

'वत्स' जनपद की सीमाओं से निकटस्थ होने के कारण यह सम्पूर्ण क्षेत्र राजनैतिक एवं सांस्कृतिक गतिविधियों के विस्तार में समागम का क्षेत्र रहा है। उल्लेखनीय है कि प्राचीन काल में गंगा घाटी में विकसित होने वाली सांस्कृतिक परम्पराओं की धारायें जब पश्चिम और दक्षिण की ओर गतिमान होती थीं, तो इसी क्षेत्र को सर्वाधिक प्रभावित करती थीं, तदन्तर दूरस्थ क्षेत्रों में इनका विस्तार सम्भव होता था, यहाँ के मार्ग चम्बल (चर्मणवती) नदी, उत्तर में मध्य उच्च-प्रदेश दक्कन ट्रैप व विन्ध्य शैल समूह के मध्य होकर गुजरता था। पुराणों में इस क्षेत्र का विस्तृत उल्लेख मिलता है। नर्मदा इस क्षेत्र की प्राचीनतम नदी है, जिसका उल्लेख ग्रन्थों में लिपिबद्ध है। इस विस्तृत क्षेत्र को प्राचीन 'दशार्ण' या पूर्वी मध्य प्रदेश के नाम से जाना जाता है, जो 'धसान नदी' से प्रमाणित है। धसान नदी आधुनिक सागर (मध्य प्रदेश) से होकर बेतवा व केन नदियों के मध्य प्रवाहित है, जिसका उल्लेख कूर्म, मत्स्य व ब्रह्माण्ड पुराण में अनेक स्थलों पर मिलता है। इस प्रकार पूर्वी उत्तर प्रदेश व पूर्वी मध्य प्रदेश की भौगोलिक सीमायें एक-दूसरे के निकटस्थ और पूरक हैं।

निर्दिष्ट क्षेत्रों की दीर्घकालिक ऐतिहासिक पृष्ठभूमि का विश्लेषण करने हेतु इसे दो कालखण्डों में विभक्त किया गया है, जिसमें छठी शताब्दी ई.पू. में पूर्वी उत्तर प्रदेश के क्षेत्र में स्थित प्रमुख आठ गणराज्य व चार प्रमुख महाजनपदों का इतिहास सम्मिलित है। बौद्धग्रंथों से विदित होता है कि इन दोनों ही क्षेत्रों में सामाजिक, धार्मिक, राजनैतिक तथा सांस्कृतिक क्रांति का गहरा प्रभाव पड़ा और भारत के तत्कालीन महान धर्म सुधारक एवं युग प्रवर्तक गौतम बुद्ध तथा महावीर पूर्वी उत्तर प्रदेश में ही आर्भिभूत हुए। इन महापुरुषों ने प्राचीन सामाजिक व्यवस्था को परिवर्तित करने में महती भूमिका निभायी, जिसका प्रभाव भारत के विस्तृत क्षेत्र ही नहीं, अपितु विश्व के दूरस्थ क्षेत्रों पर भी पड़ा।

कालान्तर में ऐतिहासिक परिवर्तनों की प्रक्रिया में मगध साम्राज्य शक्तिशाली हुआ और छोटे-छोटे महाजनपद इसमें विलीन हो गये। इसी समय गौतम बुद्ध के समकालीन अवन्ति जनपद का प्रसिद्ध शासक चण्डप्रद्योत ने कोशल, वत्स तथा मगध राज्यों के साथ संघर्ष किया और अन्ततः मगध साम्राज्य में आत्मसात कर लिया गया।

पुराणों से विदित है कि मगध साम्राज्य का संस्थापक ब्रार्हद्रथ था, जिसके पुत्र जरासंघ ने गिरिव्रज को राजधानी बनाकर शासन किया। इस वंश का अंतिम शासक रिपुञ्जय था। कालान्तर में यहाँ प्रद्योत, शिशुनाग एवं नन्दवंश के नरेशों ने अपना साम्राज्य स्थापित किया। अन्ततः नन्दवंशीय शासकों ने विस्तारवादी नीति प्रारम्भ की और कालान्तर में अनेक गणराज्य व जनपद इसमें विलीन हो गये। राजनीतिक दृष्टि से इस प्रक्रिया में विभिन्न नीतियों का पालन किया गया, जिससे कालान्तर में राजनैतिक, वैवाहिक तथा सांस्कृतिक सम्बन्धों में वृद्धि हुयी, जिसकी सूचना बौद्धग्रंथ, जैनग्रंथ एवं कौटिल्य के अर्थशास्त्र से मिलती है।

प्रस्तुत ग्रन्थ की ऐतिहासिक पृष्ठभूमि में इस सम्पूर्ण क्षेत्र के गणराज्यों व महाजनपदों के आपसी सम्बन्धों, राजनीतिक सफलताओं तथा विभिन्न राजवंशों के शासन, यथा - बिम्बिसार, अजातशत्रु, उदायिन, शैशुनाग व नन्दवंश के विस्तृत राजनैतिक व सांस्कृतिक इतिहास पर प्रकाश डालने का प्रयास किया गया है।

नन्दों के पश्चात् मौर्य साम्राज्य में पूर्वी उत्तर प्रदेश व पूर्वी मध्य प्रदेश के अधिकांश क्षेत्र यथा - विदिशा, अवन्ति के शेष भाग समाहित थे। इस काल में उज्जयिनी नगरी एक प्रान्त (प्राची) के रूप में प्रसिद्ध थी। इसी प्रकार शुंगकाल में पूर्वी मध्य प्रदेश के विदिशा क्षेत्र में इस वंश के नरेशों का प्रभाव रहा, जिसकी पुष्टि 'मालविकाग्निमित्रम्' से होती है। इन्होंने पाटलिपुत्र को राजधानी बनाकर इस विस्तृत क्षेत्र पर शासन किया। कालान्तर में काण्व, सातवाहन, चेदि व शक-क्षत्रपों ने पूर्वी मध्य प्रदेश के भू-भाग पर वर्चस्व स्थापित कर अपने शक्ति का परिचय दिया।

पहली शताब्दी ई. में कुषाण शासक कनिष्क (75-103 ई.) के शासन काल में इन दोनों ही क्षेत्रों पर इनका प्रभाव था, जिसकी पुष्टि मुद्राओं व उत्खनन में प्राप्त बौद्ध प्रतिमाओं की चौकी पर उत्कीर्णित लेख से होती है। यहाँ तक कि कुषाणकालीन अनेक मृण्मूर्तियाँ भी गोरखपुर व अन्य विभिन्न क्षेत्रों से मिली हैं।

कुषाणों के पतन के पश्चात् गुप्तवंशीय शासकों ने अपने शासन का विस्तार मगध से लेकर पूर्वी उत्तर प्रदेश के समग्र क्षेत्र व मध्य प्रदेश के विस्तृत भू-भाग, यथा-साँची, विदिशा, उदयगिरि व पश्चिमी मालवा तक किया, जिसकी पुष्टि इस क्षेत्र से प्राप्त अभिलेखों, मुद्राओं एवं साहित्यों से होती है।

सम्राट समुद्रगुप्त अपनी विस्तारवादी नीति के अनुपालन में उत्तरापथ एवं दक्षिणापथ के अभियानों के अनेक राजाओं को पराजित कर सार्वभौम शासक बना। ''प्रयाग प्रशस्ति'' में आटविक राज्यों का भी उल्लेख मिलता है, जिनको उसने परास्त किया। ये राज्य पूर्वी उत्तर प्रदेश के गाजीपुर से लेकर मध्य प्रदेश के जबलपुर तक विस्तृत थे। उल्लेखनीय है कि समुद्रगुप्त ने मध्य प्रदेश के ऐरण (ऐरिकिण) को सम्भवतः अपनी दूसरी राजधानी बनाया, जिसे अभिलेख व मुहरों से सूचित 'स्वभोग नगर' से प्रमाणित किया गया है। चन्द्रगुप्त द्वितीय 'विक्रमादित्य' इस वंश का सर्वाधिक महत्त्वपूर्ण एवं शक्तिशाली शासक था। इसने अनेक तत्कालीन शासकों, जैसे-नाग, वाकाटक एवं कदम्ब राजवंश के साथ वैवाहिक सम्बन्ध स्थापित कर राजनैतिक व सांस्कृतिक सम्बन्धों में वृद्धि की। इसने शकों के बढ़ते प्रभाव को रोकने हेतु उनसे संघर्ष कर उन्हें युद्ध में परास्त किया। यह संघर्ष सम्भवतः विदिशा के निकट हुआ होगा, जहाँ पर विजयोपरांत उदयगिरि में उसने शैलोत्कीर्ण गुहा मंदिर में भव्य नृवराह की मूर्ति स्थापित करायी, जिसकी पुष्टि अभिलेख से होती है। कालान्तर में अवन्ति जनपद को अपने साम्राज्य में मिलाकर 'शकारि' की उपाधि धारण की।

चन्द्रगुप्त द्वितीय के पश्चात् कुमारगुप्त के शासनकाल में पश्चिमी मालवा में कुछ क्षेत्रीय शक्तियाँ, यथा - हूणों के आक्रमण प्रारम्भ हुए, जिससे गुप्त साम्राज्य को काफी हानि पहुँची। कालान्तर में इन्होंने गुप्त साम्राज्य की सीमाओं को पार कर पूर्वी उत्तर प्रदेश के कौशाम्बी (इलाहाबाद) क्षेत्र पर अधिकार स्थापित कर बौद्ध मंदिरों तथा अन्य धार्मिक स्थलों को क्षति पहुँचायी। हूणों को क्षेत्रीय शासक यशोधर्मन ने परास्त भी किया, फिर भी गुप्त साम्राज्य की सीमायें सुरक्षित नहीं रह पायीं।

यशोधर्मन की मृत्यु के पश्चात् मौखरि राजवंश ने अपनी स्वतन्त्रता घोषित कर दी। इन नरेशों ने उत्तर प्रदेश के कन्नौज में अपना राज्य स्थापित कर शक्ति का परिचय दिया। अब मगध के स्थान पर कन्नौज राजनीतिक गतिविधियों का प्रमुख केन्द्र बन गया, जिसकी पुष्टि देवरिया व फैजाबाद से प्राप्त मुद्राओं से होती है।

छठी शताब्दी ई. में थानेश्वर के वर्द्धन राजवंश का वर्चस्व उत्तर भारत में बढ़ने लगा। बाणभट्ट के हर्षचरित से ज्ञात होता है कि जिस समय प्रभाकर वर्द्धन मृत्युशैया पर अंतिम श्वास ले रहे थे, उसी समय उनके दोनों पुत्र हूणों के विरुद्ध युद्ध में व्यस्त थे, जिसका लाभ उठाकर मालव नरेश शशांक ने ग्रहवर्मा की हत्या कर दी। इस घटना से शशांक और राज्यवर्द्धन में युद्ध छिड़ गया, जिसमें मालव नरेश को पराजित होना पड़ा। तत्पश्चात् विवाह का प्रस्ताव पाकर राज्यवर्द्धन शशांक के महल में जा पहुँचे, जहाँ धोखे से उनकी हत्या कर दी गई।

राज्यवर्द्धन की मृत्यु के पश्चात् हर्षवर्द्धन थानेश्वर की गद्दी पर आसीन हुए और राज्य के सीमाओं का विस्तार हुआ। ग्रहवर्मा के मृत्युपर्यन्त कन्नौज के मौखरि राज्य को भी अपने साम्राज्य में सम्मिलित कर लिया गया, जिसमें समस्त पूर्वी उत्तर प्रदेश व मगध के कुछ भाग निहित थे।

निर्दिष्ट क्षेत्रों के ऐतिहासिक परिप्रेक्ष्य में तत्कालीन सामाजिक, आर्थिक एवं धार्मिक पृष्ठभूमि का संक्षिप्त विवेचना प्रस्तुत करने का प्रयास किया गया है। अध्ययन से यह संकेत मिलता है कि लगभग छठी शताब्दी ई.पू. में भारतीय सामाजिक व्यवस्था, प्राचीन वैदिक परम्पराओं एवं आर्थिक पृष्ठभूमि में समग्र रूप से क्रान्ति आयी। तत्पश्चात् धीरे-धीरे नवीन सम्प्रदायों, यथा-बौद्ध तथा जैन धर्म का उदय हुआ, जिसने सम्पूर्ण सामाजिक संरचना को प्रभावित किया। कालान्तर में जब ब्राह्मण धर्म का प्रभाव क्षीण होने लगा, तो 'मनु' जैसे महर्षियों ने समाजिक ढाँचे को दृढ़ता प्रदान करने हेतु नवीन सामाजिक संरचना का प्रतिपादन कर ब्राह्मण धर्म को सुरक्षित रखने में सफलता प्राप्त की। फलत: वैदिक धर्म का परिवर्तित रूप पौराणिक धर्म सामाजिक क्षेत्र में लोकप्रिय हुआ। विभिन्न जातियों के पेशे पुन: जन्मजात निश्चित किये गये और भारतीय अर्थव्यवस्था में सुधार हुआ। इस समग्र परिवर्तन में शुंग व गुप्त राजवंश के नरेशों ने महती भूमिका निभायी। इसी काल में अनेक संस्.त साहित्य व पुराणों की रचनाएँ भी हुईं, जिसके माध्यम से कला-साहित्य तथा हिन्दू धर्म और दर्शन की पुनर्स्थापना की गयी।

जहाँ तक निर्दिष्ट क्षेत्रों के मध्य सांस्कृतिक संबंधों का प्रश्न है, उसका संक्षिप्त विहंगमावलोकन भी किया गया है और स्थानीय परम्पराएँ, वैवाहिक संबंधों तथा प्राचीन समाजों में किये गये लोक जीवन से संबंधित कल्याणकारी गतिविधियों को अध्ययन का विषयवस्तु बनाया गया हैं, जिसमें 'परम्परा' शीर्षक के अंतर्गत निर्दिष्ट काल में प्रचलित कला परम्पराओं व उनके विकास हेतु संरक्षण व अन्य कारणों पर प्रकाश डाला गया है। तदर्थ कला स्थापत्य को सर्वप्रथम विश्लेषित किया गया है, जिसके अंतर्गत स्तूप, संघाराम, मूर्तिकला एवं लोक कला परम्परा, जैसे - यक्ष पूजा परम्परा, व्रत, पर्व एवं त्यौहार तथा प्राचीन मनोरंजनों का संक्षिप्त विवेचन सम्मिलित है, जिनका प्रारम्भिक स्वरूप पूर्वी उत्तर से मध्य प्रदेश के आदान-प्रदान की परम्परा पर दृष्टिपात किया गया है। तदर्थ पुरातात्त्विक एवं साहित्यिक प्रमाणों के उद्धरण भी प्रस्तुत किये गये हैं, जिससे मध्य प्रदेश की परम्परा पर पूर्वी उत्तर प्रदेश की परम्परा के प्रभाव को स्पष्ट रूप से स्वीकार किया जा सकता है।

निर्दिष्ट क्षेत्रों की सांस्कृतिक गतिविधियों को सार्वभौम बनाने के लिये मानव समाज के विकास की महत्त्वपूर्ण घटना जिससे परिवार का आरम्भ होता है, यथा- वैवाहिक संबंधों का अध्ययन करने का प्रयास किया गया है। तत्कालीन समाज के सामाजिक, राजनैतिक, तथा धार्मिक जीवन पर इसका क्या प्रभाव पड़ा, इसमें शासक वर्ग, यथा-उदयन महासेन, वासवदत्ता तथा अशोक व देवी एवं चन्द्रगुप्त द्वितीय 'विक्रमादित्य' जैसे सम्प्रभु नरेशों के वैवाहिक संबंधों की चर्चा समाहित है।

इसी प्रकार 'कल्याणकारी गतिविधियों' के अतंर्गत महाजनपद काल से लेकर हर्षवर्द्धन के राज्यकाल में मध्यम व निम्नवर्ग के हित में किये गये दान का वर्णन है, जो तत्कालीन लोक कल्याण का प्रबल उदाहरण है। इन राजाओं द्वारा किये गये इस कार्यों से समाज में समानता व दया का स्पष्ट प्रमाण मिलता है।

ग्रंथ विषय के पंचम भाग में 'कला एवं स्थापत्य' जैसी सांस्कृतिक गतिविधियों का एक संक्षिप्त अध्ययन प्रस्तुत है। साथ ही स्पष्ट किया गया है कि दोनों ही क्षेत्रों में एक-दूसरे से कितना

आदान-प्रदान हुआ और किस क्षेत्र की उक्त सांस्कृतिक परम्परा प्राचीन है। तदर्थ निर्दिष्ट क्षेत्र की प्राचीनतम कला (बौद्ध कला) के अंतर्गत बौद्ध धर्म से संबंधित कुशीनगर, रामगढ़ताल (गोरखपुर क्षेत्र), सारनाथ, कौशाम्बी, तथा राज्य संग्रहालय, लखनऊ व पूर्वी मध्य प्रदेश के स्थानीय संग्रहालयों, यथा- साँची, विदिशा, आशापुरी व भोपाल में संग्रहीत दुर्लभ कलाकृतियों का विवेचनात्मक अध्ययन कर यह स्पष्ट करने का प्रयास किया गया है कि प्रारम्भिक बौद्ध मूर्तियाँ पूर्वी उत्तर प्रदेश के विभिन्न कला केन्द्रों, यथा - कुशीनगर, सारनाथ, कौशाम्बी व मथुरा में निर्मित होती रही हैं, जिनका कालांतर में विस्तार हुआ और उत्तर भारत के अतिरिक्त समस्त भारतवर्ष में फैल गई। जिनका अत्यधिक प्रभाव निकटवर्ती पूर्वी मध्य प्रदेश पर पड़ा।

प्रस्तुत अध्ययन से यह स्पष्ट है कि दशार्ण देश की बौद्ध प्रतिमाओं पर पूर्वी उत्तर प्रदेश की कला शैली का प्रभाव है। इसके अतिरिक्त बौद्ध धर्म से संबंधित स्तूप एवं विहारों की कलागत विवेचना भी प्रस्तुत की गई है।

इसी प्रकार 'जैनकला' के अंतर्गत तीर्थंकरों व यक्ष-यक्षिणियों की मूर्तियों के अध्ययन को विषयवस्तु बनाया गया है। इसमें जैन धर्म से संबंधित स्तूप एवं मंदिरों की भी व्याख्या की गयी है। पूर्वी उत्तर प्रदेश के प्रमुख केन्द्र कुशीनगर, सारनाथ, कौशाम्बी तथा मध्य प्रदेश के साँची तथा विदिशा आदि प्रमुश कला केन्द्रों के महत्त्व का तुलनात्मक अध्ययन प्रस्तुत किया गया है। इसमें मौर्यकालीन प्रारम्भिक मूर्तियों, शुंग और कुषाणकालीन मृण्-मूर्तियों तथा गुप्तकालीन दुर्लभ जैन मूर्तिशिल्प का विश्लेषण है। इन मूर्तियों के माध्यम से प्रस्तुत ग्रन्थ में एक-दूसरे की कला परम्परा के आदान-प्रदान का उल्लेख है। इसमें कला के माध्यम से एक स्थान के कलाकार का दूसरे स्थान पर निरन्तर आवागमन की पुष्टि होती है, जिससे सामाजिक व सांस्कृतिक क्षेत्रों में वृद्धि होती रहती थी।

हिन्दू स्थापत्य के क्षेत्र में पूर्वी उत्तर प्रदेश के अहिछत्रा का शिव मंदिर, कुशीनगर एवं साँची के गुप्तकालीन मंदिर, श्रावस्ती का चीरेनाथ मंदिर व भीतरगाँव (कानपुर) के मंदिर आदि की निर्माणक सामग्री व कलागत विशेषताओं पर प्रकाश डाला गया है। मंदिरों के अध्ययन में उदयगिरि की शैलोत्कीर्ण गुफा मंदिर, भूमरा का शिव मंदिर, नचना कुठार का पार्वती मंदिर, एरण का विष्णु मंदिर व देवगढ़ के दशावतार मंदिर विशेष उल्लेखनीय हैं।

ब्राह्मण मूर्तिशिल्प में प्रमुख देवी-देवताओं की प्रतिमाओं के विकास का संक्षिप्त इतिहास भी प्रस्तुत किया गया है, जिसमें पूर्वी उत्तर प्रदेश व मध्य प्रदेश से प्राप्त शैव सम्प्रदाय की मूर्तियाँ, यथा-उमा महेश्वर, नटराज, भैरव व अर्द्धनारीश्वर का साहित्यिक एवं प्रतिमाशास्त्रीय विवेचन प्रस्तुत किया गया है तथा इनके निर्माण का प्रारम्भिक स्वरूप पूर्वी उत्तर प्रदेश को स्वीकार किया गया है, क्योंकि प्रारम्भिक शिवलिंग व मूर्तियाँ मथुरा क्षेत्र से प्राप्त हुयी हैं, जो वर्तमान में राजकीय संग्रहालय, लखनऊ में सुरक्षित हैं।

इसी अध्याय के अन्तर्गत व्यन्तर देवताओं, जैसे गणेश और कार्तिकेय की मूर्तियों का भी विश्लेषण समाहित है। जहाँ तक विष्णु की मूर्तियों का प्रश्न है, स्थानक, आसन, शयन तथा दशावतारों में वराह, नृवराह, नृसिंह तथा कृष्ण अवतारों की मूर्तियों को संक्षिप्त रूप से प्रकाश में लाया गया

है, जिसमें विदिशा से प्राप्त दुर्लभ 'वराह' को सर्वोच्च कहा जा सकता है। इसके अतिरिक्त सूर्य एवं नवग्रह के प्रतिमाशास्त्रीय लक्षणों की भी चर्चा की गयी है।

इसी प्रकार शाक्त मूर्तियों का भी विश्लेषण प्रस्तुत है, जिसके अन्तर्गत महिषमर्दिनी, पार्वती एवं सप्तमातृकाओं की मूर्तियों की कलागत विशेषताओं को स्पष्ट करने का प्रयास किया गया है। अध्ययन में इन मूर्तियों का विकसित स्वरूप गुप्तकाल के बाद दोनों ही क्षेत्रों में दिखाई देता है, जिनमें अधिकांशतः वर्तमान में मध्य प्रदेश के प्रमुख संग्रहालयों में प्रदर्शित है और पूर्वी उत्तर प्रदेश में इनका अभाव सा है।

इस प्रकार प्रस्तुत ग्रन्थ उत्तर प्रदेश एवं मध्य प्रदेश के सांस्कृतिक अन्त:संबंधों के शृंखलाबद्ध अध्ययन का एक गौण प्रयास है। इनमें ऐतिहासिक घटनायें तथा सामाजिक, आर्थिक एवं धार्मिक गतिविधियाँ सर्वदा एक-दूसरे के निकटस्थ और विकास के अनिवार्य क्षेत्र रहे हैं। यही कारण है कि गंगा घाटी के दोआब से प्रभावित सांस्कृतिक धारायें युगयुगीन मध्य प्रदेश को या तो प्रभावित करती रही हैं, या इनमें अनवरत आदान-प्रदान होता रहा, जिससे सांस्कृतिक संबंधों में निरन्तर वृद्धि हुयी।

सन्दर्भ ग्रन्थ सूची

1. वैदिक साहित्य

(क) संहिता

अथर्ववेद - सम्पादक आर. रॉथ और डब्ल्यू. डी. व्हिटने, बर्लिन, 1856

ऋग्वेद - संहिता और पद, सायण-भाष्य सहित, सम्पादक-एफ. मैक्समूलर, द्वितीय संस्करण, 1890

यजुर्वेद - वाजसनेयि-माध्यन्दिन शुक्ल-यजुर्वेद संहिता, उवट एवं महीधर-भाष्य सहित, सम्पादक - जगदीश लाल शास्त्री, प्रथम संस्करण, वाराणसी, 1971

तैत्तिरीय संहित - माधव भाष्य सहित, संपादक-ए. बेवर, बर्लिन, 1871-72

वाजसनेयि संहिता - महीधर भाष्य सहित, संपादक-ए. बेवर, लंदन, 1882, निर्णय सागर संस्करण, बम्बई, 1912

(ख) ब्राह्मण

ऐतरेय ब्राह्मण - (आंग्ल अनुवाद) संपादक, ए.बी. कीथ, एच.ओ.एस. XXV, कैम्ब्रिज, 1920 एवं टी, ऑफ्रेखट, वॉन, जर्मनी, 1874

तैत्तिरीय ब्राह्मण - संपादक, राजेन्द्र लाल मिश्र, कलकत्ता, 1855-70, माधव भाष्य सहित कलकत्ता, 1854

(ग) उपनिषद्

तैत्तिरीय उपनिषद् - शंकर भाष्य सहित, पंचम संस्करण, आनन्दाश्रम संस्कृत सीरीज, पूना, 1929

बृहदारण्यक उपनिषद् - निर्णय सागर संस्करण, बम्बई, 1930; आनन्दाश्रम संस्कृत सीरीज पूना, संपादक, ओ, वोहत्लिंक लीपझींग, 1889

2. सूत्र साहित्य

(क) श्रौतसूत्र

आपस्तम्ब श्रौतसूत्र – संपादक, आर. गार्वे, कलकत्ता, 1882–1902

कात्यायन श्रौतसूत्र – संपादक, ए. बेवर, लंदन, 1855

(ख) गृह्यसूत्र

आश्वलायन गृह्यसूत्र – संपादक, ए.एफ. स्टैञ्जलर लीपझींग, 1864; संपादक, गणपति शास्त्री, त्रिवेन्द्रम, 1923; आनन्दाश्रम संस्कृत सीरीज, पूना, 1936

बौधायन गृह्यसूत्र – संपादक, आर., रामशास्त्री, मैसूर, 1920; संपादक, डब्ल्यू., कैलेण्ड, कलकत्ता, 1904–23

(ग) धर्मसूत्र

आपस्तब धर्मसूत्र – संपादक, जी. ब्यूलर, बम्बई, 1892–1894

बौधायन धर्मसूत्र – सपांदक, ई. हुल्श, लिपझींग, 1884; संपादक, एम.एम.ए. चिन्नास्वामी शास्त्री, वाराणसी, 1972

3. महाकाव्य

वाल्मीकी रामायण – संपादक, चिन्नास्वामी शास्त्री, मद्रास, 1958; संपादक, टी.आर. कृष्णाचार्य, बम्बई, 1911-13, गीता प्रेस, गोरखपुर, सं. 2019

महाभारत – पी.सी. राय द्वारा संपादित, कलकत्ता 1881-82, मद्रास, 1934, गीताप्रेस, गोरखपुर, सं. 2021

4. पुराण

अग्निपुराण – संपादक, बलदेव उपाध्याय, वाराणसी, 1966

मत्स्यपुराण – अंगेजी अनुवाद, तालुकदार, इलाहाबाद, 1916-17

पद्मपुराण – संपादक, विष्णु नारायण, पूना 1893

मार्कण्डेयपुराण – वेंकटेश्वर प्रेस, बम्बई, 1912

विष्णुधर्मोत्तरपुराण – क्षेमराज कृष्ण प्रेस, बम्बई, 1934

स्कन्दपुराण – वेंकटेश्वर प्रेस, बम्बई।

5. स्मृति

कात्यायन स्मृति – एन.सी. बंद्योपाध्याय द्वारा संपादित, कलकत्ता, 1927

नारद स्मृति – जे. जॉली द्वारा संपादित, लंदन, 1876

मनुस्मृति – कुल्लूक भट्टकृत मन्वर्थमुक्तावली सहित, बम्बई, 1929

याज्ञवल्क्य स्मृति – विज्ञानेश्वर कृत मिताक्षरा टीका, बम्बई, 1909

6. भाष्य तथा निबंध ग्रंथ

मिताक्षरा – विज्ञानेश्वर कृत याज्ञवल्क्य स्मृति की टीका, जे.आर. धारपुरे द्वारा संपादित, बम्बई, 1914

मेघातिथि – मनुस्मृति पर भाष्य, मांडलिक संस्करण।

7. अर्थशास्त्र

कौटिल्य कृत अर्थशास्त्र – हिन्दी अनुवाद सहित, अनुवादक-उदयवीर शास्त्री, लाहौर, संस्कृत पुस्तकालय, 1925, अंग्रेजी अनुवाद, आर. रामशास्त्री, बैंगलोर, 1923

8. कामशास्त्र

वात्स्यायन कृत – दुर्गा प्रसाद द्वारा संपादित, बम्बई, 1900

9. साहित्य

कल्हण – *राजतरंगिणी*, संपादक स्टाइन, बम्बई, 1910

कालिदास – *अभिज्ञान शाकुन्तलम्*, निर्णय सागर, बम्बई, 1916

– कुमारसंभव, निर्णय सागर, बम्बई; मालिविकाग्निमित्रम् – निर्णय सागर प्रेस, बम्बई।

10. बौद्ध एवं जैन साहित्य

(क) बौद्ध ग्रंथ

अंगुत्तर निकाय – लंदन, 1885-1900

जातक – फासवॉल द्वारा संपादित, लन्दन, 1877-97, अंग्रेजी अनुवाद, कावेल, कैम्ब्रिज, 1895-1913

दीघनिकाय – रिजडैविड्स और कारपेन्टर द्वारा संपादित, लंदन, 1890, 1903, 1911

विनयपिटक – सै. बु.ई., 113, 17 और 22

(ख) जैन ग्रंथ

आचारांग और कल्पसूत्र – संपादक, एच. याकोवी, सैक्रेड बुक ऑफ ईस्ट, 22, लंदन, 1882

11. व्याकरण, कोश, ज्योतिष तथा आयुर्वेद

पाणिनी - *अष्टाध्यायी*, निर्णय सागर प्रेस, बम्बई।

पतंजलि - *महाभाष्य*, बम्बई संस्कृत सिरीज, बम्बई।

12. विदेशी यात्रियों तथा लेखकों के विवरण

मैगस्थनीज एण्ड एरिएन - *एन्शियेंट इंडिया ऐज डिस्क्राइब्ड बाई मैगस्थनीज एण्ड एरियन*, लेख मैक्रिंडल, कलकत्ता, 1877

पेरीप्लस - *शॉफ*, लंदन, 1912

स्ट्रेवो - संपादक, मैनेक, लिपझींग, 1866-77

फाह्यान - लेगी का अनुवाद, आक्सफोर्ड, 1886

ह्वेनसांग - *वाटर्स ऑन युवानच्वांग ट्रेवल्स इन इण्डिया*, लंदन, 1804-05

13. शिल्पशास्त्र

वराहमिहिर - *बृहत् संहिता*, एशियाटिक सोसायटी ऑफ बंगाल, 1865

प्रतिमा लक्षण - *भारतीय वास्तुशास्त्र*, ग्रंथ-4, भाग-2

आधुनिक कृतियाँ

अग्रवाल, वासुदेव शरण - *पाणिनीकालीन भारत*, वाराणसी, 1955
- *भारतीय कला*, वाराणसी, 1965
- *मथुरा कला*, अहमदाबाद, 1966
- *प्राचीन भारतीय लोकधर्म*, पृथ्वी प्रकाशन, वाराणसी, 1964
- *गुप्त आर्ट*, वाराणसी, 1977
- *कला और संस्कृति*, इलाहाबाद, 1958
- *गुप्त टेम्पल आर्किटेक्चर*, पृथ्वी प्रकाशन, वाराणसी, 1968
- *इब्यूलूशन ऑफ दी हिन्दू टेम्पल एण्ड अदर एसेज*, वाराणसी, 1964

अल्तेकर, ए.एस.एवं मजूमदार, आर.सी. - *वाकाटक गुप्त ऐज*, मोतीलाल बनारसीदास, दिल्ली।

अल्तेकर, ए.एस. - *गुप्तकालीन मुद्रायें*, बिहार राष्ट्रभाषा परिषद्, पटना, प्रथम संस्करण, 1954
- *एन्शियंट इण्डियन स्टेट एण्ड सोसायटी*, मोतीलाल बनारसीदास, द्वितीय संस्करण, दिल्ली, 1984

– *एजुकेशन इन एन्शियन्ट इंडिया*, वाराणसी, 1934

– *प्राचीन भारत का सामाजिक एवं आर्थिक इतिहास*।

अली, रहमान – *टैम्पल ऑफ द मध्य प्रदेश*, संदीप प्रकाशन, नई दिल्ली, 2000

अशीर, एफ.एम. – *द आर्ट ऑफ द इस्टर्न इंडिया*, दिल्ली, 1980

आचार्य, पी.के. – *आर्किटेक्चर ऑफ मानसार*, मूल संस्कृत अनुवाद, द ऑक्सफोर्ड यूनिविर्सिटी प्रेस, लंदन, न्यूयार्क, बम्बई, 1933

– *एन इनसाइक्लोपीडीया ऑफ हिन्दू आर्किटेक्चर*, जे.के. पब्लिशिंग हाऊस, भोपाल, 1978

आनन्द, कृष्ण – *बनारस ब्रोकेड्स*, नई दिल्ली, 1966

आयंगर, पी.टी.एस. – *लाइफ इन एन्शियन्ट इण्डिया*, मद्रास, 1912

ओझा, ए.पी. – *प्राचीन भारत में सामाजिक स्तरीकरण*, इलाहाबाद, 1992

इलियट एण्ड डाउसन – *हिस्ट्री ऑफ इण्डिया एज टोल्ड वाय इट्स हिस्टोरियन्स*, भाग-1-2, आक्सफोर्ड।

उपाध्याय, वासुदेव – *प्राचीन भारतीय स्तूप, गुहा एवं मंदिर*, बिहार हिन्दी ग्रंथ अकादमी, प्रथम संस्करण, पटना, 1972

– *गुप्त साम्राज्य का इतिहास*, इलाहाबाद, 1969

– *भारतीय कला*, वाराणसी, 1965

उपाध्याय, भगवतशरण – *गुप्तकाल का सांस्कृतिक इतिहास*, प्रथम संस्करण, लखनऊ, 1969

– *बुद्धकालीन भारतीय भूगोल*, हिन्दी साहित्य सम्मेलन, प्रयाग, 1973

– *इंडिया इन कालिदास*, इलाहाबाद।

– *भारतीय कला और संस्कृति की भूमिका*, दिल्ली, 1965

उपाध्याय, बलदेव – *भागवत सम्प्रदाय*, काशी, सं. - 2010

एलन, जॉन – *कैटलाग ऑफ दि क्वाइन्स ऑफ एन्शियन्ट इण्डिया* (इन दि ब्रिटिश म्यूजियम, लंदन, 1936)।

कनिंघम, अलेक्जेंडर – *द एन्शियंट ज्यॉग्राफी ऑफ इण्डिया*, बनारस, 1963

– *'भिलसा टोप्स'* (पुनर्मुद्रण), वाराणसी, 1966

– *आर्क्योलॉजिकल सर्वे ऑफ इण्डिया रिपोर्टस*, इण्डोलॉजिकल बुक हाउस, बनारस।

– *क्वायंस ऑफ एन्शियंट इंडिया फ्राम दि अर्लियेस्ट टाइम्स डाउन टू दी सेवन्थ सेंचुरी*, लंदन, 1981

कुमारस्वामी, आनन्द के. - *यक्षस* (भाग-1, 2) वाशिंगटन, 1931
- *दी डान्स ऑफ शिव*, न्यूयार्क, 1957

क्रैमरिश, स्ट्रैला - *दी हिन्दू टेम्पल* (इण्डियन स्कल्पचर), लंदन, 1929

काला, सतीशचन्द्र - *स्कल्पचर इन द इलाहाबाद म्यूजियम*, इलाहाबाद, 1946
- *टेराकोटा इन दि इलाहाबाद म्यूजियम*, नई दिल्ली, 1980

कृष्णदेव - *टेम्पल ऑफ नार्थ इण्डिया*, नेशनल बुक ट्रस्ट ऑफ इण्डिया, दिल्ली, 1963
- *भूमिज टेम्पल स्टडीज इन इण्डियन टेम्पल आर्क्टिक्चर*, सम्पादक, प्रमोद चन्द्र, अमेरिकन इन्स्टीट्यूट ऑफ इण्डियन स्टडीज, बम्बई, 1975

कवल, रामलाल - *प्राचीन मालवा में मंदिर वास्तुकला*, सरस्वती पब्लिकेशन, दिल्ली, प्रथम संस्करण, 1984

कानूनगो, शोभा - *उज्जयिनी का सांस्कृतिक इतिहास*, इंदौर, 1972

खरे, महेश्वरी, दयाल - *विदिशा*, मध्य प्रदेश हिन्दी ग्रंथ अकादमी, भोपाल, प्रथम संस्करण, 1985

गोयल, एस.आर. - *चन्द्रगुप्त मौर्य, एक नवीन राजनीतिक*, सांस्कृतिक अध्ययन, कुसुमांजलि प्रकाशन, मेरठ, 1987
- *गुप्तकालीन अभिलेख*, कुसुमांजलि प्रकाशन, मेरठ, प्रथम संस्करण, 1984
- *हिस्ट्री ऑफ इम्पीरियल गुप्ताज*, सेन्ट्रल बुक डिपो, इलाहाबाद, 1967

गुप्त, परमेश्वरी दयाल - *गंगेटिक वैलि टेराकोटा आर्ट*, प्रथम संस्करण, वाराणसी, 1972
- *गुप्त साम्राज्य*, प्रथम संस्करण, वाराणसी, 1970

गुप्ता. आर.एस. - *आइक्नोग्राफी ऑफ दि हिन्दू*, बुद्धिस्ट एण्ड जैन, बम्बई, 1972

गुप्ता, एस.के. - *प्राचीन भारत का समाजिक इतिहास*, जयपुर।

गेटी, एलिस - *गणेश*, आक्सफोर्ड यूनिवर्सिटी प्रेस, 1936

घोष, ए. - *ए गाईड टू नालन्दा*, भाग-2, दिल्ली, 1950
- *अर्ली हिस्ट्री ऑफ इंडिया*, इलाहाबाद।

घुरिये, जी.एस. - *कास्ट एण्ड क्लास इन इंडिया*, बम्बई, 1950

चौधुरी, एस.वी. - द *एन्शियन्ट ज्याग्राफी ऑफ इण्डिया*, कलकत्ता, 1954

चकलाधर, एच.सी. - *सोशल लाइफ इन एन्शियन्ट इंडिया*, ग्रेट इंडिया सोसायटी, कलकत्ता, 1929

चट्टोपाध्याय, सुधाकर – *अर्ली हिस्ट्री ऑफ नार्थ इण्डिया फ्रॉम मौर्याज टू द डेथ आफ हर्ष*, कलकत्ता, प्रोगेसिव पब्लिशर्स, 1958

– *सोशल लाइफ इन एन्शियन्ट इण्डिया*, कलकत्ता, 1968

चक्रवर्ती – *स्टडी ऑफ एन्शियन्ट इण्डियन न्यूमिस्मेटिक।*

चन्द्र, प्रमोद – *स्टोन स्कल्पचर इन दि इलाहाबाद म्यूजियम*, पूना, 1970

जैन, कैलाश चन्द्र – *प्राचीन भारतीय सामाजिक एवं आर्थिक संस्थाएँ*, मध्य प्रदेश हिन्दी ग्रंथ अकादमी, भोपाल, चतुर्थ संस्करण, 1987

– *मालवा थ्रू द एजेज*, मोतीलाल बनारसीदास, दिल्ली, 1972

जैन, बालचन्द्र – *जैन प्रतिमा विज्ञान*, भाग-1, जबलपुर, 1974

जैन, जगदीश चन्द्र – *लाइफ इन एन्श्यिन्ट इण्डिया*, एज डिपक्टेड इन जैन कैनव्स, बम्बई, 1947

जैन, हीरालाल – *भारतीय संस्कृति में जैन धर्म का योगदान*, मध्य प्रदेश साहित्य परिषद्, भोपाल, 1975

जोशी, नीलकंठ पुरुषोत्तम – *मथुरा की मूर्तिकला*, मथुरा, 1965

– *लाइफ इन एन्शियन्ट उत्तरापथ*, वाराणसी, 1967

– *कैटलॉग ऑफ द ब्राह्मनिकल स्कल्पचर्स इन दी स्टेट म्यूजियम*, लखनऊ, भाग-1, लखनऊ, 1972

जिमर, एच. – *दि आर्टस ऑफ इण्डिया एण्ड एशियन्ट*, वाल्यूम-2, न्यूयार्क, 1955

ठाकुर, आर. – *कैटलॉग ऑफ स्कल्पचर इन दि आर्क्योलॉजिकल म्यूजियम*, ग्वालियर, 1952

डे, एन.एल. – *द ज्यॉग्राफी डिस्टेनरी ऑफ एन्शियन्ट एण्ड मिडिवल इण्डिया*, दिल्ली, 1971

ढवलिकर, एम.के. – *'साँची' ए कल्चरल स्टडी*, डेक्कन कालेज, पूना, 1965

– *मथुरा आर्ट इन द बडौदास म्यूजियम*, गुजरात, 1971

त्रिपाठी शास्त्री, रामप्रताप – *हिन्दूओं के व्रत, पर्व और त्यौहार*, लोक भारती प्रकाशन, 15-ए, महात्मा गाँधी मार्ग, इलाहाबाद, 1997

त्रिपाठी, के.के. – *आर्क्योलॉजी ऑफ दि विदिशा (दशार्ण) रीजन*, शारदा पब्लिशिंग हाउस, दिल्ली, 2002

त्रिपाठी, मारुतिनन्दन – *जैन प्रतिमा विज्ञान*, पार्श्वनाथ विद्याश्रम शोध संस्थान, वाराणसी, 1981

थापर, रोमिला – *एन्शियन्ट इण्डियन सोशल हिस्ट्री*, नई दिल्ली, 1978

– *अशोक एण्ड द डिक्लायन ऑफ द मौर्याज*, आक्सफोर्ड यूनिवर्सिटी प्रेस, 1998

थपलियाल, किरण कुमार – *स्टडीज इन इण्डियन सील्स*, कलकत्ता, 1972

थामस, ई. – *रिकार्डस ऑफ द गुप्त डायनेसटी*, दिल्ली, 1973

देसाई, के. – *आइक्नोग्राफी ऑफ विष्णु*, दिल्ली, 1973

देसाई, माधुरी – *दि गुप्ता टेम्पल ऐट देवगढ़*, बम्बई, 1958

दीक्षित, मोरेश्वर गंग – *त्रिपुरी*, 1952 (वींग दि एकाउंट ऑफ दि एक्सकेवेशन्स एट त्रिपुरी) मध्य प्रदेश, 1955

दत्त, नलिनाथ – *उत्तर भारत का सामाजिक, धार्मिक, आर्थिक इतिहास।*

दत्त, एन.के. – *ओरिजिन एण्ड डेवलपमेंट ऑफ कास्ट इन इण्डिया।*

दत्त, वी.वी. – *टाउन प्लानिंग इन एन्शियन्ट इण्डिया*, कलकत्ता, 1925

दास, ए.सी. – *ऋग्वैदिक कल्चर*, कलकत्ता, 1925

दास, एस.के. – *एजुकेशन सिस्टम ऑफ एन्शियन्ट हिन्दूज*, कलकत्ता, 1930

– *इकोनामिक हिस्ट्री ऑफ एन्शियन्ट इण्डिया*, कलकत्ता, 1930

द्विवेदी, हजारी प्रसाद – *प्राचीन भारत के कलात्मक विनोद*, 1952

नागर, मदन मोहन – *श्रावस्ती*, लखनऊ, 1956

निगम, एम.एल. – *ग्लिम्पसेस ऑफ जैनिजम थ्रू आर्क्योलॉजी इन उत्तर प्रदेश।*

निमकाफ, एम.एफ. – *मैरिज इन दी फेमली वोस्टन*, 1947

नारायण, अवध किशोर – *एक्सकेवेशन एट राजघाट*, भाग 1, 2, 3, 4, वाराणसी, 1976-78

पाण्डेय एल.पी. – *सन वर्शिप इन एन्शियन्ट इण्डिया*, मोतीलाल बनारसीदास, दिल्ली, 1971

पाण्डेय, राजबली – *गोरखपुर जनपद का इतिहास*, बनारस, 1950

– *हिन्दू संस्कार*, वाराणसी, 1957

– द *ज्यॉग्राफिकल साइक्लोपिडिया ऑफ एन्शियन्ट एण्ड मिडिवल इण्डिया*, वाराणसी, 1967

पाण्डेय, विमलचन्द्र – *प्राचीन भारत का राजनीतिक तथा सांस्कृतिक इतिहास*, भाग-1 सेन्ट्रल पब्लिकेशन हाउस, 18सी, सरोजनी नायडू मार्ग, इलाहाबाद, प्रथम संस्करण संशोधित संस्करण, 2000

– *भारतवर्ष का सामाजिक इतिहास*, इलाहाबाद, 1960

पाण्डेय, डी.आर. – द *मॉन्यूमेन्टस ऑफ द उदयगिरि हिल्स*, ग्वालियर, 1948

पाण्डेय, राजेन्द्रलाल – *काशी थ्रू दि एजेज*, दिल्ली, 1979

पाण्डेय, हीरालाल – *उत्तर भारतीय राजाओं की धार्मिक नीति*, पटना, 1998

पाण्डेय, सुस्मिता – *समाज आर्थिक व्यवस्था एवं धर्म (300 से 1200 ई.)*, मध्य प्रदेश हिन्दी ग्रंथ अकादमी, 1995

पाण्डेय, विनोदचन्द्र – *भारतवर्ष का सामाजिक इतिहास*, लखनऊ, 1991

पाण्डेय, गोविन्दचन्द – *प्राचीन भारत का राजनैतिक इतिहास* (दोनों-जिल्द)।

पाठक, विशम्भरशरण – *उत्तर भारत का राजनैतिक इतिहास*, हिन्दी समिति, लखनऊ, उत्तर प्रदेश, 1973

पांथरी, भगवती प्रसाद – *'अशोक'*, किताब महल, 569 जीरा रोड, इलाहाबाद, 1953

पाठक, हलधर – *कल्चर हिस्ट्री ऑफ दि गुप्त पीरियड*, प्रथम संस्करण, दिल्ली, 1978

पुरी, बृजनाथ – *सीटिज ऑफ दि एन्शियन्ट इण्डिया*, प्रथम संस्करण, मेरठ, 1966

पार्जिटर, एफ.ई. – *एन्शियन्ट हिस्टारिकल ट्रेडिशन*, बनारस, 1952

– *डायनेस्टीज ऑफ कलिएज*, लंदन, 1913

पाटिल, एच.व्ही. – *द कल्चर हैरिटेज ऑफ मध्य भारत*, डिपार्टमेंट ऑफ आर्क्योलोजी, ग्वालियर, 1952

प्रसाद, ओमप्रकाश – *प्राचीन भारतीय समाज एवं अर्थव्यवस्था*, पटना, 1986

प्रसाद, कामेश्वर – *भारत का इतिहास (आदिकाल से 1206 ई.)*, भारतीय भवन, पब्लिशर्स एण्ड डिस्ट्रीब्यूटर्स, ठाकुर वाड़ी रोड, कदमकुंआ, पटना, 2000

फ्लीट, जान फेथफुल – *भारतीय अभिलेख संग्रह* (खण्ड-3), राजस्थान हिन्दी ग्रंथ अकादमी, जयपुर।

– *कापर्स इन्क्रीप्सनम् इण्डिकेरम*, भाग-3 (गुप्त इन्स्क्रीप्सन), बनारस, 1970

फर्ग्यूसन, जे. – *हिस्ट्री ऑफ इण्डियन एण्ड ईस्टर्न आर्किटेक्चर, केव टेम्पल ऑफ इंडिया*, लंदन, 1980

फैव्री, चार्ल्स – *हिस्ट्री ऑफ इंडियन ड्रेस*, बम्बई, 1960

वाजपेयी, के.डी. – *उत्तर प्रदेश में बौद्ध धर्म का उद्भव एवं विकास*, लखनऊ, 1965

– *युगों-युगों में उत्तर प्रदेश*, इलाहाबाद, 1983

– *मथुरा*, लखनऊ, 1955

– *अहिछत्रा*, लखनऊ 1956

– *डेवलपमेंट ऑफ बुद्धिज्म इन उत्तर प्रदेश।*

– *मध्य प्रदेश का पुरातत्त्व*, भोपाल, 1970

– *तुमेन : एक ऐतिहासिक नगर*, सागर, 1974

– *सागर थ्रू दि एजेज*, सागर, 1964

ब्राउन, पर्सी – *इण्डियन आर्किटेक्चर (बुद्धिस्ट एण्ड हिन्दू पीरियड)*, डी.बी. तारापोरवाला सन्स एण्ड कम्पनी लिमिटेड, बम्बई, 1956

बनर्जिया, जे.एन. – *डेवलपमेन्ट ऑफ हिन्दू आइक्नोग्राफी*, मुंशीराम मनोहरलाल, दिल्ली, 1974

बरूआ, बेनीमाधव – *गया एवं बोधगया*, भाग-1, 2, कलकत्ता, 1934

– *भरहुत*, भाग-1,2,3 कलकत्ता, 1934-37

बैशम, ए.एल. – *सम आस्पेक्ट्स ऑफ इण्डियन कल्चर*, मद्रास, 1940

बोगेल, जे.पी.एच. – *आर्क्योलॉजिकल म्यूजियम एट मथुरा*, दिल्ली, 1971

भण्डारकर, आर.जी. – *वैष्णविज्म, शैविज्म एण्ड अदर माईनर रिलीजियस सिस्टम*, एशियन ऐजुकेशनल सर्विसेज, न्यू देहली, 1983

– *'अशोक'*, यूनिवर्सिटी ऑफ कलकत्ता, 1955

भट्टाचार्या, पी.के. – *हिस्टॉरिकल ज्यॉग्राफी ऑफ मध्य प्रदेश फ्रॉम अर्ली रिकार्ड्स* मोतीलाल बनारसीदास, दिल्ली, 1977

भट्टाचार्या, बी. – द *इण्डियन, बुद्धिस्ट आइक्नोग्राफी*, फर्मा, के.एल. मुखोपाध्याय, कलकत्ता, 1958

– *ज्यॉग्राफी ऑफ मध्य प्रदेश वेस्टर्न ऑफ एन्शियन्ट रिकार्ड्स*, कलकत्ता, 1933

भट्टाचार्या, वी.सी. – द *जैन आइक्नोग्राफी*, मोतीलाल बनारसीदास, दिल्ली, 1974

भट्ट, जनार्दन – *प्राचीन भारत का बौद्धकालीन इतिहास*, ओरियन्टल प्रिन्टर्स, हजरतगंज, लखनऊ, 1977

मिश्र, आर.एन. – *प्रतिमा विज्ञान*, मेकनिकल, नई दिल्ली, 1973

– *भरहुत*, हिन्दी ग्रंथ अकादमी, भोपाल, 1973

– *गुप्त आर्ट एण्ड आर्किटेक्चर*, आगम कला प्रकाशन, नई दिल्ली, 1992

मिश्र, वी.एन. – *साँची*, मध्य प्रदेश हिन्दी ग्रंथ अकादमी, भोपाल, 1982

मिश्रा, के.पी. – *हिस्ट्री ऑफ वाराणसी*, दिल्ली, 1986

मिश्र, ओ.पी. – *मदर गार्डेस इन सेन्ट्रल इण्डिया*, आगम कला प्रकाशन, नई दिल्ली, 1985

मिश्र, जयशंकर प्रसाद – *प्राचीन भारत का सामाजिक इतिहास*, पटना, 1983

मैकडॉनल, ए.ए. – *दि वैदिक मायथोलॉजी*, चौखम्बा विद्याभवन, वाराणसी, 1961

मार्शल एण्ड फूशे – द *मॉन्यूमेन्ट्स एट साँची*, भाग-1, 2, 1933

मित्रा, देवला – *साँची*, भारतीय पुरातत्त्व सर्वेक्षण विभाग, नई दिल्ली, 1965

मुखर्जी, आर.के. - *एन्शियन्ट इण्डियन एजुकेशन*, मोतीलाल बनारसीदास, तृतीय संस्करण, दिल्ली, 1960

मिराशी, बी.वी. - *कापर्स इन्सक्रीन्सनम इण्डिकेरम*, भाग-4, उटकमण्ड, 1955

मजुमदार एवं अल्तेकर - *दी वाकाटक गुप्त एज*, बनारस, 1954

मैत्री, सचीन्द्र कुमार - *इकॉनामिक लाइफ इन दि नार्दर्न इण्डिया*, दिल्ली, 1970

मोतीचन्द्र - *प्राचीन भारतीय वेश-भूषा*, लीडर प्रेस, इलाहाबाद, प्रथम संस्करण इलाहाबाद, सं. 2007

- *कास्ट एण्ड क्वायफर न एन्शियेन्ट इण्डिया*, बम्बई, 1960

- *सार्थवाह (प्राचीन भारत की पथ पद्धति)*, बिहार राष्ट्रभाषा परिषद्, सम्मेलन भवन, पटना, 1953

मजुमदार, आर.सी. - *कार्पोरेट लाइफ इन एन्शियन्ट इण्डिया*, कलकत्ता, हिन्दी अनुवाद, के.डी. वाजपेयी - प्राचीन भारत मे संगठित जीवन।

मैत्री, एस. के. - *दि इकोनामिक लाइफ इन दि गुप्त पीरियड*, कलकत्ता, 1957

रायचौधुरी, हेमचन्द - *प्राचीन भारत का राजनैतिक इतिहास*, पुनर्मुद्रित, इलाहाबाद, 1971

रायचौधुरी, एस. पी. - *एग्रिकल्चर इन एन्शियन्ट इण्डिया*, नई दिल्ली, 1964

राय, उदय नारायण - *स्टडी इन एंशियन्ट इण्डियन हिस्ट्री एण्ड कल्चर*, 1969

- *गुप्त सम्राट और उनका काल*, द्वितीय संस्करण, इलाहाबाद, 1976

राय, मन्थन - *प्राचीन भारतीय मनोरंजन*, इलाहाबाद, 1956

राव, टी.ए.जी. - *ऐलिमेंट्स ऑफ हिन्दी आक्नोग्राफी*, जिल्द 2, भाग 4 मोतीलाल बनारसीदास, नई दिल्ली, 1968

रालैण्ड, वी. - *द आर्ट एण्ड आर्किटेक्चर ऑफ इण्डिया (बुद्धिष्ट, हिन्दू एण्ड जैन)*, पैंगुइन बुक्स लिमिटेड, यू. एस. ए. 1967

रे, एस.सी. - *द डायनेस्टिक हिस्ट्री ऑफ नार्दन इण्डिया*, वाल्यूम-2 यूनिवर्सिटी प्रेस, कलकत्ता, 1936

लॉ, वी.सी. - *उज्जयिनी इन एन्शियन्ट इण्डिया*, ग्वालियर, 1944

लूनिया, वी.एन. - *प्राचीन भारतीय संस्कृति*, आगर, 1978

वाटर्स, टी. - *आन यूयानच्वांग*, लंदन, 1904-05

शाह, सी. जे. - *जैनिज्म इन नार्थ इण्डिया*, लंदन, 1932

शाह, डी.आर. - *कैटलॉग ऑफ दि म्यूजियम ऑफ आर्क्योलॉजी एट सारनाथ*, कलकत्ता, 1964

शाह, पी. - *स्टडीज इन जैन आर्ट*, वाराणसी।

शाह, यू.पी. - *यक्षज वर्शिप इन अर्ली जैन लिटरेचर*, 1853

शाह, यू.पी. एण्ड ढाकी, एम.ए. – *सम आस्पेक्टस ऑफ जैन आर्ट एण्ड आर्किटेक्चर*, अहमदाबाद, 1975

शर्मा, जी.आर. – *हिस्ट्री टू प्री-हिस्ट्री आर्क्योलॉजी*, ऑफ द गंगा वैली एण्ड द विद्याधर पब्लिश बाई डिपार्टमेंट ऑफ एन्शियन्ट इण्डियन हिस्ट्री कल्चर एण्ड आर्क्योलॉजी यूनिवर्सिटी ऑफ इलाहाबाद, 1980

शर्मा, रमेशचन्द्र – *मथुरा संग्रहालय : एक परिचय*, मथुरा, 1972

शर्मा, आर.के. – *मध्य प्रदेश के पुरातत्त्व का संदर्भ ग्रंथ*, हिन्दी ग्रंथ अकादमी, भोपाल, 1974

शिवराम, मूर्ति, सी. – *इण्डियन स्कल्पचर*, दिल्ली, 1961

– *नटराज इन आर्ट*, थाट एण्ड लिटरेचर, दिल्ली, 1974

सौन्दराजन, के. व्ही. – *इण्डियन टेम्पल स्टाईल*, नई दिल्ली, 1972

सिंह, एस.डी. – *आर्क्योलॉजी ऑफ लखनऊ रीजन*, लखनऊ, 1972

सिंह, शान्तिदेवी – *उत्तर भारत की संस्कृति एक अध्ययन (लगभग 300 ई. से 650 ई. तक)* कला प्रकाशन, वाराणसी, प्रथम संस्करण, 1991

सिन्हा, कृष्ण कुमार – *एक्सकेवेशन एट श्रावस्ती*, 1959, वाराणसी, 1967

सरकार, डी.सी. – *सेलेक्ट इन्स्क्रीप्सन*, भाग-1, 2 द्वितीय संस्करण, यूनिवर्सिटी ऑफ कलकत्ता, 1965

– *स्टडीज इन ज्यॉग्राफी ऑफ एन्शियन्ट एण्ड मेडिविल इण्डिया*, दिल्ली, 1960

सोमपुरा, पी.ओ. – *शिल्प संहिता*, नई दिल्ली, 1975

श्रीवास्तव, के.सी. – *प्राचीन भारत का इतिहास तथा संस्कृति प्रकाशन*, यूनाईटेड बुक डिपो, 21, यूनिवर्सिटी प्रेस, इलाहाबाद, 2000

श्रीवास्तव, वी.सी. – *सन वर्शिप इन एन्शियन्ट इंडिया*, इण्डोलॉजिकल पब्लिकेशन, इलाहाबाद, 1972

श्रीवास्तव, के.एम. – *कपिलवस्तु इन बस्ती डिस्ट्रिक्ट ऑफ यू.पी.*, नागपुर, 1978

सिंह वर्मा एवं सुल्लेरे – *प्राचीन भारत का इतिहास*, मध्य प्रदेश हिन्दी ग्रंथ अकादमी, भोपाल, प्रथम संस्करण, 2002

सिंह, श्रीभगवान – *गुप्तकालीन हिन्दू देव प्रतिमाएँ (प्रथम एवं द्वितीय खण्ड)*, रामानन्द विद्याभवन, नई दिल्ली, 1987, 1992

हार्ले, जे.सी. – *गुप्त स्कल्पचर*, क्लेरेण्डन प्रेस, आक्सफोर्ड, 1974

स्मृति एवं अभिनन्दन ग्रंथ

विक्रम स्मृति ग्रंथ - विक्रम विश्वविद्यालय, उज्जैन (म.प्र.)।

मधु - *रीसेन्ट रिसर्चेज इन इण्डियन आर्क्योलोजी एण्ड आर्ट हिस्ट्री*, आगम कला प्रकाशन, नई दिल्ली, 1981

हिस्ट्री एण्ड आर्कियोलॉजी - (*प्रो. एच.डी. सांकल्या, फेलीसायटेशन वाल्यूम*), संपादक, प्रो. भास्कर चटर्जी आदि रामानंद विद्याभवन, नई दिल्ली, 1989

रिपोर्ट्स, जर्नल्स एवं गजेटियर्स

कनिंघम, अलेक्जेण्डर - आर्क्योलॉजिकल सर्वे ऑफ इण्डिया, टूर रिपोर्टस्, 23 जिल्द-1965 (सेन्ट्रल प्रोबिन्सनेस ऑफ मालवा) एन्शियन्ट् इण्डिया, भारतीय पुरातत्व सर्वेक्षण, नई दिल्ली।

इण्डियन आर्क्योलॉजी - ए रिव्यू, भारतीय पुरातत्त्व, भारतीय पुरातत्त्व, सर्वेक्षण, नई दिल्ली।

एपीग्राफिया इण्डिका, मैसूर (सम्बन्धित जिल्द)।

मैमॉयास ऑफ आर्क्योलॉजी सर्वे ऑफ इण्डिया।

प्रोसीडिंग ऑफ द इण्डियन हिस्ट्री कांग्रेस (संबंधित जिल्द)।

जर्नल ऑफ एशियाटिक सोसायटी ऑफ बंगाल, कलकत्ता (संबंधित जिल्द)।

जर्नल ऑफ मध्य प्रदेश इतिहास परिषद, भोपाल (संबंधित जिल्द)।

डिस्ट्रिक्ट गजेटियर, गोरखपुर, उत्तर प्रदेश।

डिस्ट्रिक्ट गजेटियर, देवरिया, उत्तर प्रदेश।

डिस्ट्रिक्ट गजेटियर, कुशीनगर, उत्तर प्रदेश।

डिस्ट्रिक्ट गजेटियर, गोण्डा, उत्तर प्रदेश।

डिस्ट्रिक्ट गजेटियर, बस्ती, उत्तर प्रदेश।

डिस्ट्रिक्ट गजेटियर, लखनऊ, उत्तर प्रदेश।

डिस्ट्रिक्ट गजेटियर, वाराणसी, उत्तर प्रदेश।

डिस्ट्रिक्ट गजेटियर, इलाहाबाद, उत्तर प्रदेश।

डिस्ट्रिक्ट गजेटियर, आजमगढ़, उत्तर प्रदेश।

डिस्ट्रिक्ट गजेटियर, पटना, उत्तर प्रदेश।

डिस्ट्रिक्ट गजेटियर, विदिशा, (संपादक श्री वास्तव, पी.एन. एण्ड वर्मा, आर.)

डिस्ट्रिक्ट गजेटियर, डिपार्टमेंट, भोपाल, मध्य प्रदेश, 1979

डिस्ट्रिक्ट गजेटियर, (संपादक- लूआर्ड और मुंशी कादिर अली), भोपाल, 1908

डिस्ट्रिक्ट गजेटियर, उज्जैन, मध्य प्रदेश।
डिस्ट्रिक्ट गजेटियर, रीवा, मध्य प्रदेश।
डिस्ट्रिक्ट गजेटियर, सतना, मध्य प्रदेश।

उत्खनन रिपोर्ट्स

उत्खनन रिपोर्ट, कुशीनगर, उत्तर प्रदेश।
उत्खनन रिपोर्ट, श्रावस्ती, उत्तर प्रदेश।
उत्खनन रिपोर्ट, सारनाथ, वाराणसी, उत्तर प्रदेश।
उत्खनन रिपोर्ट, कोशाम्बी, इलाहाबाद, उत्तर प्रदेश।
उत्खनन रिपोर्ट, बेसनगर, विदिशा, मध्य प्रदेश।

फलक क्रमांक-1

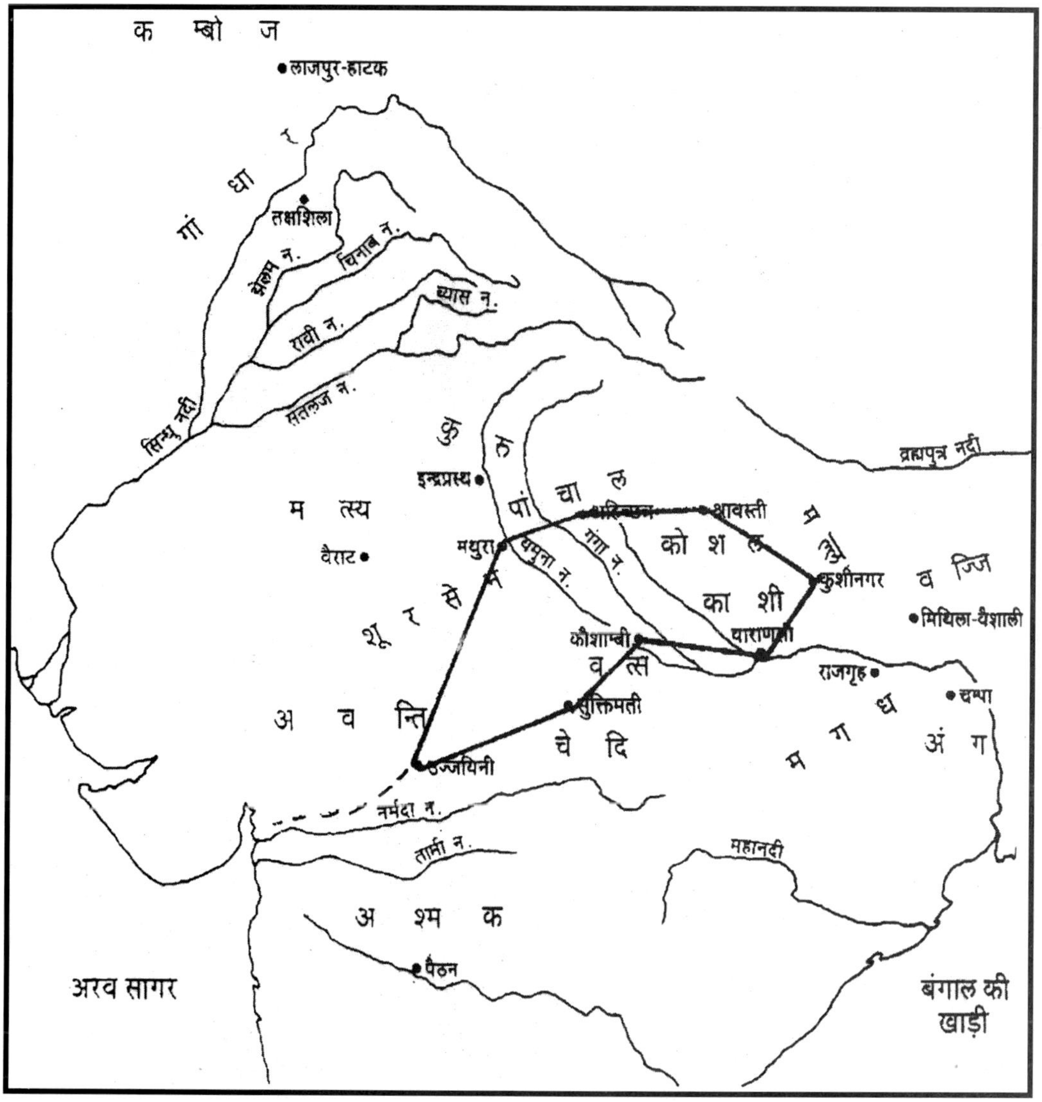

प्राचीन भारत : (क) निर्दिष्ट क्षेत्र के प्रमुख महाजनपद

फलक क्रमांक-1

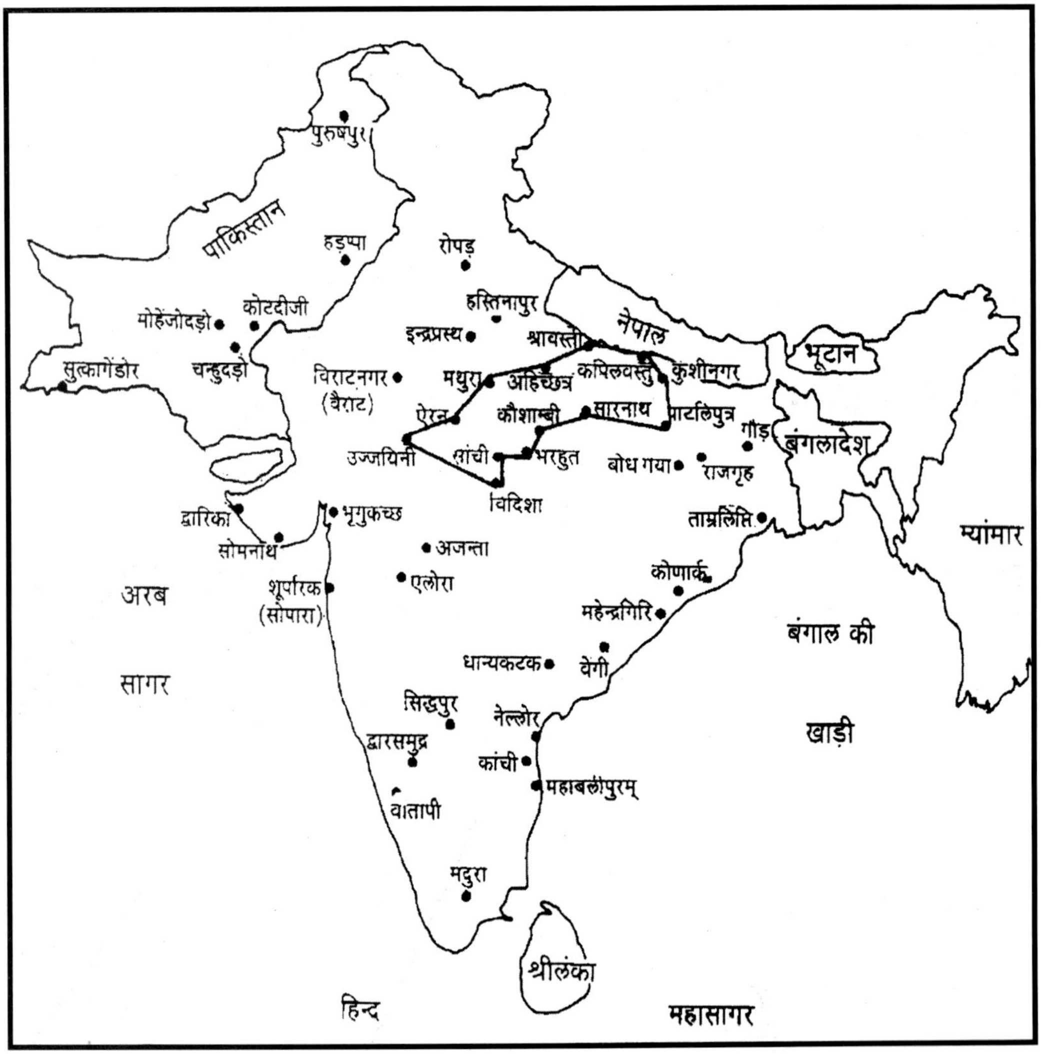

प्राचीन भारत : (ख) निर्दिष्ट क्षेत्र के प्रमुख नगर

फलक क्रमांक-2

चित्र क्रमांक-1 : बुद्ध,
कुशीनगर (उ.प्र.)

चित्र क्रमांक-2 : पद्मपाणि बुद्ध,
कुशीनगर (उ.प्र.)

फलक क्रमांक-3

चित्र क्रमांक-1 : बोधिसत्व,
गोरखपुर (उ.प्र.)

चित्र क्रमांक-2 : गजकारी शिल्प में बुद्ध,
कुशीनगर (उ.प्र.)

फलक क्रमांक-4

चित्र क्रमांक-1 : बुद्ध, व्याख्यान मुद्रा में, सारनाथ (उ.प्र.)

चित्र क्रमांक-2 : ध्यानावस्थित बुद्ध, साँची (उ.प्र.)

फलक क्रमांक-5

चित्र क्रमांक-1 : रमाभार स्तूप, सामान्य दृश्य, कुशीनगर (उ.प्र.)

चित्र क्रमांक-2 : धमेख स्तूप, सामान्य दृश्य, सारनाथ (उ.प्र.)

फलक क्रमांक-6

चित्र क्रमांक-1 : स्तूप क्र. 1, साँची (म.प्र.)

फलक क्रमांक-7

चित्र क्रमांक-1 : जैन प्रतिमा, रामगढ़ताल (उ.प्र.)

चित्र क्रमांक-2 : आदिनाथ, रायसेन (म.प्र.)

फलक क्रमांक-8

चित्र क्रमांक-1 : यक्ष,
कुशीनगर (उ.प्र.)

चित्र क्रमांक-2 : सपंख स्थानक यक्ष,
रामगढ़ (उ.प्र.)

फलक क्रमांक-9

चित्र क्रमांक-1 : यक्ष,
'कुबेर', विदिशा (म.प्र)

चित्र क्रमांक-2 : यक्षिणी,
विदिशा (म.प्र.)

फलक क्रमांक-10

चित्र क्रमांक-1 : उमा-महेश्वर,
कौशाम्बी (उ.प्र.)

चित्र क्रमांक-2 : उमा-महेश्वर, रायसेन (उ.प्र.)

फलक क्रमांक-11

चित्र क्रमांक-1 : कार्तिकेय, लखनऊ (उ.प्र.)

चित्र क्रमांक-2 : विष्णु का नृवराहावतार, उदयगिरि (म.प्र.)

फलक क्रमांक-12

चित्र क्रमांक-1 : कृष्णावतार, वाराणसी (उ.प्र.)

चित्र क्रमांक-2 : सूर्य प्रतिमा, लखनऊ (उ.प्र.)

फलक क्रमांक-13

चित्र क्रमांक-1 : महिषमर्दिनी, भूमरा (म.प्र.)

चित्र क्रमांक-2 : सप्तमातृका, लखनऊ (उ.प्र.)

फलक क्रमांक-14

चित्र क्रमांक-1 : भीतरगाँव
का मंदिर, कानपुर (उ.प्र.)

फलक क्रमांक-15

चित्र क्रमांक-1 : विष्णु, विष्णु मन्दिर,
देवघर, अहिछत्रा (उ.प्र.)

फलक क्रमांक-16 चित्र क्रमांक-1 : शिव मन्दिर, भोजपुर (म.प्र.)

फलक क्रमांक-17 चित्र क्रमांक-1 : शिव मन्दिर, भूमरा, जिला-पन्ना (म.प्र.)

फलक क्रमांक-18

चित्र क्रमांक-1 : चौमुखनाथ मंदिर, जिला-पन्ना (म.प्र.)

फलक क्रमांक-19

चित्र क्रमांक-1 : वराह प्रतिमा, ऐरण (म.प्र.)

फलक क्रमांक-20

चित्र क्रमांक-1 : महापरि निर्वाण मंदिर, कुशीनगर (उ.प्र.)

फलक क्रमांक-21

चित्र क्रमांक-1 : विहार क्र. 51, साँची (म.प्र.)

चित्र क्रमांक-2 : स्तूप क्र. 5, साँची (म.प्र.)

चित्र क्रमांक-3 : स्तूप क्र. 7, साँची (म.प्र.)

चित्र क्रमांक-4 : स्तूप क्र. 28, साँची (म.प्र.)

चित्र क्रमांक-5 : मन्दिर क्र. 31, साँची (म.प्र.)

फलक क्रमांक-22

चित्र क्रमांक-1 : गुहा मंदिर क्र. 4, उदयगिरि (म.प्र.)

चित्र क्रमांक-2 : गुहा मंदिर क्र. 6, उदयगिरि (म.प्र.)